하나님의 구원 역사

창세기

한민수

이스라엘 헤브론에 있는 **막벨라 굴 전경**

그리심

하나님의 구원 역사 창세기

2011년 1월 5일 초판 1쇄 인쇄
2011년 1월 10일 초판 1쇄 발행

저 자 • 한 민 수
발행인 • 조 경 혜
발행처 • 도서출판 그리심
156-763 서울시 동작구 사당5동 196 인정Apt. B-B01

등록번호 • 제 7-258호(1998. 4. 23)
출 판 사 • 전화 523-7589 팩스 523-7590
홈페이지 • http://grisim.biz
전자우편 • grisimcho@hanmail.net

값 : 표지 뒷면에

ISBN 978-89-5799-271-5 93230

2011
by
Grisim Publishing Company, Seoul, Korea

저자 프로필

저자는 고2때 예수님을 영접하고, 목회자의 소명을 받아, 예수님의 제자의 길에 들어섰다. 그는 하나님의 마음에 합한 사람이고 싶은 그리스도인이다. 말씀의 홍수 그러나 참된 말씀의 기근 세대에 살아 역사하시는 하나님의 말씀을 선포하고 싶은 설교가이다. 좌표를 상실하고, 시대정신이 사라져 가는 한국 사회를 끓어 앉고, 예수 그리스도의 심장으로 기도하며, 하나님의 좌표를 제시하기를 소망하는 신학자이다. 그는 목회를 통해 '여호와께 능치 못함이 없음'을 날마다 고백하며, 오늘도 강력한 성령의 임재 속에서 하나님 나라 확장을 위해 주님의 특공대로 싸우고자 열망하는 목회자이다. 현재, 맡겨진 교회를 성실히 사역하며, 하나님께서 허락하신 사랑하는 아내와 세 자녀와 함께 행복한 가정을 만들어 가고 있다.

서울시립대학교에서 철학(B.A), 한국성서대학교에서 성서학(B.A eq), 세종대학교 행정대학원에서 행정학(M.S.W, 사회복지학전공), 총신대학교 신학대학원에서 신학(M.Div eq), 동 대학원에서 신학(Th.M, 구약신학전공), 크리스챤치유상담연구원에서 목회상담학을 전공했다. 또한, 2010년 8개월 간 예루살렘에 살면서, the Hebrew University of Jerusalem 울판에서 현대히브리어를 배우며, 이스라엘 전역을 여행하면서 성경의 생생한 역사 현장을 공부했다.

저서로는 『신명기와 땅』(그리심, 2008)과 『하나님의 구원 역사 창세기』(그리심, 2011)이 있고, 논문으로는 『안락사 결정 시 사회복지사가 고려해야할 윤리적 원칙들에 대한 연구』(세종대), 『신명기의 땅에 대한 연구』(총신대) 등이 있다.

창세기를 열어가며

역사는 '하나님의 이야기'이다(His + Story). 역사는 사실에 대한 기록이지만, 기록자의 의도와 해석이 담겨진다. 창세기는 인류가 잃어버린 기원과 역사를 담고 있으며, 그 주인공은 하나님이다. 창세기는 고등비평자들의 주장처럼 JDEP 문서 편집이 아니다. 창세기는 일차적으로 광야에서 출애굽한 모세와 이스라엘에게, 이후 모든 인류에게 주신 책이다. 창세기는 창조와 기원뿐 아니라 '인간의 죄와 하나님의 구원'의 주제가 가득담긴 책이다. 죄에 빠진 아담(3장), 가인(4장), 하나님의 아들들(6장), 바벨탑을 쌓는 사람들(11장), 족장들(12, 20, 22장) 그러나 구원을 베푸시는 하나님의 사랑을 기록한다. 창세기는 땅과 인간, 자연과 인간, 인간과 인간의 관계를 조명한다.

창세기를 어떻게 이해할 수 있으며, 그 의미는 무엇일까? 어떻게 읽어야 할까? 첫째, 믿음으로 읽어야 한다. 믿음은 오직 하나님께서 주신다. 예수 그리스도의 십자가의 죽음과 부활을 믿음으로 구원받는다. 믿음은 하나님의 세계를 볼 수 있게 한다. 실제 역사인 창조와 모든 기원의 문제는 믿음이 전제될 때 그 의미를 깊이 깨달을 수 있다. 둘째, 땅을 중심으로 읽어야 한다. 하나님은 지구(땅)와 생명체를 창조하셨다. 하나님의 창조계획은 인간과 생명체가 땅에서 생육하고, 번성하고, 충만하게 되는 것이다. 하나님은 흙으로 인간을 빚으셨고, 동방의 에덴에 한 동산을 창설하시고, 그곳에서 살게 하셨다. 아담의 죄 때문에 땅은 저주를 받았다. 그로인해 땅에서 살아가는 인간의 고난은 시작됐다. 땅은 인간과 생명체의 삶의 터전이다. 또한 인간은 시날 땅에 모여 탑을 쌓았고, 하나님은 갈대아 우르 땅에 살고 있는 아브람을 택하여 땅과 후손을 주시겠다고 약속하셨다. 족장들에게 가나안은 약속의 땅이고, 그들 후손에게 주어질 땅이고, 하나님께서 함께 하시는 젖과 꿀이 흐르는 땅이다. 아브라함, 이삭, 야곱의 이야기는 가나안 땅 곳곳의 지명들과 연관된다. 셋째, 창세기는 가나안 땅, 즉 이스라엘 땅과 연관되기 때문에, 실제 세겜, 벧엘, 헤브론, 브엘세바, 그랄, 도단, 단, 소돔과 고모라, 소알 지역 등의 지리, 지형, 도로(족장길, 해변길 등), 기후 등을 이해해야만 한다. 넷째, B.C. 2000년 경의 생활 · 관습 등과 주변 나라(이집트, 가나안 땅 족속들, 메소포타미아 등)의 정세에 대한 배경이해가 필요하다. 다섯째, 창세기는 철저히 하나님 중심으로 읽어야 한다. 하나님에 의한 창조, 죄의 구원, 노아 홍수, 바벨탑과 언어의 혼잡, 아브람의 택함(구원), 그리고 족장들의 삶의 이야기들은 역사의 주인이신 하나님이 중심이다. 다섯째, 창세기는 히브리어로 쓰였기 때문에 히브리어를 이해해야 한다.

본서 <하나님의 구원 역사 창세기>는 질문과 답변, 문제들에 대한 변증들, 일반적 상식들과 본문의 언어적, 신학적 의미들을 깊이 있게 탐구하며 기록했다. 그리고 8개월 간 이스라엘의 거의 모든 성경 지역들을 여행하면서 얻어지는 사진과 지형, 그리고 생생하게 살아있는 지식들을 <하나님의 구원 역사 창세기>에 투영했다. 지난 2년 간 창세기 1-26장을 묵상하면서 하나님의 무한한 세계를 체험했다. 그리고 수없이 원고를 수정하며, 보다 더 쉽고, 깊은 창세기의 의미를 전달하기 위해 기도하며, 노력했다. 나는 모든 그리스도인들이 <하나님의 구원 역사 창세기>를 통해 하나님의 깊은 진리의 세계를 체험하고, 재미있게 창세기를 읽고, 이해하기를 소망한다. 나는 중간 중간 WCC 주석, 논문, 신문 등을 참고했으며, 한글성경은 개역개정으로 사용했고 성경 본문을 이해하기 쉽도록 풀어 썼다. 또한 '애굽'을

'이집트'로 '바로'를 '파라오'라고 기록했다.

부록으로, 사마리아인 오경(Samaritan Torah)의 창세기 일부분을 실었다. 현재, 사마리아인들은 세겜(또는 Nablus)의 그리심 산 키르랏 루자(Kiryat Luza)와 이스라엘의 홀론(Holon)시(市)에 약 700명 정도 살고 있다. 그들은 모세오경과 아론의 혈통적 정통성을 이어 받았다고 주장한다. 부록으로 실은 사마리아인 오경은 저자가 직접 그리심 산에서 사마리아인 제사장에게 구입했으며, 우리나라에 거의 없는 희귀한 성경이라 판단되어 구약 및 성경 본문을 공부하는 분들에게 조금이라도 도움이 되었으면 하는 마음에서 부록으로 실었다.

마지막으로 지금까지 묵묵히 아내로, 사모로, 아이들의 엄마로 함께 해온 아내에게 감사하며, 아빠를 든든하게 지켜주고, 기쁨이 되는 시온, 세진, 태중에 있는 기쁨이를 사랑한다. 날마다 기도해 주시며, 걱정해 주시는 사랑하는 믿음의 어머니, 장인, 장모님. 후원해 주시고, 기도해 주신 목양교회 김용수 목사님과 성도님들. 아라랏 산의 사진을 제공해 주신 강정임자매님과 하란의 사진을 제공해 주신 장○○선교사님. <신명기와 땅>을 출판해 주셨고, 다시 <하나님의 구원 역사 창세기>를 출판해 주신 도서출판 그리심 대표 조경혜권사님. 예루살렘에서 함께 은혜를 누렸던 이스라엘 샬롬교회 목사님들과 사모님들, 청년들, 성도님들께 감사를 드린다.

히브리대학교 도서관에서

한민수 목사

추천의 글

"본서는 창세기를 연구하는 모든 분들에게 신선한 감동과 은혜를 새겨주는 감동적인 참고서가 될 것으로 생각 합니다. 창세기의 언어의 배후에 놓인 심오한 의미들을 잘 파헤쳐 놓았으며, 중요 장소나 본문의 이해에 필요한 지역들은 그 특성들이 잘 나타나도록 상세한 사진들을 제시해 놓음으로써 이해하기 쉽도록 정성을 기울였습니다. 창세기 연구의 훌륭한 가이드북이 될 것으로 확신하며 이에 기꺼운 마음으로 추천하는 바입니다."

유재원 교수 (총신대 신학대학원 구약신학, 前 총신대 부총장, 신학대학원장)

"저자는 정규신학과 이스라엘에 유학을 가서 성지를 현장에서 연구하고 히브리어를 공부했습니다. 그러므로 그 누구보다도 성경에 나오는 여러 도시나 유적에 대하여 정확한 자식을 가지고 있습니다. 그래서 본서는 창세기의 지리, 역사, 문화, 관습, 언어, 고대근동의 다양한 내용을 쉽게 풀어갑니다. 창세기를 이해하는데 많은 도움을 줄 것으로 확신하여 독자 여러분에게 이 책을 추천하는 바입니다."

하문호 목사 (평강교회 담임목사, 前 칼빈대학교 조직신학 교수)

"한 젊은 목회자가 성도를 생각하는 애틋한 마음에서 출판된 책으로, 모든 그리스도인들의 신앙과 지식에서 한 차원 높은 수준으로 안내할 귀한 안내서입니다. 성경의 땅인 이스라엘의 삶이 곳곳에 묻어나 있으며, 고대 근동에 대한 해박한 이해가 잘 정리된 내용과 도표, 사진 등을 통해 잘 표현되어 있습니다. 성경과 함께 읽으시기를 추천합니다."

장세호 목사 (이스라엘샬롬교회 담임, the Hebrew Univ. of Jerusalem Ph.D 논문 중)

"본서는 창세기 전문가인 저자가 직접 이스라엘 답사를 통해 얻은 지식과 사진들을 중심으로 저술되었습니다. 따라서 저자는 그리스도인들이 어려워하는 이스라엘의 지형과 지리적인 상황을 쉽고 정확하게 설명해 주고 있습니다. 본서를 읽는 독자들은 하나님의 구원의 사랑에 대해서 깊이 깨달을 수 있을 것입니다."

안인섭 교수(총신대 신학대학원 역사신학)

"저자는 묵상, 변증, 신학, 현지 답사 등으로 창세기를 해설해 나감으로써 목회자뿐 아니라 모든 그리스도인들에게 창세기 이해를 도울 지침서가 될 것으로 기대됩니다."

김용수 목사(목양교회 담임, 총신대 목회신학전문대학원 Th.D 과정)

이스라엘 선교 정보

이스라엘 한국문화원

이스라엘 한국문화원은 2005. 8. 29일 이스라엘 법무부로부터 사단법인으로 인가 받아, 2006. 1. 7일 재이스라엘 한국문화원을 개원하였다. 한국어 강좌, 바둑교실, 한.이국제결혼가정초청 설날잔치, 한국음식 강좌, 도서관 설치, 이스라엘 문화행사에서 바자회(수익 전액 불우이웃돕기로 예루살렘시에 기증), 게스트하우스 개설, 바르 사데 복지시설 후원(18세 미만의 마약. 알콜, 가출 등), 마존 레하임(Food Bank) 후원, 수지침 강좌 개설, 히브리대학교 한국인의 날 개최 등 다양한 사역을 넓혀가고 있다.

이스라엘한국문화원은 선교의 불모지 이스라엘에서 가장 큰 선교를 감당하고 있다. 문화원을 통해 지금까지 수많은 유대인들이 한국과 문화에 대해 알게 되었고, 예수님의 복음을 듣고 있다.

원장 조형호 목사는 총신대를 졸업하고, 히브리대학교 유학 중 이스라엘 선교에 대한 비전을 받아 현재까지 약 18년 간 예루살렘에 살며 복음을 위해 열정을 다해 사역에 임하고 있다. 이스라엘한국문화원 사역으로, 이스라엘에서 가장 인정받는 성지 가이드로 바쁜 삶을 살아가면서도 예수님 때문에 웃음을 잃지 않는 사역자이다.

- 이스라엘 한국문화원: www.kccil.org
- 이메일: kccil2000@gmail.com (문화원, 선교, 성지순례 문의)
- 선교후원: 967-12-024931(농협, 예금주: 조형호)

섬김으로 복음 전하는 VIA-Israel

VIA-Israel은 이스라엘 정부 복지국 산하 사회복지시설에서, 장애인, 노인, 자폐아동들을 돌보고 섬기는 자원봉사 활동을 돕기 위해 이스라엘 땅에 세워진 NGO이다. VIA-Israel의 목표는 첫째, 자원봉사자들이 예수님처럼 유대 장애인을 섬김 둘째, 소외된 장애인의 위로의 통로 셋째, 이스라엘을 품는 복음의 파송자 생산 넷째, 장애기관의 장애인들을 신체적, 정신적, 영적을 돌보고 케어하며, 예수 그리스도의 복음을 전하는데 있다.

VIA-Israel 자원봉사자(Volunteering) 모집

- 담당업무: 이스라엘 장애시설 장애인을 돌보는 일(식사 보조, 산책 등)
- 지원자격: 신체, 정신이 건강한 기초영어회화 가능자
- 모집 기간, 인원, 활동기간: 상시로 00명, 최소 6개월 이상
- 선발방법: 서류 심사 후 전화 면접, 선발 여부 개별 통지
- 문의: Director 김용구, 이메일 ezinkim@gmail.com
- 전화 : +972-549-160-155(이스라엘) / 070-8256-3460(인터넷 전화)
- 봉사자혜택 : 숙식 제공. 월 600NIS(약 20만원). 이스라엘 복지국 발행 봉사 증명서. Volunteer 비자
- 선교 후원계좌 : 104-01428-262-01 (씨티은행, 예금주: 김용구)
- 싸이클럽 http://club.cyworld.com/viaisrael
- 홈페이지 http://viaisrael.onmam.com

이스라엘 샬롬교회

예루살렘에 있는 한인교회(예장합동)로 이스라엘의 복음의 통로가 되고자 2009년 11월 설립되었다. 유학생, 자원봉사자, 선교사, 평신도, 유대인, 외국인 등 인종을 초월해 하나님께 예배드리고 있다. 이스라엘샬롬교회는 첫째, 한국인들이 예배를 통해 하나님을 만나고, 둘째, 유대인과 팔레스타인들에게 복음을 전하고 셋째, 유대인과 팔레스타인의 연약한 교회를 지원해 든든히 서게 하는 비전을 갖고 있다.

담임으로 섬기는 장세호 목사(Ph.D 과정)는 총신대를 졸업하고, 히브리대학교에서 공부하던 중 2002년 7월 31일 프랑크 시나트라 구내 식당에서 터진 폭탄 테러로 50%의 화상과 갈비뼈, 대장을 심하게 다쳐, 25일간의 무의식 중, 6번에 걸친 대수술 끝에 의식이 회복되었다. 1여 년간의 작업치료와 물리치료로 회복되어 하나님의 제2막 인생을 살고 있다.

- 교회후원: 1002-541-917370(우리은행, 예금주: 장세호)
- 교회홈피: http://israelshalom.onmam.com
- 이메엘: ieremiahu@hanmail.net (선교, 히브리대학교 유학 문의)
- 샬롬센터: ezinkim@gmail.com (성지순례 숙소 문의)

차 례

〈표의 순서〉

〈그림의 순서〉

〈사진의 순서〉

하나님의 구원 역사

창세기

그리심

창세기는 왜?

1. 창세기 기록의 필요성

창세기는 인류가 잃어버렸던 기원(창조, 죄, 문화, 홍수, 민족, 언어, 구원 등)에 대한 역사 기록이다. 창조와 함께 시간과 공간, 역사는 시작되었다. 하나님은 시공간과 인류의 역사에 찾아와 인간과 함께 하시며, 놀라운 일들을 펼치셨다.

그렇다면, 하나님은 왜 창세기를 주셨을까? 첫째는 출애굽한 이스라엘 민족에게 잃어버린 과거의 역사를 주심으로써 그들의 정체성을 찾고, 여호와 하나님이 누구신가를 알게 하려는 목적이다. 둘째는 동일하게 예수 그리스도를 통해 구원 받은 온 인류에게 가르치고자 하시는 하나님의 의도에 있다.

이스라엘은 출애굽 과정에서 여호와 하나님의 능력을 체험했다. 열 가지 재앙(출 7:14-12:30). 갈라진 홍해(출 14:1-31). 이 재앙들은 파라오(Pharoh)와 이집트 백성들, 그들이 섬겼던 신들(gods)에 대한 심판이었다. 민수기 33장 4절에 "여호와께서 그들의 신들에게도 벌을 주셨더라"라고 말씀하심으로써 출애굽 10가지 재앙은 단순한 자연재앙이 아닌 이집트의 신들에 대한 심판으로 '진정한 하나님은 누구인가'를 선포한 사건이었다. 그렇다면, 출애굽 10가지 재앙과 신들의 심판의 내용은 무엇일까?

〈출애굽과 이집트 신들〉

첫째는 피 재앙으로, 이집트의 나일 강(Nile river)[1], 모든 물들, 강들, 운하, 못, 모든 호수가 피로 변해 이집트 사람들은 나일 강 물을 마시지 못했고, 물고기는 죽고, 물은 악취가 났다(출 7:14-25). 피 재앙은 이집트인들이 숭배했던 나일 강의 신들 하피(Hapy, Hapi)[2], 크눔(Khnum)[3], 오시리스(Osiris)[4]와 하토르(Hathor)[5]와 네이트(Neith, Neit)[6]에 대한 심판이었다. 그 신들에 의해 보호받던 물과 물고기들의 죽음은 이집트인들이 신으로 숭배했던 우상들이 얼마나 헛된 것인가를 보여주며, 오직 여호와 하나

---

1) 이집트에 있어 나일 강은 생명의 젖줄이다. B.C 5세기 헬라의 역사학자 헤로도투스(Herodotus)는 "이집트는 나일 강의 선물"이라고 표현했다. 나일 강은 6,632Km의 길이로 세계에서 가장 긴 강이다. 나일 강은 6개의 폭포지대를 지나고, 일정한 홍수 형태를 가진다. 7월부터 시작되는 홍수는 10월에 절정을 이루고, 이후 서서히 물이 줄어 다음해 3월, 봄 파종기에 범람했던 물이 빠져 비옥한 땅을 제공해 풍요로운 농사를 가능하게 했다. 가나안에 기근이 들었을 때 나일 강의 풍부한 물을 찾아 아브람은 이집트로 들어갔다(창 12:10).

2) 하피(Hapy 또는 Hapi)는 나일 강의 주기적 범람을 상징하는 신이었다. 나일 강의 범람은 많은 퇴적을 쌓았으며, 쌓여진 퇴적은 기름진 땅을 만들어 주기 때문에 하피는 농작의 신으로 숭배 받았다. 이집트인들은 나일강물이 불어나는 것은 하피의 뜻이고, 나일 강이 줄어드는 것은 하피의 불만 때문이라고 믿었다.

3) 크눔(Khnum)은 카타락트(폭포지대)의 나일 강의 신이며, 다산(多産)과 창조(創造)의 신이다.

4) 오시리스(Osiris)는 땅의 신 겝(Geb)과 하늘의 신 누트(Nut)의 5남매 중 첫째로, 여동생 이시스(Isis)와 결혼했다. 여동생 네프티스(Nephthys)는 4째 세트(Seth)와 결혼했다. 오시리스는 동생 세트에 의해 살해되고, 시신은 14조각으로 땅에 뿌려졌고, 이시스와 네프티스는 남근을 제외한 조각을 모아 땅에 묻어 주었다. 오시리스의 남근은 그에게 생명을 주었고, 지하세계의 통치자와 재판관이 되었다. 그의 아들 호루스는 세트를 죽이고, 왕이 되었다. 이집트인들은 오시리스를 죽은 자들의 지배자로, 식물의 싹을 틔우는 것부터 나일 강의 연례적인 범람하는 것까지 오시리스가 관장하는

Khnum

Hapy

Osiris

Hathor

님만이 생명의 주요. 주권자임을 알리신 기적이었다. 그림들[7]은 이집트 신들이다.

둘째는 개구리 재앙으로, 수많은 개구리(frog)가 나일 강에서 나와 이집

것으로 믿었다. 이집트인들은 오시리스를 최고의 신으로 추앙했고, 제5왕조(B.C 2500년)때부터는 죽은 파라오를 오시리스로 동일시했다. BC 2000년경부터는 왕뿐 아니라 모든 사람들이 죽으면 오시리스가 된다고 믿었다.

5) 하토르(Hathor)는 태양신 라(Ra)의 딸로, 오시리스와 이시스의 아들인 호루스(Horus)의 아내. 하토르는 사랑과 미, 모성, 기쁨의 여신이다.

6) 이집트 선왕조의 수도로, 나일 강 델타 서쪽에 있는 사이스(Sais)의 수호신이었다. 후에는 전쟁과 수호의 여신이 되었다. 고대 이집트는 서쪽을 죽음의 땅을 상징했기 때문에 그녀를 저승의 여주인으로 보았다.

7) 이집트 신들의 사진, 그림들은 http://en.wikipedia.org, www.gogle.com, www.yahoo.com 등에서 가져왔다.

Neith

Heqet

트 온 땅을 덮었다(출 8:1-15). 개구리 재앙은 나일 강이 가져다주는 풍요로운 곡식과 다산의 상징으로 보통 개구리 머리를 가진 여성으로 묘사되는 헤켓(Heqet)[8]과 이시스(Isis)[9]에 대한 심판이었다. 이집트인들은 개구리를 신성한 신으로 숭배했다. 그러나 개구리는 더 이상 풍요가 아닌 고통과 악취만을 주는 존재가 되었다. 흥미로운 것은 이집트의 요술사(술객)들

Isis 신전

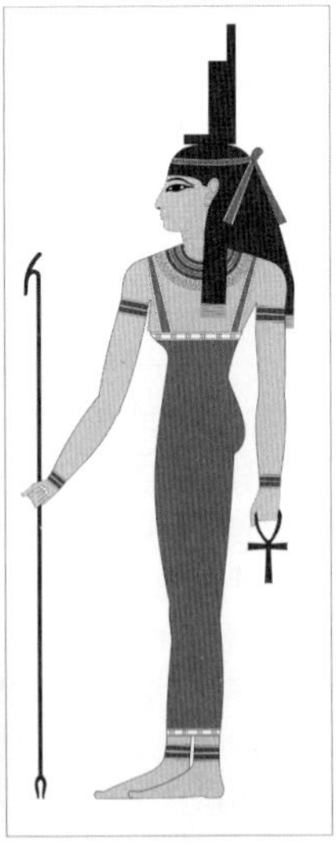

Isis

도 그들의 술법으로 피와 개구리의 재앙을 흉내 냈다는 것이다(출 7:22, 8:7). 문제는 요술사가 해야 할 일은 파라오와 신하들, 이집트인들에게 고통을 안겨다 주는 피와 개구리들을 없애야 하는 것이지, 그것들을 만들어 내는 술법이 아니었다. 요술사들은 하나님의 초자연적인 능력을 막아낼 수 없는 자들이었다.

셋째는 이 재앙으로 땅의 티끌이 이집트 온 땅에서 이(lice, gnats, mosquitoes)로 변했다(출 8:16-19). 이는 이집트 온 땅의 사람과 가축에게 올랐다(출 8:17). 요술사들도 자기 요술로 똑같이 이를 생기게 하려 했지만 할 수 없었다(출 8:18). 이 때 요술사들은 파라오에게 "하나님의 권능입니다"라고 고백했다(출 8:19a). 이 재앙을 통해 온 땅의 주인이 오직 여호와 하나님임을 알리셨다. 하나님은 땅의 창조주였다.

넷째는 파리(fly) 떼 재앙으로(출 8:20-32), 파라오의 궁과 신하들의 집, 이집트 온 땅이 파리로 황폐하게 되었다(출 8:24). 파리 재앙부터 이스라엘이 살고 있던 고센 땅은 구별되어 재앙이 임하지 않았다(출 8:22). 파리 재

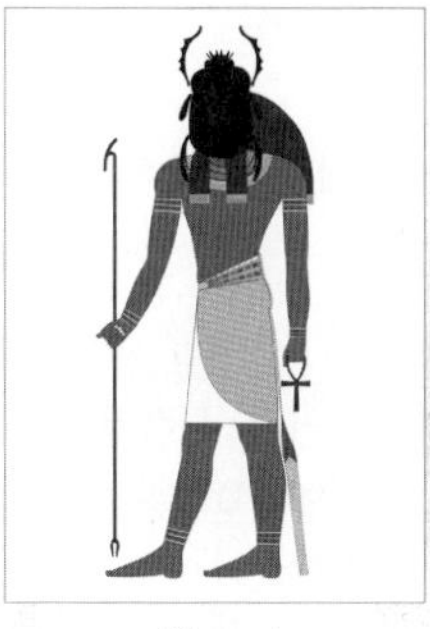

Khepri

Khepri scarab

---

8) 고대 이집트에서 헤켓(Heqet)은 개구리 모습으로 묘사되며, 생명과 다산의 여신이다. 나일 강이 범람한 후에 수많은 개구리들이 번식한다. 그래서 이집트인들은 개구리를 다산의 상징으로 생각했다. 또한 헤켓은 나일강의 신 크눔의 부인으로 묘사되기도 했다.

9) 이시스(Isis)는 땅의 신 겝(Geb)과 하늘의 신 누트(Nut)의 딸로, 오빠 오시리스의 아내이며, 호루스의 어머니이다. 신성한 어머니로 숭배되었다. 이후 그리스-로마 시

앙은 이집트인들이 좋아했던 케프리(Khepri)라는 쇠똥구리(scarab, dung beetle)의 심판을 상징한다. 쇠똥구리는 쇠똥을 땅에 묻음으로 파리들이 쇠똥에 알을 낳고, 구더기로 자라 파리가 되는 것을 막았다. 파리 재앙은 쇠똥구리 신들의 역할에 대한 실패를 보여준다.

다섯째는 가축들[10]에게 돌림병(악질)이 임하는 재앙으로 이스라엘 자손의 가축을 제외한 이집트의 모든 가축이 죽는 재앙이었다(출 9:1-7). 하나님은 돌림병으로 신성한 황소 신인 아피스(Apis)[11]와 암소 모양의 어머니

Apis

Mnevis B.C 2-3세기 청동상

대에도 널리 숭배되었는데 자연과 음악의 여인 같은 이상적인 어머니, 부인으로 숭배되었다. 이시스는 노예, 죄수, 예술가, 탄압받는 이들의 친구이고, 부자와 처녀, 귀족, 통치자들이 기도를 듣는 자였다. 이시스는 모성, 마술, 다산(fertility)의 여신이었다.

10) 말, 나귀, 낙타, 소, 양은 식량, 우유, 의복과 운송을 제공 한다

11) 장인(匠人)의 신이며, 가축의 신인 프타(Ptah)는 하늘의 불로 변하여 검은 소를 탄생시켰다. 이마에는 흰 삼각형 무늬가 있고, 꼬리는 끝이 둘로 갈라졌는데 이 성스러운 소가 아피스(Apis)였다. 이집트 전역에서 숭배되었다. 특별히 멤피스에서 주로 신성한 소가 사육되고 숭배되었다. 죽은 후에는 미라로 만들어져 지하묘지에 매장되었다. 그리스인들은 아피스가 죽어 오시리스와 결합해 세라피스가 되었다고 믿었기 때문에 멤피스를 세라피움(Serapium)이라고 불렀다.

12) 음네비스(Mnevis: Mnewer)는 이집트의 고대도시인 헬리오폴리스의 우두머리 신인 아툼-라(Atom-Ra)의 모습을 하고 있고, 살아있는 황소와 동일시된다. 음네비스는 종종 태양신 라의 상징으로 그려지기도 한다.

여신으로 다산의 상징인 하토르(Hathor), 또 다른 다산의 상징인 황소 신 음네비스(Mnevis: Mnewer)[12], 암소지만 머리에 뿔을 가지고 있는 신들의 여왕 이시스(Isis)의 심판을 상징한다. 이들 신들은 더 이상 이집트인들에게 다산의 신으로, 행복을 가져다주는 신이 아니다. 단지 하나님의 심판에 무력한 존재들이었다.

여섯째 악성종기(독종) 재앙은 화덕의 재 두 움큼으로부터 이집트 온 땅에 악성 종기가 요술사들부터 이집트 모든 사람들에게 생겨났다(출 9:8-12).

Heka

Thoth

악성 종기 재앙은 마술(magic)과 치료의 신들인 헤카(Heka, Hike), 토트(Thoth, Imhotep)[13] 등의 심판이었다.

일곱째 우박 재앙(출 9:13-35), 여덟째 메뚜기(바람에 불려온) 재앙은 곡물들과 식물들을 파괴했다. 이 두 재앙은 날씨를 주관하고 있다고 생각했던 신들 태양신 라(Ra)의 쌍둥이 남매, 공기의 신 슈(Shu)와 그의 여동생이며 아내인 습기, 이슬, 세계 질서의 여신 테프눗(Tefnut, Tefenet, Tefnet), 하늘

13) 따오기 머리 사람(Ibis-headed man), 또는 비비의 머리를 한 토트(Thoth, Imhotep)는 지식, 과학, 언어, 서기, 시간, 달의 신이다. 태양신 라(Ra)의 혀와 심장의 역할을 했다.

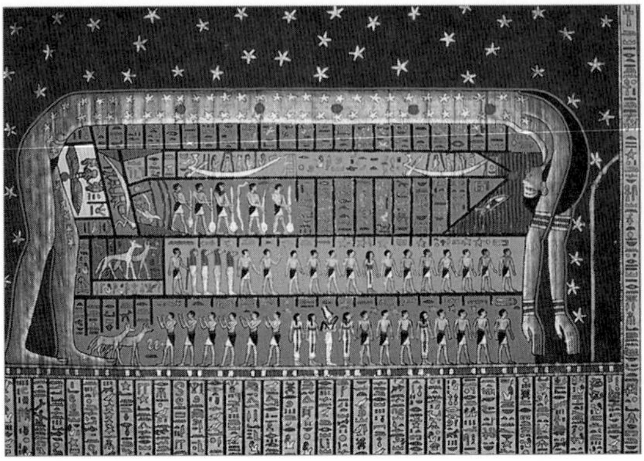
Nut

Tefnut

Shu

Geb

Seth

의 신 누트(Nut) 등과 같은 신들에 대한 심판이었다. 곡물들의 손실은 초목, 농사, 수확의 신들 겝(Geb), 셋(Seth) 등을 무기력하게 만들었다.

아홉째 흑암의 재앙은 이집트 최고의 신인 태양신 라(Ra)[14)], 아몬-라(Amon-Ra)에 대한 심판이었다. 이집트인들은 이들이 땅에 빛과 따뜻함을 가져다주는 것으로 믿었다. 또한 호러스(Horus), 세커(Seker, Sokar, Sokaris), 케프

Horus

Horus 석상

리(Khepri), 무트(Mut, 고대 이집트 언어의 의미는 어머니), 누트(Nut) 등과 같은 하늘 신들도 여호와 하나님께서 내리신 암흑의 재앙 앞에는 무력한 존재에 불과했다.

열째 장자의 죽음 재앙은 파라오의 신성을 심판한 것이다. 이집트인들은 파라오를 생명을 주는 오시리스(Osiris) 신과 태양신의 화신(incarnation)으로 믿었다. 파라오의 임무는 신들의 은총을 유지하고, 질서의 여신 마트(Ma'at)[15]의 법을 집행하는 것이다. 그러나 하나님의 심판 앞에 파라오는

---

14) 라(Ra)는 고대 이집트 제5왕조 때부터 주신으로 숭배 받았다. 라는 낮과 정오의 태양신이었고, 아침은 케프리, 저녁에는 아툼이라고 불렸다. 라는 헬리오폴리스(태양의 도시)에서 주로 숭배되었고, 후기 왕조에는 호루스와 합쳐져 '라-호라크티' (Ra-Horakhty)라고 불렸다. 라는 파라오를 보호하고, 왕권을 상징했다.

15) 마트(Ma'at)는 법, 정의, 조화, 진리, 지혜의 여신으로 머리에 꽂힌 깃털이 그녀의 상징이다. 라(Ra)의 딸이며 토트(Thoth)의 아내이다.

Ma'at

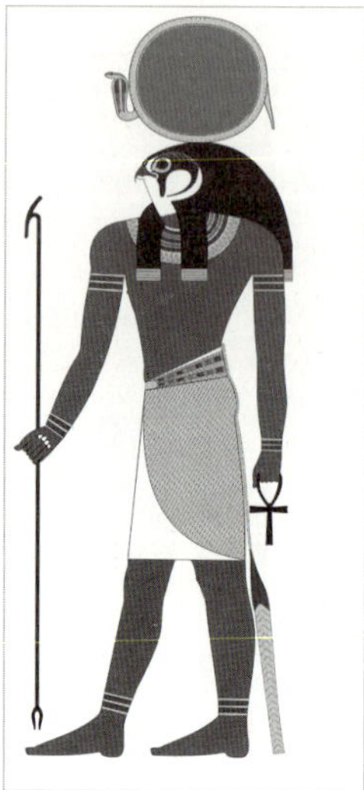

Ra

자기 아들의 죽음도 막지 못하는 무능한 인간으로 드러났다. 그의 아들은 신성한 통치자의 자리를 계승할 자였다. 그래서 이집트 땅의 어떤 아들과도 다른 아들이었다. 그러나 여호와께서 보내신 죽음의 사자 앞에서 아들을 구하지 못했다. 파라오도 단지 인간일 뿐이었다.

이스라엘은 시내산(Mt. Sinai)에서 하나님의 영광과 임재를 보았으며, 율법을 수여 받았다(출 19:16-25). 그들은 40년간 하나님께서 주시는 만나와 메추라기(출 16:8-36), 반석에서 터져 나오는 생수를 먹었다(출 17:6; 민 20:8-11). 아말렉과 전쟁에서 하나님의 승리를 경험했다(출 17:8-16). 이스라엘 민족은 40년 광야 생활 동안 전능하신 하나님을 체험했다. 그들은 전능하신 하나님을 체험할수록 '우리는 누구인가?' 에 대한 정체성에 대해 의문을 가졌다.

그들은 분명 민족의 정체성을 알고 있었다. 그들은 아브라함에게 베푸신 언약의 후손이었다(출 2:23-5). 그러나 이스라엘은 430년 동안 이집트의 문화와 신화들 속에 살아왔다. 여호와의 신앙은 있었으나 그들의 삶을 지배했던 문화는 이집트의 문화였고, 이집트 신들의 이야기뿐이었다. 그들은 출애굽과 광야 생활을 거치면서, 지금 우리를 인도하시는 여호와 하나님은 어떤 분인가? 우리는 어디서 왔으며, 하나님은 왜 우리를 택하셨는가? 왜 우리를 가나안 땅으로 인도하시는가에 대한 의문을 가질 수밖에 없었다. 왜냐하면, 출애굽의 시작이 하나님께서 아브라함에게 베푸신 언약을 기억하시고, 그들을 이집트에서 이끌어 내셨기 때문이다.

"여러 해 후에 이집트 왕은 죽었고 이스라엘 자손은 고된 노동으로 말미암아 탄식하며 부르짖으니 그 고된 노동으로 말미암아 부르짖는 소리가 하나님께 상달된지라 하나님이 그들의 고통 소리를 들으시고 하나님이 아브라함과 이삭과 야곱에게 세운 그의 언약을 기억하사 하나님이 이스라엘 자손을 돌보셨고 하나님이 그들을 기억하셨더라" (출 2:23-25).

하나님은 광야에서 모세에게 창세기를 주심으로써 이스라엘 자손들과 죄인들의 후예인 인간들이 상실해 버렸던 과거를 말씀해 주셨다. 우주 만물의 기원, 인류의 기원, 문화(음악, 기술 등), 언어 등은 어떻게 시작되었을까? 고대근동의 여러 나라에 있던 창조 설화와 하나님의 창조는 어떻게 다른가? 누가 진정한 창조주인가? 고대근동의 홍수설화는 만들어진 이야기인가? 역사적 사실인가? 홍수는 어떻게 시작되었고, 그 결과는 무엇인가? 그 교훈은 무엇인가? 이스라엘 족속의 기원은 어떻게 시작되었는가? 또한 창세기에서 하나님의 구원 역사는 어떻게 흐르고 있는가? 어떤 역할을 하는가? 등등. 하나님은 창세기를 통해 이 모든 비밀을 밝히신다.

2. 창조는 How가 아닌 Why

성경에 등장하는 창조 기사의 기록 목적은 하나님께서 '어떻게' (How) 창조하셨는가에 있지 않다. 반대로, 하나님께서 '왜' (Why) 천지를 창조하셨는가에 있다. 만일, '하나님께서 천지를 어떻게 창조하였는가?' 에 목적을 두고 창세기를 기록했다면 어떻게 될까?

첫째, 창조 정보의 양을 생각해 볼 수 있다. 아주 작은 DNA를 생각해 보자. 현대 과학으로도 인간의 DNA의 정보(내용, 역할 등), 게놈지도 (genetic map) 등의 정보를 저장하고, 알기 위해서는 거대한 용량의 메모리(memory)를 가진 슈퍼 컴퓨터(super computer)가 필요하다. (지금도 마찬가지겠지만) 하물며 하나님께서 약 3,500년 전, 후기 청동기 시대에 살고 있던 모세에게 (아직도 너무 불완전하지만) 21세기 과학적 지식으로 천지 창조의 비밀을 설명하셨다면 어떻게 되었을까? 천지창조의 비밀을 듣고 있던 모세는 하나님의 말씀을 이해할 수 있었을까? 하나님께서 창조를 물리학, 생태학, 생물학, 수학, 과학으로 설명을 하셨다면, 모세와 히브리인들은 어떻게 되었을까? 모두 정신병원에 입원했거나 너무 어려운 여호와 하나님을 믿지 않고 거부했을 것이다. 차라리 눈에 보이고, 이해하기 쉬운 이집트 신들을 섬기는 것이 편했을 것이다.

둘째, 창조의 비밀을 무엇에(어디에), 어떻게 적어야 할까? 당시 성경은 소나 양가죽 또는 파피루스에 기록했다. 만일, 어떻게 창조했는가에 대한 비밀을 가죽이나 파피루스에 기록했다면 그 분량을 상상할 수 있을까? 결론적으로 창조 기사들이 그렇게 짧게 기록된 이유는 바로 창조가 '어떻게'(How)가 아닌 '왜'(Why)에 초점을 두고 기록했기 때문이다. 하나님은 왜 우주만물을 창조했으며, 인간을 창조했는가에 대한 목적을 창세기와 이후 성경을 통해 말씀하셨다.

3. 창조: 하나님의 선포, 인간의 찬양

성경에 하나님의 창조 기사는 두 가지 방향으로 기록된다. 첫째, 하나님의 측면에서 '창조의 선포'이다. 하나님은 창조를 말씀하실 때 자신의 전능성과 창조주로써의 주인됨을 말씀하셨다(출 31:13-17; 신 4:32; 사 17:7; 40:26-41:4, 45:9, 18; 슥 12:1; 암 4:13; 행 17:24 등. 특별히 이사야는 불신앙에 빠진 백성들에게 창조주 하나님에 대한 말씀을 많이 전한다.). 하나님은 이스라엘과 모든 사람들에게 자신이 창조주요, 주인임을 잊지 말 것을 강조하셨다. 둘째, 인간의 측면에서 '하나님의 창조에 대한 찬양'으로 이루어진다. 하나님의 무한하신 능력을 찬양하며, 나와 함께 하시는 하나님, 나의 모든 삶의 주인, 모든 문제를 해결해 주시는 분이라는 것을 믿음으로 찬양하며, 고백했다

(대하 2:12; 욥 34:19; 시 89:6; 95:6; 100:3; 잠 17:5; 전 12:1 등. 특별히 시편 전체에서 창조주 하나님에 대한 신앙고백이 등장한다).

> "주의 손가락으로 만드신 주의 하늘과 주께서 베풀어 두신 달과 별들을 내가 보오니 사람이 무엇이기에 주께서 그를 생각하시며 인자가 무엇이기에 주께서 그를 돌보시나이까"(시 8:3-4) : 창조주에 대한 신앙고백

> "대저 여호와께서 이같이 말씀하시되 하늘을 창조하신 이 그는 하나님이시니 그가 땅을 지으시고 그것을 만드셨으며 그것을 견고하게 하시되 혼돈하게 창조하지 아니하시고 사람이 거주하게 그것을 지으셨으니 나는 여호와라 나 외에 다른 이가 없느니라"(사 45:18) : 창조주의 선포

하나님께서 이미 우주와 그 속에 존재하는 수많은 은하를 창조하셨기 때문에 우리는 창조된 우주를 탐구하면서 하나님의 놀라운 창조의 솜씨를 감탄하며, 감사로 고백할 뿐이다.

창세기 1장

창조주 하나님(창 1:1)

하나님은 어떤 분이실까? 하나님의 속성에 대해 성경은 영원하신 분(신 33:27; 사 40:28; 롬 16:26), 처음이요 마지막(사 44:6; 48:12). 창조되지 않고, 스스로 계시는 존재자(출 3:14), 영(요 4:24), 능력을 행하는 자(신 3:24). 거룩하신 자(레 11:44-45; 벧전 1:16), 전능하심(창 28:3; 43:13; 욥 8:3; 시 50:1; 91:1; 사 9:6). 우리의 아빠와 아버지(마 5:48; 6:1, 4, 6; 롬 8:15; 갈 4:6). 사랑(요일 4:8). 구원자(삼하 22:3), 언약을 베푸시는 주(창 6:18; 9:9; 15:18), 심판자(창 18:25; 삿 11:27; 시 75:7; 히 12:23), 죄에 대해 진노하는 자(나 1:2-8), 인자하시며, 오래 참으시는 자(창 19:19), 질투하시는 자(출 20:5; 출 34:14), 영원한 왕(렘 10:10), 모든 것을 아시는 전지자(全知者, 욥 9:4; 12:13; 단 2:20) 등으로 소개했다.

그렇다면, 하나님은 가장 처음 자신을 어떻게 소개할까? 창세기 1장 1절에 "태초에 하나님이 천지(天地)를 창조하시니라"(창 1:1)라고 기록함으로써 영원한 자이며, 창조주라고 소개하셨다.

영원(timeless)이란 무엇일까? 영원은 시간이 없음, 시간에 지배되지 않음이다. 영원에 시간이란 단어는 무의미하다. 그래서 하나님께는 천년이 지나간 밤의 한 경점 같고(a watch in the night, 시 90:4), 하루가 천년 같고, 천년이 하루 같은 것이다(벧후 3:9). 또한 하나님은 스스로 존재하는 영(the Spirit)이시기 때문에 시간에 지배 받지 않는다.

시간은 불변하는 개념일까? 불변하는 시간은 없다. 영원은 시간의 존재 자체가 무의미하다. 시간은 창조와 함께 존재하기 시작했다. 우리가 인식하는 시간 개념은 지구의 자전(rotation)과 공전(revolution) 때문에 생겨난 하루 24시간, 1년 365일이다. 각 나라마다 지구가 태양을 공전하는데 걸리는 시간 365.25일을 1년으로 계산하는 태양력(solar calendar)과 달의 삭망을 주기로 날을 헤아리는 태음력(lunar calendar)을 사용한다. 그러나 음력은 달이 삭망하는 1개월이 12번을 거듭해도 정확하지 않기 때문에 음력을 보완하여 태양태음력(lunisolar calendar)을 사용한다. 만일, 지구의 자전과 공전의 횟수가 다르다면, 우리가 인식하는 시간의 개념은 새롭게 정립해야 한다.

그렇다면, 무엇을 기준으로 정확한 시간을 정할 수 있을까? 시계를 가지지 않고 캄캄한 동굴 속에서 눈을 감고 있다고 가정할 때 과연, 그는 시간을 측정할 수 있을까? 지구에 자전과 공전이 없다면? 또한 블랙홀(black hole)과 같은 곳에서 시간은 의미가 있을까? 우리가 인식하는 시간은 지구에 사는 우리들에게만 의미가 있다. 더욱이 시공간(時空間)에 지배되지 않는 영적(靈的) 세계에서 시간은 더 이상 의미가 없다. 태어나면 죽어야 하고, 시간이 지나면 늙고, 병드는 육체를 가지지 않는 영혼(靈魂)은 시간에 지배받지 않는다. 하나님은 영이시기 때문에 시간의 지배를 받지 않는다. 오히려 하나님은 시간을 초월한 처음이고, 마지막이다.

둘째, 하나님은 자신을 창조주(the Creator)라고 소개한다(창 1:1). 창조주는 성경 전체에서 가장 중요한 하나님의 정체성이다(창 1:1-2:7; 6:7; 출 31:17; 신 4:32; 욥 4:17; 시 51:10; 전 12:1;사 40:21; 사 40:28사 42:5; 막 10:6; 엡 3:9 등). 창조주는 하나님의 능력을 말해준다. 하나님은 우주만물을 창조하는 능력을 가지고 있다.

창조주는 그리스도인들에게 있어 가장 중요한 신앙적 지식이다. 인생(人生)은 고난의 연속이다. 많은 사람들이 인생은 고해(苦海)라고 정의한다. 그러나 그리스도인들은 삶에서 만나게 되는 환난과 고난, 문제들 앞에서 당당할 수 있다. 왜냐하면, 전능하신 창조주 하나님은 그리스도인들이 만난 그 어떤 고난과 문제도 해결해 주실 수 있는 능력을 가지신 분이기 때문이다. 그러므로 창조주 하나님은 개념의 문제가 아닌 실제의 문제이며, 믿음의 문제이다.

태초에(창 1:1)

태초에 하나님이 천지를 창조하셨다. '태초'의 히브리어 레쉬트(רֵאשִׁית)는 '최초', '처음'이라는 의미이다. '태초에'(בְּרֵאשִׁית)는 '태초'(רֵאשִׁית) + '…안에'(in)라는 전체사 베(בְּ)가 붙여진 것이다. 창세기의 히브리어 이름은 '태초에'라는 베레쉬트(בְּרֵאשִׁית)이다. 70인역(LXX)은 베레쉬트를 '기원'이라는 의미를 가진 헬라어 게네시스(γένεσις)로 번역했다. 라틴역(Vulgate)은 게네시스를 그대로 음역하였고, 영어는 라틴역을 따라 Genesis가 되었다. 국역 창세기(創世記)라는 의미도 '세상의 시작, 기원을 기록한 책'이라는 의미를 담고 있다.

하나님: 엘로힘(창 1:1)

하나님은 히브리어로 엘로힘(אֱלֹהִים)이다. 성경의 주인공은 하나님이다. 그러므로 성경의 첫 페이지, 창조의 첫 주어는 하나님일 수밖에 없다. 엘로힘은 명사의 복수형이기 때문에 일반적인 '신들'(gods)을 의미한다(창 31:30; 25:2; 출 12:12; 23:24; 룻 1:15; 왕하 5:17; 대하 7:22 등). 그러나 여호와 하나님을 지칭할 때는 복수형이 아닌 단수로 사용된다. 이를 장엄복수(莊嚴複數)라 한다. 복수 형태를 가지지만 단수의 개념이다. 일반적 신(god)이나 신들(gods)이 아닌 한 분 고유의 신(God)이다. 창조주 하나님(אֱלֹהִים)은 이스라엘만의 하나님만이 아니라 천지 만물, 온 인류의 하나님이다.

하늘과 땅(창 1:1)

천지(天地)는 그 하늘들(하샤마임 הַשָּׁמַיִם)과 그 땅(하에레쯔 הָאָרֶץ)이다.[16] 히브리어 성경(영어 번역본도)에 하늘(heavens)을 복수로, 땅(earth)은 단수로 기록됐다. 땅은 지구의 땅을 의미하므로 단수이고, 하늘은 두개의 하늘(궁창)으로 나눠지기 때문에 복수로 기록한다. 첫째 하늘(the firmament Heaven)은 우리가 땅에서 바라보는 파란 하늘(대기권), 둘째 하늘은 대기권 밖 우주이다(창 1:6-8, 14-17). 창세기 1장은 이 두 궁창에 대한 정확한 위치와 내용을 기록하고 있다. 궁창과 궁창 사이에는 물이 존재했다. 또한 창조에는 포함되지 않지만, 성경에는 셋째 하늘인 영원한 천상의 세계를 소개한다. 특별히 예수님께서 말씀하시는 '하늘' 은 영원한 하나님의 나라를 표현 한 것이다(마 5:16; 5:38; 6:1-10; 6:20 등). 사도 바울도 그리스도인은 이 천국에 속해 있다고 말한다(고전 15:40, 47, 48; 고후 5:1, 2; 갈 1:8; 엡 1:3 등). 재림 이후 영원한 천국을 하늘에 있는 곳으로 표현한다(계 3:12; 4:1; 5:3; 21:2).

창조: 바라(창 1:1)

'창조' 라는 히브리어 단어 바라(בָּרָא)는 독특한 단어이다. 이 단어는 '무(無)에서 유(有)의 창조' (create ex nihilo)를 의미한다. 그래서 바라의 주어는 항상 여호와 하나님이다. 이방 신들의 '창조' 나 '행함' 에는 사용되지 않는데 오직 여호와 하나님만이 무에서 유를 창조하실 수 있기 때문이다.

흑암(창 1:2)

하나님은 흑암(darkness) 중에 빛을 창조하셨다(창 1:2, 3). 하나님은 빛

---

16) 창세기 1장 1절의 히브리어는 בְּרֵאשִׁית בָּרָא אֱלֹהִים אֵת הַשָּׁמַיִם וְאֵת הָאָרֶץ 이다.

과 어둠을 나누면서 빛을 낮이라 어둠을 밤이라 칭하셨다(창 1:4-5). 창조 때부터 지금까지 빛과 어둠이 양분된다. 흑암은 어둠의 의미뿐 아니라 혼돈의 상태를 의미한다. 땅은 혼돈하고 공허하며 흑암이 깊음 위에 있었다(창 1:2). 하나님은 하늘들과 땅을 창조하셨지만, 아직 아무것도 없는 공허(보후 בֹּהוּ)한 상태였다. (일반적 빅뱅이론 등 우주 기원설과는 너무나 다르게) 우주 공간에는 아직 지구 외에는 창조된 해, 달, 별들이 없는 텅 빈 공간으로 남아 있다. 우주는 흑암의 혼돈 상태였다. 혼돈의 히브리어는 토우(תֹּהוּ)로 '혼란', '무질서'를 의미한다.

진화론은 진리일까?

진화론에 젖어 있는 사람들은 하나님의 창조에 대해 믿지 못한다. 그들은 진화론(the theory of evolution)을 불변의 진리로 오인(誤認)한다. 불신자들과 진화론자들은 그리스도인들에게 '창조의 증거', '과학적 증거'를 보여 달라고 말한다. 많은 그리스도인은 과학적 증거라는 말에 주눅이 들어 하나님의 창조에 대해 자신 있게 설명하지 못한다. 그러나 그리스도인들은 '과학적'이라는 말에 오히려 기뻐해야 한다. 왜냐하면, 과학은 창조를 정면으로 부정하지 않기 때문이다. 진화론자들이나 불신자(허무주의자나 무신론자들까지)들은 하나님을 거부하기 위해 과학을 그들의 이론을 주장하는 도구로 사용할 뿐이다. 과학은 믿음과 정면으로 대치되는 영역이 아니다. 과학(자연과학, 우주과학, 사회과학 등)은 창조의 영역이 아니라 탐구의 영역이다. 과학은 무(無)에서 유(有)를 창조할 수 없다. 과학은 하나님께서 창조하신 창조물들에 대한 탐구에 초점을 맞추고 있다. 그래서 발전하는 과학은 하나님께서 창조하신 물질과 세계, 우주에서 지금까지 알 수 없었던 수많은 메카니즘(mechanism)들을 발견할 수 있을 뿐이다. 천문우주과학은 하나님께서 창조하신 우주를 탐구함으로써 과거에 알지 못했던 우주의 비밀들을 알아가는 것이다. 그러므로 달과 화성에 물($H^{2}O$)이나 생명체의 존재유

무(存在有無)가 하나님의 창조를 반박하고, 우주의 자연발생이나 대폭발이론(big bang theory)을 뒷받침하는 증거가 되지 못한다. 지구에 물과 생명체를 창조하신 하나님께서 우주의 그 어디엔가 생명체를 창조했다는 것은 이 성적으로 쉽게 이해될 수 있다(성경은 지구와 그 중심에 있는 인간을 중심으로 기록되었다).

만일, 우주의 기원이 대폭발이론에 의해 설명된다면, 우주의 생성초기 고온을 동반한 거대한 폭발이 있었는데 과연 물과 생명체의 존재를 어떻게 설명할 수 있을까? 우주의 물과 생명체는 언제부터 존재했고, 대폭발이후 어떻게 계속 존재해 왔는가에 대해 어떻게 설명할 것인가?

창조의 순서(창 1:1-2:3)

창조의 순서를 <표-1>와 <표-2>와 같이 요약할 수 있다.

〈표-1〉 창조 순서와 창조물

<table>
<tr><th colspan="3">창조의 대서사시(창 1:1-2:3)</th></tr>
<tr><td>우주와 지구</td><td colspan="2">창조 태초에 하나님이 천지를 창조하심(1절)</td></tr>
<tr><td>지구의 상태</td><td colspan="2">땅이 혼돈하고 공허하며 흑암이 깊음 위에 있고 하나님의 신은 수면에 운행하심(2절)</td></tr>
<tr><td>순서</td><td>창조물 및 분류의 대상</td><td>감탄사</td></tr>
<tr><td>첫째날</td><td>창조 빛(3-5절)
1. 빛과 어둠 나눔(4절)
2. 빛을 '낮', 어둠을 '밤' 이라 칭하심(5절)</td><td>보시기에 좋았더라 (4절)</td></tr>
<tr><td>둘째날</td><td>나눔 궁창(7절)
1.궁창을 사이 두고 물과 물 나눔:
궁창 위의 물과 궁창 아래 물(6-7절)
2.궁창을 '하늘' 이라 칭하심(8절)</td><td></td></tr>
</table>

순서	창조물 및 분류의 대상	감탄사
셋째날	1. 천하의 물이 한 곳으로 모임(9절) 2. 모인 물을 '바다' 드러난 뭍을 '땅' 이라 칭함(10절)	보시기에 좋았더라 (10절)
	창조 땅에서: 풀, 씨 맺는 채소, 열매 맺는 과목을 냄(11-12절)	보시기에 좋았더라 (12절)
넷째날	**창조** 하늘의 궁창의 광명(14절)	보시기에 좋았더라 (18절)
	1.하늘의 궁창의 광명으로 ① 주야(晝夜)를 나눔(14절) ② 징조, 사시(사계절), 일자(day), 연한(year) 생김(14절) ③ 하늘의 궁창에서 땅을 비춤(15절) ④ 큰 두 광명 만드심(태양과 달): 낮과 밤을 주관(16절) ⑤ 별들을 만드심: 땅 비춤(16절) ⑥ 주야를 주관하여 빛과 어둠 나눔(18절): 순수한 '빛' (3절)이 아닌 발광체 (태양과 달, 별들)로 주야를 주관함	
다섯째날	**창조** 1. 땅 위 하늘의 궁창에 새들(20절) 2. 물들에 생물: 물고기, 물의 생물을 각 종류대로(20-21절)	보시기에 좋았더라 (21절)
	그들에게 '복' 을 주어: "생육하고 번성하여 여러 바다 물에 충만하라 새들도 땅에 번성하라" (22절)	
여섯째날	**창조** 1. 땅에 생물을 그 종류대로: ① 육축 ② 기는 것 ③ 땅의 짐승 2. 우리의 형상을 따라 남자와 여자 (26-27절):	보시기에 좋았더라 (25절)
	목적 바다의 고기와 공중의 새, 육축, 온 땅과 땅에 기는 모든 것 다스리게 하심(26절)	

순서	창조물 및 분류의 대상	감탄사
여섯째날	1. 복을 주시며, 생육하고 번성하여 땅에 충만하라, 땅을 정복하라, 바다의 고기와 공중의 새와 땅에 움직이는 모든 것을 다스리라(28절) 2. 온 지면의 씨 맺는 모든 채소와 씨 가진 열매 맺는 모든 나무를 주노니 너희 식물이 되리라(29절) 3. 땅의 모든 짐승과 공중의 모든 새와 생명이 있어 땅에 기는 모든 것에게는 내가 모든 푸른 풀을 식물로 주노라(31절)	보시기에 심히 좋았더라(31절)
일곱째날	**안식** 1. 지으시던 날 일이 다함으로 안식(2:2) 2. 일곱째 날을 복주사 거룩하게 하심(2:3)	
창조 방법	**말씀** 첫째날~넷째날의 창조물들	
	흙 다섯째날~여섯째날: ① 남자(2:7) ② 각종 들짐승, 공중의 새(2:7)	
	갈비뼈 1. 여자(2:21)	

〈표-2〉 창조 대략(요약): 땅과 사람

땅의 상태 (2:5-6)	1. 땅에 비가 내리지 않음 2. 경작할 사람도 없음 ① 들에는 초목이 아직 없음 ② 밭에는 채소가 나지 않음 3. 안개만 땅에서 올라와 온 지면을 적심
인간 창조 (2:7)	1. 흙으로 2. 생기를 그 코에 불어 넣으심으로 생령이 됨

첫째 날: 빛의 창조(창 1:3-5)

하나님은 빛을 창조하셨다(창 1:3). 이 빛은 발광체(태양)가 필요 없는 빛 그 자체였다. 그렇다면, 발광체가 없는 빛이 가능할까? 결론은 가능하다. 이 빛은 하나님으로부터 오는 근원적인 빛이기 때문이다. 예수 그리스도께서 세상의 심판주로 오셔서 세상을 심판하신 뒤 새 하늘과 새 땅에 대해 소개하는 요한계시록은 이 사실을 증명한다.

> "그 성은 해나 달의 비췸이 쓸데없으니 이는 하나님의 영광이 비취고 어린양이 그 등이 되심이라"(계 21:23).

> "다시 밤이 없겠고, 등불과 햇빛이 쓸데없으니 이는 주 하나님이 저희에게 비취심이라 저희가 세세토록 왕 노릇하리라"(계 22:5)

하나님은 '빛'(light)과 '어둠'(darkness)을 나누면서 빛을 '낮'이라, 어둠을 '밤'이라 칭하셨다(창 1:4-5). 저녁이 되며 아침이 되니 첫째 날이 되었다(창 1:5). "저녁이 되며 아침이 되니"라는 말은 시간의 흐름을 말한다. 빛을 창조하실 때 이미 시간은 흐르고 있었고, 빛의 창조가 끝났을 때 저녁이 되었다. 그리고 아침이 되었을 때 온전한 '하루'(one day)가 되었다.

둘째 날: 궁창 사이로 물을 나누심(창 1:6-8)

둘째 날, 하나님은 물 가운데 궁창이 있어 물과 물로 눠게 하리라고 작정하셨다(창 1:6). 하나님은 곧바로 '궁창'(firmament, done, space)을 만드시고, 궁창 아래의 물과 궁창 위의 물로 나뉘게 하셨다(창 1:7). 하나님은 궁창을 '하늘'이라 부르셨다(창 1:8).

> "하나님이 이르시되 물 가운데에 궁창이 있어 물과 물로 나뉘라 하시고

하나님이 궁창을 만드사 궁창 아래의 물과 궁창 위의 물로 나뉘게 하시니 그대로 되니라. 하나님이 궁창을 하늘이라 부르시니라 저녁이 되고 아침이 되니 이는 둘째 날이니라" (창 1:6-8)

하나님은 궁창(穹蒼)을 중심으로 궁창 아래의 물과 궁창 위의 물로 나누었다. 궁창 아래의 물은 지표면(땅) 위의 바다, 호수, 강, 지하수 등의 물이다. 궁창 위의 물은 대기권 밖의 물이다. 우리가 보는 파란 하늘(대기권)이 '궁창' 이다.

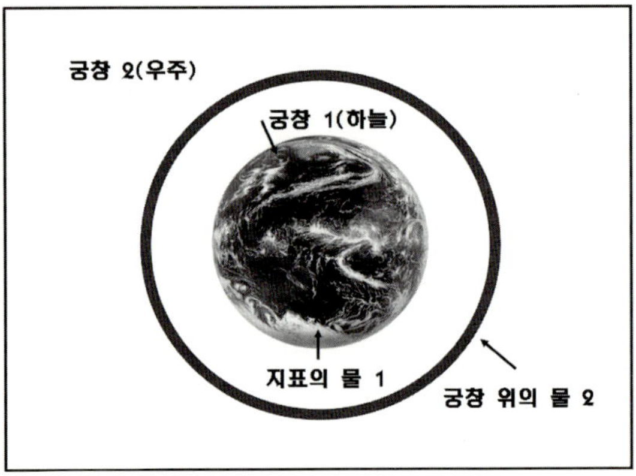

〈그림-1〉 궁창과 물

그렇다면, 지금도 궁창 위의 물이 존재할까? 대답은 '존재하지 않음' 이다. 그 이유는 노아 때 궁창 위의 물들이 비로 쏟아져 홍수가 되었기 때문이다.

"칠 일 후에 홍수가 땅에 덮이니 노아가 육백 세 되던 해 둘째 달 곧 그 달 열이렛날이라 그 날에 큰 깊음의 샘들이 터지며 하늘의 창문들이 열려 사십 주야를 비가 땅에 쏟아졌더라" (창 7:10-12)

노아 홍수가 온 땅을 뒤덮을 수 있었던 이유는 첫째, "큰 깊음의 샘들"

(거대한 지하수, 바닷물, 호수의 물들)이 지표 위로 치솟아 올랐고 둘째, 굳게 닫혀 있던 하늘의 창들(the windows of heaven)이 열려 궁창 위의 거대한 물 층이 폭포처럼 땅에 쏟아졌기 때문이었다.

많은 사람들은 노아 홍수를 믿지 않으려 한다. 왜냐하면, 현재 지표에 존재하는 물로는 온 땅을 덮는 노아 홍수를 일으킬 수 없기 때문이다. 그러나 성경은 깊음의 샘물과 궁창 위의 물이 온 땅을 덮었기 때문에 가능했다고 말한다. 우리는 노아 홍수 때 쏟아지는 비를 종종 경험할 수 있다. 우리나라는 엘리뇨 현상, 기후온난화 때문에 1996년 이전에 경험할 수 없었던 '게릴라성(기습) 집중호우'(국지성집중호우의 하나)를 매년 경험한다. 기상청은 2009년 6월 10일. 1961년부터 48년 간 예보했던 장마예보를 중단했다. 우리는 시간당 100mm 이상의 비가 하늘에서 퍼붓는 게릴라성 집중호우로 인해 몇 시간 만에 강과 하천이 범람하고, 마을과 도시가 홍수로 뒤덮이는 일을 매년 경험한다. 노아 홍수보다 상상조차 할 수 없는 적은 양의 비에도 온 땅이 홍수로 몸살을 앓는데 하물며 "깊음의 샘물"이 터지고, 궁창 위의 물이 쏟아져 내렸다면 어떻게 됐을까? 홍수가 온 대지를 덮을 수 있었음은 충분히 상상할 수 있다. 노아 홍수는 세계에서 가장 높은 8,848m 고도의 에베레스트 산(Mt. Everest) 위로 15규빗(약 6.8m)이나 더 차올랐다.

> "물이 땅에 더욱 넘치매 천하의 높은 산이 다 잠겼더니 물이 불어서 십오 규빗이나 오르니 산들이 잠긴지라"(창 7:19-20)

그렇지만, 또 의문이 든다. 홍수로 가장 높은 산 위로 15규빗 더 높이 물이 덮였었다면, 지구 전체가 물로 뒤 덮었다는 말인데, 지금 그 물들은 어디에 있단 말인가? 성경은 하나님께서 그 물은 마르게 하셨다고 말씀한다.

> "하나님이 노아와 그와 함께 방주에 있는 모든 들짐승과 가축을 기억하

사 하나님이 바람을 땅 위에 불게 하시매 물이 줄어들었고 깊음의 샘과 하늘의 창문이 닫히고 하늘에서 비가 그치매 **물이 땅에서 물러가고 점점 물러가서 백오십 일 후에 줄어들고** 일곱째 달 곧 그 달 열이렛날에 방주가 아라랏 산에 머물렀으며 **물이 점점 줄어들어** 열째 달 곧 그 달 초하룻날에 산들의 봉우리가 보였더라 사십 일을 지나서 노아가 그 방주에 낸 창문을 열고 까마귀를 내놓으매 까마귀가 **물이 땅에서 마르기까지** 날아 왕래하였더라 그가 또 비둘기를 내놓아 지면에서 물이 줄어들었는지를 알고자 하매 온 지면에 물이 있으므로 비둘기가 발 붙일 곳을 찾지 못하고 방주로 돌아와 그에게로 오는지라 그가 손을 내밀어 방주 안 자기에게로 받아들이고 또 칠 일을 기다려 다시 비둘기를 방주에서 내놓으매 저녁때에 비둘기가 그에게로 돌아왔는데 그 입에 감람나무 새 잎사귀가 있는지라 이에 노아가 땅에 물이 줄어든 줄을 알았으며 또 칠 일을 기다려 비둘기를 내놓으매 다시는 그에게로 돌아오지 아니하였더라 육백일 년 첫째 달 곧 그 달 초하룻날에 **땅 위에서 물이 걷힌지라** 노아가 방주 뚜껑을 제치고 본즉 **지면에서 물이 걷혔더니** 둘째 달 스무이렛날에 **땅이 말랐더라**" (창 8:1-14).

과연 가능한 일일까? 인간의 이성으로 생각한다면 불가능한 일이다. 그렇다면, 어떻게 가능할 수 있을까? 창세기는 이미 창조의 하나님으로부터 시작한다. 하나님은 말씀으로 무에서 유를 창조하셨다(*creatio ex nihilo*). 천지를 창조한 창조주의 능력이라면 노아의 홍수는 불가능한 것이 아니다. 성경은 '어떤 눈으로 보느냐' 가 중요하다. 믿음은 인간의 이성을 초월한다. 믿음의 눈은 인간의 세계가 아닌 하나님의 세계를 보게 한다. 진리를 깨닫게 한다. 그러므로 믿음은 진리인 성경을 깨닫게 한다. 사도 바울은 고린도전서 2장에서 이 사실을 밝히 보여 준다.

"너희 믿음이 사람의 지혜에 있지 아니하고 다만 하나님의 능력에 있게 하려 하였노라. 그러나 우리가 온전한 자들 중에서는 지혜를 말하노니 이는 이 세상의 지혜가 아니요. 또 이 세상에서 없어질 통치자들의 지혜도 아니요. 오직 은밀한 가운데 있는 하나님의 지혜를 말하는 것으로서 곧 감추어졌던 것인데 하나님이 우리의 영광을 위하여 만세 전에 미리 정하신 것이라 오직 은밀한 가운데 있는 하나님의 지혜를 말하는 것으로서 곧 감추어졌던 것인데 하나님이 우리의 영광을 위하여 만세 전에 미리 정하신 것이라. 이 지혜는 이 세대의 통치자들이 한 사람도 알지 못하였나니 만일 알았더라면 영광의 주를 십자가에 못 박지 아니하였으리라. 기록된 바 하나님이 자기를 사랑하는 자들을 위하여 예비하신 모든 것은 눈으로 보지 못하고 귀로 듣지 못하고 사람의 마음으로 생각하지도 못하였다 함과 같으니라. **오직 하나님이 성령으로 이것을 우리에게 보이셨으니 성령은 모든 것 곧 하나님의 깊은 것까지도 통달하시느니라. 사람의 일을 사람의 속에 있는 영 외에 누가 알리요. 이와 같이 하나님의 일도 하나님의 영 외에는 아무도 알지 못하느니라.** 우리가 세상의 영을 받지 아니하고 오직 하나님으로부터 온 영을 받았으니 이는 우리로 하여금 하나님께서 우리에게 은혜로 주신 것들을 알게 하려 하심이라. 우리가 이것을 말하거니와 사람의 지혜가 가르친 말로 아니하고 **오직 성령께서 가르치신 것으로 하니 영적인 일은 영적인 것으로 분별하느니라.** 육에 속한 사람은 하나님의 성령의 일들을 받지 아니하나니 이는 그것들이 그에게는 어리석게 보임이요. 또 그는 그것들을 알 수도 없나니 그러한 일은 영적으로 분별되기 때문이라"(고전 2:5-14).

일차원의 세계는 이차원의 세계를 이해할 수 없다. 이차원의 세계는 결코 공간인 삼차원의 세계를 이해할 수 없다. 개미는 결코 인간의 세계와 과학을 이해할 수 없다. 그러나 인간은 그 세계 속에서 문명을 누리고 있다. 마찬가지로, 제한된 인간의 이성으로는 무한한 하나님의 세계를 이해할 수 없다. 그러므로 하나님을 보고, 하나님을 알기 위해서는 믿음이 필요하다. 하나님은 믿음을 통해 하나님의 영적인 세계를 보게 하셨다. 고린도전서 2장의 말씀은 성령님을 통해 하나님의 세계를 보고, 이해할 수 있다고 말씀한다. 하나님은 믿음의 눈으로 성경의 놀라운 세계를 이해하고, 믿도록 하신다. 믿음은 하나님께서 주신 은혜의 선물이다. 믿음은 하나님의 세계를 보는 눈이다. 마치 천체망원경(astronomical telescope)과 같다. 낮에 하늘을 보면, 파란 하늘과 구름 외에 아무것도 보이지 않다. 밤에는 파란 별들과 달만이 보일 뿐이다. 그러나 천체망원경을 통해 하늘을 보면, 놀라운 세계가 펼쳐진다. 작은 별들은 거대한 은하이고, 행성과 항성임을 알게 된다. 믿음은 천체망원경처럼 우리가 알지 못했던 하나님의 놀라운 세계를 볼 수 있게 한다. 믿음의 눈은 성경 속에 흐르는 거대한 하나님의 구원을 볼 수 있도록 한다. 영원부터 영원까지 존재하시고, 역사하시는 하나님을 발견할 수 있도록 인도한다.

또한 믿음은 현미경(microscope)과 같다. 눈으로 볼 수 없었던 미세한 조직들, 생명체들을 볼 수 있다. 믿음의 눈으로 보면, 세상을 움직이고, 다스리시는 전능자 하나님을 볼 수 있다. 하나님의 놀라운 계획과 인도하심, 우리들에게 찾아오셔서 생사화복(生死禍福)을 주관하시는 하나님을 발견한다. 우리와 함께 하시는 '임마누엘의 하나님' 을 체험할 수 있게 한다.

홍수로 인한 지구의 변화

이제 홍수 이야기로 다시 돌아와 보자. 홍수로 인해 궁창 위에 존재했던 물이 사라지면서 지구에는 다양한 변화들이 생겨났다. 첫째 변화는 구름이 생기고, 비가 내린 것이다. 첫 6일 창조에는 구름은 없었다.

> "여호와 하나님이 땅에 비를 내리지 아니하셨고 땅을 갈 사람도 없었으므로 들에는 초목이 아직 없었고 밭에는 채소가 나지 아니하였으며 안개만 땅에서 올라와 온 지면을 적셨더라" (창 2:5-6)

하나님은 안개를 통해 땅을 적셔 주셨고, 샘에서 발원한 강만이 있었을 뿐이다.

> "강이 에덴에서 흘러 나와 동산을 적시고 거기서부터 갈라져 네 근원이

되었으니 첫째의 이름은 비손이요..." (창 2:10-14)

에덴에서 흘러 동산을 적시고, 네 지류로 갈라져 강을 이루는 관경은 이스라엘에서 볼 수 있다. 조건은 다르지만, 텔 단(Tell Dan)과 바니아스(Banias, 가이사랴 빌립보)의 샘을 보면, 본문의 내용을 쉽게 이해할 수 있게 된다. 헤르몬 산(Mt. Hermon) 자락에 있는 텔 단과 바니아스는 요단강(Jordan River)의 근원이 된다. 두 샘은 우리나라에서 흔히 볼 수 있는 샘 정도가 아니다. 샘에서 솟는 물은 곧 큰 시냇물이 되어 요단강을 이룬다. <사진-1>은 6월의 텔 단에 있는 단 샘(Dan spring), <사진-2>는 바니아스에 있는 판 신전(the Sanctuary of Pan) 앞 헤르몬 강 샘(Hermon river spring)의 전경이다.

〈사진-1〉 단 샘(Dan spring)

〈사진-2〉 헤르몬 강 샘(Hermon river spring)

창세기에서 비(rain)에 대한 첫 언급은 노아 홍수 이후 무지개 언약을 주실 때 나타난다. 노아 시대에 사람들의 죄악이 세상에 관영했다. 그들의 마음과 생각에서 나오는 모든 계획들은 항상 악했기 때문에(창 6:5) 하나님은 창조한 사람을 지면(땅)에서 쓸어버리고자 계획하셨다(창 6:7). 그러나 비(rain)로 쓸어버리고자 하신 것이 아니라 홍수(a flood of waters)를 일으켜 생명의 기식(the breath of life) 있는 육체들을 죽이고자 하셨다(창 6:17). 인간의 죄를 심판한 홍수는 비구름의 비가 아닌 하늘의 창을 통해 쏟아진 궁창 위의 물이었다(창 8:2).

홍수 이후 둘째 변화는 인간의 수명이 급속도로 짧아졌다. 하나님은 인간을 영원한 생명을 가진 존재로 창조하셨다. "선악을 알게 하는 나무의 실과를 먹지 말라 네가 먹는 날에는 정녕 죽으리라"(창 2:17). 인간은 선악을 알게 하는 지식의 나무(the tree of the knowledge of good and evil) 열매를 먹지 않으면 죽지 않는 존재로 창조되었다. 그러나 하와는 뱀의 유혹에 넘어가 선악과를 먹고, 남편인 아담에게도 주어 먹게 했다(창 3:1-6). 아담과 하와는 '선악을 알게 하는 나무의 실과를 먹지 말라' 는 하나님의 최초의 명령, 법을 어김으로써 그 대가인 죽음의 형벌을 받게 되었다(창 3:19). 아담의 후예인 인류는 모두 이 법에 적용되어 죽게 되었다. 그러나 성경을 자세히 보면, 하나님은 노아 홍수 이전과 직후까지 (영원한 삶은 아니지만) 장수하는 은혜를 베풀어 주셨다.

노아 홍수 후 셋째 변화는 자연 환경의 파괴였다. 홍수는 인간의 수명이 단축되는 결과를 가져왔다. 홍수로 인한 자연환경의 변화는 인간의 수명에 큰 영향을 미쳤을 것이다. 홍수 이전에 태어나 홍수를 경험한 노아는 950세까지 살았다. 그러나 홍수가 끝나고 바벨탑 사건 이후 셈의 후예들의 수명은 놀랍도록 짧아졌다. <표-3>는 홍수 전후의 수명의 변화표이다.

자연 환경의 첫번째 변화는 아담과 하와의 죄 때문에 발생했다. 그들의 죄로 땅은 저주를 받았다. 그들은 저주 받은 땅에서 땀이 흐르는 수고를 해야 소산을 먹을 수 있게 되었다. 땅은 창조 때와 달리 가시덤불과 엉겅퀴를 내었다(창 3:17-18). 아담의 죄로 인해 아름답게 창조된 자연은 파괴되었다.

자연환경의 두 번째 변화는 노아 홍수였다. 홍수는 대륙의 지각을 변동시켰다. 창조 때 대륙이 아닌 현재와 같은 오대양 육대주(the Five Oceans and the Six Continents)를 형성시켰다. 홍수는 바다와 호수, 강을 새롭게 형성시켰다. 땅은 깊음의 물이 터지면서 융기와 침강이 일어나 새로운 산과 계곡을 만들었다. 방주에서 나온 동물들은 변화된 자연환경에 따라 새로운

〈표-3〉홍수 전후의 수명 변화

특별사항	이 름	나이
	아담	930
	셋	910
	에노스	912
	게난	905
	마할랄렐	910
	야렛	895
	에녹	960
	므드셀라	969
죽음 없이 승천	에녹	300
	라멕	777
노아 600(홍수 전) + 450(홍수 후) = 950		
	셈	600
	아르박삿	465
	셀라	433
	에벨	464
	벨렉	239
	르우	239
	스룩	230
	나홀	148
	데라	205
	아브라함	175
	사라	127
	이스마엘	137
	요셉	110

서식지를 찾아 정착했다. 하나님은 홍수 이후 땅이 있을 동안에는 파종(seedtime)과 추수(harvest), 추위와 더위, 여름과 겨울, 낮과 밤이 쉬지 않게 하셨다(창 8:22).

셋째 날: 풀과 채소, 과목(창 1:9-13)

지구 표면에는 물과 땅(흙)이 뒤섞여 있었다. 하나님은 "천하의 물이 한 곳으로 모이고 뭍이 드러나라"고 명하셨다(창 1:9). 하나님은 뭍을 '땅'이라, 모인 물을 '바다'라 칭하셨다(창 1:10). 하나님은 그대로 됨을 보시고 좋아하셨다(창 1:10). 아직 식물도 동물도 없는 황량한 땅이었다. 하나님은 "땅은 풀과 씨 맺는 채소와 각기 종류대로 씨가진 열매 맺는 나무를 내라" 명령하셨고 그대로 되었다. 땅에 아름다운 풀들과 채소, 과목들이 풍성하게 자라게 되었다(창 1:11). 하나님은 땅에 나는 풀들과 채소, 과목들을 "각기 종류"대로(진화가 아닌) 창조하셨다. 창조 때 이미 모든 식물은 완전한 종류, 완전한 유전정보를 가진 식물체로 창조되었다. 식물들을 창조와 함께 시작된 시간을 알 수 있도록 창조되었다.

하나님은 식물이 꽃이 피고, 씨앗을 맺을 수 있도록 그 속에 DNA 정보를 창조했다. 최근에 와서야 이것이 조도계(light meter)와 모래시계(hourglass)라고 밝혀졌다. 조도계가 작동되면, 모래시계가 꽃을 피우도록 해서 씨앗을 만들 준비를 한다. 과학전문잡지 Cell지(2009)는 막스 플랑크 연구소의 발달생물학에 관한 연구를 통해 모래시계가 작동되는 방법은 micro-RNAs를 통해서라고 발표하였다. 하나님은 유전정보뿐 아니라 빛에 반응하여, 꽃을 피우고, 씨앗을 맺는 모든 메카니즘을 가지도록 창조하셨다. 땅에서 태어나 땅에서 자라게 된 식물들, 땅은 식물이 자랄 수 있는 영양분과 수분을 공급하였다. 하늘에서는 발광체(태양) 빛이 아닌 첫째 날 창조된 순수한 '빛'이 땅에서 자라는 식물들을 비추고 있었다. 하나님은 창조된 땅의 식물들을 보고 좋아하셨다.

넷째 날: 우주의 광명 창조 :태양, 달, 별들(창 1:14-19)

하나님은 '하늘의 궁창'(비르키아 하샤마임 בִּרְקִיעַ הַשָּׁמָיִם)인 우주에 광명을 창조하여 '주야' (밤과 낮)를 나누고자 계획하셨다. 넷째 날이 되면서 우주는 하나님의 근원적인 '빛' 이 아닌 발광체에서 발원하는 빛으로 지구를 비추게 되었다. 우주의 발광체는 '낮' 과 '밤' 이 구분이며, 여러 기상과 환경의 징조들(signs)과 계절들(seasons), 매일의 날들(days)과 매 년(years)을 구분하고, 결정해 준다(창 1:14).

하나님은 "하늘의 궁창에 두 광명이 있어서 땅을 비취라." 말씀하셨다(창 1:15). 하나님은 두 큰 광명을 만드셨다. 큰 광명(태양)은 낮을 주관하게 하고, 작은 광명(달)은 밤을 주관하게 하셨다. 또한, 별들을 만드시고 땅에 비취게 하셨다(창 1:16-17). 하나님은 우주에 태양과 달, 별들을 두어 낮과 밤을 주관하게 하시고, 빛과 어둠을 나누도록 하셨다. 하나님은 광명들을 보시며 좋아하셨다(창 1:18).

고대인들을 이 사실을 알지 못했으며 별은 오직 밤에만 존재하는 것으로 생각했다. 왜냐하면, 낮에는 태양 때문에 별이 보이지 않기 때문이다. 그러나 하나님은 창조 기사에서 "그것들을"(태양, 달, 별들) 하늘의 궁창(우주)에 두어 땅을 비추도록 하셨다고 기록한다(창 1:17). 낮 동안 육안으로 볼 수 없지만, 여전히 별은 우주에 있고, 지구를 비추고 있다. 창조 기사는 고대 사람들에게 놀라운 이야기를 하고 있는 것이다.

다섯째 날: 새들과 물고기들 창조(창 1:20-23)

땅 위에는 풀, 채소, 과목들이 가득했다. 그러나 아직 물(바다, 강, 호수 등)에는 아무런 생명체가 살지 않았다. 하나님은 "물들에 생물로 번성케 하라" 고 말씀하시면서(창 1:20a), 큰 물고기들과 물에서 번성하여 움직이는 생물들을 그 종류대로 창조하셨다(창 1:21a). 궁창인 창공에는 "새가 날으라" 고 말씀하시면서(창 1:20b), 날개 있는 모든 새를 그 종류대로 창조하신 후 좋아(토브 טוֹב)하셨다(창 1:21b).

진화론의 견해와 달리 하나님의 창조는 새들과 수중생물들이 "각각 그 종류대로” 기원되었다고 강조한다.

> “하나님이 그들에게 복을 주어 가라사대 생육하고 번성하여 여러 바다 물에 충만하라. 새들도 땅에 번성하라 하시니라”(창 1:22)

‘알이 먼저냐, 닭이 먼저냐’라는 단순 논쟁은 영원한 모순논쟁에 불과하다. 하나님은 닭을 먼저 창조하셨고, 생육의 원리대로 알을 낳고, 부화하여, 병아리에서 어미 닭이 되는 과정을 거치도록 창조하셨다. 이에 대한 재미있는 사실이 밝혀졌는데, 2010년 7월 15일 AFP 통신은 영국 워위크대와 셰필드대 과학자들이 정부의 슈퍼컴퓨터 시뮬레이션을 통해 닭 난소에 존재하는 오보클레디딘-17이라는 단백질이 어떻게 탄산칼슘을 결정체로 전환해 달걀 껍데기를 만드는지 규명했다고 보도했다. 관찰 결과에 따르면, 오보클레디딘-17 단백질은 탄산칼슘 입자에 달라붙어 결정체 형성에 촉매 역할을 하는데, 결정핵이 스스로 자랄 수 있을 만큼 커졌을 때 떨어져 나갔다. 짧은 시간에 달걀 껍데기는 이러한 과정을 여러 차례 반복되면서 만들어진다. 그러므로 달걀 형성에 필수적인 역할을 하는 단백질의 모체인 닭이 달걀에 우선한다고 본 것이다.

하나님은 인간에게만 복을 주시지 않았다. 새들과 수중 생물들에도 복(福)을 주셨다. 복은 하나님 은혜의 선물이다. 복의 근원은 오직 하나님이시며, 하나님께서 주신 복은 만물을 풍성케 한다.

여섯째 날: 땅의 생물과 사람 창조(창 1:24-31)

마지막으로 하나님은 땅 위에 삶의 터전을 두는 생물들을 창조하셨다. “땅은 생물을 그 종류대로 내되 육축(六畜)과 기는 것과 땅의 짐승을 종류대로 내라”(창 1:24). 하나님은 땅의 흙으로 짐승을 그 종류대로, 육축을 그 종류대로, 땅에 기는 모든 것을 각각 그 종류대로 만드셨다(창 2:19a). 하나님은 창조한 것을 보시고 좋아하셨다(창 1:25).

창조에서 한 가지 주목해야 할 사실은 땅 즉, 흙과 물의 역할이다. 하나님은 땅(흙)과 물을 생명의 모체(母體)로 삼으셨다. 셋째 날에 하나님은 "땅은 풀과 씨 맺는 채소와 각기 종류대로 씨 가진 열매 맺는 나무를 내라" 고 명령하셨다(창 1:11). 땅은 하나님의 말씀대로 풀과 각기 종류대로 씨 맺는 채소와 각기 종류대로 씨 가진 열매 맺는 나무를 내놓았다(창 1:12). 다섯째 날에는 "물들은 생물을 번성하게 하라" 고 명령하셨고, 물은 수생생물(水生生物)들로 가득 찼다(창 1:20-21). 여섯째 날에도 하나님은 "땅은" 육축과 기는 것과 짐승을 그 종류대로 "내라" 고 명령하셨고, 그대로 되었다(창 1:24). 하나님은 가장 먼저 창조한 땅과 물을(창 1:1) 창조의 재료요. 모체로 사용하셨다(창 1:11-12; 20-21; 24; 2:19).

하나님은 "하나님이 그들에게 복을 주시며 하나님이 그들에게 이르시되 생육하고 번성하여 땅에 충만하라. 땅을 정복하라. 바다의 물고기와 하늘의 새와 땅에 움직이는 모든 생물을 다스리라 하시니라" 고 말씀하셨다(창 1:28). 여기서 네 단어의 의미를 알아야 한다. 첫째, 생육(פרה)이라는 단어로 '열매를 맺다', '(아기를) 낳다', '싹트다' 의 의미를 가진다. 이 단어의 특징적인 쓰임이 '에브라임' 에 나타난다.

> "차자의 이름은 에브라임이라 하였으니 하나님이 나로 나의 수고한 땅에서 창성하게(פרה) 하였다 함이러라" (창 41:52).

또한, 이 단어는 이스마엘에게도 사용된다(창 17:20). 하나님은 아브라함이 99세 때 아들에 대해 약속하셨다. "내가 너로 심히 번성하게 하리니 내가 네게서 민족들이 나게 하며 왕들이 네게로부터 나오리라" (창 17:6). 여기서 "번성하게 하리니" 이라는 단어가 바로 히브리어 פרה(생육)이다.

둘째, '충만하다' 로 히브리어 단어는 말레(מָלֵא)로 '채우다', '가득하다', 풍부하다 ',' 성취하다 ',' 이루다' 의 의미를 가진다. 공간과 시간을 채운다는 의미뿐만 아니라 하나님의 구원사의 성취에 관련하여 사용된다.

셋째, '정복하다' 라는 히브리어 기본형 크브쉬(כבשׁ)로 '지배하다', '속박하다', '짓밟다' 라는 의미를 가진다. 이는 하나님의 창조세계가 인간에게 굴복하지 않을 때 힘으로 섬기게 하라는 의미를 담고 있다.

넷째, '다스리다' 라는 히브리어 기본형 르드흐(רדה)로 '지배하다', '다스리다', '짓밟다', '억압하다', '제어하다' 라는 의미를 가진다.

하나님은 마지막으로 사람을 창조하셨다. 하나님은 "우리의 형상(Our image)을 따라 우리의 모양(Our likeness) 대로 사람(man)을 만들고 그로 바다의 고기와 공중의 새와 육축과 온 땅과 땅에 기는 모든 것을 다스리게 하자!" 고 말씀하셨다(창 1:26). 삼위일체(三位一體) 하나님은 영원 전부터 함께 하셨을 뿐 아니라 창조도 함께 하셨다. 인간은 삼위일체 하나님의 형상과 모양을 따라 창조되었다. 그러므로 다른 피조물들과 완전히 다른 존재이다. 하나님은 영이시기 때문에 하나님의 형상과 모양을 따라 지으신 인간에게 그 코에 생기를 불어 넣으심으로 사람이 생령(a living soul)이 되도록 하셨다(창 2:7). 하나님을 닮아 창조된 인간은 하나님과 같이 교제할 수 있었다(창 2:15-17). 또한, 인간은 하나님과 같이 말할 수 있는 언어 능력과 지적 능력을 부여 받았다(창 2:19-20). 인간은 영혼이 있기에 영이신 하나님을 찬양할 수 있고, 하나님과 영적인 교제를 할 수 있다.

창조에서 놀라운 하나님의 은혜를 발견한다. 생물이나 무생물도 다 하나님의 놀라운 솜씨에 의해 창조되었고, 하나님의 복을 받는 존재이며, 창조 후 하나님은 기쁨의 탄성을 자아내도록 아름답게 창조되었다. 하나님의 창조물들은 모두가 선하며, 하나님의 걸작품들이다. 또한 창조의 정점(highlight)은 인간 창조에 있는데, 하나님의 모양과 형상을 따라 창조한 것뿐만 아니라 인간이 살 수 있는 모든 자연 조건들을 충족시키고 난 뒤 인간을 창조하셨다는 점에 있다. 그러므로 창조 기사는 창조주 하나님의 능력뿐 아니라 하나님의 사랑과 배려가 담긴 놀라운 기록이다.

보시기에 심히 좋았더라(창 1:31)

하나님은 6일 동안 모든 것을 창조하셨다. 하나님은 말씀으로 천지를 창조하셨다(창 1:3, 6, 9, 11, 20, 22, 24, 29). 하나님은 말씀으로 인간에게 찾아오시고, 행할 것을 지시하신다. 말씀으로 기적을 일으키셨다. 하나님은 선지자들에게 말씀을 주심으로, 죄인들이 주께 회개하고 돌아오도록 하셨다. 말씀으로 기적과 능력을 행하셨다.

하나님께서 말씀하실 때. '그대로' 이뤄졌다(창 1:3, 7, 9, 11, 15, 24, 30). 하나님은 말씀으로 창조한 피조물을 보시고 "보시기에 좋았더라"라고 감탄을 하셨다(창 1:4, 10, 12, 18, 21, 25). 그리고 6일간 창조한 모든 피조물을 보시고는 "보시기에 심히 좋았더라"고 감탄하셨다(창 1:31). "좋았더라"라는 히브리어 토브(טוֹב)는 '좋은' (good), '선한', '잘' (well)이라는 의미이다. 하나님은 "좋다!"라는 감탄사로 아름다운 창조를 기뻐하셨다. 하나님의 창조에는 불의(不義), 악(惡), 불완전(不完全)이 없다. 하나님의 창조는 그 자체가 완벽하고, 선하고, 좋은 것이다.

창세기 2장

일곱째 날: 안식일 1 (창 2:1-3)

“천지와 만물이 다 이루니라”(창 2:1). 하나님의 창조 계획은 완전히 이뤄졌다. 창조는 질서(order)와 연관된다. 하나님은 무질서와 혼돈에 질서를 주셨다. 해, 달, 별들은 창조 때부터 지금까지 각자 위치에서 움직이고 있다. 태양계의 행성과 혜성들은 태양을 중심으로 주기적인 공전(revolution)과 자전(rotation)을 한다. 우주라는 거대한 공간에는 수많은 은하들이 각자 위치(또는 계속되는 팽창)에 있으며, 각자의 역할을 수행한다. 은하들과 별은 생성과 소멸을 반복한다. 지구의 생명체들도 태어나고, 죽고, 살아가는 모든 과정이 일정한 질서를 유지한다. 이 모두가 하나님의 창조와 섭리(providence) 안에서 이뤄지는 것이다.

하나님의 섭리

하나님의 섭리란 무엇인가? 하나님의 섭리라는 신학용어는 기독교 신앙의 가장 중요한 진리이다. 그러나 섭리에 대해 잘못 이해하는 기독교인들이 너무 많다. 섭리는 다른 말로 ‘하나님의 계획’ 이다. 그렇다면, 우리 인생에서 하나님의 계획은 어떻게 알 수 있을까? 무엇이 하나님의 섭리인가? 예를 들어 보자. 현재 고등학교 3학년 한민수라는 학생은 공부를 잘

해 하버드대학교, 메사추세추공과대학교(MIT), 예일대학교, 서울대학교 등에 합격했다. 그렇다면, 어느 대학을 들어가는 것이 하나님의 뜻일까? 어느 대학을 선택하야 하나님의 섭리일까? 정답부터 말하면, 어느 대학을 들어가든지 하나님의 섭리 안에 있다. 하나님의 계획안에 있다. 하나님 섭리는 운명론이 아니다. 이것을 선택하거나 저것을 선택해야 하는 것이 아니다. 단지, 현재 상황에서 하나님의 마음을 기쁘게 하는 선택이냐에 따라 더 좋은 선택이냐, 그렇지 않느냐의 차이만 있을 뿐이다. 아래 <그림-2>는 하나님의 섭리에 대해 그림으로 쉽게 보여 주고 있다.

〈그림-2〉

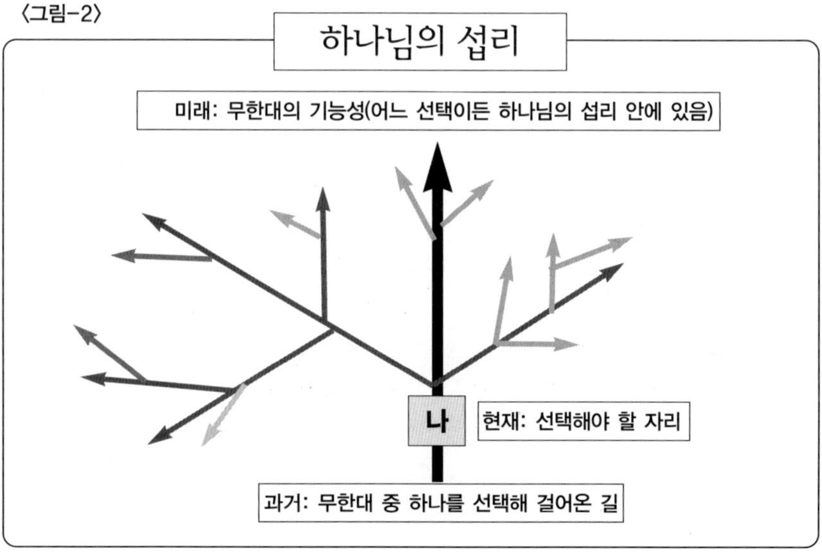

큰 네모는 하나님의 거대한 섭리의 세계이다. 많은 사람들이 네모로 그려진 하나님의 섭리를 보기 보다는 '나' 라고 하는, 자신의 눈앞에 있는 제한된 상황만을 보며 선택한다. 그러면서도 어떤 선택이 하나님의 섭리가 무엇일까를 알고 싶어 하고, 기도한다. 그러다 보니, 이것을 선택할까? 저것을 선택할까 고민하고, 그 중 하나는 하나님의 섭리가 아닌 것처럼 판단한다.

그러나 하나님의 섭리는 두 가지 관점에서 봐야 한다. 첫째, 네모의 거대한 하나님의 섭리의 관점으로 '과거-현재-미래' 를 주관하시는 하나님의 세계이다. 하나님은 전지전능(全知全能)하시다. 모든 것을 다 알고 계시고, 모든 것을 가능케 하신다. 하나님은 '나-우리-인류' 의 '과거-현재-미래' 를 다 알고 계신다. 과거는 무엇인가? 현재로 볼 때 과거는 이미 지나온 시간이지만 그 당시는 현재였다. 한 번 생각해 보자. 현재에 있는 '나' 는 내 앞에 놓여 있는 수많은 상황들을 선택해야 한다. 1, 2, 3, 4 등등. 1을 선택하면?, 2를 선택하면?, 3을 선택하면? …그에 대한 미래는 각각 다르다. 이것이 미래의 가능성이다. 그렇기 때문에 1만을, 2만을, 3만을 각각 선택해야 하는 것이 하나님의 섭리가 아니다. 네모로 그려진 하나님의 섭리는 내 앞에 펼쳐진 수많은 선택, 그 선택 이후 달라지는 미래들을 다 포함하고 있다. 우리는 아직 미래를 모른다. 왜냐하면, 미래는 우리에게는 존재하지 않는 시간이며, 미지의 세계이기 때문이다.

그러나 하나님은 미래를 알고 계신다. 이것이 둘째 관점이다. 하나님은 내가 무엇을 선택하는지 알고 계신다. 수많은 선택에서 내가 무엇을 선택하든 네모로 그려진 하나님의 거대한 섭리의 세계 안에 다 속해 있다. 현재의 선택은 '더 좋은 선택인가?, 아니면 그렇지 못한가?' 에 대한 "판단"에 불과하다. 하나님은 현실적으로 1보다 여러 가지로 좋지 못한 2를 선택했다 해도 더 좋은 미래로 바꾸실 수 있다. 이 비밀이 바로 "하나님을 의지함" 이다. 오직 미래의 주인이신 하나님과 함께 할 때 가능하다. 하나님께 기도할 때 가능하다. 하나님은 우리가 의의 길을 선택하지 못하고, 죄의 길을 선택해도 동일하게 미래를 열어 가시며, 새로운 인생의 길을 예비하신다. 죄로 인해 영혼이 죽은 자라도 다시 구원의 길로 인도해 주신다. 그 비밀은 '회개' 라는 하나님의 놀라운 은혜의 선물이다. 예수 그리스도는 바로 이 땅에 죄인 된 인간들을 찾기 위해 오셨다. 십자가에 죽으심은 잘못된 선택으로 하나님께 멀어졌던 길, 우상과 죄악의 길을 선택해 멸망의 미래로 향했던 우리들에게 구원의 길, 의의 길로 방향 전환케 하시는 하나님의 은혜이다. 지금 여기 계시는 하나님, 예수님, 성령님과 함께 내 앞에 펼쳐진 길을 선택한다면, 하나님의 마음에 합당한 길을 선택하는 것이다.

섭리에 대해 다시 종합하면, 하나님의 섭리는 항상 두 관점으로 봐야 한다. 첫째, 네모로 그려진 하나님의 거대한 섭리, '과거-현재-미래'를 주관하시는 하나님의 섭리, 둘째, 지금 나와 함께 하시며 한 가지, 한 가지 선택의 순간을 인도하시는 하나님의 섭리이다. 하나님은 아담이 범죄하여 하나님의 창조계획을 변화시켜도 그를 용서해 주시고, 그의 선택에서 다시 새로운 계획을 이루셨다. 근시안적인 눈으로, 아담의 범죄에만 초점을 맞추면 하나님의 창조 계획은 실패로 정의 내리게 된다. 죄를 지을 것조차 모르는 하나님, 미래를 알 수 없는 무능한 하나님으로 이해할 수밖에 없다. 그러나 네모로 그려진 하나님의 섭리는 변한 것이 없다. 다만, 큰 네모 안에 있는 아담이 자신 앞에 놓여진 "먹느냐, 마느냐"라는 선택에서 잘 못 선택한 것뿐이고, 그로 인해 다른 미래가 펼쳐진 것뿐이다.

아담이 실패했어도 네모로 그려진 하나님의 섭리는 변함이 없다. 하나님은 실패한 아담의 선택에서 또 다른 미래를 새롭게 열어 가셨다. 그를 용서하시고, 아담을 새로운 삶의 터전으로 인도하셨다. 성경에 나타나는 "하나님께서 뜻을 돌이켜"라는 표현은 하나님의 계획, 섭리가 실패했기 때문에 쓰여진 표현이 아니다. 오히려 잘못된 선택을 한 자들에게 새로운 길을 주시려는 하나님의 은혜, 마음의 표현인 것이다(출 32:12, 12; 삿 2:18; 시 106:45; 렘 18:8; 26:13, 19; 42:10; 욜 2:13; 암 7:6; 욘 3:10).

일곱째 날: 안식일 2 (창 2:1-3)

이제, 안식일로 다시 돌아오자. 안식일에는 '일'과 '쉼'이라는 창조법칙이 주어진다. 하나님께서 지으시던 일들이 일곱째 날이 이를 때 마쳤다. 하나님은 그 지으시던 일이 끝난 일곱째 날에 안식하셨다(창 2:2). 안식(安

息)이란 히브리어 단어 샤바트(שָׁבַת)는 '쉼', '중지', '안식' 을 의미한다. 하나님은 창조를 마치신 뒤 안식하셨다. 안식은 단순한 육체적인 쉼만이 아닌, 영과 육, 그리고 마음의 평안한 쉼을 말한다.

그렇다면, 쉼과 노동은 어떤 관계일까? 일과 쉼은 바늘과 실의 관계이다. 일(노동)은 좋은 것이다. 왜냐하면, 하나님께서도 천지창조의 일을 하셨기 때문이다. 노동은 인간에게 소중한 축복이다. 일이 없는 사람은 무의미한 삶을 살 수 밖에 없다. 일 없는 실업자, 정년퇴임 후 일이 없어 하루하루 살아야 하는 노년, 병과 쇠약한 육체 때문에 일 할 수 없다면, 그것은 너무 큰 고통이다. 적당한 일은 사람에게 가장 큰 축복이며, 기쁨이다. 그러나 일은 반드시 쉼을 동반해야 한다. 하나님은 6일간 창조의 일을 하시고, 제 7일에 쉬셨다. 육일 동안 일하고, 하루를 쉬는 것은 하나님의 창조 법칙이다.

둘째로, 안식일은 복 받는 날이며, 거룩한 날이다. 하나님은 일곱째 날에 복을 주시고, 그 날을 거룩하게 하셨다(אֶת־יוֹם הַשְּׁבִיעִי וַיְקַדֵּשׁ וַיְבָרֶךְ אֱלֹהִים, 창 2:3). 안식일은 쉬는 날뿐 아니라 하나님의 복을 받는 날이다. 노동으로 지친 몸과 마음이 쉼을 얻음이 복이다. 안식일은 하나님과 함께 하는 날이기 때문에 복 받는 날이다. 하나님은 안식일을 누리는 자들에게 복을 주신다.

셋째로, 하나님은 '그 날 자체' 를 거룩하게 하셨다. 하루 24시간은 단순한 시간이 아니다. 안식일 하루 그 자체가 하나님께 거룩하게 구별된 날이다. 하나님은 그 날을 거룩하게 하셨다. 명사 '거룩' 의 히브리어는 단어는 카도쉬(קָדוֹשׁ)로 하나님의 본성과 관련된다(레 19:2; 암 4:2; 6:8; 시 89:35; 합 3:3; 사 6:3). 하나님의 존재를 가장 잘 표현한 단어이다. 동사형으로 카다쉬는(קָדַשׁ) '구별하다' 는 의미이다. 거룩한 피조물로부터 분리하고 구별하는 하나님의 모든 것을 의미한다. 거룩은 영적 의미뿐 아니라 거룩하신 하나님과 같이 그의 백성들이 거룩하고, 순수하고, 깨끗하고, 의(정의)롭게 살아가는 삶 자체에 있다. 하나님은 안식일을 자신의 존재의 의미로 거룩하게 하셨다.

창조의 대략(창 2:4-6)

창조 기사와 안식일을 기록한 뒤 창조에 대한 요약이 이어진다(창 2:4-6). "여호와 하나님(아도나이 엘로힘 יְהוָה אֱלֹהִים)이 천지를 창조하신 때에 천지의 창조된 대략(톨레돗 תּוֹלְדוֹת)이 이러하다"라고 서술한다. 창조의 요약은 이미 지구(땅)를 창조하신 상태를 설명한다. 그래서 땅에 어떤 일이 있어나고 있었는가에 대해 초점을 맞춘다. 아마도 창조의 관심은 우주에 있음이 아니라 지구에 있음을 더 명확히 하고자 하시는 하나님의 의도이다.

여호와 하나님이 땅에 비를 내리지 않았을 때, 그곳에는 땅을 경작할 사람도 없었고, 들에 초목이 아직 없었고, 밭에는 채소가 나지 않은 상태였다(창 2:4). 오직 안개만이 땅에서 올라와 온 지면을 적셨다(창 2:6). 이 말씀에서 세 단어 군(群)이 중요하게 부각된다. 첫째는 땅(에레쯔 אֶרֶץ), 밭과 들(사데 שָׂדֶה). 둘째는 땅과 밭에서 인간의 노동의 상태를 나타내는 경작(아바드 עָבַד). 셋째는 땅에서 노동으로 이뤄지는 경작을 통해 나오는 산물인 채소(시하 שִׂיחַ), 초목(에쉐브 עֵשֶׂב)이다. 아마도 하나님은 땅에서 노동이라는 경작활동을 통해 채소와 식물을 얻어야 하는 '인간'으로 초점을 맞추기 위해 창조를 요약한 것이라 생각된다.

또한 창세기 2:4에서 처음으로 하나님의 이름인 거룩한 네 자음 יהוה(히브리어 자음 요드, 헤이, 바브, 헤이)이 등장한다. 하나님의 이름 יהוה(YHWH)를 신성4문자(Tetragrammaton)라 부른다. 고대 히브리어에는 모음이 없다. 후대에 오면서 맛소라 학자들이 자음만 있는 히브리어 성경에 모음 기호를 붙였다. יהוה은 라틴어는 IHVH, 독일어, 프랑스어, 네덜란드어는 JHWH, 영어는 JHVH/YHWH로 표기된다. 우리는 라틴어를 따라 Yahweh (야웨, 야훼) 또는 Jehovah(여호와)라 하나님의 이름을 부르고 있다.

하지만, 유대인들은 여호와 대신 아도나이(אֲדֹנָי)라고 바꿔 읽었다. 왜냐하면, 거룩한 하나님의 이름을 망령되이 일컬을 수 없었기 때문이다(출 20:7; 신 5:11). 고대부터 유대인들은 여호와의 이름 יהוה을 직접 부르지 않았기 때문에 정확한 발음은 알 수 없다. 그러므로 '여호와' 나 '야웨' 두 이름 중 어느 이름을 사용해도 무방하다.

창세기 2장에 등장하는 여호와의 이름 때문에 성경은 고등비평자들에 의해 많은 수난을 당해왔다. 왜냐하면, 창세기 1:1에 하나님의 이름이 엘로힘(אֱלֹהִים)으로, 2장에는 여호와(יהוה)로 기록되었기 때문이다. 이 때문에 고등비평자들은 모세오경(창세기, 출애굽기, 레위기, 신명기)을 모세에 의한, 하나의 기록이 아니라고 주장했다. 그들은 J(여호와 문서), E(엘로힘 문서), P(제사장 문서), D(신명기적 문서) 등이 따로 존재했다는 가설을 내놓았다. JDEP 문서들을 가지고 후대의 편집자들이 오경을 구성됐다고 주장했다. 그러나 그들의 이론들은 수세기 동안 많은 발전을 가져왔고, 성경을 보는 또 다른 좋은 시각을 열어준 것을 사실이지만, 그들은 성경의 영감성을 부인했고, 성경을 고대근동의 많은 이야기들의 조합이나, 이스라엘의 종교나 역사를 뒷받침하기 위해 인위적으로 만들어진 책으로 보는 오류들을 범하고 말았다. 더욱이 그들의 학설들은 계속 발전하는 과정에서 일치하는 것이 아니라 더욱 세분화됨으로써 서로 일치하지 않는다(연대, 저자, JEDP 문서 등). 만일 그들의 이론이 맞는다면, 하나의 이론으로 결론지어야 한다. 그러나 고등비평자들은 계속해서 자신들의 이론에 맞게, 성경을 분해하고, 쪼개는 작업만을 계속하고 있다.

결론적으로, 하나님의 이름이 창 1:1에 하나님(엘로힘)으로, 2:1에 여호와 기록된 것은 너무나 간단한 이유에 있다고 본다(고등비평자들은 가장 간단한 사실을 간과한다). 그것은 하나님께서 자신을 한 번에 다 소개하지 않았고, 할 수도 없기 때문이다. 만일, 하나님께서 자신의 이름과 속성들을 다 소개했다면 아마 창 1:1은 "엘로힘, 여호와, 엘, 전능하신 하나님, 사랑의 하나님, 여호와 이래의 하나님, 전쟁에 능하신 하나님, 은혜로운 하나님,

자비하신 하나님, 치료의 하나님 ~~" 등등 계속 써 나가야 했을 것이다. 그렇다면 성경은 하나님의 이름과 속성에 관련된 하나님을 표현하기 위해 지금도 기록해야 할지 모른다. 하나님은 성경의 오랜 역사 속에서, 상황에 맞게 하나님의 속성과 이름을 말씀하셨고, 그것이 기록된 것이다. 고대근동 문헌들에서 발견되는 신들의 이름이 성경에 등장하는 하나님의 이름과 어원적으로 같은 것조차도, 하나님께서 자신을 계시할 때 당시 사람들이 섬기며, 알았던 개념의 이름을 차용해 하나님을 쉽게 이해하도록 한 하나님의 은혜이다. 또한 고대근동뿐 아니라 세계 곳곳에서 등장하는 신의 이름에서 하나님의 속성이 발견되는 것은 가장 간단한 논리에서 찾을 수 있다고 본다. 즉, 하나님의 형상과 모양으로 창조된 인간은 죄로 하나님을 잃어버렸다 해도, 하나님의 속성을 잃어버린 것이 아니다. 그러므로 인간이 생각하는 신은 하나님의 본성을 나타내기 마련이다. 제한된 인간은 영원한 하나님을 창조할 수 없다.

인간의 창조(창 2:7)

하나님은 "우리의 형상을 따라 우리의 모양으로 사람을 만들자"라고 하셨다(창 2:26). 하나님은 인간 창조의 계획을 실천으로 옮기셨다. 여호와 하나님은 흙(아파르 עָפָר 티끌, 먼지)으로 사람을 지으셨다. '지으시다' 의 히브리어는 바라(בָּרָא)가 아니다. 바라는 무(無)에서 유(有)의 창조를 의미하지만, 인간을 창조하신 것은 이미 창조돼 존재하는 흙으로 지으셨기 때문에 야짜르(יָצַר)라는 단어를 사용했다. 이 단어는 '만들다'. '형성하다', '계획하다' 등의 의미로 토기장이가 흙으로 빚어 토기를 만드는 것과 같은 의미이다(사 29:16; 41:25).

하나님은 인간을 빚으신 토기장이시다. 예술가의 손길로 가장 아름다운 작품 인간을 흙으로 빚으셨다. 하나님은 흙으로 인간을 빚으시고, 그 코에 생기(生氣), 살아있는 숨을 불어 넣으셔서, 생령(生靈)이 되게 하셨다(창 2:7).

에덴의 동산: 사람에게 주신 삶의 터전(창 2:8-14)

하나님은 흙으로 사람을 지으시고, 그 코에 생기를 불어 넣으심으로써 살아 있는 영(living soul), 육체와 영혼을 가진 존재가 되도록 하셨다(창 2:7). 하나님은 그 지으신 사람을 위해 동쪽(동방)의 에덴(Eden)이라는 땅에 동산(garden)을 만드시고, 그를 데려가 그곳에 두셨다(창 2:8). 여호와는 "그 땅에서" 보기에 아름답고, 먹기에 좋은 모든 나무가 자라나게(grow out) 하셨다. 이미 각종 열매 맺는 과목들을 창조하셨지만(창 1:11), 에덴 동산에는 특별히 눈으로 보기에 아름답고 먹기에 좋은 나무들이 땅에서 자라게 하셨다. 동산 가운데에는 "생명나무와 선악을 알게 하는 나무"(the tree of life and the tree of the knowledge of good and evil)도 자라도록 하셨다(창 2:9).

에덴은 네 강(river)의 발원지가 되었다. 강은 에덴 땅을 촉촉이 적셔 식물들이 자랄 수 있는 최적의 상태를 만들어 주었다(창 2:10). 첫째 강의 이름은 비손(Pison)인데 질 좋은 금(gold)과 베델리엄(Bdellium)과 호마노(onyx stone) 등의 보석이 있는 하윌라(Havilah) 온 땅으로 굽이쳐 흘렀다(창 2:11-12). 둘째 강은 기혼(Gihon)인데 구스(Cush) 온 땅으로 흘렀다(창 2:13). 셋째 강은 힛데겔(Tigris)인데 앗수르(Assyria) 동편으로 흘렀고, 넷째 강은 유브라데(Euphrates)였다(창 2:14).

아담에게 주신 사명(창 2:15)

하나님은 지으신 사람을 에덴의 동산으로 데려와 그곳에 살도록 하셨다. 그에게 에덴의 동산을 경작하고(cultivate), 관리하고, 지키도록 하셨다(창 2:15). 하나님은 인류 창조의 목적을 아담을 통해, 그로부터 성취해 가셨다. 하나님의 창조 목적은 동 · 식물들이 창조된 아름다운 땅에서 생육하고 번성하는 것이다(창 1:22). 사람에게도 생육, 번성, 땅에 충만, 땅을 정복, 바다의 물고기와 하늘의 새와 땅에 움직이는 모든 생물을 다스리는 것이었다(창 1:28). 이를 위해 하나님은 인간과 동 · 식물들에게 동일하게 복을 주셨다(창 1:22, 28). 하나님의 창조 목적은 에덴의 동산에서 아담에게 사명을 주심으로 본격적으로 실행되었다.

아담에게 주어진 금기명령(창 2:16-17)

하나님은 그에게 금지명령 하나를 주셨다.

> "동산에 있는 각종 나무의 과일들은 네가 마음대로 먹을 수 있지만, 선악을 알게 하는 나무의 과일은 먹지 말라. 네가 먹는 날에는 반드시 죽을 것이다."(창 2:16-17).

창세기 2장은 많은 내용을 요약하고 있다.

> 창조의 마침과 안식(창 2:1-3). 창조 때의 하늘과 땅의 상태(창 2:4-6), 인간의 창조(창 2:7). 에덴의 동산의 창설과 환경들(창 2:8-14). 에덴 관리자의 사명(창 2:15). 선악과의 금기명령(창 2:16-17). 아담의 배필을 지으실 계획(창 2:18). 동물의 이름 짓는 아담(창 2:19). 하와를 만드심과 부부가 됨(창 2:20-25).

창세기 2장 전체를 볼 때, 선악과에 대한 금기명령은 중요한 본문으로 등장하지 않는다. 스쳐 지나가는 본문이다. 그러나 이 본문은 창세기 3장과 연관될 때 중요한 본문이 된다.

아담의 배필을 계획하다(창 2:18)

여호와 하나님은 에덴의 동산에 홀로 있는 사람을 보시고 "사람이 홀로 사는 것이 좋지 못하니 내가 그를 위해 돕는 배필(가장 잘 어울리는 돕는 자)을 지으리라"고 말씀하셨다(창 2:18). 그러나 본문을 자세히 보면, 갑작스럽게 이야기의 흐름과 동떨어진 동물의 이름을 짓는 이야기로 전환된다(창 2:19-20b). 하나님은 아담을 위해 돕는 배필을 지으시지로 작정하셨지만 곧바로 실행하지 않았다. 하나님은 먼저, 흙으로 지으신 각종 들짐승과 공중의 각종 새를 아담(Adam 여기서 처음 나온다)에게 이끌어 오신다. 그 이유는 아담이 어떻게 이름을 짓는가 보시기 위해서였다(창 2:19a). 아담은 하나님께서 데려온 모든 생물의 이름을 지어 주었다(창 2:19b). 인간은 창조 때부터 이미 뛰어난 인지능력과 언어능력을 갖추고 있었다. 진화론에서 주장하는 하등에서 고등의 진화원리가 아니다. 하나님은 이미 완전한 지성적 존재로 인간을 창조하셨다. 어떻게 인간이 지성적 존재이며, 언어적 존재로 탄생했을까? 그 이유는 전지전능(全知全能)하신 하나님, 말씀(언어)으로 만물을 창조하신 하나님의 형상과 모양을 따라 창조되었기 때문이다. 인간은 하나님보다는 제한되지만 탁월한 언어능력, 지적능력을 소유한 존재로 창조되었다.

왜 이름을 짓게 하셨을까?(창 2:19-20a)

여기서 잠깐. 그런데 왜, 하나님은 아담의 돕는 배필을 지을 것을 계획하셨음에도 곧바로 실천하지 않으셨을까? 하나님은 오히려 흙으로 지은 각종 들짐승과 공중의 각종 새들을 아담에게 이끌어오셨다. 하나님은 왜, 아담이 '어떻게 이름을 짓나' 보고 계셨을까?

아담의 입장이 되어 보면, 그 비밀은 서서히 풀리게 된다. 지금, 아담은 에덴의 동산에서 홀로 지내고 있다. 아담은 하나님께서 이끌어 온 새와 동물들의 이름을 짓다가 문득 발견한 사실이 있다. 하나님께서 이끌어 온 동물들 모두가 암수(female and male)로 짝지어 있었고, 서로 의지하며, 함께 한다는 것이다. 아담은 '홀로 있는 자신'을 발견하게 되었다. 아담은 자신에 의해 이름 지어지는 동물들을 보면서 혼자가 아닌 '누군가 함께 있어야 함의 필요성' 을 느꼈다. '서로 돕는 존재' 가 필요함을 스스로 느끼고 있었다. 결혼의 가장 중요한 원리는 "서로 함께 함" 이다. 서로 사랑함이 없이는 결혼하지 않는다. 외로움을 경험하지 않고는 누군가 곁에 있어야 함을 갈망하지 않는다. 부족함을 느껴 서로 돕고, 채워주어야 할 존재를 인식하지 않는다면 결코 결혼이란 이루어 지지 않는다. 어쩔 수 없는 상황 때문에 결혼하지 못하는 경우를 제외한다면 독신들(노총각, 노처녀)의 내면에는 이러한 이유들이 자리 잡고 있다. 하나님은 아담에게 이 사실을 알게 하고자 동물들의 이름을 짓게 하셨을 것이다.

여자의 탄생(창 2:20c-22)

하나님은 아담에게 돕는 베필이 없으므로(창 2:20c) 아담을 깊이 잠들게 하셨다(창 2:21a). 하나님은 잠자는 아담에게서 갈빗대 하나를 취하여 살로 갈빗대에 채우셨다(창 2:21b). 하나님은 가장 뛰어난 예술가의 솜씨로 흙으로 아담을 빚으신 것처럼, 아담의 갈빗대를 기초로 아름다운 여자를 빚어 가셨다. 도공들의 손길에 의해 아름다운 도자기들이 빚어지듯이 예술가이신 하나님의 손길에 의해 아담과 하와가 창조됐다. 성경은 하나님을 토기장이로 자주 비유하는 이유가 바로 여기에 있다.

> "너희의 패리함이 심하도다 토기장이를 어찌 진흙 같이 여기겠느냐 지음을 받은 물건이 어찌 자기를 지은 자에 대하여 이르기를 그가 나를 짓지 아니하였다 하겠으며 빚음을 받은 물건이 자기를 빚은 자에 대하여 이르기를 그가 총명이 없다 하겠느냐(사 29:16)

> "질그릇 조각 중 한 조각 같은 자가 자기를 지으신 자로 더불어 다툴진대 화 있을진저 진흙이 토기장이를 대하여 너는 무엇을 만드느뇨 할 수 있겠으며 너의 만든 것이 너를 가리켜 그는 손이 없다 할 수 있겠느뇨"

(사 45:9)

"그러나 여호와여 주는 우리 아버지시니이다 우리는 진흙이요 주는 토기장이시니 우리는 다 주의 손으로 지으신 것이라"(사 64:8)

"나 여호와가 이르노라 이스라엘 족속아 이 토기장이의 하는 것같이 내가 능히 너희에게 행하지 못하겠느냐 이스라엘 족속아 진흙이 토기장이의 손에 있음 같이 너희가 내 손에 있느니라"(렘 18:6)

"토기장이가 진흙 한 덩이로 하나는 귀히 쓸 그릇을, 하나는 천히 쓸 그릇을 만드는 권이 없느냐"(롬 9:21)

예술가의 손가락, 하나님의 손에서 가장 아름다운 여인이 탄생했다. 하나님은 그녀를 아담에게 이끌어 오셨다(창 2:22). 하나님은 최초의 중매쟁이(a matchmaker)가 되셨다.

아담의 고백(창 2:23)

아담은 하나님께서 데려온 여자를 보는 순간 인류 역사에 길이 남은 아름다운 사랑을 고백 한다.

"내 뼈 중의 뼈요 살 중의 살이라 이것을 남자에게서 취하였으즉 여자라 칭하리라"(창 2:23).

아담이 고백한 "내 뼈 중의 뼈요. 살 중의 살"(히브리어 직역: "내 뼈로부터 나온 뼈, 내 살로부터 나온 살")이라는 탄성은 두 가지 의미를 담고 있다. 첫째, 실제로 자신의 뼈 일부분이기 때문이며 둘째, 하나님이 지으신 여자가 가장 귀하고, 아름다운 여인이라는 사랑을 담은 고백이다.

가정의 탄생(창 2:24)

남자와 여자는 한 몸이다. 여자는 남자의 신체 일부로 지음을 받았고, "서로 돕는 배필"로 지음을 받았다. 결혼은 남자와 여자가 신체적 · 정신적으로 한 몸이 되는 의식이다. 가정은 하나님께서 가장 위대하게 계획하신 프로젝트이다. 하나님은 "남자가 부모를 떠나 그 아내와 연합하여 둘이 한 몸을 이룰지라."고 말씀하신다(창 2:24). 남녀가 결혼하여 가정을 이루는 것의 의미는 첫째, 각자 가정에서 떠나 남녀가 연합하여 한 몸, 한 가정(공동체)을 이루는 것이다. 둘째, 가정의 울타리를 통해 부부는 서로 돕는 자로서 존재하며, 남편과 아내의 부족함을 서로 채워 가는 것이다. 셋째, 남자와 여자는 결혼하기 전에는 부모에게 보호받지만 결혼과 동시에 독립된 가정이 되는 것이다. 그들은 부모를 떠야 한다. 부부는 새로운 가정이다. 그러므로 부모의 충실한 조언은 받아야 하지만 귀속되거나 간섭의 그늘에 있으면 안 된다.

현대 사회에서는 많은 가정들이 마마보이(mamma' s boy)처럼 주체적이고 독립적인 가정을 이끌지 못하고, 부모의 그늘에서 그들의 영향을 받는다. 부모들은 결혼한 자녀를 부부로서 그들의 독립된 결정을 인정하지 않는 경우가 많다. 그렇기 때문에 자주 시댁과 친정 사이에 갈등이 일어난다. 우리 사회는 하나님께서 정하신 결혼의 정의(定義)보다는 유교적인 결혼관, 가족관이 뿌리 내리고 있기 때문에 많은 사회문제들이 나타난다.

결혼과 동시에 일어나는 사회문제는 이혼이다. 마태복음 19장에서 결혼에 대한 예수님의 정의가 나온다. 마태복음 19장은 바리새인들과 예수님의 대화이다.

- **바리새인들**: 사람이 무슨 이유가 있다면, 그 아내를 내어버리는 것이 옳습니까?(마 19:3).
- **예수님**: 사람을 지으신 하나님은 본래 저희를 각각 남자와 여자로 만드시고 말씀하셨다. '그러므로 사람이 그 부모를 떠나서 아내에게 합

하여 그 둘이 한 몸이 되어야 한다.' 는 말씀을 읽지 못하였느냐? 그러므로 부부는 이제 둘이 아니고, 한 몸이기 때문에 하나님이 짝지어 주신 것을 사람이 나누지 못할 것이다(마 19:4-6).

- **바리새인들:** 그런데 왜, 모세는 이혼 증서를 주어서 내어버리라 명하였습니까?(마 19:7).
- **예수님:** 모세가 너희 마음의 완악함 때문에 아내를 내어버리는 것을 허락하였지만 본래는 그렇지 않다. 누구든지 음행한 이유 외에 아내를 내어버리고 다른데 장가드는 자는 간음한 것이다(마 19:8-9).

이혼의 이유는 다양하다. 외도(外道), 성(性) · 성격 · 가치관의 차이, 혼수 문제, 시댁과 친정과의 갈등, 제사, 경제, 불안한 사회적인 지위, 자녀 교육, 구타, 알코올 중독, 성적 학대 등이 있다. 그러나 가정 문제와 이혼의 중심에는 "부부가 사랑하지 않는다."는 문제가 자리 잡고 있다. 서로 사랑한다면, 해결되는 과정에 어려움은 있어도 대부분 문제가 해결된다. 둘째로는 '죄'(罪) 때문이다. 부부는 한 몸이 되어 함께 생각하고, 사랑하고, 대화하고, 행동해야 한다. 그러나 죽는 날까지 한 몸과 마음이 된다는 것은 쉽지 않다. 뜨거웠던 사랑이 식으면, 사랑 때문에 보이지 않던 문제들이 보이기 시작한다. 사랑은 이타적(利他的) 마음을 갖게 하지만, 사랑이 식으면 자기중심적(自己中心的)으로 변한다. 인간은 죄성을 가진 존재이다. 죄는 본질적으로 자기중심적으로 생각하고, 판단하게 한다. 사랑 대신 죄가 부부를 주관하게 된다. 그래서 상대방의 입장에서 생각하기 보다는 내 입장에서 생각하고, 판단하고, 말한다. 서로 생각과 말, 행동에서 갈등이 일어난다.

가정과 문화명령(창 2:24-25)

한 가정을 이룬 아담과 하와의 사명은 창조 명령을 성취해야 한다.

"생육하고 번성하여 땅에 충만하라, 땅을 정복하라 바다의 고기와 공중의 새와 땅에 움직이는 모든 생물을 다스리라"(창 1:28).

"여호와 하나님이 그 사람을 이끌어 에덴 동산에 두어 그것을 경작하며 지키게 하시고"(창 2:15)

이 명령을 신학적으로 '문화명령'(The Cultural Mandate)이라고 한다. 문화명령은 생육하고, 번성하고, 정복하고, 다스리는 것이다(단어의 의미는 창 1:28의 내용 참조). 생육하고 번성하는 것은 인간뿐 아니라 동 · 식물들에게도 해당된다(창 1:22). 그러나 인간만이 땅을 경작(cultivation)하라는 명령을 받았다. '경작하다' 라는 히브리어는 아바드(עָבַד)로 '섬기다'(slave), '일하다'(work), '봉사하다'(serve), '예배하다'(worship), '경작하다'(cultivate)라는 의미를 지니고 있다. 창세기 2:15을 문화명령이라고 하는 이유는 "경작하다"라는 의미의 라틴어 *cultura*(경작)라는 단어에서 문화(culture)라는 단어가 파생되었기 때문이다. 또한 '지키다' 라는 히브리어는 샤마르(שָׁמַר)로 '지키다', '돌보다', '보호하다', '둘러싸다', '망보다' 등의 의미를 가진다. 이런 동사들은 아담이 에덴의 동산을 보호하고, 지키라는 명령이다. 하나님은 아담에게 에덴을 무차별적인 개발이 아닌 자연의 순리대로 개발하고, 보호하고, 관리하라는 명령을 주셨다. 인간은 땅과 자연을 정복하고, 다려야 하지만, 무력을 사용해 정복하고, 주인으로서 다스리는 것이 아니다. 인간은 하나님의 소유인 땅과 자연을 잘 보존하고, 관리하는 청지기일 뿐 주인이 아니다. 이것이 문화명령의 핵심이다.

가정은 문화명령을 이루는 시작이다. 하나님께서 남자와 여자를 짝지어 주신 이유는 서로 돕고, 사랑하며 살아가는 목적과 자녀를 낳는 생육과 번성의 목적이 있다. 그래서 자식은 하나님께서 인간에게 주신 복이다.

"자식은 여호와의 주신 기업이요 태의 열매는 그의 상급이로다 젊은 자의 자식은 장사의 수중의 화살 같으니 이것이 그 전통에 가득한 자는 복되도다 저희가 성문에서 그 원수와 말할 때에 수치를 당치 아니하리

로다" (시 127:3-5)

"네 집 내실에 있는 네 아내는 결실한 포도나무 같으며 네 상에 둘린 자식은 어린 감람나무 같으리로다" (시 128:3)

가정은 가장 아름다운 하나님의 창조 계획이다. 그러나 죄가 세상에 들어왔을 때 가정은 허물어졌다. 한 남자와 한 여자가 이루는 가정은 파괴되었다. 그 첫 번째 인물이 라멕(레메크 לֶמֶךְ)이다. 라멕은 두 아내 아다(아다 עָדָה)와 씰라(찔라 צִלָּה)를 취했다. 라멕은 일부다처제(一夫多妻制)의 조상이 되었다(창 4:19).

이후 믿음의 조상이라 할 수 있는 아브라함은 세 명의 여인과 결혼하여 자녀를 여덟 명을 낳았다. 부인 사라를 통해 이삭, 애굽 여종 하갈(הָגָר)을 통해 이스마엘(창 16:1)을 낳았다. 그리고 후처인 그두라를 통해 시므란, 욕산, 므단, 미디안, 이스박, 수아를 낳았고 그들은 아랍 족속들이 되었다(창 25:1-2). 모세는 미디안 족속 제사장 이드로의 딸 십보라를 아내로 삼고(출 2:15, 21), 구스 여자를 후처로 삼았다(민 12:1).

성경을 자세히 읽으면, 믿음의 조상들이라도 여러 명의 여자를 아내와 후처로 들인 것 때문에 많은 고통을 받았다. 아브라함은 사라와 애굽 여인 하갈 사이의 암투를 보았고(창 16:4), 아들 이스마엘을 집에서 내보내야 하는 아픔을 겪었다(창 21: 9-12). 야곱도 두 명의 아내와 두 명의 첩들의 싸움과 자식들 간의 싸움들을 보았다. 다윗도 여러 명의 부인으로 인해, 이복 자식들 간의 권력 싸움이 있었고, 그의 아들 솔로몬은 많은 이방의 아내들 때문에 하나님을 떠나 이방신을 섬기는 우상 숭배자가 되었다.

"여호와께서 일찌기 이 여러 국민에게 대하여 이스라엘 자손에게 말씀하시기를 너희는 저희와 서로 통하지 말며 저희도 너희와 서로 통하게 말라. 저희가 정녕코 너희의 마음을 돌이켜 저희의 신들을 좇게 하리라

> 하셨으나, 솔로몬이 저희를 연애하였더라. 왕은 후비가 700이요 빈장이 300이라 **왕비들이 왕의 마음을 돌이켰더라.** 솔로몬의 **나이 늙을 때에 왕비들이 그 마음을 돌이켜 다른 신들을 좇게 하였으므로** 왕의 마음이 그 부친 다윗의 마음과 같지 아니하여 그 **하나님 여호와 앞에 온전치 못하였으니** 이는 **시돈 사람의 여신 아스다롯**을 따르고 **암몬 사람의 가증한 밀곰**을 따름이라. 솔로몬이 여호와의 눈앞에서 악을 행하여 그의 아버지 다윗이 여호와를 온전히 따름 같이 따르지 아니하고 **모압의 가증한 그모스**를 위하여 예루살렘 앞 산에 산당을 지었고 또 **암몬 자손의 가증한 몰록**을 위하여 그와 같이 하였으며 그가 또 그의 **이방 여인들을 위하여 다 그와 같이 한지라** 그들이 자기의 신들에게 분향하며 제사하였더라. **솔로몬이 마음을 돌려 이스라엘의 하나님 여호와를 떠나므로 여호와께서 그에게 진노하시니라.** 여호와께서 일찍이 두 번이나 그에게 나타나시고 이 일에 대하여 명령하사 다른 신을 따르지 말라 하셨으나 그가 여호와의 명령을 지키지 않았으므로 여호와께서 솔로몬에게 말씀하시되 네게 이러한 일이 있었고 또 네가 내 언약과 내가 네게 명령한 법도를 지키지 아니하였으니 내가 반드시 이 나라를 네게서 빼앗아 네 신하에게 주리라. 그러나 네 아버지 다윗을 위하여 네 세대에는 이 일을 행하지 아니하고 네 아들의 손에서 빼앗으려니와 오직 내가 이 나라를 다 빼앗지 아니하고 내 종 다윗과 내가 택한 예루살렘을 위하여 한 지파를 네 아들에게 주리라 하셨더라" (왕상 11:2-13)

솔로몬은 많은 후비와 빈장들을 사랑했기 때문에 그녀들이 가져 온 이방 신들의 숭배를 허용하였다. 결국, 후비와 빈장들은 솔로몬의 마음까지 돌이켜 여호와를 떠나 우상숭배를 하도록 했다. 솔로몬은 예루살렘 앞 산(On a hill east of Jerusalem, 다윗 성에서 맞은 편으로 보이는 산으로 요시야 왕은 종교개혁 때 솔로몬이 세운 우상들을 파괴하였다. 이 때 예루살렘 앞 산을 멸망산으로 소개한다. 왕하 23:13)에 시돈의 여신 아스다롯(Ashtoreth), 모압의 가증한 그모스(Chemosh) 암몬 자손의 가증한 몰록(Molech)을 위해 산당을 지어 우상을 숭배하도록 하는 죄를 지었다(왕상 11:5, 7; 왕하 23:13). 이 때문에 하나님은 솔로몬에서 나라를 빼앗아 신하에게 주리라고 명하셨다. 하나님의 말씀은 그의 아들 르호보암과 느밧의 아들 여로보암에 의해 남북이 갈라짐으로써 성취되었다(왕상 12:2-33). <사진-3>은 다윗성에서 바라 본 멸망산의 전경이다.

〈사진-3〉 다윗성에서 본 멸망산 전경

연합: 그 신비로운 가정

가정을 이뤄 한 몸이 된 아담과 하와는 벌거벗었지만 부끄러워하지 않았다(창 2:25). 부부가 된다는 것은 정신적으로나 육체적으로 하나가 되는 연합을 의미한다. 가정은 서로 다른 남자와 여자의 연합의 장이다. 연합이란 '하나 됨' 이다. 가정은 부부(남자와 여자)가 연합을 통해 서로 '다름' 이 '같음' 으로 만들어 가는 장소이다. 남자와 여자는 부부가 되기 전까지(되고 나서도 계속) 서로 다른 가정환경, 가치관, 성(性), 성격, 습관, 생각 속에서 자라왔다. 그리고 서로 다름이라는 것을 안고 결혼이란 제도를 통해 한 가족이 된다. 부부는 핏줄로 이어진 존재가 아니지만, 완전히 남남임에도 부부만큼 가깝고, 하나 되는 존재는 없다. 남자와 여자는 결혼을 통해 부부로 하나가 된다. 한 가정을 꾸미고, 정신과 육체를 나누며 사는 사람들이 된다.

어떻게 서로 다른 남자와 여자가 만나 연합하여 한 몸을 이룰 수 있을까? 그것은 "사랑" 때문이다. 서로 다른 남녀 간의 연인 사이, 부부 사이는 사랑이라는 매개체로 하나가 된다. 사랑은 부부간에 서로 다름, 차이를 인정하게 한다. 사랑은 서로 다름, 차이를 받아들이게 한다. 사랑은 나에게 없는 것을 상대방을 통해 채우도록 한다. 하나님은 "돕는 배필"로 하와를 지으셨다. 하나님은 남편에게 부족한 것을 아내를 통해 채우도록, 아내에게 부족한 것을 남편에게서 채우도록 하셨다. 부부는 100% 완전한 관계가 아니다. 남자나 여자나 모두가 50%씩(수치는 단지 부족함을 보여주는 것이다) 부족한 상태에서 출발한다. 50%의 남자와 50%의 여자가 만나면 어떻게 될까? 정상적인 산술적 합계는 100%가 되어야 한다. 그러나 결혼한 부부는 다시 50%가 된다. 그렇다면, 100% 가정, 부부는 어떻게 될 수 있는가? 오직 서로가 100%의 가정, 100%의 부부가 되기 위해 노력하며 살아가는 것뿐이다. <그림-3>은 가정의 공식을 보여준다.

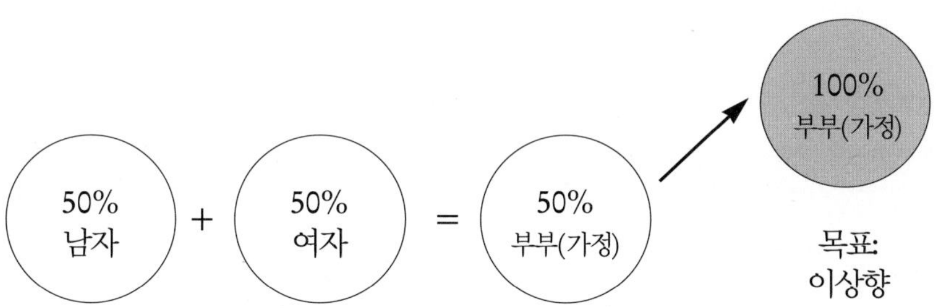

〈그림-3〉 가정의 공식

100%를 만들기 위해서는 끊임없는 사랑과 인내가 필요하다. 만일 연인과 부부 사이에 사랑이 식어버린다면, 사랑 자체가 없었다면, 두 관계는

무의미한 관계일 수밖에 없다. 사랑이 식어버린 부부, 사랑이 없는 부부는 갈등과 싸움이라는 현실에 놓이게 된다. 부부는 핏줄을 나눈 형제보다 가깝지만, 사랑이 없는 부부는 남남보다 못한 존재가 된다. 부부의 갈등 속에는 미움과 적의가 가득하다. 사랑이 상실된 부부는 가장 큰 원수 관계가 된다.

창세기 3장

죄를 지은 아담과 하와(창 3:1)

"땅의 짐승을 그 종류대로, 육축을 그 종류대로 땅에 기는 모든 것을 그 종류대로 만드시니…보시기에 좋았더라"(창 1:25). 하나님은 창조된 대상들을 보시면서 '토브' (טוֹב Good!)라고 감탄하셨다. 토브는 형용사로 '좋은', '선한' 이란 의미이다. 하나님의 창조물들은 모두 '좋고', '선한' 것들이다.

창세기 3장은 죄의 기원에 대해 말씀이다. 죄는 뱀의 유혹으로부터 시작된다. 이 뱀은 여호와 하나님께서 지으신 들짐승 중 가장 '간교' (아룸 עָרוּם) 했다(창 3:1a). '간교' (奸巧)란 '간사하고 교활한' 이란 의미이다. 영어 번역본 대부분은 'crafty' (간교한, 교활한, 나쁜 꾀가 많은), 'subtle'(지각할 수 없을 정도로 미묘한, 포착하기 어려운, 불가사의한, 이해하기 어려운)로 번역하였다.

뱀: 간교함의 이중적 의미(창 3:1)

그런데 문제가 발생한다. 하나님께서 창조한 모든 것이 '토브' (선한, 좋은)라고 감탄하셨는데, 뱀은 어떻게 간사할 수 있을까? 여기서 사탄이 뱀을 이용한(또는 들어간) '시점이 언제인가?' 에 따라 '간사함' 이라는 단어가 좋은 의미일 수도, 나쁜 의미일 수도 있다. 첫째, 좋은 의미는 사탄이 아직 뱀을 이용하지 않는 상태, 하나님의 순수한 선한 창조의 상태일 때이다. "뱀이 가장 간교하더라."는 말은 뱀이 다른 동물보다 가장 '재치 있고', '꾀가 많고', '뛰어난 지혜'를 가진 동물이라는 칭찬의 말씀이라 해석할 수 있다. 아직 세상에 죄가 들어오지 않았기 때문에 하나님께서 창조한 모든 피조물은 선하고, 좋은 의미만을 지닌다. 둘째, 반대의 경우로 사탄이 이미 뱀을 이용해(또는 들어가) 하와를 유혹하는 상태로 뱀과 그를 이용한 사탄의 '간교함'을 표현하는 경우이다. 창세기는 이미 죄가 세상에 들어오고, 오랜 시간이 지난 B.C 1,400년경 모세에 의해 쓰였다. 하나님은 모세에게 인간이 잃어버린 창조의 세계를 전지적 작가 시점(全知的 作家 視點)으로 설명하셨다. 그러므로 지금 동산에 있는 하와에게 찾아오는 뱀은 이미 단순한 동물이 아닌 사탄의 조정을 받는 동물이며, 사탄이다. 사탄은 뱀에게 들어가 뱀을 통해 말하고, 하와를 유혹했다. 그러므로 뱀의 '간교함'은 사탄의 '간교함'의 부정적 이미지를 내포하는 것이다.

뱀의 전략 1(창 3:1-3)

가장 간교한 뱀, 그가 동산에 홀로 있던 여자에게 찾아와 그녀에게 묻는다.

> "뱀이 여자에게 물어 가로되 하나님이 '참으로' 너희더러 동산 모든 나무의 실과를 먹지 말라 하시더냐?"(창 3:1).

여자는 뱀에게 대답한다.

> "동산 나무의 실과를 우리가 먹을 수 있으나 동산 중앙에 있는 나무의 실과는 하나님의 말씀에 너희는 먹지도 말고 만지지도 말라 너희가 죽을까 하노라 하셨느니라"(창 3:2-3).

여자는 뱀의 교묘한 유혹의 덫에 걸려들고 만다. 그렇다면, 뱀의 질문에서 무엇이 잘못되었을까? 여자의 대답은 무엇이 잘못되었을까? 그들의 대화를 유심히 보면, 쉽게 그 답을 찾을 수 있다.

뱀은 "하나님이 참으로 너희더러 동산 모든 나무의 실과를 먹지 말라 하시더냐?" 라고 여자에게 질문해 그녀의 마음을 두 가지로 흔들어 놓았다. 첫째, '참으로' 라는 말이다. 간교한 뱀은 여자에게 "참으로(정말로)…, 먹지 말라 했니?" 라는 의문을 통해, 하나님의 명령에 대한 확신을 흔들어 놓았다. 둘째, "동산 모든 실과를 먹지 말라 하셨니?" 라는 말이다. 하나님은 분명히 아담에게 "동산 각종 나무의 실과는 네가 임의로(마음대로) 먹되 선악을 알게 하는 나무의 실과는 먹지 말라" 고 하셨다(창 2:16b-17a). 하나님은 오직 "선악을 알게 하는 나무의 실과" 만을 먹지 말라고 하셨다. 그런데도 뱀은 하와에게 "참으로(???) … 동산 모든 실과를 먹지 말라 했니?" 라는 의도된 거짓 질문으로 하와를 유혹하였다.

하와: 유혹의 덫에 빠지기 시작하다(창 3:2-6)

뱀의 유혹의 덫에 빠진 하와. 그녀의 대답을 주의해 봐야 한다.

> "여자가 뱀에게 말하되 동산 나무의 실과를 우리가 먹을 수 있으나 동산 중앙에 있는 나무의 실과는 하나님의 말씀에 너희는 먹지도 만지지도 말라 너희가 죽을까 하노라 하셨느니라" (창 3:2-3).

하와는 뱀에게 답하면서 하나님께서 말씀을 빼거나 덧붙이는 실수를 한다. 그녀의 실수는 무엇인가?

첫째, 하나님은 "동산 각종 나무의 실과를 임의로(마음대로) 먹으라" 말씀하셨는데 하와는 "동산 나무의 실과를 우리가 먹을 수 있으나" (창 2:2)라고 대답했다. 그녀는 "임의로" 라는 말씀을 빼먹었다. 하나님은 아담과 하와에게 동산에 있는 각종 과실를 마음껏 먹을 수 있는 자유를 주셨다. 에덴의 동산에는 "보기에 아름답고 먹기에 좋은 나무"들이 가득했다(창 2:9a). 그들은 하나님께서 주신 은혜와 복을 마음껏 누릴 수 있었다. 그러나 하와는 마음대로 먹을 수 있는 자유, 하나님께서 주신 은혜를 잊어 버렸다.

둘째, 하와는 "하나님의 말씀에 너희는 먹지도 말고 만지지도 말라"(창 3:3b)고 말했다. 하나님은 "먹지 말라"는 말씀만을 하셨는데(창2:17a) 하와는 "만지지도 말라"라는 말을 추가했다. 하나님은 선악을 알게 하는 나무의 실과는 만지지 못하게 하거나 접근하지 못하게 하지 않으셨다. 단지 "먹지 말라"는 명령뿐이었다.

셋째, 하나님은 "네가 먹는 날에는 '정녕' 죽으리라"(창 2:17b)고 말씀하셨다. 하지만, 하와는 뱀에게 "너희는 죽을까 하노라 하셨느니라"(창 3:3c)고 말한다. '정녕 죽으리라'(무트 타무트 מוֹת תָּמוּת)는 히브리어를 직역하면 '죽는다. 너희는 죽으리라'는 의미로 '반드시 너희는 죽으리라'라는 의미를 나타내는 독특한 히브리어 '칼 부정사' 용법이다. 이 용법은 이야기체 본문들과 예언적 본문들에 사용된다. 그 예로 신(神)이나 왕이 위협을 가하는 형태로 사용 된다(창 20:7; 삼상 14:39, 44; 22:16; 왕상 2:37, 42; 왕하 1:4).

하나님은 '너희는 죽으리라'(תָּמוּת)는 2인칭 미완료형(imperfect)으로 말씀하셨다. 왜냐하면, 하나님께서 선악을 알게 하는 나무의 실과를 먹지 말라고 말씀하셨을 때는 사람이 아직 그 열매를 먹지 않았기 때문이다. 하와는 하나님께서 말씀하신 "먹는 날에는 '정녕'(반드시) 죽으리라"는 강한 경고의 말씀 대신 "죽을까 하노라"라는 말로 바꿔 버렸다. "죽을까 하노라"라는 말은 "죽을 수 있어 조심해!"라는 유연한 의미를 담고 있다.

뱀의 전략 2: Yes or No(창 3:1-6)

하나님은 아담에게 "동산에 있는 아름답고 먹기에 좋은 나무의 실과들을 마음대로 먹되 선악을 알게 하는 나무의 실과만은 먹지 말라"고 하셨다(창 2:9, 16). 하나님은 아담에게 '각종 나무의 실과들을 임의로 먹음'에 초점을 맞추셨다. 그런데 뱀은 '먹지 말라'는 말에 초점을 맞춰 하와를 유혹한다.

> "하나님이 참으로 너희더러 '동산 모든 나무의 실과를 먹지 말라' 하시더냐?"(창 3:1b).

뱀은 하나님의 두 가지 명령 '동산 모든 나무의 실과는 먹으라', '선악을 알게 하는 나무의 실과는 먹지 말라'를 '동산 모든 나무의 실과를 먹지 말라 하시더냐'로 통합해 버렸다. 뱀의 질문에 "예"라고 대답하면 "네, 하나님께서 동산 모든 나무의 실과를 먹지 말라 하셨어요."라는 말이 되고, "아니요"라고 대답하면 "아니요. (선악을 알게 하는 나무의 실과를 포함한) 동산 모든 나무의 실과를 먹어라 하셨어요."라는 말이 된다. 이 두 대답 모두 거짓말이 된다. 뱀은 하와가 Yes나 No의 대답에 빠지기를 원했다. 뱀은 하와에게 의도된 질문으로 Yes나 No의 답했다면, 다음과 같은 말로 유혹을 이어갔을 것이다.

- **뱀**: 하나님이 참으로(정말로) 너희더러 동산 모든 나무의 실과를 먹지 말라 하셨니?
  (Yes 대답)
- **하와**: 네, 하나님께서 동산 모든 나무의 실과를 먹지 말라 하셨어요.
- **뱀**: 그래, 맞아! 하나님이 동산 모든 실과를 먹지 말라 하셨지? 그런데 내가 생각하기에 하나님은 너무 인색하고, 나쁜 분이야. 동산에 이렇게 많은 먹음직한 실과들을 너희가 먹을 수 없으니… 너희는 참 안됐다 쯧쯧… 그런데 너희들도 먹고 살아야 하잖아. 동산에 있는 각종 나무 실과를 먹지 못한다면, 동산 말고 먹을 것이 있는 다른 곳을 찾아야 하잖아! 어디에서 네가 먹을 수 있는 실과를 얻을 수 있을까? 동

산을 나가서 찾아봐, 아니면 내가 줄까?
(**No 대답**)

- **하와**: 아니요. (선악을 알게 하는 나무의 실과를 포함한) 동산 모든 나무의 실과를 먹으라 하셨어요.
- **뱀**: 그래, 하나님은 너무나 은혜로운 분이야. 모든 것을 주시잖아. 하나님은 너희가 동산 모든 나무 실과를 자유롭게 먹으며 살기를 바라셔. 물론, 선악을 알게 하는 나무 실과도 말이야. 가서 자유롭게 먹어! 나도 함께 갈까?

뱀의 의도된 질문에 하와는 100% 걸려들지 않았다. 그녀는 대답한다.

"동산 나무의 실과는 우리가 먹을 수 있으나 동산 중앙에 있는 나무의 실과는 하나님의 말씀에 너희는 먹지도 말고 만지지도 말라 너희가 죽을까 하노라 하셨느니라" (창 3:3).

하와의 말을 좀 더 쉽게 표현하면 이렇다.

"아니에요. 하나님은 당신의 말처럼 동산 모든 나무의 실과를 먹지 말라고 하지 않으셨어요. 동산 나무의 실과는 우리가 먹을 수 있지만 동산 중앙에 있는 나무의 실과는 하나님의 말씀에 '너희는 먹지도 말고 만지지도 말라 너희가 죽을까 한다.' 고 하셨어요."

- 첨가한 말: ① 만지지도 말라
- 삭제한 말: ① 각종 (나무 실과) ② 선악을 알게 하는 나무
  ③ 정녕(반드시)

하와는 뱀의 의도된 덫(질문)에 완벽하게 걸려들지는 않았다. 하지만 하나님의 명하신 말씀의 일부분을 삭제하는 실수와 자신의 생각(말)을 더하

는 실수를 범하게 된다. 하와의 실수는 뱀의 의도된 질문보다 더 심각한 결과를 낳게 된다. 뱀은 하와의 실수를 파고든다.

뱀은 왜, 하와에게 찾아갔을까? (창 3:1)

여기서 잠깐. 뱀은 왜, 아담이 아닌 여자에게 찾아와 거짓말로 유혹의 손길을 뻗쳤을까? 실제로, 선악을 알게 하는 나무의 실과를 먹지 말라는 명령을 들은 사람은 하와가 아니라 아담이었다. 인류 최초의 사람 아담이 하나님의 말씀을 들을 때 여자 하와는 아직 세상에 존재하지 않았다(창 2:16-17). 이후 하나님은 아담을 깊이 잠들게 하시고, 그의 갈빗대를 취하고 살로 채워 하와를 지으셨다(창 2:21).

성경을 자세히 읽어보면, 아담은 하와에게 하나님께 받은 명령을 어떻게 전했는지, 무엇을 말했는지, 얼마나 중요하게 말했는지를 언급하고 있지 않다.

하와가 뱀에게 말한 내용을 살펴볼 때, 세 가지 가능성을 생각해 볼 수 있다. 첫째, 아담은 하나님의 말씀을 하와에게 정확하고 중요하게 말하지(교육하지) 않았을 가능성이 크다. 둘째, 하와는 아담의 말을 주의 깊게 듣기보다 건성으로 들었을 가능성이 크다. 셋째, 아담이 잘 가르치고, 교육했고, 하와가 잘 잘 듣고, 주의했음에도 하와는 뱀의 교묘한 질문에 당황하여 아담에게 들은 하나님의 명령 전문을 순간적으로 잃어버렸거나, 자신의 생각을 덧붙여 말했을 가능성도 생각해 볼 수 있다.

뱀은 하나님의 명령을 집적 들은 아담에게 찾아오지 않았다. 대신 남편에게 간접적으로 들은 여자에게 찾아와 그녀를 유혹했다. 뱀의 계략은 적중했다. 바울은 디모데에게 이 사실을 주의 깊게 설명한다. "아담이 꾀임을 보지 아니하고 여자가 꾀임을 보아 죄에 빠졌음이니라"(딤전 2:14). 뱀은 하나님의 명령을 소홀히 한 하와를 자신의 유혹 전략대로 이끌어 간다.

뱀의 전략 3(창 3:4-6)

뱀의 첫 번째 전략은 하와가 하나님의 명령을 정확히 알고 있는지, 그 명령을 확실히 믿고 있는지에 대한 탐색전이었다. 뱀은 탐색전에서 보기 좋게 승리했다. 뱀은 두 번째 전략으로 하나님의 명령에 대한 자신의 생각을 말함으로써 하와를 불순종으로 유혹한다.

> "뱀이 여자에게 이르되 너희가 결코 죽지 아니하리라 너희가 그것을 먹는 날에는 너희 눈이 밝아 하나님과 같이 되어 산악을 알 줄을 하나님이 아심이니라" (창 3:4-5).

하나님은 "네가 먹는 날에는 '정녕' (반드시) 죽으리라" 라고 말씀 하셨다. 그러나 뱀은 "너희가 '결코' 죽지 않으리라" 라고 말한다. 거짓의 아비(요 8:44)인 사탄은 하와에게 광명의 천사로 다가 왔다(고후 11:14). 뱀은 "결코 죽지 않는다." 는 새빨간 거짓말로 하와를 유혹한다. 하와는 "반드시 죽는다." 는 하나님의 말씀보다 "결코(절대) 죽지 않는다." 는 뱀의 말을 들었다. 하와가 자신의 말에 귀를 기울이자 뱀은 그녀에게 가장 무섭고, 가장 유혹적인 말을 던진다.

> "너희가 그것을 먹는 날에는 너희 눈이 밝아 하나님과 같이 되어 선악을 알 줄을 하나님이 아심이니라" (창 3:5).

선악을 알게 하는 나무의 실과를 먹는 날에 '죽음' 이 아니라 오히려 "너희 눈이 밝아 하나님과 같이 된다." 라고 거짓말을 한다. 가장 큰 유혹이다. 피조물이 창조주 하나님과 같이 된다는 말이다. 자신의 지위가 하나님과 같은 지위가 된다는 것이다. 단지, 선악을 알게 하는 나무 실과를 먹기만 하면 되는 것이다. 얼마나 쉬운가?

그러나 뱀의 주장을 곰곰이 살펴보자. 그 안에 얼마나 많은 정보를 함유하고 있는지. 뱀의 주장을 쉽게 풀이해 보면 아래와 같다.

> "너희가 (하나님 같지 않으니까 눈이 밝지 못한거야. 하나님은 얼마나 나쁘시니. 너희를 선악조차 구별 못하는 그런 무능한 인간으로 만드시고 … 아이 참 …그러니 선악을 분별할 수 있는 능력이 없지!. 만일, 선악을 알게 하는 나무실과를) 먹는 날에 (지금은 볼 수 없는) 눈이 밝아져 (선악을 구별할 수 있는) 하나님과 같이 된단다. 그러면 지금은 (너희에게 없는) 선악을 구별할 수 있는 능력을 가질 수 있어. 이것을 하나님도 알고 계셔! (먹고 싶지 않니?)"

뱀은 은근히 하나님께서 아담과 하와를 불완전하게 창조하셨음을 암시한다. 뱀은 하와에게 하나님은 인간을 선악조차 알지 못하는 존재로 지으신 나쁜 분이라 주장하고 있다. 그러면서도 선악을 알게 하는 나무를 만들어 놓으시고, 그 실과를 먹지도 못하게 하셨으니… 뱀의 말을 들은 하와는 어떤 생각을 했을까? 그녀는 의문이 꼬리에 꼬리를 물었을 것이다.

> "그래, 뱀의 말이 맞는 것 같아. 하나님은 왜, 우리를 하나님 같이 선악을 분별할 수 없게 하셨을까? 그리고 선악을 구분할 필요가 없다면, 하나님은 왜, 동산에 선악을 알게 하는 나무를 심어 놓고 우리에게 그 실과를 먹지 말라 하셨을까?"

뱀의 말을 들은 하와, 그녀는 선악을 알게 하는 나무를 보았다. 그런데 놀랍게도 전에 그녀가 본 선악과(善惡果)는 이제는 전에 보았던 선악과가 아니었다.

> "여자가 그 나무를 본즉 먹음직도 하고 보암직도 하고 지혜롭게 할 만큼 탐스럽기도 한 나무인지라 여자가 그 실과를 따먹고 자기와 함께한 남편에게도 주매 그도 먹은지라"(창 3:6).

하와는 뱀의 유혹의 말을 들었다. 그리고 여자가 그 나무를 보았을 때 선악과는 "먹음직도 하고 보암직도 하고 지혜롭게 할 만큼 탐스럽기도 한 나무"로 보였다. 분명히 매일 보았던 나무였다. 다만, 하나님께서 '먹지 말라'는 금기(禁忌) 명령만 있었을 뿐 아주 평범한 나무에 불과했다. 그러나 그녀에게 보인 나무는 예전의 나무가 아니었다. 나무 자체가 변한 것이 아니라 그녀의 마음, 그녀의 눈이 변했다. 그녀는 하나님과 같아져 선악을 알게 되는 지혜를 갖고 싶은 마음의 눈으로 선악을 알게 하는 나무를 보았던 것이다. 요한일서 2장 16절은 인간이 세상에서 범할 수 있는 죄의 유혹을 세 가지로 요약해 준다.

> "이는 세상에 있는 모든 것이 육신의 정욕(the lust of the flesh)과 안목의 정욕(the lust of the eyes)과 이생의 자랑(the boastful pride of life)이니 다 아버지께로 좇아 온 것이 아니요 세상으로 좇아 온 것이라" (요일 2:16).

결국, 뱀의 유혹에 그녀는 어떻게 행동했는가? 그녀는 "먹음직도 하고, 보암직도 하고, 지혜롭게 할 만큼 탐스럽게" 보인 나무에 다가가 그 실과를 따먹고, 자기와 함께한 남편에게도 주어 그도 먹게 하였다(창 3:6c).

> "욕심이 잉태한즉 죄를 낳고 죄가 장성한즉 사망을 낳느니라"(약 1:15).

하나님과 같아지고자 한 하와의 욕심은 죄를 낳고, 죄는 사망을 낳게 되었다(창 3:19c; 5:5). 하와는 선악과를 먹고, 그의 남편에게 줌으로써 공범(共犯)을 만들었다. 호세아는 죄악에 빠진 이스라엘을 향해 "저희는 아담처럼 언약을 어기고 거기서 내게 패역을 행하였느니라."(호 6:7)라고 선포했다.

죄의 결과 1: 수치심(창 3:7-8)

아담과 하와가 선악과를 먹고 나서 그들은 어떻게 되었을까? 과연 뱀의 유혹의 말처럼 하나님과 같아 선악을 알게 되었을까? 결과는 뱀의 말은 새빨간 거짓말로 드러났다.

> "이에 그들의 눈이 밝아 자기들의 몸이 벗은 줄을 알고 무화과나무 잎을 엮어 치마를 하였더라"(창 3:7).

선악과를 먹은 결과 눈이 밝아졌다. 그러나 그들은 뱀의 유혹처럼 하나님과 같아져 선악을 알 수 있는 능력이 아니라 자기들의 몸이 벗은 줄 알게 되었을 뿐이었다. 선악과를 먹은 그들은 수치심(a sense of shame)이라는 새로운 감정을 갖게 됐다. 전에는 알지 못했던 부끄러움이 생겼다(창 3:7). 수치심은 아담과 하와에게 새로운 장벽을 만들었다. 이전까지 그들은 서로 벌거벗은 상태였지만 부끄러워하지 않았다(창 2:25). 그러나 이제 수치심이 생겨 무화과나무 잎을 엮어 만든 치마로 부끄러움을 감추어야 했다.

아담은 하와를 보는 순간 "너는 내 뼈 중의 뼈요. 살 중의 살이라"(창 2:23)고 고백했다. 하나님은 "남자가 부모를 떠나 그 아내와 연합하여 둘이 한 몸을 이룰찌라"(창 2:24)라고 말씀하심으로써 남녀는 육체적으로도, 정신적으로도 하나를 이루도록 하셨다.

그러나 수치심은 하나를 둘로 만들었다. 죄는 수치심의 감정을 줌으로써 벗은 육체 때문에 서로 부끄러워하도록 만들었다(창 3:7). 아담 이후 지금까지 수치심은 계속 된다. 생각해 보자. 갓 태어난 아기는 부끄러워하지 않는다. 그러나 얼마 안 돼 남자는 엄마에게 자신의 벗은 몸을 보여주기 싫어한다. 딸은 아빠에게 자신의 벗은 몸을 보여주지 않는다. 우리는 처음 간 공중목욕탕에서 벗은 자신의 몸을 부끄러워한다. 수치심은 죄성(罪性)을 지닌 인간이 생각과 이성이 자라면서 자연스럽게 습득되도록 하는 감정이다.

죄의 결과 2: 육체적 죽음(창 3:19)

거짓은 악한 결과를 낳는다. 예수님은 "그 열매로 알리라."(마 7:20)고 말씀하셨다. 가시나무에서 포도를, 엉겅퀴에서 무화과를 열매 맺을 수 없다(마 7:16). 좋은 나무는 좋은 열매로, 나쁜 나무는 나쁜 열매를 맺는다(마 7:18). 거짓은 반드시 거짓의 열매를 맺는 법이다. 뱀은 "먹어도 결코 죽지 않는다."라고 말했지만, 아담과 하와가 선악과를 먹고 난 결과는 '죽음'이었다. 그들은 흙으로 빚어졌기 때문에 흙으로 돌아가게 되었다(창 3:19b). 아담은 930년 동안 살았지만, 결국 육체적 죽음을 맛보았다(창 5:5).

죄의 결과 3: 영적 죽음(창 3:8)

그러나 육체적 죽음보다 더 무서운 것은 불순종의 죄가 영적 죽음인 하나님과의 단절을 가져 온다는데 있다.

> "그들이 날이 서늘할 때에 동산에 거니시는 여호와 하나님의 음성을 듣고 아담과 그 아내가 여호와 하나님의 낯을 피하여 동산 나무 사이에 숨은지라"(창 3:8).

> "오직 너희 죄악이 너희와 너희 하나님 사이를 내었고 너희 죄가 그 얼굴을 가리워서 너희를 듣지 않으시게 함이니"(사 59:2).

아담과 하와가 죄를 범한 후 시간이 흘렀다. 아담과 하와는 날이 서늘할 때 동산에서 거니시는 여호와 하나님의 음성을 듣게 되었다(창 3:8). 하나님은 어떤 분이신가? 온 세계의 창조주요. 아담과 하와를 지으신 아버지이다. 그들에게 있어 하나님은 가장 가깝고, 가장 친근한 분, 가장 사랑스러운 분이다. 그렇다면, 여호와 하나님의 음성을 들을 때 그들은 어떤 반응이어야 할까? 하나님의 음성을 듣는 순간 뛰어나가 아버지 하나님을 맞이해야 한다. 아빠가 직장에서 퇴근해 집에 들어오는 순간 사랑하는 딸과 아들은 아빠를 껴안고, 볼에 뽀뽀한다. 왜, 그렇게 할까? 사랑하는 아빠기 때문이다. 아담과 그 아내도 마찬가지로 하나님의 음성을 듣는 순간 뛰어나가야 했다. 사랑하는 하나님을 향해 뽀뽀하고, 하루 일상(日常)들을 조잘조잘 이야기하며 하나님과 깊은 사랑의 교제를 해야 했다. 그런데 그들은 여호와 하나님의 음성을 듣는 순간 그분의 낯을 피하여 동산 나무 사이에 숨었다(창 3:8b). 하나님께 대한 죄의 반응은 하나님의 낯을 피해 숨는 행동으로 나타났다. 아담과 하와 이후 죄 지은 모든 인류는 하나님을 피하고, 하나님과의 영적인 관계가 끊어졌고, 하나님을 두려워하게 되었다.

아담: 인류의 대표자

성경을 통해 범죄 사실을 읽는 독자들은 혼란스러움을 경험한다. 대부분의 그리스도인은 아담이 선악을 알게 하는 나무의 실과를 먹었기 때문에 원죄가 세상에 들어왔고, 그 때문에 죽음이 왔다고 생각한다. 그러나 창세기 3장 6절을 자세히 읽는 독자들은 아담이 먼저 선악과를 먹는 불순종을 범한 것이 아닌 하와가 먼저 불순종했음을 알 수 있다.

> "여자가 그 나무를 본즉 먹음직도 하고 보암직도 하고 지혜롭게 할 만큼 탐스럽기도 한 나무인지라 여자가 그 실과를 따먹고 자기와 함께한 남편에게도 주매 그도 먹은지라"(창 3:6).

말씀을 자세히 보면, 분명히 하와가 먼저 먹었다. 그렇다면, 우리가 알고 있는 성경 지식이 잘못된 정보일까? 교회 목사님들은 성경을 제대로 읽지 않고 그냥 습관적으로 한 말인가? 그 해답은 로마서 5장 12~21절에 있다.

> "이러므로 한 사람(아담)으로 말미암아 죄가 세상에 들어오고 죄로 말미암아 사망이 왔나니 이와 같이 모든 사람이 죄를 지었으므로 사망이 모든 사람에게 이르렀느니라"(롬 5:12).

문제를 해결하기 위해서는 아담이 어떤 지위(책임)를 가지고 있는가를 알아야 한다. 아담은 첫째, 인류의 조상으로 인류의 대표자이다. 둘째, 하나님은 인류 대표자인 아담에게 명령하셨다. "그 사람에게(아담) 명하여 … 선악을 알게 하는 나무의 실과를 먹지 말라 네가(아담) 먹는 날에는 정녕 죽으리라"(창 2:16-17). 그러므로 처음 하와가 선악과를 먹었지만, 인류의 대표자 아담이 선악과를 먹음으로써 하나님께서 아담에게 명령으로 약속하신 "정녕 죽으리라"라는 말씀이 성취된 것이다.

아담과 예수 그리스도

아담의 범죄를 생각할 때 반드시 예수 그리스도의 구원과 연관해야 한다. 사도 바울은 로마서 5장 12-21절에 아담과 예수님의 관계를 소개한다.

> "이러므로 한 사람(아담)으로 말미암아 죄가 세상에 들어오고 죄로 말미암아 사망이 왔나니 이와 같이 모든 사람이 죄를 지었으므로 사망이 모든 사람에게 이르렀느니라. 죄가 율법 있기 전에도 세상에 있었으나 율법이 없을 때에는 죄를 죄로 여기지 아니하였느니라. 그러나 아담으로부터 모세까지 아담의 범죄와 같은 죄를 짓지 아니한 자들 위에도 사망이 왕 노릇 하였나니 아담은 오실 자의 표상이라. 그러나 이 은사는 그 범죄와 같지 아니하니 곧 한 사람(아담)의 범죄를 인하여 많은 사람이 죽었은즉 더욱 하나님의 은혜와 또는 한 사람 예수 그리스도의 은혜로 말미암은 선물이 많은 사람에게 넘쳤으리라. 또 이 선물은 범

죄한 한 사람으로 말미암은 것과 같지 아니하니 심판은 한 사람을 인하여 정죄에 이르렀으나 은사는 많은 범죄를 인하여 의롭다 하심에 이름이니라. 한 사람(아담)이 범죄를 인하여 사망이 그 한 사람(아담)으로 말미암아 왕 노릇하였은즉 더욱 은혜와 의의 선물을 넘치게 받는 자들이 한 분 예수 그리스도로 말미암아 생명 안에서 왕 노릇하리로다. 그런즉 한 범죄로 많은 사람이 정죄에 으른 것같이 의의 한 행동으로 말미암아 많은 사람이 의롭다 하심을 받아 생명에 이르렀느니라. 한 사람(아담)의 순종치 아니하므로 많은 사람이 죄인인 것같이 한 사람(예수 그리스도)의 순종하심으로 많은 사람이 의인이 되리라. 율법이 가입한 것은 범죄를 더하게 하려 함이라 그러나 죄가 더한 곳에 은혜가 더욱 넘쳤나니 이는 죄가 사망 안에서 왕 노릇한 것같이 은혜로 또한 의로 말미암아 왕 노릇하여 우리 주 예수 그리스도로 말미암아 영생에 이르게 하려 함이니라" (롬 5:12-21)

인류의 대표자 아담 한 사람이 불순종으로 죄가 세상에 들어왔고, 죄의 결과로 사망이 모든 사람에게 임하여 왕 노릇하였다. 그러나 한 사람 예수 그리스도가 하나님께 순종함으로써 생명을 모든 사람에게 선물(은사)로 주셨다. 아담은 오실 자 곧 예수 그리스도의 표상(본보기, 예)이다. 사도 바울은 계속해서 말씀한다.

"아담 안에서 모든 사람이 죽은 것같이 그리스도 안에서 모든 사람이 삶을 얻으리라" (고전 15:22).

"기록된바 첫 사람 아담은 산 영이 되었다 함과 같이 마지막 아담은 살려 주는 영이 되었나니" (고전 15:45).

첫 번째 인류의 대표자 아담 때문에 모든 사람은 죽었으나, 두 번째 인류의 대표자 예수 그리스도께서 십자가에 죽으시고, 부활하심으로써 모든 사람이 구원받게 되었다. 첫 사람 아담은 살아 있는 영이었으나(창 2:7)

마지막 아담 예수님은 우리를 "살려 주는 영"이 되신 것이다(고전 15:45).

자유의지가 죄?

많은 사람들이 질문한다. 하나님은 왜, 인간에게 자유의지(free will)를 주어 죄를 짓게 했는가? 그러나 이 물음에는 교묘한 함정이 숨어 있다. 그 함정은 오직 '자유의지 = 선악과를 먹음 = 죽음' 이라는 공식만을 만들기 때문이다. 반대 공식인 '자유의지 = 선악과를 먹지 않음 = 영원히 삶' 이라는 공식은 전혀 생각하지 않는다. 하나님께서 아담에게 자유의지를 주신 이유는 선악과를 먹고 죽게 하려는 의도가 아니다. 자유의지는 방종(책임과 의무를 지지 않고 거리낌 없이 제멋대로 행동함)이 아니다. 자유의지는 '먹거나, 먹지 않거나' 에 대한 '(책임과 의무를 가진) 자율적 선택권' 이다. 아담에게 올바른 선택은 선악과를 먹지 않는 것이다. 왜냐하면, 하나님은 아담에게 "선악을 알게 하는 나무의 실과를 먹으면 반드시 죽는다." 라고 명령하셨기 때문이다. 죽지 않기 위해서는 선악과를 먹지 않으면 그뿐이다.

자유의지를 가진 아담은 하나님의 말씀에 불순종하고 선악과를 먹음으로써 선택에 대한 책임(정녕 죽으리라)을 졌을 뿐이다. 자유의지로 선악과를 먹은 것은 하나님의 책임이 아니라 아담의 책임이다. 선악과를 먹는 불순종의 죄를 지은 것도 하나님의 의도가 아니라 아담 자신이 선택한 '결과' 인 것이다. 그러므로 '하나님은 왜, 인간에게 자유의지를 주어 죄를 짓게 했는가?' 라는 질문은 아담 자신이 스스로 지은 죄의 책임을 하나님께 전가(轉嫁: 잘못이나 책임을 다른 사람에게 넘겨씌움)하는 (사탄이 가장 잘 사용하는) 거짓된 질문이다.

죄의 결과 4: 책임 전가(창 3:9-13)

아담과 그 아내는 하나님의 음성을 듣자 여호와 하나님의 낯(얼굴)을 피해 동산 나무 사이로 숨었다(창 3:8). 하나님은 아담을 불렀다. 하나님 앞에 나온 아담, 여자. 하나님은 그들을 대한 심문을 시작한다(창 3:9-13).

- **여호와 하나님**: 아담아! 어디 있느냐?
- **아담**: 제가 동산에서 하나님의 소리를 듣고 제가 벗었기 때문에 두려워서 숨었어요.
- **여호와 하나님**: 누가 너의 벗었음을 네게 고하였느냐? 내가 너에게 먹지 말라 명한 그 나무 실과를 네가 먹었느냐?
- **아담**: (제 스스로 먹은 것이 아니예요. 저는 잘못 없어요. 원인은) 하나님이 주셔서 나와 함께하게 하신 여자. 그가 그 나무 실과를 내게 주었기 때문에 제가 먹었어요.
- **여호와 하나님**: (여자에게) 네가 어찌하여 이렇게 하였느냐?
- **여자**: 뱀이 나를 꾀었기 때문에 제가 먹었어요.

하나님은 선악과를 먹게 된 경위를 조사하셨다. 하나님은 독특한 방식으로 선악과를 먹게 된 원인을 파헤치셨다. 여호와 하나님은 그의 얼굴을 피해 숨은 아담에게 물으셨다. “네가 어디 있느냐?” 아담은 대답한다. “제가 동산에서 하나님의 소리를 듣고, 제가 벗었으므로 두려워하여 숨었습니다.” 아담의 대답에서 세 가지 죄의 결과가 복합적이고 점진적으로 나타난다. <그림-4>은 죄의 원인과 결과의 확장성을 보여준다.

〈그림-4〉 죄의 확장성: 원인과 결과

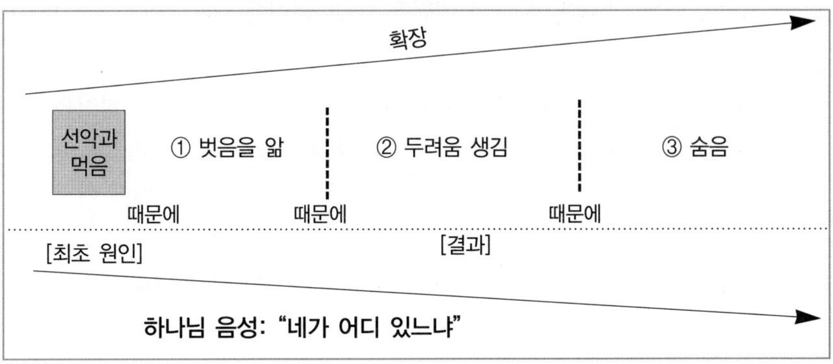

아담의 대답은 그에게 나타난 죄의 결과들이 무엇인가를 보여준다. 첫째로, 자신이 벗었음을 알게 된 것이다(창 3:7, 10a). 둘째로, 두려움이 생긴 것이다(창 3:10b). 셋째로, 하나님의 얼굴을 피하여 숨게 된 것이다(창 3:10c). 이는 세 가지 독립된 죄의 양상들이지만, 또한 원인과 결과로 확장되는 과정을 보여준다. 선악과를 먹음 때문에(최초 원인) 아담과 여자는 자기들의 벗었음을 알게 되었다(결과). 벗었음 때문에(원인) 하나님께 나아가는 것을 두려워하였다(결과). 두려워하였기 때문에(원인) 나무 사이로 숨게 되었다(결과). 하나님은 아담의 대답을 통해 그가 무엇을 잘못했는지를 아셨다.

> "가라사대 누가 너의 벗었음을 내게 고하였느냐 내가 너더러 먹지 말라 명한 그 나무 실과를 네가 먹었느냐" (창 3:17).

그러나 문제는 아담의 대답이다. 하나님은 "내가 너더러 먹지 말라 명한 그 나무 실과를 네가 먹었느냐?" 라는 질문에 "네, 제가 먹었습니다." 라는 아담의 솔직한 고백을 기대하셨을 것이다. 아담은 대답했다. "하나님이 주셔서 나와 함께하게 하신 여자 그가 그 나무 실과를 내게 주므로 내가 먹었나이다" (창 3:12). 그의 대답은 겉으로 보기에는 정직하다. 그러나 그 이면에는 자신의 선택으로 선악과를 먹은 행위에 대한 책임을 회피(evasion)한다. 또한 하나님과 여자에게 자신의 행위에 대한 책임을 전가(責任轉嫁)하고 있는 것이다. 아담의 대답은 이런 의미를 담고 있다.

> "하나님! 제 스스로 먹은 것이 아니에요. 저는 잘못이 없어요. 원인은 하나님께 있어요. 하나님께서 주셔서 나와 함께하게 하신 여자, 그 여자 잘못이란 말이에요. 생각해 보세요. 만일, 하나님께서 저에게 여자를 이끌어 오시지 않았다면, 이런 일은 애초에 일어나지도 않았단 말이에요. 그녀가 그 나무 실과를 내게 주었기 때문에 제가 먹은 것뿐이라고요."

아담은 철저히, 선악과를 먹은 책임을 하나님과 여자에게 돌리고 있다. 아담의 말을 들으신 하나님은 아담에게 아무런 말씀이 없으셨다. 하나님은 그 여자, 하와에게 물으셨다. “네가 어찌하여 이렇게 (아담에게 선악과를 주어서 먹게) 하였느냐?”. 하와는 대답했다. “뱀이 나를 꾀므로 내가 먹었나이다.”라고 정직하게 대답하지만, 하와 또한 그 이면에는 책임을 전가 하고 있다. 아담은 ‘하나님’과 ‘여자’ 때문에 선악과를 먹게 되었고, 하와는 ‘뱀’ 때문에 자신은 선악과를 먹게 되었다고 주장 한 것이다.

이들의 대답이 분명한 사실임에도 죄에 대한 ‘회피’나 ‘전가’라 할 수 있는가? 답은 Yes이다. 그 이유는 너무나 간단한데 ‘선악과를 먹은 주체가 누구인가?’ 때문이다. 하나님은 아담에게 “내가 너더러 먹지 말라 명한 그 나무 실과를 네가 먹었느냐?”라고 물으셨다(창 3:11). 간단하게 “선악과를 네가 먹었지?”라는 질문이다. 대답은 간단해야 한다. “네, 제가 먹었습니다.” 여자도 마찬가지로 “네, 제가 먹었습니다.” 하나님께서 하신 질문의 의도는 여기에 있다. 그러나 아담과 여자는 “먹은 사실” 앞에 “때문에”라는 조건을 붙인다. 그들은 스스로 먹고 싶어서 먹은 것이 아니라 원인 제공자가 있었기 때문에 어쩔 수 없이 먹게 되었다고 주장한다. 아담은 하나님이 주셔서 나와 함께 하게 하신 여자 때문에 먹게 되었다고 주장하고, 여자는 뱀이 나를 꾀므로 내가 먹었다고 주장한다. 그들의 대답에 하나님은 속아 넘어가실까? 아니다. 하나님은 여자와 아담에게 선악을 알게 하는 나무 실과를 먹은 대가(代價)에 대해서, 뱀에게는 여자를 유혹한 대가에 대해 말씀하신다.

죄의 대가: 뱀, 여자, 아담(창 3:14)

하나님은 제일 먼저, 죄로 유혹한 뱀에게 그 대가를 말씀하신다.

뱀에게:

이유/ 네가 여자를 꾀어 선악과를 먹게 하였기 때문에

결과/

① 모든 육축과 들의 모든 짐승보다 더욱 저주를 받을 것이다.

㉠ 배로 다니게 될 것이다.

㉡ 종신토록 흙을 먹을 것이다(창 3:14).

② 여자와 원수가 되게 할 것이다.

③ 너의 후손도 여자의 후손과 원수가 되게 할 것이다.

④ 여자의 후손은 네 머리를 상하게 할 것이다.

⑤ 너는 그의 발꿈치를 상하게 할 것이다(창 3:15)

뱀이 저주 받은 이유는 "이렇게(하와를 유혹해 죄를 범하게) 하였으니"에 나타난다(창 3:14a). 뱀의 저주는 두 가지로 나타나는데 첫째, 하와를 유혹한 뱀 자체에 대한 저주이고(창 3:14), 둘째, 뱀으로 가장한 사탄에 대한 저주이다(창 3:15). 하와를 유혹한 뱀은 모든 육축과 들의 모든 짐승들보다 "더욱 저주"를 받게 되는 것이다(창 3:14a). 이 말씀은 죄 때문에 모든 육축과 짐승들까지도 저주를 받았음을 알 수 있다. 뱀은 그들보다 "더" 저주를 받게 되었다. 아담의 죄 때문에 특히 아름다웠던 땅이 저주를 받아 가시덤불과 엉겅퀴를 내게 되었다(창 3:17-18). 뱀은 저주 받은 땅을 배로 다녀야 했다. 레위기는 땅에 기어 다니는 모든 것 중에 배로 밀고 다니는 것을 부정한 것으로 규정했다(레 11:42). 그리고 뱀은 평생 흙을 먹게 되었다(창 3:14b). 이 말씀은 뱀이 가장 비참한 상태로 살아가게 될 것을 의미한다(참조, 미 7:17). 또한 실제로도 뱀은 사냥한 먹이를 흙과 함께 먹어야 하는 경우가 많다. 뱀에 대한 두 번째 저주는 여인의 후손인 메시야와 관계된 미래적인 저주이다.

이제 여자에 대한 저주가 등장한다. 여자는 뱀의 유혹을 받아 선악과를 먹었다고 핑계를 됐지만, 죄의 결과를 피해갈 수 없었다.

여자에게:

이유/ (뱀의 유혹을 받아 선악과를 먹었으므로)

결과/

① 여자와 뱀이 원수가 될 것이다.

② 여자의 후손과 뱀의 후손이 원수가 되게 할 것이다.

③ 여자의 후손은 뱀의 머리를 상하게 할 것이다.

④ 뱀의 후손은 여자의 후손의 발꿈치를 상하게 할 것이다(창 3:15).

⑤ 잉태하는 고통을 크게 더할 것이다.

⑥ 수고하고 자식을 낳을 것이다.

⑦ 남편을 사모하게 될 것이다.

⑧ 남편은 너를 다스릴 것이니라(창 3:16).

하나님은 뱀의 유혹으로 인류 최초의 죄를 지은 하와에게 많은 저주를 내리셨다. 첫째, 뱀과 여자가 원수 관계가 되는 것이다. 원수는 단순히 미워하는 정도가 아닌 그 이상이다. 서로 사랑할 수도, 서로 화해할 수도 없는 상태가 되어 버렸다. 원수는 서로 적대관계, 위해(危害)를 가하는 관계이다. 뱀의 후손은 단순히 생물학적인 뱀을 말하지 않는다. 신약에서와 이 사탄의 정체가 드러난다(롬 16:20; 계 12:9; 20:2). 사탄은 영(靈)으로 생물학적으로 후손을 낳을 수 없으며(그러나 독사의 자식들, 사탄의 자식들이란 비유적 표현들이 등장한다. 눅 3:7; 마 12:34; 25:41; 요 8:44), 죽지 않는다. 그러므로 뱀의 후손이란 여자의 후손과 쌍을 이루기 위해 말씀하셨다. 머리를 '상하게 하다', 짓밟다' 의 히브리어 '슈프' (שׁוּף)는 창 3:15외에는 욥 9:7, 시 139:11에만 나온다. 뱀은 여자의 후손의 발꿈치를 상하게 할 것이다 그러나 이것은 일시적이고, 치료 가능한 상처이다. 이 예언은 2,000년 전 사탄이 여자의 후손인 예수님을 십자가에 못 박음으로써 성취되었다. 십자가에서 죽게 함으로써 예수님의 발꿈치를 상하게 한 것이다. 그러나 예수님은 죽음에서 부활하셔서 승리하셨다. 여자의 후손인 예수 그리스도의 부활은 뱀의 머리를 짓밟는 예언의 성취이다. 부활은 사탄이 더 이상 회복할 수 없는 치명적인 상처를 안겨준 것이다. 예수님의 부활은 죽음의 권세를 가진 사탄을 이기셨다. 죄와 죽음에서 승리하셔서 사탄에 의해 죄에 빠져 죽게 된 모든 인류를 구원하셨다. 사탄의 권세를 빼앗아 버리셨다. 신약 바울은 롬 16:20에서 이 사실을 지적한다.

그렇다면, 여자의 후손(זַרְעָהּ הוּא)은 누구를 가리키는가? 인류 최초의 여자이기 때문에 그 후손은 모든 인류를 가리킬까? 놀랍게도 창 3:15과 여자의 후손에 관한 본문들은 그렇게 말하지 않는다. 여기서 후손(쩨라 זֶרַע)은 씨(seed)를 의미한다. 그런데 이 씨, 후손은 복수가 아닌 일반명사로 남성 단수이다. 여자의 후손은 남자로 한 사람을 가리킨다. 여자의 후손은 오실 예수 그리스도를 의미한다. 그래서 초대 교부인 저스틴(Justin)이나 이레네우스(Irenaeus)는 이 본문을 원복음(proto-evangelium)이라고 불렀다.

여인의 후손이 예수 그리스도(메시야)라는 증거는 무엇일까? 먼저, 하나님께서 다윗과 그의 씨를 대적하는 자들을 "짓밟으실" 것이라고 찬양했다(시 89:23). 메시야를 예언하는 시편 110편에서 6절은 영원한 멜기세덱의 반차를 좇는 메시야가 여러 나라의 "머리를 쳐서 파하시고"라고 말씀한다. 시편 91:13절에도 "네가 사자와 독사를 밟으며 젊은 사자와 뱀을 발로 누르리로다"라고 예언 찬양을 한다.

하나님은 예수 그리스도가 여인의 후손, 씨로 오실 것을 계속해서 예언하셨다. 하나님은 아브라함의 후손(씨)을 통해 메시야(구약 히브리어는 '기름 부음 받은 자'란 의미의 메시야 מָשִׁיחַ 신약의 헬라어는 그리스도 Χριστός이다. 둘은 같은 단어이다)인 예수 그리스도를 이 땅에 보내셨다(마 1:1-16). 하나님은 아브라함에게 후손(민족, 씨)을 약속하셨고(창 12:2; 13:14-15; 15:4; 17:1-10; 18:10 등), 이삭과 야곱에게 후손(씨)를 약속하셨다. 하나님은 다윗의 씨(삼하 7:12; 시 89:4, 29, 36)가 영원한 왕의 계보를 잇게 될 것을 언약하셨다. 하나님은 "보라 처녀가 잉태하여 아들을 낳으리니 임마누엘이라 하리라"

(사 7:14)라고 예언하셨다. 그 분이 바로 처녀 마리아에게 예언대로 성령으로 잉태되어 이 땅에 오신 예수님이다(마 1:23). 마태복음의 족보는 의도적으로 여인의 자손으로 오실 예수 그리스도를 보여 준다. 마태는 유대인들에게 보내는 복음서를 통해 구약에 등장하는 여인으로 오실 메시야가 바로 예수님임을 의도적으로 기록하고 있다(마 1:1). 그래서 유대 족보는 여자가 거의 등장하지 않지만, 구원의 역사에서 중요한 역할과 위치를 차지하는 네 명의 여인들을 예수 그리스도의 족보에 등장시키고, 그 여인들의 후손 중 메시야 예수 그리스도가 오심을 증거 한다. 마태는 "유다는 다말에게서"(마 1:3), "살몬은 라합에게서"(마 1:5), "보아스는 룻에게서"(마 1:5), "다윗은 우리야의 아내에게서"(마 1:6), "야곱은 마리아의 남편 요셉을 낳았으니 마리아에게서 그리스도라 칭하는 예수가 나시니라"(마 1:16)고 증거하고 있다. 족보는 "누가(남자, 아버지) 누구를(남자, 아들)을 낳고"라는 형식으로 기록된다. 그러나 예수님의 족보는 여자가 등장해 자녀를 낳는다. 뿐만 아니라 "마리아에게서 그리스도라 칭하는 예수가 낳았다"고 증거한다. 또한 사도 바울은 "때가 차매 하나님이 그 아들을 보내사 '여자에게서 나게 하시고' 율법 아래 나게 하신 것은 율법 아래 있는 자들을 속량하시고 우리로 아들의 명분을 얻게 하려 하심이라"(갈 4:4-5)고 말씀하신다. 하나님께서 예수님을 보내 주실 때가 찼을 때 구원자 예수 그리스도를 여자의 후손으로 이 땅에 보내신 것이다.

아담에게:

이유/ 네가 네 아내의 말을 듣고 내가 너더러 먹지 말라고 한 나무의 실과를 먹었기 때문에(창 3:17a)

결과/

① 땅은 너로 인하여 저주를 받을 것이다.

② 종신토록 수고하여야 그 소산을 먹을 것이다(창 3:17b).

③ 땅은 네게 가시덤불과 엉겅퀴를 낼 것이다(창 3:18a).

⑤ 먹을 것은 밭의 채소이기 때문에 네 얼굴에 땀이 흘러야 식물을 먹을 것이다(창 3:17b18).
⑥ 반드시 흙이니 흙으로 돌아갈 것이다(창 3:19).

이제 마지막으로, 하나님은 가장 중요한 아담의 죄의 대가를 물으신다. 아담은 아내의 말을 듣고 선악을 알게 하는 나무의 열매를 먹었다. 아담은 이 열매의 금지 명령 창 2:17을 어겼다. 아담은 하나님의 말씀을 듣지 않고, 아내의 말을 들었다. 그 결과는 타락, 불순종이라는 영원한 낙인이었다. 아담의 범죄의 대가는 첫째, 땅이 아담으로 인해 저주를 받는 것이다. 둘째, 땅이 아담으로 인해 저주 받았기 때문에 하나님의 첫 창조인 땅의 효능을 상실했다. 땅은 가시덤불과 엉겅퀴를 내게 될 것이다. 셋째, 처음 인간에게 허락된 음식은 식물이었기 때문에(창 1:29) 그것을 얻기 위해서는 땀이 흘리는 수고를 해야 한다. 그리고 마지막으로 흙으로 창조된 인간은 본연의 재료인 흙으로 돌아가야 한다. 이 말씀은 '죽음' 이 인간에게 허락된 것이다.

하와: 모든 산 자의 어미(창 3:20)

아담이라는 이름은 히브리어의 음역이다. 히브리어 아담(אָדָם Aδαμ)은 영어도 히브리어와 헬라어를 음역하여 "Adam" 으로, 국역 성경도 음역하여 "아담" 으로 번역하였다. 국역 성경에 나오는 명사나 대명사 대부분은 히브리어나 헬라어의 음역으로 번역하였다. 대표적으로 예수님의 이름이다. 영어는 "Jesus" 라 쓰지만 국역은 헬라어 "예수" (Ἰησοῦ 마 1:1)를 음역하여 "예수" 라고 번역하였다. 아담의 히브리어 의미는 '사람' (Man), '인류' 이다. 아담은 아내 된 여자에게 "하와" (חַוָּה)라 이름 하였다. 하와의 의미는 "모든 산 자의 어미" 이다(창 3:20). 아담과 하와는 하나님께서 직접 창조하셨지만, 이제부터는 아담과 하와를 통해 자녀들이 출생해야 했기 때문이다.

하나님의 사랑: 가죽옷을 입히다(창 3:21)

인간에게 옷의 역사는 인간의 타락과 함께 시작한다. 아담과 하와가 선악을 알게 하는 나무 실과를 먹는 순간, 뱀의 유혹은 명백한 거짓으로 드러났다. 뱀은 여자에게 말했다.

> "너희가 그것을 먹는 날에는 너희 눈이 밝아 하나님과 같이 되어 선악을 알 줄을 하나님이 아심이니라"(창 3:5).

뱀의 말을 듣자마자 여자에게 비친 선악을 알게 하는 나무 실과는 먹음직도 하고, 보암직도 하고, 지혜롭게 할 만큼 탐스럽게 보이기 시작했다. 욕심(慾心)은 본질이 아닌 왜곡된 현상을 보게 한다. 그녀는 열매를 먹었다. 결과는 뱀의 말처럼 눈이 밝아졌지만, 하나님과 같아져 선악을 알게 된 것이 아니라 자기들의 몸이 벗은 줄 알게 되었을 뿐이다(창 3:7). 범죄의 결과는 벗음 몸에 대한 부끄러움(수치심)뿐이었다.

아담과 하와는 육체의 수치심을 가리고자 무화과나무 잎으로 치마(apron)를 만들어 입었다. 치마는 잎으로 대충 엮어 만든 가리개 정도였다. 인류 최초의 옷은 수치심 때문에 벗은 몸을 가리기 위한 도구였다. 인간은 끊임없이 옷을 통해 자신의 은밀한 부분을 가려왔다. 옷은 인간의 부끄러움과 수치를 숨기는 도구이다. 옷은 포장지다. 그 속에 무엇이 들어 있는지를 숨기는 포장지이다. 인간은 옷으로 자신의 내면을 숨긴다. 고급스럽고 예쁜 옷, 멋스런 정장, 화려한 옷차림 등등. 사람의 첫인상을 결정짓는 가장 중요한 평가도 상대방이 입고 나온 옷에 있다. 옷으로 그들의 내면에 존재하는 죄성(罪性)은 숨겨진다. 보이는 것은 포장된 옷뿐이다. 인간은 육체와 내면의 수치들을 옷으로 포장한다. 포장된 인간들은 옷을 통해 멋을

내며, 패션을 창출한다. 옷으로 계절에 따른 변화에 적응한다. 옷은 직업을 상징한다. 옷은 다양한 의미들로 진화해 왔다. 반면, 하나님께서 만들어 주신 가죽옷은 은혜의 상징이다. 여호와 하나님은 불순종한 아담과 하와에게 무한한 은혜를 베푸셨다. 그들은 벗음 몸 때문에 무화과나무 잎으로 치마를 만들어 입었다. 그러나 그들의 옷은 곧 시들어 말라버릴 것이다.

그들은 날이 서늘할 때 동산에 거니시는 하나님의 음성을 듣고 여호와 하나님의 낯(얼굴)을 피하여 동산 나무 사이로 숨어버렸다(창 3:8). 치마는 아담과 하와의 성적 수치심을 잠시 가릴 수는 있었다. 하지만, 치마는 하나님 앞에 당당히 나갈 수 있게 하지는 못했다. 수치심은 마음이라는 내면에 있지, 외면에 있지 않기 때문이다. 범죄의 결과는 계속해 인간의 내면을 파고든다. 내면에 파고든 수치심, 그리고 더욱더 강해지는 죄의식은 창조주 하나님 앞에 당당히 나갈 수 없게 하였다.

> "오직 너희 죄악이 너희와 너희 하나님 사이를 내었고 너희 죄가 그 얼굴을 가리워서 너희를 듣지 않으시게 함이니"(사 59:2)

죄인은 결코 하나님 앞으로 당당히 나갈 수 없다. 죄는 하나님과 인간 사이를 갈랐다. 하나님의 은혜를 받을 수 없도록 하나님과 인간 사이의 통로를 막아버렸다. 하나님과 인간 사이에 담을 쌓아 버렸다. 그러나 예수님께서 십자가의 죽으심으로 죄 때문에 하나님과 인간 사이의 막힌 담을 헐어 버리셨다(엡 2:14). 죄인인 인간이 은혜의 보좌 앞으로 담대히 나갈 수 있게 하셨다(히 4:16). 더 이상 죄의 종이 되어, 두려움 속에 살지 않도록 하셨다(롬 8:15). 죄와 허물로 죽었던 인간을 살리심으로써 구원을 주시고(엡 2:1), 예수님을 친구로(요 15:15), 하나님을 아바 아버지로 부르는 은혜를 주셨다(롬 8:15; 갈 4:6). 여호와 하나님께서 주신 옷은 구원(사랑과 용서)을 상징한다.

"여호와 하나님이 아담과 그 아내를 위하여 가죽옷을 지어 입히시니라" (창 3:21).

아담과 하와가 만들어 입은 무화과나무 잎 치마는 몇 시간이 지나면 마르고 부스러져 없어진다. 인간은 죄와 그 결과를 잠시 가릴 수는 있다. 그러나 죄와 결과를 없앨 수 없다. 죄는 하나님의 명령에 대한 불순종이기 때문에 말씀하신 하나님만이 죄를 용서할 수 있다.

여호와 하나님은 선악을 알게 하는 나무 실과를 먹은 아담과 하와에게 가죽옷을 지어 입히심으로써 "은혜"를 베푸셨다. 가죽옷은 나뭇잎과는 차원이 다른 옷이다. 일부 해석자들은 가죽옷을 입히기 위해 짐승(양이나 소)이 죽어야 했기 때문에, 피 흘림이 있었기 때문에 구원을 상징한다고 주장하기도 한다. 그러나 본문은 가죽옷을 지어 입히신 사건 그 자체에 초점을 맞추고 있지, 동물의 죽음이나 피에 관심을 두지 않는다.

하나님은 동산 나무 사이에 숨은 아담과 하와에게 찾아와 그들을 부르셨다(창 3:9). 하나님은 그들의 죄를 밝히셨고 죄의 대가를 말씀하셨다(창 3:10-19). 그들은 죄의 결과가 얼마나 무서운지 알게 되었다. 죄는 자기들의 벗음 몸을 알게 하여 수치심을 유발했다. 그들은 무화과나무 잎으로 치마를 하였지만(창 3:7-8), 그 행위로는 죄의 대가와 결과를 완전히 해결할 수 없다는 것을 깨달았다. 구원은 인간의 '행위' 가 아닌 하나님의 '죄 용서' 와 '다시 받아주심' 의 은혜이다. 범죄 한 아담과 하와에게 여호와 하나님은 찾아오셨다. 그리고 그들에게 용서를 베푸셨다. 최초의 패션 디자이너(a fashion designer)요. 의류 제작자인 하나님은 그들에게 무화과나무 잎 치마 대신 튼튼하고 오래가는 가죽 옷을 '친히' 만들고, 입혀 주셨다. 하나님께서 범죄 한 그들에게 사랑과 용서를 베푸셨다.

에덴 동산과 새 하늘과 새 땅

성경에서 죄가 없는 두 곳이 등장한다. 창세기 1-2장과 요한계시록 21-

22장이다. 처음과 마지막 성경으로 놀라운 일치를 보여준다.

A. 하늘과 땅의 창조(창 1:1-2:7)
B. 에덴의 동산 창조와 설명, 생명 나무(창 2:8-17)
C. 옛 아담을 위한 신부 하와와 결혼(창 2:18-25)
X. 범죄와 심판, 용서의 반복(창 3장 ~ 계 20:15)
C′ 오신 아담을 위한 신부 교회와 결혼(계 22:6-21)
B′ 새 예루살렘 창조와 설명, 생명 나무(계 21:2-22:2)
A′ 새 하늘과 새 땅 창조(계 21:1)

A. 천지창조 이후 하와가 선악을 알게 하는 과실을 먹기 전까지(창 1-2장) 이 세상에는 죄가 없었다. 마찬가지로 A′ 도 죄가 없는 세상이다. 예수님은 심판 주로 재림하신다. 사탄과 마귀들을 천 년 동안 무저갱에 가둔다(계 20:1-3). 그 후 불과 유황 못에 던지어 영원토록 괴로움을 당하게 된다(계 20:9-10). 모든 죄인도 사망인 불 못에 던지는 심판을 받는다(계 20:14-15). 그러나 생명 책(the book of life)에 기록된 자들은 새 하늘과 새 땅에서 영원히 하나님을 섬기며 살게 된다. 그곳은 슬픔과 눈물, 고통, 아픔, 죽음이 없고, 영원히 죄가 없는 땅이다(계 21-22장).

B. 아름다운 에덴동산은 하나님께서 직접 창설하셨다. 그곳은 하나님이 흙으로 직접 빚어 만든 아들 아담이 살고, 각종 아름다운 과실들과 생명나무가 자라고, 동물들이 평화로이 풀을 뜯고, 네 강의 근원이 되는 땅이다. 그곳은 하나님과 함께 하는 땅, 하나님이 주인 된 땅이다. B′ 새 하늘과 새 땅도 하나님께서 직접 창설하신다. 이제 죄악으로 가득한 처음 하늘과 처음 땅은 없어졌다(계 21:1). 새 하늘과 새 땅은 하나님께서 에덴의 동산에서 아담과 함께 하셨듯이 친히 저희와 함께 하신다(계 21:3). 하나님께서 아담을 흙으로 직접 빚어 아들 되게 하셨듯이 새 하늘과 새 땅은 예수 그리스도를 통해 구원받은 자들이 하나님의 아들이 된다(계 21:7). 에덴동산에는 각종 동물과 인간이 평화롭게 지냈듯이 새 하늘과 새 땅은 이리와 어

린 양이 함께 먹고, 사자가 짚을 먹고, 젖 먹는 어린아이가 독사 굴에 손을 넣고 장난쳐도 물지 않는 평화의 땅이 될 것이다(사 11:8; 65:25). 에덴의 동산에 각종 보석이 있었듯이(창 2:12), 새 하늘과 새 땅에는 각종 아름다운 보석으로 새 예루살렘을 장식했다(계 21:10-21). 에덴동산에 네 강물이 생명의 근원이 되었듯이(창 2:10-14), 새 하늘과 새 땅에는 수정같이 맑은 생명수의 강의 하나님과 어린양의 보좌에서부터 흘러넘친다(계 22:1). 에덴의 동산에 생명나무가 있었듯이(창 4:22), 강의 좌우에 생명나무가 있고 열두 가지 실과를 달마다 맺히게 된다(계 22:2).

C. 하나님은 아담에게 에덴동산을 다스리며, 지키게 하셨다(창 2:15). 하나님은 홀로 있는 아담을 보시고, "독처하는 것이 좋지 못하니 그를 위하여 돕는 배필을 지으리라."라고 결심하셨다(창 2:18). 그리고 아담을 깊이 잠들게 하시고 그의 갈빗대 하나를 취하고 살고 채워 여자를 만드셨다(창 2:21-22). 아담은 여자를 보면서 "이는 내 뼈 중의 뼈요 살 중의 살이라 이것을 남자에게서 취하였은즉 여자라."라고 말했다(창 2:23). 그들은 하나님께서 최초로 만든 결혼 제도의 수혜자가 되었다(창 2:23-24). 두 사람은 벌거벗었으나 부끄러워하지 않았다(창 2:25). C′ 마지막 날에 신랑 되신 예수님께서 신부 된 그리스도인들을 맞이하실 것이다(마 25:1-10). 새 하늘과 새 땅에는 어린양 되신 예수님의 신부가 살 곳이며, 그들은 생명책에 기록된 자들이다(계 21:9, 27). 에덴동산에 아담은 신부인 하와를 맞이하여 결혼하게 되었듯이(창 2:23-24) 새 하늘과 새 땅에서 신랑 예수님은 신부인 생명책에 기록된 그리스도인들 맞이하실 것이다.

에덴 동산에서 쫓겨남(창 3:22-24a)

죄는 아담이 지키고 다스려야 할 땅, 고통과 절망이 없고, 하나님의 임재와 풍요만이 가득한 땅에서 추방되는 결과를 가져 왔다.

> "보라 이 사람이 선악을 아는 일에 우리 중 하나같이 되었으니 그가 그 손을 들어 생명나무 실과도 따먹고 영생할까 하노라 (…우리가 그를 내어 보내자: 생략법) 하시고 여호와 하나님이 에덴동산에서 그 사람을 내어 보내어 그의 근본 된 토지를 갈게 하시니라. 이같이 하나님이 그 사람을 쫓아내시고 에덴동산 동편에 그룹들과 두루 도는 화염검을 두어 생명나무의 길을 지키게 하시니라"(창 3:22-24)

하나님은 말씀하신다. "이 사람이 선악을 아는 일에 우리 중 하나같이(one of us) 되었으니". 하나님이 말씀하고 계시는 "우리"는 누구인가? 두 가지 의미로 생각할 수 있다. 첫째, 창 1:26과 마찬가지로 창조 이전 영원 전부터 함께 하신 삼위일체(三位一體) 되신 "성부 · 성자 · 성령 하나님"을 의미한다. 둘째, 하나님과 천사들의 영적 존재들을 의미할 수 있다. 둘 다 가능한 해석이며, 본문의 의미를 크게 훼손 하지 않는다. 하나님은 "이 사람이 선악을 알게 하는 일에 우리 중의 하나같이 되었다."라고 말씀하신다. 뱀이 한 말의 일부가 성취되었음을 보여준다(창 3:5).

그렇다면, '선악을 아는 지식' 이란 무엇일까? 여러 해석들이 있다. 첫째, 선악을 아는 지식은 하나님의 명령에 대한 순종과 불순종의 결과이다. 하나님의 명령에 순종했다면 그는 선을 알게 되었을 것이지만, 불순종하였기 때문에 악을 알게 되었다. 둘째, 선악을 아는 지식은 옳은 것과 그른 것의 차이를 아는 도덕적 분별력을 의미한다. 셋째, 선악을 아는 지식은 성적(性的) 지식을 의미한다. 넷째, 전지(omniscience)를 의미한다. 다섯째, 가장 설득력 있는 해석으로 선악을 아는 지식은 지혜를 의미한다. 여호와를 경외함이 지식의 근본이다(잠 1:7). 그러나 하와는 여호와 하나님의 명령을 불순종한 이유가 하나님과 같이 되어 선악을 아는 것에 대한 욕심이 생긴 것이다(창 3:5). 그녀의 마음은 오직 하나님만이 알고 있는 선과 악에 대한 지식을 가지고 싶었던 것이다.

분명한 것은 죄의 결과가 하나님께서 아시는 선과 악을 알게 되었다는 것이다. 선과 악을 알게 되는 지식은 분명, 죄의 결과이다. 왜냐하면, 죄를 짓지 않으면 그 자체는 선이며, 죄를 지음이 바로 악이기 때문이다. 더욱이 선악과는 선악을 알게 하는 지식의 열매이기 때문에 선악을 분별할 수 있는 지혜가 담겨 있었을 것이다.

사탄: 그 정체는?(창 3:1)

뱀으로 나타난 사탄은 과거 하나님께 죄를 지은 방법 그대로 하와를 유혹하였다. 원래 사탄은 지혜가 가득했고, 완전한 인(model)이었다. 사탄은 완전한 아름다움을 가졌고, 비파와 소고로 찬양하는 자였다. 그룹(cherub) 천사로서 하나님의 성산에 왕래하던 자로 지음 받았다(겔 28:12-14). 그러나 사탄에게 마침내 그에게 불의가 나타났다(겔 28:15). 사탄은 아름다웠기 때문에 마음이 교만해졌고, 영화로웠기 때문에 하나님께서 주신 완전한 지혜를 더럽히게 되었다(겔 28:17). 사탄은 계명성(Lucifer 또는 Day-star)이란 이름으로 불렸다(사 14:12). 사탄은 교만한 마음이 생겼다. "내가 하늘에 올라 하나님의 뭇별 위에 나의 보좌를 높이리라 내가 북극 집회의 산 위에 좌정하리라 가장 높은 구름에 올라 지극히 높은 자와 비기리라"(사 14:13-14). 그 결과 하늘에서 떨어졌으며, 열왕의 구경거리가 되었다(사 14:12; 겔 28:17).

사탄은 하나의 피조물인 동시에 인격적인 존재로 묘사되다. 인격적이라는 것은 의지, 사고, 힘 등을 가지고 있다는 것을 의미한다. 신약은 사탄을 항상 인격체를 가진 존재로 소개한다. 사탄은 '시험하는 자' 라는 의미의 '악한 자' (διαβολος)로도 불린다(마 4:1; 눅 4:2; 요 8:44; 엡 6:11; 계 12:12). 다른 명칭으로는 '아바돈' (αβαδον), '아볼류온' (αβολυον : 계 9:11). '우리 형제들을 참소하던 자' (계 12:10), '대적' (벧전 5:8 αντιδικος) 등이 있다. 바리새인들은 예수님께 귀신의 왕 '바알세불' 을 힘입지 않고는 귀신을 쫓아내지 못한다고 주장했다(마 12:24 βεελζεβουλ). 바알세불은 "비제불"이라는 헬라어를 그대로 음역한 칭호이다. 비 제불이라는 헬라어 단어는 '주' 혹은 '통치자' 란 뜻을 가진 "바알"(βααλ)이라는 히브리어와 배설물을 뜻하는 "제불"이라는 단어의 합성어이다. 배설물 주변에 모여드는 지저분하고 더러운 파리 떼와 같은 악령들을 통치하고 다스리는 자라는 뜻으로 바알세불이라는 이름으로 불렀다.

또한 '벨리알' (고후 6:15 βελίαρ)이라고도 불렀는데 이는 '쓸모없는 자' 혹은 '부패한 자' 라는 말로 사용되었다. '온 천하를 꾀는 자' (계 12:9), '거짓의 아비' (요 8:44), '이 세상 신' (고후 4:4), '살인한 자' (요 8:44), '그 옛뱀' (계 12:9), '이 세상의 임금' (요 12:31; 14:30), '공중의 권세 잡은 자' (엡 2:2), '시험하는 자' (엡 2:2; 마 4:5; 살전 3:5) 등으로 불린다. 사탄의 이름은 그 자체로 그가 '무엇을 하는 자' 이며 '어떤 자' 인가를 말해준다.

욥기는 사탄이 얼마나 능력이 많은가를 보여준다. 하나님의 허락 하에 사탄은 스바 사람들을 일으켜 종들을 죽이고 소와 나귀를 빼앗아 가도록 했다(욥 1:13-15). 하나님의 불이 하늘에서 내려와 양과 종들이 죽었다(욥 1:16). 갈대아 사람들을 일으켜 약대(낙타)를 약탈하고, 종들을 죽였다(욥 1:17). 욥의 자녀들이 그 맏형의 집에서 식물과 포도주를 먹고 있을 때 대풍(大風)이 불어 그들이 죽게 되었다(욥 1:19). 또한 사탄은 욥에게 발바닥에서 정수리까지 악창을 나게 하여 그를 고통 가운데 빠지도록 했다(욥 2:7). 사탄은 사람과 자연을 움직이고, 인간에게 병을 일으킬 수 있는 능력이 있다.

특별히, 신약성경에서 귀신들려 고통당하는 많은 사람들을 소개한다. 귀신은 간질을 일으키고(마 4:24; 17:15). 강력한 힘 발휘하게 하고(마 8:28), 언어 장애를 일으키고(마 9:32-33; 눅 11:14), 시각장애를 일으키고(마 12:22; 막 9:25), 미치게 만들고(막 5:15), 여러 고난과 고통을 주며(눅 6:18), 일곱 귀신 들렸던 막달라 마리아(눅 8:2)와 2,000의 군대마귀 들렸던 거라사인과 같이 한 사람에게 많은 귀신들이 들어가 고통스럽게 한다(눅 8:26-33). 귀신은 한 여인을 18년 동안이나 앓으며 꼬부라져 한 번도 펴지 못하는 장애인으로 고통스럽게 살도록 했다(눅 13:11). 귀신은 점(占)을 통해 사람들을 유혹한다(행 16:16). 점쟁이들과 무당(巫堂)들은 귀신에 힘입어 점을 본다.

마귀는 구원 받지 못하도록 하나님의 말씀을 마음에서 빼앗아간다(마 8:12). 가룟 유다에게 들어가 예수님을 팔려는 마음을 주었다(요 13:2). 마귀는 궤계로 믿는 자들을 유혹하고 넘어뜨리려 한다(엡 6:11). 마귀는 사망의 세력이다(히 2:14). 더러운 마귀(마 10:1; 12:43; 막 7:25; 행 5:16), 흉악한 귀신(마 15:22), 귀신은 떠나갈 때 심한 경련과 거품을 토하게 한다(막 9:20). 마귀는 가장 먼저, 예수님이 '하나님의 아들' 임을 선포했다(막 3:11; 눅 4:34). 유다서 1: 9절에는 천사장 미가엘이라도 감히 얕잡아 볼 수 없는 상대로 그려지고 있다. 그러나 하나님의 허락한 한도에서 사탄은 능력을 발휘한다(욥 1:12; 2:6; 눅 22:12).

사탄은 하나님의 나라를 미워하며, 하나님의 선에 대해서 미워한다. 그리고 그는 온 세상 사람들을 미혹(迷惑)하여 자신을 따르는 자들로 만들려 한다. 그는 '온 세상을 꾀는 자' (계 12:9)이므로 언제든지 사람들을 꾀려고 한다. 사탄의 첫 번째 유혹의 손길은 항상 "속임"으로 다가온다. 사탄은 광명의 천사로 다가와서 믿는 자들도 넘어뜨리고, 사리를 어둡게 하여 유혹한다. 사탄은 처음 아담과 하와를 속일 때도 "죽지도 않고…"라고 속였다(창 3:1-7). 하나님 앞에서 "어찌 까닭 없이 하나님을 경외하리이까."(욥 1:9)라고 하면서 믿는 자들을 유혹한다. 사탄은 하나님의 허용하시는 한도 내에서 병이나 경제적 손실을 자신의 도구로 사용한다(욥 1:11-22; 2:4-7; 눅 13:16; 고후 12:7).

또한, 그는 하나님의 말씀을 듣고도 깨닫지 못하는 자의 마음에서 그 말씀을 빼앗아 버린다(마 13:19). 그는 하나님 나라 백성들 가운데에 거짓 그리스도인들을 심어두기도 한다(마 13:25. 38-39). 그리고 자신의 거짓말을 받아들이는 자들을 속여서 멸망케 한다(고후 2:9-10). 또 복음을 받아들이지 못하도록 그들의 마음을 혼미하게 한다(고후 4:3-4). 성도들과 격심한 충돌과 마찰을 일으킨다(엡 6:11-18). 사탄은 믿은 자들을 넘어트리기 위해 우는 사자처럼 우리들에게 달려든다(벧전 5:8). 그러므로 우리는 마귀를 대적해야 한다(약 4:7). 마귀를 대적하기 위해 근신하고 깨어 기도해야 한다(벧전 5:8).

근본된 토지를 갈게 됨(창 3:23)

하나님은 땅에서 모든 생명체와 인간이 생육하고 번성하도록 명령하셨다. 땅은 생명체의 삶의 터전이다(창 1:22, 26, 28). 땅(흙)은 인간과 동물 창조 재료이다(창 2:19). 인간은 땅을 경작하였다(창 2:5). 인간은 에덴을 지키고 가꿔야 할 책임을 가진다(창 2:15). 그러므로 노동은 하나님께서 인간에게 주신 축복이지 저주가 아니다.

그러나 아담과 하와의 범죄로 상황은 바뀌었다. 축복이던 노동은 고통으로 변했다. 아담 때문에 땅은 저주를 받았다. 땅은 가시덤불과 엉겅퀴가 자라고, 척박해졌다. 아담은 그 땅에서 먹을 식물을 얻기 위해서는 평생 얼굴에 땀이 흐르는 수고해야만 한다(창 3:17-19).

에덴에서 추방당한 아담과 하와. 하나님은 그들을 내어 보내면서 그의 근본 된 토지를 갈게 하셨다(창 3:23). "그의 근본"이라는 의미는 첫째는 아담은 흙으로 지음 받았기 때문이며, 둘째는 하나님은 아담에게 토지를 경작할 책임(사명)을 주셨기 때문이다. 셋째는 범죄 이후 저주 받은 땅에서 식물을 얻기 위해 땀을 흘리는 수고가 있어야 하기 때문이다.

에덴에서 추방된 아담과 하와가 계속해서 땅에서 살아가고, 토지를 경작하므로 소산을 얻을 수 있다는 것은 하나님의 계속된 은혜이다. 하나님은 범죄 한 그들에게 토지를 빼앗지 않으셨다. 오히려 생육하고 번성하여 땅에 충만하게 하고자 하신 창조 계획을 아담과 하와를 통해 성취해 나가신다. 토지는 인류와 생명체의 삶을 영위해 나가는 토대이다.

에덴을 지킴(창 3:24)

하나님은 아담과 하와를 쫓아내시고 에덴동산 동편에 그룹 천사들(케르빔 כְּרֻבִים)과 두로 도는 화염검(라하트 하하레브 לַהַט הַחֶרֶב 활활 타오르며 빙글 빙글 도는 불꽃 칼 a flaming sword)을 두었다. 그 이유는 아담이 다시 에덴동산에 들어가지 못하게 하기 위해서였다. 그룹들과 화염검은 생명나무로 가는 길을 지켰다.

범죄 전 생명나무는 아담에게 허락된 나무 과실이었다. 그러나 범죄 이후 생명나무는 더 이상 그들에게 허락되지 않았다. 하나님은 그 이유를 말씀하신다. "그들이 생명나무 실과도 따먹고 영생할까 하노라"(창 3:22). 만일, 그들이 생명나무 실과를 계속 먹음으로 영생한다면, "선악을 알게 하는 나무의 실과를 먹지 말라 네가 먹는 날에는 정녕 죽으리라"(창 2:17)는 말씀은 거짓말이 된다. 죄의 결과가 죽음이어야 신실한 하나님의 명령이 성취되고, 거짓이 아닌 참된 말씀이 된다. 그러므로 하나님은 더 이상 그들에게 생명나무 열매를 허락할 수 없었다.

창세기 4장

새로운 터전: 새 생명의 시작(4:1)

에덴 동산에서 추방된 아담과 하와. 그들은 새로운 땅에서 제2의 삶을 시작한다. 창세기 4장 1절은 "아담이 그 아내 하와와 동침하매" 라고 시작한다. 국역 '동침'이라 번역된 히브리어 단어는 '야다'(יָדַע)는 '알다'(know) 라는 뜻을 가진다. 야다는 '감각적으로 얻어지는 지식', '타인에게 전해질 수 있는 경험이나 지식' 등을 포함한다. 더 쉽게는 한 남자와 여자가 결혼을 통해 직접적이고, 경험적으로 서로가 더 깊이 알게 되는 것을 의미한다. 본문의 '야다' 는 부부의 성관계를 완곡하게 표현하는 의미로 사용됐다.

아담과 하와는 하나님께서 직접 창조한 사람이다. 그들은 이제 자신들을 통해 새로운 인간 즉, 자녀를 잉태하는 기쁨을 맛보았다. 그들은 아들 "가인" 을 낳았다. 아담은 "내가 여호와로 말미암아 득남하였다." 라고 고백했다(창 4:1). 가인이 태어남으로써 하나님의 창조 계획은 시작되었다. 그들에게 가인의 탄생은 너무나 놀라운 경험이며, 동산에서 추방된 이후 가장 행복한 시간이었을 것이다.

그러나 그들의 고백은 그것으로 끝났다. 가인의 동생 "아벨" 이 태어났다. 성경은 아벨의 잉태와 탄생에 대해 아담과 하와가 어떤 마음이었는지를 침묵하고 있다. 아마도 그들은 아벨의 잉태를 자연스럽게 생각했을지 모른다. 아니면, 기쁨은 가인으로 끝났을지 모른다.

가인과 아벨을 낳은 아담과 하와. 그들은 '셋' (שֵׁת)을 낳을 때(창 4:25)를 제외하고는 자연스럽게 그들의 행적은 역사 속에서 사라진다. 다만, 그들의 삶의 이야기가 아닌 족보를 언급할 때(창 5:1-4; 대상 1:1눅 3:38), 호세아 선지자가 언약을 어긴 이스라엘을 아담과 비교할 때(호 6:7), 범죄한 첫 사람 아담과 살려 주는 영인 마지막 아담 예수 그리스도를 비유할 때(롬 5:14; 고전 15:22, 45), 사도 바울이 질서를 말할 때(딤전 2:13), 그리고 마지막으로 에녹을 말할 때(유 1:14)만이 언급된다.

가인과 아벨: 농업과 목축, 제사의 시작(창 4:1-10)

아담은 역사 속으로 사라지고 가인과 아벨이 등장한다. 그들은 성장하면서 가인은 농사를 짓고, 아벨은 양을 쳤다(창 4:2). 인류 역사에서 처음 등장하는 직업이다. 농사와 목축은 인간과 가장 친숙한 직업이며, 인간이 먹고, 살아 왔던 가장 원초적인 방법이다. 세월이 얼마나 흘렀을까? (창 4:3. "세월이 지난 후에"). 가인과 아벨은 각자 여호와께 제물을 드리기 위해 한자리에 모였다. 아담이 제사를 드린 적은 없지만, 가인과 아벨은 하나님께 제사를 드리기 위해 모였다. 제사는 하나님과 인간이 만나는 자리이다. 제물은 만남의 매개체가 된다. 제물은 인간이 하나님께 드리는 선물이다. 가인과 아벨의 제사는 인류가 처음부터 제사를 드렸음을 보여준다.

제사의 기원: 진화에서? 창조에서?

제사는 전 인류역사를 통해 볼 때 모든 나라와 족속들이 드려왔다. 진화론적 사고 속에서는 제사의 기원을 해결할 방법이 없다. 진화론적 우주 형성은 가장 많은 지지 받는 대폭발이론(big bang theory)에 근거를 둔다. 우주는 약 200억 년 전, 대폭발로 인해 우주 공간에 행성들이 만들어져 더 넓은 우주로 팽창했다고 주장한다. 그래서 많은 과학자는 우주를 탄생시킨 물질로 생각하는 '힉스입자' (Higgs Boson)와 우주의 75%를 차지하는 '암흑 물질' 과 20%정도 차지하는 '암흑 에너지' 를 찾으려 노력하고 있다.

그러나 지구가 대폭발로 인해 형성되었다고 가정해 보자. 폭발 온도는 상상을 초월하는 고온(high temperature)이기 때문에 생명체가 존재할 수 없다. 지구는 우주의 나이보다 한 참 어리다. 약 45억년. 지구는 왜, 약 155억년이 지나서야 형성되었을까? 아직도 많은 이론들뿐인 우주 형성과 지구형성의 비밀들은 밝혀지지 않았다.

진화론적 과학자들은 지구에 무기질이 '우연히' 생겼고, 단백질이 되었고, '우연히' 생명체가 되었다고 가정한다. 단세포가 단세포 생명체로 진화에 진화를 거듭하면서 가장 고등동물인 인간이 탄생되었다는 이론을 내놓았다. 그러나 진화론은 가장 중요한 문제를 해결하지 못한다.

첫째, 진화론은 "생명"이 어디에서 발생했는지를 설명하지 못한다. 그들은 "우연히"라는 말로 넘어간다. 우주에서 왔다는 설도 주장하지만, 대폭발이론에 근거하면, 우주에도 생명체가 있을 수 없다.

둘째, 진화와 진화 사이의 연결고리가 없다. 단계마다 있어야 할 진화된 생명체의 화석들이 없다. 모두가 이미 완벽하게 형성된 독립된 개체들뿐이다. 진화론자들은 진화 단계를 위해 몇 만 년 내지는 몇 억년의 시간을 쉽게 진화에 대입시킬 뿐이다.

셋째, 진화론은 하등동물(下等動物)에서 고등동물(高等動物)로 진화를 가정한다. 진화는 열등한 존재에서 우등한 존재로 변화내지는 발전하는 것이다. 그러나 정말 하등동물들이 고등동물들보다 열등한가? 결코 그렇지 않다. 인간은 가장 고등한 동물이지만, 저등한 물고기보다 물속에서 오래 살지 못한다. 저등한 개보다도 냄새를 잘 맡지 못한다. 인간은 태어나면서 적어도 15년에서 20년 간 부모의 보살핌이 있어야 독립할 수 있다.

넷째, 동일한 환경적 조건들 속에서 살아왔는데 왜, 어떤 존재는 유인원으로 존재하고, 어떤 존재는 인간으로 존재할까? 진화론은 이론일 뿐 진리가 아니다.

인간의 진화에도 여러 설이 존재한다. 아프리카에서 기원했다는 단일지역설(out of Africa)과 여러 지역에서 동시에 기원했다는 다지역기원설(multiregional continuity model)로 양분된다.

첫째, 아프리카 기원설(out of Africa)은 대부분 학자들이 주장한다. 진화론자들은 인류가 대략 700만 년 전 침팬지에서 기원하고, 진화를 거듭하면서 400만 년 전에 두 발로 섰다고 주장한다. 도널드 조핸슨 미국 애리조나 주립대 교수는 1974년 320만 년 전의 직립원인 오스트랄로피테쿠스 아파렌시스(Australopithecus afarensis), 일명 '루시'(Lucy)의 화석을 발견함으로써 아프리카 기원설을 뒷받침 한다고 주장했다. 이들의 인류에 대한 기본적 전제는 인류는 100만 년 전 유럽과 아시아 대륙으로 퍼져나갔으며, 100만 년 전 호모 에렉투스가 등장하면서 불을 사용하고, 아프리카 대륙을 벗어났는 것이다. 불은 추위를 이겨내게 했고, 유라시아 대륙으로 진출하는 계기를 마련했다. 50만 년 전 호모 사피엔스로 발전하고, 네안데르탈인이 번성하다가 4만 년 전 현대적 골격을 갖춘 크로마뇽인이 등장했다. 오스트레일리아에는 5만 년 전, 시베리아에는 2만 년 전, 아메리카 대륙에는 1만 1천 년 전에 인류가 살게 되었다고 주장했다. <제3의 침팬지>(the third Chimpanzee)의 저자인 제리드 다이아몬드(Jared Diamond) 미국 캘리포니아 주립대(UCLA) 교수는 침팬지와 인간의 유전자가 98.4% 동일하다는 근거로 인류의 조상이 침팬지라고 주장했다. 그는 1.6%의 유전자 차이가 인간과 동물로 갈라놓았으며, 현생인류의 직계 조상은 약 10만 년 전 아프리카에서 갑자기 출현했고, 아프리카에서 기원한 호모사피엔스는 중동, 아시아, 유럽 등지로 퍼져나가면서, 5만 년 전까지 이미 정착해 살고 있던 네안데르탈인 등 모든 다른 인종들을 각 대륙에 살던 고인류를 물리치고 현대인의 기원이 됐다고 주장한다. 미국의 유전학자들은 이미 지난 1987년 DNA 연구를 통해 인류의 기원이 아프리카인이라는 주장을 뒷받침했다. 2009년 2월 네이쳐지(*Nature*)에 미국 펜실베이니아대학의 새라 티시코프 교수가 이끄는 연구팀은 아프리카인들의 유전자 정보를 조사하면서, 가장 다양한 유전자 정보를 가지고 있다고 학계에 발표했다. 아프리카 기원설은 일명 '노아의 방주 모델' (noah's ark model)로도 불린다.

둘째, 다지역기원설(multiregional continuity model)이다. 일부 과학자들은 약 200만 년 전 호모 에렉투스(자바원인, 북경원인, 하이델베르크인)가 아프리카를 떠나온 것을 계기로 유럽과 아시아 여러 지역에서 인류가 독자적으로 발전해왔다고 주장한다. 일명, '촛대형 모델(candelabra model)'로 불리기도 한다. 현생 인류 이전에 여러 갈래로 나뉘져 세계 곳곳에서 발달했다는 설명이다. 오늘날 세계 각 지역에서 살고 있는 현대인들은 그곳에서 오랜 세월 동안 진화해온 결과이기 때문에 여러 지역에 흩어져 살던 호모 에렉투스로부터 진화하여 유전자 교환이나 유사진화를 거쳐서 오늘의 호모 사피엔스에 이르게 되었다는 주장이다.

이러한 인류 진화론의 주장은 많은 근거들과 과학적 뒷받침이 있는 것은 사실이지만, 아직까지 100% 일치하는 이론은 없다. 더욱이 진화에서 가장 설명할 수 없는 주제 중 하나가 '제사' 문제이다. 왜 모든 인류는 전 세계 모든 지역, 민족, 족속들을 초월해 신(神)에게 제사를 드려 왔을까? 인간은 언제부터 신을 섬기며, 신을 찾았을까? 유인원 때부터인가? 완전한 인간 때부터인가? 왜 유한(有限)한 인간이 어떻게 무한(無限)한 신의 존재를 생각할 수 있었을까? 유한의 존재가 무한을 생각한다는 것은 모순이다. 무한이나 영원이라는 개념을 가진 존재자인 여호와 하나님께서 유한한 인간에게 무한과 영원의 개념을 주시지 않았다면, 인간은 무한과 영원의 개념을 인지하고, 생각할 수 없다. 하나님은 인간에게 영원을 사모하는 주셨다(전 3:11). 자연에 대한 두려움에서 어떻게 신(神)의 존재를 유추할 수 있었을까? 그리고 왜, 인간은 신에게 제물을 드리고, 제사라는 행위를 해야만 했을까? 진화론적 이론(인류학, 사회학 등등)은 결코 해결할 수 없다.

성경은 어떻게 말하는가? 인류의 조상 가인과 아벨이 제사를 드렸다. 하나님의 형상과 모양으로 창조된 인간이다. 몸속에 영혼을 간직한 인간이다. 그런 인간이 제사를 통해 하나님을 만나는 것은 자연스러운 논리이다. 또한 죄에 빠진 인간은 제사를 통해 하나님께 나아갈 수밖에 없다. 하나님은 제사라는 도구를 통해 만나시고, 인간을 받아 주셨다.

그러나 왜, 모두가 여호와 하나님을 찾지 않는가? 성경은 그 이유를 정확히 설명한다. 한 단어로 하면 인간이 하나님께 범한 '죄' 때문이다. 가인은 아벨을 살인하고 난 뒤 그는 광야로 쫓겨났다. 가인은 그곳에 새로운 삶을 시작했지만 그의 후손들은 하나님이 없었다. 아벨 대신 셋의 후손은 여호와 하나님을 섬겼다. 그러나 노아 때 세상은 하나님께 죄를 지었고, 그 때문에 홍수로 심판 당했다. 이후 그들의 후손들이 전 세계에 흩어져 살게 되었지만 그들은 하나님을 잃어버렸고, 여호와 하나님을 섬기지 않았다. 성경은 역사 속에서 어떻게 인류가 하나님을 떠나게 되었는지를 기록했다.

홍수 이후 노아와 가족으로 인류가 번성했지만, 죄인 된 인간은 여호와 하나님을 찾지 않았다. 그러나 결코, 하나님으로부터 창조된 영혼을 가진 인간은 하나님을 찾지 않을 수 없다. 인간은 자연스럽게 하나님의 존재를 찾는다. 여호와 하나님을 알지 못한 인간은 그 대신 '신'(神)의 존재를 찾아 제사 드리고, 신의 존재와 만나기 원한다. 신의 존재로부터 보호와 복을 받기를 추구한다. 이러한 사실은 창세기 1-4장에 내용과 그대로 일치한다.

받으신 제사, 거부된 제사(창 4:1-5a)

가인은 농사하는 자였기 때문에(창 4:2b) 땅의 소산으로 제물(祭物) 삼아 여호와 하나님께 드렸다(창 4:3). 아벨은 양 치는 자였기 때문에(창 4:2a) 양의 첫 새끼와 그 기름으로 드렸다(창 4:4). 그런데 결과는 너무나 놀라웠다. 여호와 하나님께서 아벨과 그 예물은 열납하셨지만(창 4:4), 가인과 그 예물은 열납하지 않으셨다(창 4:5). 가인은 여호와 하나님께서 자기가 드린 제물을 열납하지 않으심에 대해서 심히 분하여 안색(顔色)이 변하였다(창

4:5). 가인은 '하나님께서 자신의 제물을 왜, 열납하지 않으셨을까?' 에 대해 고민하지도, 하나님께 묻지도 않았다. 오히려 그의 마음속에는 심한 분노만이 가득했다. 가인은 끓어오르는 분노 때문에 안색이 변했다.

하나님의 질문: 내면 발견(창 4:5-7)

창세기 3장 1절에는 최초의 질문이 나타난다. 뱀은 하와에게 "하나님이 참으로 너희더러 동산 모든 나무의 실과를 먹지 말라 하시더냐?" 라 질문했다. 이 질문은 죄로 유혹하는 질문이었다. 반면, 하나님이 가인에게 하신 질문은 그 정반대의 결과를 유도하기 위한 질문이었다. 하나님은 가인에게 "네가 분하여 함은 어찜이며 안색이 변함은 어찜이뇨?" 라고 물으셨다(창 4:6). 하나님은 이 질문을 통해 가인 자신의 심경 변화를 유도하고자 했다. 또한, 화를 내는 자신, 분노 때문에 안색까지 변하는 자기 자신을 발견하게 하고자 하셨다.

제사 열납의 문제(창 4:1-7)

그렇다면, 하나님은 왜, 가인의 제물은 열납하지 않으셨을까? 첫째로, 가인의 예물에서 힌트를 얻을 수 있다. 하나님은 가인과 아벨의 직업에 대해선 '좋다. 나쁘다.' 라고 평하지 않으신다. 왜냐하면, 가인의 직업인 농사나 아벨의 양 치는 일은 모두 하나님의 창조 계획과 그 성취와 일치되기 때문이다(창 1:26, 28; 3:17-19). 가인은 토지에서 땀 흘리며 노동하여 땅의 소산을 얻는 농부였다. 그는 노동하여 얻은 땅의 소산으로 제물을 삼아서 여호와 하나님께 드렸다(창 4:4).

그렇다면, 가인의 제물은 무엇이 잘못됐을까? 성경은 아주 작은 실마리를 독자들에게 제공한다. 첫째, 가인이 드린 제물은 단지 땅의 소산이라는 표현 외에 그 어떤 것도 설명되지 않는다. 어떤 종류의 제물인지? 좋은 제물인지, 나쁜 제물인지? 다시 말해, 열심히 일해 얻은 노동의 대가인 토지 소산물을 가인이 정성을 다해 준비했는지, 안했는지에 대한 설명이 없다. 하나님은 아벨의 제물에 대해서 양의 첫 새끼와 그 기름이라고 분명히 기록하고 있다. 그러나 가인은 제물에 대한 구체적으로 기록하지 않았다는 것은 그가 드린 제물은 분명히 문제점이 있다는 의도가 숨겨져 있는 것이다.

둘째, 가인은 하나님께서 선을 행치 않았기 때문이다.

> "네가 선을 행하면 어찌 낯을 들지 못하겠느냐. 선을 행치 아니하면 죄가 문에 엎드려지느니라. 죄의 소원은 네게 있으나 너는 죄를 다스릴찌니라"(창 4:7).

'선'은 히브리어 야타브(יטב)로 '좋다.', '즐겁다.', '기쁘다.'라는 의미를 가진 동사이다. 선은 하나님을 즐겁게, 기쁘게, 좋게 해 드리는 것이다. 또한, 사람과 자연을 즐겁게, 기쁘게, 좋게 함이 선이다. 하나님은 가인에게 "선을 행치 않았다."라고 말씀하신다. 가인이 열납되지 않은 제물 때문에 심히 분(憤)내며, 안색이 변했던 근본적인 이유는 하나님께 선을 행치 않았기 때문이다. 본문에서는 가인이 구체적으로 어떤 선을 행치 않았는지 말씀하지 않는다. 그러나 두 가지로 유추해 볼 수 있다. 첫째, 농사를 짓고 사는 일상에서 선을 행하지 않았다고 생각할 수 있다. 둘째, 제사를 드리는 가인과 그의 제물에 문제가 있기 때문에 선을 행치 않았다고 말씀하실 수 있다.

하나님은 계속해서 말씀하신다. 선을 행치 않으면 죄는 문 앞에 와서 엎드리고 있게 된다(창 4:7b). "엎드린다."라는 히브리어 라바쯔(רָבַץ)의 뜻은 "드러눕다", "쭈그려 있다.", "잠복하다." "도사리고 있다."라는 의미이다. 죄는 마치 문 앞에서 언제든지 달려들기 위해 누워있는 맹수와 같다. 마치 적군들과 대치하고 있는 굳게 다친 성문(城門)과 같다. 굳게 다친 성문은 적군으로부터 아군을 보호하지만, 잠겼던 문빗장이 풀려 성문이 열리면 적군들은 기세등등하게 성 안으로 쳐들어온다. 사탄은 우리 마음의 문 앞에 항상 웅크리고 앉아 있다. 그리스도인들이 근신하고, 깨어 있지 않으면 사탄은 배고파 우는 사자처럼 우리들에게 달려든다(벧전 5:8). 그리스도인들은 믿음의 문을 굳게 지켜야 한다. 마귀의 궤계를 능히 이기 위해 하나님의 전신갑주를 입어야 한다(엡 6:11, 13).

하나님은 가인에게 "죄의 소원은 네게 있으나 너는 죄를 다스릴찌니라."라고 말씀하신다. 아담의 범죄 이후, 모든 인간의 마음 한 가운데 죄성(罪性)이 자리 잡게 되었다. 죄성은 죄를 짓고 싶은 욕구이다. 죄성은 죄를 범하고자 하는 성격(性格)이나 성질(性質)이다. 그것이 바로 "죄의 소원"이다. 죄의 욕망이다. '소원' 이라는 히브리어 단어는 테슈카(תְּשׁוּקָה)로 '욕망', '소망', '갈망' 등의 의미를 지닌다. 이 단어는 성경에 단 세 번 사용된다(창 3:16; 4:7; 아 7:11).

인간은 죄를 다스릴 수 있는 능력을 소유한다. 하나님은 죄의 소원은 우리에게 있지만 죄를 다스리라고 말씀하신다. 죄의 소원은 중립이다. 죄의 욕망을 다스리지 못하면 죄를 범하게 되지만, 죄의 욕망을 다스리면 선을 행하게 된다.

사도 바울은 육체의 소욕과 성령의 소욕을 비교했다. 인간은 항상 육체의 소욕과 성령의 소욕 사이에 놓이며, 두 소욕은 서로 대적되는 관계이다(갈 5:17). 육체의 소욕은 인간을 죄로 유혹하여 죄의 길에 서게 한다. 육체의 일(소욕)은 현저하게 나타난다.

> "음행과 더러운 것과 호색과 우상 숭배와 술수와 원수를 맺는 것과 분쟁과 시기와 분냄과 당 짓는 것과 분리함과 이단과 투기와 술 취함과 방탕함과 또 그와 같은 것들이라 전에 너희에게 경계한 것같이 경계하노니 이런 일을 하는 자들은 하나님의 나라를 유업으로 받지 못할 것이요"(갈 5:19-21).

육체의 소욕은 '나와 나', '나와 너(타인)', '나와 하나님' 의 관계를 단절시킨다. 죄악의 나락(奈落)으로 빠져들게 한다. 그러나 성령의 소욕은 '나와 나', '나와 타인', '나와 하나님' 의 관계를 회복시킨다. 성령의 소욕은 아름다운 믿음의 열매를 맺는다.

> "오직 성령의 열매는 사랑과 희락과 화평과 오래 참음과 자비와 양선과 충성과 온유와 절제니 이 같은 것을 금지할 법이 없느니라"(갈 5:22-23)

성령 하나님은 그리스도인들로 하여금 아름다운 열매들을 맺게 한다. '열매' 라는 헬라어는 카르포스(καρπός)라는 단어인데 단수이다. 마치 많은 포도 알갱이들이 붙어 있는 포도송이를 '하나' 로 취급하는 것과 같다. 성령 충만한 그리스도인들에는 '성령의 아홉 가지 열매' 가 모두 나타난다.

그리스도인들이 육체의 소욕들을 제어할 수 있는 것은 오직 예수 그리스도 때문이다. 갈라디아서 5장 24절에서 "그리스도 예수의 사람들은 육체와 함께 그 정과 욕심을 십자가에 못 박았느니라"라고 말씀한다. 그리스도인들은 죄의 소원, 육체의 소욕들을 십자가에 못 박았다. 그러므로 성령께 이끌려 사는 사람, 믿음으로 사는 사람들은 죄의 소원을 이기고, 다스리게 된다.

둘째, 가인은 온전한 제사를 드리지 못했고, 아벨은 온전한 제사를 드렸기 때문이다. 가인은 '농사짓는 자' 였고, 아벨은 '양 치는 자' 였다(창 4:2). 시간이 지난 후 그들은 한 자리에서 모여 여호와 하나님께 제사를 드리게 되었다. 가인은 땅의 소산으로 제물을 삼아 여호와께 드렸다(창 4:3). 아벨은 양의 첫 새끼와 그 기름으로 여호와 하나님께 제물을 드렸다. 그런데 결과는 아벨의 제사는 받으셨고, 가인의 제사는 열납하지 않으셨다.

'열납' 의 히브리어 단어는 샤아(שָׁעָה)로 '보다.', '자세히 보다.', '응시하다.' 라는 의미이다(창 4:4, 5; 출 5:9; 삼하 22:42; 욥 14:6; 시 29:14 등). 하나님은 가인과 아벨의 제사를 보셨다. 그리고 아벨의 제사는 승인하시고, 가인의 제사는 승인하지 않으셨다.

그렇다면, 무엇 때문에 아벨의 제사는 받으셨고, 가인의 제사는 받지 않으셨을까? 먼저, 본문에서 가장 중요한 단서를 확인해야 한다. 아벨과 그 제물과 가인과 그 제물이다(창 4:4-5). 이 말은 단순히 제물의 문제 때문이 아님을 보여준다. "아벨과 그 제물"이기 때문에 하나님은 아벨이라는 사람과 그가 드린 제물을 함께 받으셨다는 말이다. 반대로 하나님은 가인이라는 사람과 그가 드린 제물을 함께 받지 않으셨다는 말이 된다. 히브리서 11장 4절은 아벨과 가인 제사의 차이점을 말씀하고 있다.

> "믿음으로 아벨은 가인보다 더 나은 제사를 하나님께 드림으로 의로운 자라 하시는 증거를 얻었으니 하나님이 그 예물에 대하여 증거하심이라 저가 죽었으나 그 믿음으로써 오히려 말하느니라"(히 11:4)

히브리서 11장은 믿음 장으로 알려졌다. 히브리서 기자는 "믿음으로 아벨은 가인보다 더 나은 제사를 하나님께 드렸다."라고 말씀한다. 가인과 아벨 제사의 차이점은 "믿음"이다. 믿음은 곧 제물의 차이 때문이 아니라 제물을 드리는 가인과 아벨에게 있는 것이다. 가인은 하나님께 대한 믿음이 없었고, 아벨은 하나님께 대한 믿음으로 제사를 드렸다는 결론이 된다. 아벨은 믿음으로 정성껏 하나님께 제물을 드렸을 것이다. 하나님은 아벨이 드린 예물이라고 증거 하셨다(히 11:4b). 결론적으로, 여호와 하나님은 '믿음을 가진 아벨'과 그가 드린 '온전한 제물'을 함께 받으셨다. 그러므로 믿음으로 제물을 드린 아벨은 "의로운 자라 하시는 증거"를 얻었고, 아벨은 비록 죽었지만 '믿음'이 그가 한 행위를 증거 한다(히 11:4c).

믿음을 가진 아벨이 어떤 제물을 드렸기에 하나님께서 그의 제사를 받으셨을까? 본문은 "아벨은 자기도 양의 첫 새끼와 그 기름으로 드렸더니 여호와께서 아벨과 그 제물은 열납하셨으나"라고 기록한다(창 4:4). 아벨의 제물은 "양의 첫 새끼(초태생: 初胎生)와 그 기름"이다.

아벨의 제물은 '어떤 관점에서 봐야 하는가?' 그 해답은 '창세기를 어떤 관점에서 봐야 하는가?' '창세기는 언제 쓰였는가?' 에 있다. 창세기는 이스라엘이 출애굽 한 이후 광야 기간에 하나님의 계시로 기록되었다. 하나님은 창세기를 통해 이스라엘 백성에게 과거 잃어버렸던 역사를 가르치셨다.

> 창조의 역사(창 1-2장), 인류의 역사(창 2장), 죄와 심판의 역사(창 3-4장), 문명의 역사(창 4장), 인류 번성의 역사(창 5장), 노아 홍수의 역사(창 6-9장), 노아 후손의 계보들(창 10장), 바벨탑의 역사(창 11장), 이스라엘의 기원인 아브람 선택 그리고 후손들의 역사(창 12-50장).

이집트에서 430년간 살았던 이스라엘은 과거를 잃어버렸다. 하나님은 그들에게 조상인 아브라함부터 선택의 역사를 보여주셨다(창 12-50장). 그리고 아브라함에게 언약하신 대로(창 15:13-16) 이집트에서 해방해 주셨다(출 12:29-42). 하나님은 출애굽을 통해 장자의 의미를 더욱 새롭게 하셨다. 장자는 부모의 유산권과 축복권을 가졌다. 그러나 출애굽 이후 장자는 새로운 개념으로 바뀌었다.

하나님은 "이스라엘 자손 중에 사람이나 짐승이나 무론하고 초태생은 다 거룩히 구별하여 내게 돌리라 이는 내 것이니라 하시니라"(출 13:2)라고 말씀하셨다. 사람이든 동물이든 초태생은 모두 하나님의 것이다(출 13:12, 15; 34:19; 민 8:16). 생축(生祝)의 첫 새끼는 하나님께 제물로 드려야 한다(레 27:26; 신 15:19). 화목제(peace offering)를 소와 양으로 드릴 때 제물과 함께 그 기름으로 화제(an offering made by fire)로 드려야 했다(레 3:1-13). 하나님은 이스라엘 자손 중 첫 태에서 나온 자를 대신하여 레위인을 택했으며, 그들은 하나님의 것이 되었다(민 3:12). 이스라엘은 토지의 소산 중 첫 열매를 하나님께 드려야 했다(출 23:19; 느 10:35). 곡식으로 제물을 드릴 때 첫 이삭으로 드려야 했다(레 2:14; 23:20).

광야에서 창세기를 받은 이스라엘은 초태생에 관한 율법의 의미로 가인과 아벨의 제물을 해석해야 했다. 가인의 제물은 땅의 소산이지만 첫 열매로 드리지 않았다. 그러나 아벨은 양의 첫 새끼와 그 기름으로 제물 삼아 하나님께 드렸다. 비록, 가인과 아벨 때 시내산 율법은 주어지지 않았다. 그러나 출애굽 이후 광야에서 창세기를 주신 목적 안에 이미 율법을 통해 '가인과 아벨의 제물이 어떤 의미가 있는가?' 에 대한 해석이 필요했다.

가인: 살인죄의 시작(창 4:8)

가인은 아우 아벨에게 말했다. 그러나 그가 어떤 말을 했는지 본문은 생략하고 있다. 아마도 들로 나가서 이야기하자고 말했을 가능성이 크다. 왜냐하면, 가인이 아벨에게 "고하니라" 한 이후 그들은 들에 있었기 때문이다(창 4:8). '들' 은 히브리어로 사데(שָׂדֶה)로 '들', '평야' '땅' '지면' 등을 의미한다. 가인은 부모나 사람들이 없는 들에서 아벨을 쳐 죽였다(때려 죽였다). 들에는 가인과 아벨뿐이었다. 그 누구도 아벨을 도와줄 수도, 가인을 막을 수도 없는 곳이었다. 가인은 제사 때문에 하나님께 책망을 받고, 하나님께 대한 분노를 아우 아벨에게 돌렸다. 가인은 아벨의 제사와 자신의 제사를 비교했을 것이다. 만일, 가인이 "동생 아벨이 온전한 믿음과 온전한 제물을 하나님께 드렸더니 그가 받으셨구나! 나도 하나님께 믿음을 가지고 온전한 제물로 드려야 겠다."라는 뉘우침과 결단으로 분노와 죄를 다스렸다면, 상황은 어떻게 되었을까? 아마도 아벨을 죽이지 않았을 것이다.

가인은 하나님께 열납되지 않은 제사를 아벨의 탓으로 돌렸다. 가인은 아마도 제사에 대해 이야기하자며, 동생 아벨을 아무도 없는 들로 데리고 나갔을 것이다. 가인은 이미 동생을 살해할 계획을 세웠던 것이다. 인류 역사 이래 전쟁을 제외한다면, 살인은 아무도 없는 은밀한 곳에서 이뤄진다. 가인은 아무도 없는 들에서 완전 범죄를 노렸다. 그는 잔인하게 동생을 때려 죽였다.

완전범죄? 하나님이 계셨다(창 4:9-13)

전대미문(前代未聞)의 미해결 살인사건들이 있다. 1865년 부스(John W. Booth)에 의한 아브라함 링컨(Abraham Lincoln) 대통령 암살사건, 1963년 오스왈드(Lee Harvey Oswald)에 의한 케네디(John F. Kennedy) 대통령 암살사건이 있다. 저격범은 잡았으나 그가 진짜 대통령을 저격했는지는 의문으로 남아 있다. 우리나라에는 화성 연쇄 살인 사건 등이 있다.

하나님의 개입이 없었다면 아벨 살인 사건도 미해결 과제로 남았을 것이다. 들에는 오직 가인과 아벨밖에 없었다. 살인 현장을 본 목격자가 없었다. 아벨 살해 사건은 영원한 미제(謎題)로 남겨진 채 역사 속으로 사라질 뻔했다. 그러나 가인의 판단착오(判斷錯誤)였다. 하늘에 계신 여호와 하나님께서 살인 사건을 보고 계셨다. 여호와 하나님은 가인에게 찾아와 사건 경위를 해결해 나가신다(창 4:9-10).

- **여호와**: 네 아우 아벨이 어디 있느냐?
- **가 인**: 내가 알지 못합니다. 내가 아우를 지키는 자입니까?
- **여호와**: 네가 무엇을 하였느냐? 네 아우의 핏소리가 땅에서부터 내게 호소하느니라.

하나님은 질문을 통해 사건을 해결해 나간다. 아담과 하와에게(창 3:9-13), 그리고 제사 때문에 분내는 가인에게 질문하셨다(창 4:6-7). 질문은 문제 해결의 가장 중요한 도구이다. 사건 해결을 위해 피해자(被害者)와 피의자에게 질문은 필수적이다.

하나님은 사건의 진상을 다 알고 있지만, 가인에게 질문함으로서 회개할 기회를 주신다. "네 아우 아벨이 어디 있느냐?" 하나님의 질문에 가인은 두렵고 떨리는 마음으로 "제가 죽였습니다."라고 대답해야 했다. 그러나 가인은 당당하게 대답한다. "내가 알지 못합니다." 오히려 하나님께 따지며 묻는다. "(왜, 아우가 어디 있는지 내게 묻습니까?) 내가 아우를 지키는 자라도 됩니까?" 하나님은 가인에 대해 신문하지만, 가인은 거짓 진술로 일관한다.

그렇다면, 하나님은 어떤 방법을 사용하실까? 바로 증인제도(證人制度)이다. 증인은 아벨 살인 사건을 목격한 자가 될 수 있다. 그러나 들에는 목격자가 없었다. 인간은 증인이 될 수 없었다. 그래서 하나님은 땅을 증인으로 세웠다.

> "네게 무엇을 하였느냐? 네 아우의 핏소리가 땅에서부터 내게 호소하느니라" (창 4:10).

가인에 의해 살해당한 아벨의 피는 땅 속으로 흘러 스며들었다. 땅에 스며든 아벨의 피는 살인 사건에 대한 전말(顚末)을 하나님께 아뢰었다. '호소' 의 히브리어는 짜아크(צָעַק)로 '호소하다.', '고하다.', '부르짖다.', '외치다.' 라는 의미를 지닌다. 아벨의 핏 소리는 하나님께 죽음의 진실을 밝혀 달라는 부르짖음이었다.

짜아크는 여러 곳에서 쓰인다. 이집트 온 땅에 흉년이 들어 양식이 없을 때 백성들은 바로에게 양식을 달라 부르짖는다(צָעַק). 출애굽 한 이스라엘 백성들 앞에는 홍해, 뒤에는 이집트의 군대가 따라 올 때 심히 두려워하여 여호와 하나님께 부르짖었다(צָעַק). 의인들이 하나님께 외칠(צָעַק) 때 그들의 기도에 응답하셨다.

아벨의 핏소리는 살인 사건의 진실을 밝혀주는 증인으로 채택되었다. 가인은 살인범으로 밝혀졌다. 살인범 가인에게 그에 합당한 형벌이 내려진다.

> "땅이 그 입을 벌려 네 손에서부터 네 아우의 피를 받았은즉 네가 땅에서 저주를 받으리니 네가 밭 갈아도 땅이 다시는 그 효력을 네게 주지 아니할 것이요 너는 땅에서 피하며 유리하는 자가 되리라" (창 4:11-12)

'벌려' 라는 히브리어는 파짜(פצה)로 '나누다.', '(입을) 열다.', '분리하다.' 라는 의미를 지닌다. "땅이 그 입을 벌려" 라는 표현은 모세를 반역했던 고라, 다단, 아비람, 온의 심판에 동일하게 사용됐다. 땅은 입을 벌려 삼킴으로 그들을 산채로 음부에 빠져들게 했다(민 16:30, 32; 신 11:6). 지하에 있는 음부는 땅의 입을 벌려 죽은 자들을 삼키고, 음부로 빠져들게 했다(사 5:14). 이처럼 땅이 입을 벌렸다는 표현은 의인화(擬人化)이다. 땅은 큰 동물처럼 입을 벌리고, 가인에게서 흘러내리는 아벨의 피를 받아먹는 그림언어로 표현되었다.

반대 표현으로 땅이 입을 벌려 토해 내는 표현을 사용한다(레 18:28). 이스라엘의 가증한 일들 특히 잘못된 골육지친들과의 성적관계(레 18:1-19), 타인의 아내와 성적관계(레 18:20), 동성의 성적관계(레 18:22), 짐승과의 성적관계(레 18:23)와 같은 가증한 죄악들은 땅을 더럽히게 된다. 하나님은 가나안 거민들의 악으로 인해 땅이 더러워졌을 때, 그들을 토하여 내었던 것처럼, 이스라엘도 그 땅에서 토하여 낼 것이라 말씀하신다(레 18:25-28).

아담의 범죄 때문에 '**땅이 저주**'를 받았지만(창 3:17-18), 살인자 가인은 '**땅에서 저주**'를 받게 된다(창 4:11). 가인은 밭을 갈아도 땅은 다시는 그 효력을 그에게 주지 않을 것이다(창 4:12a). 또한, 가인은 땅에서 피하여 유리(流離)하는 자가 될 것이다(창 4:12b). 유리의 히브리어 누드(נוד)는 '배회하다.', '헤매다.', '이리저리 돌아다니다.' 라는 의미를 지닌다. 그는 땅에 정착하지 못하고 '떠도는 자' 가 될 것이다. 그는 지금까지 농사짓던 땅으로부터, 가족으로부터 추방 될 것이다.

살인죄에 대한 대가는 너무나 무서웠다. 살인죄는 인류가 범한 가장 무섭고, 잔인하고, 고통스러운 죄이다. 살인은 잠깐이었지만 죄 값은 가인이 평생 치러야 했다. 가인 하나님께 죄 값 때문에 울부짖었다.

> "가인이 여호와께 아뢰되 내 죄벌이 지기가 너무 무거우니이다. 주께서 오늘 이 지면에서 나를 쫓아내시온즉 내가 주의 낯을 뵈옵지 못하리니 내가 땅에서 피하며 유리하는 자가 될지라. 무릇 나를 만나는 자마다

나를 죽이겠나이다"(창 4:13-14).

가인은 내 죄벌을 지기 너무 무겁다고 하소연한다(창 4:13). 그의 중한 죄벌에 대한 호소는 단지 땅에서 저주를 받고, 유리하는 자가 될 것에 대한 호소가 아니다. 그 이후에 찾아올 결과가 더 무서웠던 것이다. 가인이 지면(地面)에서 쫓겨나면 하나님의 얼굴을 볼 수 없다. 하나님은 창조주요, 생명의 근원 자이신데 그를 더 이상 만날 수 없다는 것은 죽음 그 자체이기 때문이다. 둘째, 광야에서 유리하는 자가 된다는 것은 자신을 보호해 줄 아무런 도움이 없다는 것을 의미한다. 가인은 "나를 만나는 자마다 나를 죽이겠나이다."라고 고백한다(창 4:14c). 가인은 동생 아벨을 죽였듯이 자신이 살해당할 것을 두려워한다. 그는 보복에 대한 두려움을 가졌다.

그렇다면, 가인이 고백하는 '나를 만나는 자들'은 누구일까? 아담의 자식은 오직 가인과 아벨뿐이었다. 그런데 그 누가 있었기에 만나는 사람들에게 살해당할 것을 두려워하고 있는 것일까? 이 문제를 해결하기 위해서는 미래 시점이라는 점을 이해해야 한다. 살인죄에 대한 형벌은 미래적이다. 하나님은 "~이 될 것이다"라 말씀하셨다. 가인도 "내가 주의 낯을(얼굴을) 뵈옵지 못할 것입니다… 유리하는 자가 될 것입니다. 그러면 나를 만나는 사람이 나를 죽일 것입니다"라는 미래적 시점으로 말하고 있다. 지금 당장은 아담에게는 가인과 죽은 아벨뿐이었다(여자는 족보에 기록되지 않고 있기 때문에 아마도 딸들도 있었을 것이다).

그러나 가인이 땅에서 추방당하고, 부모에게 추방당했을 때 아담과 하와는 새로운 후손들을 계속 나았기 때문이다. 아담은 130세에 아벨을 대신하여 셋을 낳았고(창 4:25; 5:3), 셋을 낳은 후 800년을 살면서 자녀를 낳았다(창 5:4). 그러므로 가인은 앞으로 부모에 의해 태어날 형제들을 무서워한 것이다.

가인에 대한 하나님의 사랑(창 4:13-15)

하나님은 죄의 형벌에 무서워하는 가인에게 은혜를 베푸신다. 가인은 두려움 속에서 하나님께 질문했다. "만나는 사람이 나를 죽일 것입니다." (창 4:14c) 하나님은 대답하신다. "그렇지 않다. 가인을 죽이는 자는 벌을 칠 배나 받으리라"(창 4:15). 살인죄는 가인에게 커다란 고통을 주었다. 하지만, 살인자 가인을 죽이는 죄는 가인보다 벌을 일곱 배를 더 받게 될 것이라고 말씀하신다. 7은 성경에 자주 사용되는 완전수이다. 하나님은 가인을 완전하게 보호하시겠다는 의미로 말씀하셨다. 하나님은 완전한 보호의 증표로 가인에게 표(標)를 주셨다. 가인이 만나는 누구에게든지 죽임을 면할 수 있게 되었다(창 4:15).

도시의 형성사(창 4:16-17)

현대인들은 도시(city)라는 세계 속에서 요람에서 무덤까지 이른다. 도시는 곧 문명의 세계이며, 인간을 위한 세계이다. 콘크리트 구조물들은 인간에게 문명의 감옥이다. 프랑스 철학자 미셸 푸코((Michel Foucault: 1926~1984)가 그의 책 『감시와 처벌』에서 말하는 것처럼 현대 도시인들은 '일망감시체제' (Pan-opticon) 그늘 아래 살아간다. 한 명의 간수에 의해 여러 명의 죄수가 통제받듯이 '나' 를 주시하는 타인들의 눈, 무인감시 카메라, 직장의 유기체적 권력(상사의 눈), 획일적이며 다분히 정치적 의도가 들어 있는 매스컴 등은 도시 속에 사는 우리 현대인들은 통제한다. 인간의 편이와 안전, 보호를 위해 만들어진 도시의 문명들이 반대로 인간을 통제하는 기구로 전이(轉移)된 사회에서 우리는 살아가고 있다. 지금, 이 글을 읽고 있는 '나' 도 지금 누군가에 의해 감시당하고 있을지 모른다. 우리가 살고 있는 도시의 의미는 무엇일까? 기원은 무엇일까? 도시는 어떤 의미를 담고 있을까? 도시와 문명은 어떤 관계를 가지고 있을까? 도시의 기원은 인류와 함께 시작된다. 창세기 4장 16~17절은 도시(성) 기원을 말해주고 있다.

> "가인이 여호와의 앞을 떠나 나가 에덴 동편 놋 땅에 거하였더니 아내와 동침하니 그가 잉태하여 에녹을 낳은지라 가인이 성을 쌓고 그 아들의 이름으로 성을 이름하여 에녹이라 하였더라"(창 4:16-17).

가인은 인류 최초로 성(城: 최초의 도시)을 쌓은 것이다. 가인은 아들의 이름을 붙여 에녹성이라 한다. 가인이 성의 이름을 붙인 것처럼 과거부터부터 현재까지 모든 도시(거대도시, 성, 마을, 촌락 등 포함)들은 이름이 붙여진다.

그렇다면, 인간은 왜 도시를 만들었을까? 성경은 이 사실을 '죄' 때문이라고 정의한다. 가인은 자신의 제물을 받지 않았다는 이유로 동생 아벨을 쳐 죽였다(창 4:8 인류최초 살인자). 가인은 살인죄 때문에 하나님께 벌을 받았다. 첫째로, 가인은 땅에서 저주를 받아 밭을 갈아도 그 효력을 100% 받지 못하게 된다(창 4:11-12). 원래 땅은 기름졌다. 비옥한 땅, 그래서 에덴 동산에는 각종 실과(實果)들이 가득했다. 그러나 아담과 하와의 죄로 인해 창조 때의 기름졌던 땅은 엉겅퀴와 잡초들로 가득한 척박한 땅, 저주 받은 땅이 되었다. 그래서 인간은 열심히 땀을 흘리지 않으면 더 이상 기름진 수확을 얻을 수 없다(창 3:17-19). 죄로 인해 척박해진 땅이 가인으로 인해 더 척박해 졌다. 농사로 업(業)을 삼았던 가인에게 척박해진 땅은 살인에 대한 심판의 결과였다. 둘째로, 벌은 가인을 더 비참하게 했다. 곧 방랑자가 된 것이다. 하나님은 "너는 땅에서 피하며 유리하는 자가 되리라"고 말씀하신다(창 4:12). 가인은 노숙자(the homeless)요. 방랑자가 됐다. 인간에게 가장 큰 저주는 곧 집 없는 방랑자로 살아가는 것이다. 현대인들까지도 한 곳에 정착하지 못하고 평생을 방황하며 살아간다. 집, 직장, 연인, 부부, 가정이 오래가지 못하며 깨어진다. 정착 없는 방랑자의 삶을 살면서 정착된 평안한 삶을 갈구한다. 가인과 인간에게 내려진 죄의 무서운 형벌 때문이다.

땅은 효력을 잃어 거칠어 졌고, 방랑자가 된 가인은 떠돌이로 살아간다.

그는 하나님 없는 생활을 하게 된다. 창 4장 16절은 "가인이 여호와의 앞을 떠나 나가 에덴 동편 놋 땅에 거하였더니"라고 기록한다. 가인은 하나님 앞을 떠난 삶을 살았다. 하나님 없는 삶은 풍요를 잃어버린 삶이다(렘 2:13). 하나님과 함께 할 때 땅은 기름지고, 그 효력을 내었다. 에덴동산의 풍요를 맛볼 수 있었다. 무엇보다 영혼의 풍부함을 경험할 수 있었다. 환경에 지배당하지 않았다. 오히려 환경을 지배하였다. 하박국 선지자의 고백처럼 말이다.

> "비록 무화과나무가 무성치 못하며 포도나무에 열매가 없으며 감람나무에 소출이 없으며 밭에 식물이 없으며 우리에 양이 없으며 외양간에 소가 없을지라도 나는 여호와를 인하여 즐거워하며 나의 구원의 하나님을 인하여 기뻐하리로다 주 여호와는 나의 힘이시라 나의 발을 사슴과 같게 하사 나로 나의 높은 곳에 다니게 하시리로다"(합 3:17-19).

죄인 가인은 이 풍요의 삶을 잃어버렸다. 하나님을 떠났다. 그렇기 때문에 그는 두려운 마음이 생겼다. 이 두려움은 첫째, 죽음에 대한 두려움이고, 둘째, 먹고 살 문제에 대한 두려움이며 셋째, 채울 수 없는 마음 때문이다. 가인은 다른 형제들이 자신을 죽일까 두려워했다(창 4:14-15). 그는 성을 만들 수밖에 없었다. 성은 곧 자기 방어기제이다. 성은 공격이 아니라 자신을 방어하는 최소한의 도구이다. 가인은 죽음에 대한 두려움과 스스로 먹고 살 문제들을 해결하기 위해 도시를 만든 것이다. 두려움을 극복하기 위한 도구의 시작이 바로 성, 곧 도시였던 것이다.

가인의 후손: 문명의 시작(창 4:17-18)

가인은 아내와 동침함으로 아들 에녹(하누크 חֲנוֹךְ)을 낳았다. 가인은 성을 쌓고 아들의 이름을 따라 에녹성이라 이름 붙였다(창 4:17). 에녹은 이랏(이라드 עִירָד)을 낳았고, 이랏은 므후야엘(메후야엘 מְחוּיָאֵל), 므후야엘은 무드사헬(메투솨엘 מְתוּשָׁאֵל)을 무드사헬은 라멕(라멕 לָמֶךְ)을 낳았다(창 4:17-18).

라멕은 두 아내를 취했다. 인류 최초의 일부다처(一夫多妻)를 가진 자가 된다. 그러나 하나님은 아담에게 하와만을 아내로 주었듯이 일부일처(一夫一妻)는 가정에 대한 하나님의 첫 계획이다. 하지만, 타락한 인간은 일부다처를 원한다. 성경에도 아브라함, 야곱, 모세, 다윗, 솔로몬 등 이스라엘의 주요 지도자들이 모두 일부다처를 가졌지만 이는 하나님의 원 뜻이 아니었으며, 그로 인해 그들은 평생 가정에 일어나는 아내들과 형제들의 피비린내 나는 싸움을 경험해야 했다. 라멕은 두 아내 아다와 씰라를 두었고(창 4:19), 아다는 야발을 낳았다(창 4:20).

도시가 시작되면서 인류는 모여 살기 시작했다. 사람들은 모이고 모여 촌락을 이루고, 촌락들이 모여 큰 성을 이루고, 도시가 세워진다. 마을과 촌락, 도시가 생기면서 인간은 서로의 필요들을 채우기 위해 분업화가 시작된다. 인류 최초의 농사꾼이었던 가인의 후예들은 농사를 비롯해 아벨이 했던 목축업까지 손을 댄다. 가인의 후손인 야발은 육축 치는 자의 조상이 되었다(창 4:20). 가인의 후손들에 의해 문명화(civilizing process)가 이뤄진다. 유발은 수금과 퉁소를 잡는 모든 자의 조상으로(창 4:21) 음악이라는 문명을 탄생시킨다. 두발가인은 동철(銅鐵)로 각양 날카로운 기계를 만드는 자로(창 4:22) 인간 문명의 도구들이 만들어진다. 도시와 문명은 인류의 시작과 함께 이루어진다. 진화론(進化論)과는 분명히 다르다. 도시와 문명, 종교는 인류와 함께 시작됐다. 성경은 그렇게 말씀하고 있다.

문화: 그 이중성

문화는 가인의 후손들에 의해 탄생했다. 그렇다면, 문화는 죄의 산물인가? 결론부터 말한다면, 문화는 이중성을 가지고 있다. 문화와 예술, 기술은 선과 악이라는 이중성을 가진다. 그러나 그 자체가 선과 악을 함유하고 있지 않다. 문화와 예술, 기술을 사용하는 사람이 어떠냐에 따라 달라질 뿐이다.

문화와 예술, 기술의 탄생은 가인의 후손에게 있지만, 문화의 진정한 시작은 하나님께 있다. 문화와 예술, 문명의 시작은 첫째, 언어에 있다. 언어는 모든 문명을 탄생시키는 가장 중요한 도구요. 요소이다. 그렇다면, 언어의 기원은 어디에 있는가? 하나님께 있다. 하나님은 말씀으로 천지를 창조하셨다. 하나님은 언어로 세상을 창조했을 뿐 아니라 인간에게 언어를 주셨다. 인간이 언어를 구사할 수 있는 능력을 가진 것은 하나님의 형상과 모양으로 창조되었기 때문이다. 하나님은 인간을 다양한 언어 능력을 가진 존재로 창조하셨다. 언어는 문화와 예술의 시작이며, 언어는 예술의 표현이다.

둘째, 하나님은 찬양을 좋아하신다. 천사들은 온갖 종류의 악기로 하나님을 찬양한다. 하나님은 인간에게도 찬양받기 원하신다. 믿음의 사람들은 하나님을 찬양한다. 시편은 하나님을 찬양하는 시로 가득하다. 성경 전체는 비파와 수금, 제금과 악기들로 찬양하는 소리로 가득하다. 하나님은 찬양을 가장 좋아하신다. 음악은 하나님의 창조물이다.

셋째, 하나님은 예술가이다. 하나님은 가장 아름답고, 정교한 조화를 이루는 자연만물을 창조하셨다. 하나님은 흙으로 가장 아름답게 인간을 빚으셨다(창 2:7). 하나님은 최초의 토기장이요. 도공이셨다. 하나님은 예술가의 손을 가지고 계신다.

넷째, 하나님은 건설가요. 정원사이다. 하나님은 동방의 에덴에 동산을 지으셨다(창 2:8). 하나님은 친히 그 땅에 보기 아름답고 먹기에 좋은 나무를 나게 하셨다(창 2:9). 하나님은 가장 아름다운 에덴의 동산을 지으신 정원사이다. 하나님은 가장 위대한 건축가요. 설계가이시다. 하나님은 방주의 구체적 설계도와 재료를 노아에게 말씀하셨다(창 6:14-16). 하나님은 성막과 법궤, 성막에 필요한 모든 도구들의 설계도와 재료들을 구체적으로 모세에게 말씀하셨다(출 25장-30장). 하나님은 브살렐과 오홀리압과 사람들에게 지혜와 총명을 부어 성막과 필요 도구들을 만들도록 했다(출 36장-28장). 인간은 하나님의 모든 예술의 능력, 문화의 능력을 가지도록 창조되었다. 인간은 하나님께서 주신 문화와 예술, 기술의 능력을 가지고, 문명을 만들었다. 인간은 일상생활에서 필요한 정신적 도구들(문화, 예술)과 실용적 도구들을 발전시키며 문명을 만들어 갔다. 하나님의 형상으로 창조된 인간이 문명을 창조해 나가는 것은 당연한 결과일 것이다. 인간은 새로운 창조, 창조를 통해 새로운 모험을 즐기도록 창조되었다. 하나님은 인간에게 창조정신을 주었다. 그러므로 인간은 새로운 문화, 기술들을 발전시킨다. 그래서 더 편리하고, 더 안전하고, 더 발전된 것들을 만들어 간다. 그 영역은 문화와 과학, 모든 영역에서 이루어진다. 그러므로, 가인의 후손에게서 문화가 탄생했다고 해서 문화와 예술, 기술이 죄악의 뿌리에서 탄생했다고 볼 수 없다.

인간은 무엇 때문에 문화와 예술, 기술을 탄생시켰을까? 첫째, 일상생활의 필요에 의해서 탄생시켰다. 가축과 농업의 도구들, 일상생활의 가제도구들은 필요에 의해 제작되었다. 둘째, 인간의 쾌락을 위해 탄생시켰다. 문화와 예술은 인간의 만족과 쾌락을 위해 만들어졌다. 셋째, 기술은 인간의 이기심 때문이다. 기술은 싸움의 도구로 이용된다. 전쟁의 무기들이 있다.

뿐만 아니라 돈 자체도 마찬가지이다. 돈은 선이나 악이 없다. 돈은 그 자체로 돈의 의미밖에 없다. 돈에 의미를 두는 자는 인간이다. 돈에 어떤 가치를 두고, 어떻게 사용하느냐에 따라 돈은 선에 사용되거나, 악에 사용되는 것이다. 하나님께 감사로 드려지는 헌금과 예물들은 그 자체로 거룩하고, 가치 있고, 선하게 사용되는 것이다. 돈은 화폐이다. 화폐는 경제수단으로 필요한 물건의 값으로 대용된다. 그렇기 때문에 화폐인 돈은 인간이 살아가는 사회에서 가장 중요한 경제수단의 도구이다. 인간에게 필수적인 요소이다. 경제를 영위하기 위한 화폐인 돈은 그 자체가 생활의 필수도구이지 악이 아니다. 돈은 인간에 의해 범사에 이용될 뿐이다(전 10:19).

그러나 경제생활의 도구인 화폐가 인간의 욕심을 채우기 위한 수단으로 사용한다면 악의 도구가 되는 것이다. 아합 왕과 이세벨은 하나님의 영원한 기업인 나봇의 포도원을 돈으로 사려했다가 거절하자 그를 죽였다(왕상 21:15). 선지자들이 돈을 위하여 점을 치는 악을 범했다(미 3:11). 성전에서는 환전상들이 사리사욕(私利私慾)을 위해 성전을 이용해 돈을 벌었다(요 2:14; 마 21:12). 한 달란트 받은 자는 하나님의 뜻을 저버리고, 땅에 숨겨두었다가 주인에게 되돌려 줌으로써 '악하고 게으른 종' 이라는 평가를 받았다(마 25:18). 군병들은 돈을 받고, 예수님의 시신을 제자들이 훔쳐갔다는 소문을 퍼뜨렸다(마 28:15). 가룟 유다는 돈 맡은 자였지만 도적으로 평가받았다(요 12:6). 그는 예수님을 돈을 받고 팔았다(막 14:11). 바리새인들은 돈을 좋아하였다(눅 16:14). 아나니아와 삽비라는 소유를 판 얼마의 값을 숨기는 거짓을 하여, 성령을 속이는 죄를 범하였다. 그들이 치룬 값은 죽음이었다(행 5:1-10). 마술사 시몬은 돈으로 성령을 사려했다. 그는 베드로에게 '하나님의 선물을 돈으로 살 줄로 생각했으니 돈으로 망하리라' 라는 책망을 받았다(행 8:18, 20). 돈을 사랑함은 일만 악의 뿌리가 된다(딤전 6:10). 말세의 특징 중 하나는 사람들이 돈을 사랑한다(딤후 3:2). 그렇다면, 믿음의 사람들은 어떻게 해야 하는가? 하나님과 재물을 겸하여 섬기지 못하므로(마 6:24). 돈보다 하나님을 더 사랑해야 한다. 돈은 사랑의 대상이 아니라 사용의 도구이다. 인간은 돈의 주인이 되어야하며, 돈이 인간의 주인이 되어서는 안 된다. 그리스도인들은 돈을 사랑하지 말고, 족한 줄로 알아야 한다(히 13:5). 감독의 자격 중 돈을 사랑하지 않아야 한다고 말한다(딤전 3:3).

우리는 여호와의 사랑과 은혜로, 값없이 팔렸고, 돈 없이 속량되었다(사52:3). 하나님은 우리들에게 "너희 목마른 자들아 물로 나아오라 돈 없는 자도 오라 너희는 와서 사 먹되 돈 없이, 값없이 와서 포도주와 젖을 사라" 고 요청하신다(사 55:1).

죄를 자랑하다(창 4:19-24)

죄는 죄를 낳는다. 죄의 습성은 DNA에 정보를 담고 유전된다. 불순종한 아담과 하와는 죄의 유전자를 담고 가인을 잉태하였다. 부모의 죄는 태중에 있는 아이에게 영향을 준다. 부모가 죄인이기 때문에 자녀도 죄성을 가지고 태어난다. 또한 태어나 죄로 물들어 버린 사람들과 함께 사는 '사회적 존재' 이기 때문에 인간은 죄를 습득하고, 죄를 범할 수밖에 없다.

영국의 경험론자 존 로크(John Locke)는 인간을 백지(*tabura rasa*)와 같다고 했다. 백지에 어떤 그림을 그리느냐에 따라 달라지듯이 인간은 어떤 교육을 받느냐에 따라 달라 질 수 있다는 주장이다. "생각한다. 고로 나는 존재한다."(*cogito ergo sum*)라는 말로 유명한 철학자 데카르트(Rene Descartes)는 생득관념(生得觀念)을 주장했다. 사물을 파악하고 인식하는 관념은 로크처럼 경험으로 이뤄지는 것이 아닌 이미 잠재적으로 생득되어 태어난다는 것이다. 그러나 죄는 이 둘을 포함한다. 인간은 이미 죄성을 가지고 태어나며, 거의 백지와 같은 상태로 태어난 인간은 죽을 때까지 사람들과 살아가면서 죄를 습득하고, 죄를 짓게 된다.

가인의 6대손 라멕은 두 아내 아다와 씰라를 두었다. 그러나 그가 주목되는 것은 일부다처제(一夫多妻制)의 시작을 알릴뿐 아니라 죄악을 공공연히 자랑한데 있다. 라멕은 아내들에게 자랑한다.

> "아다와 씰라여 내 소리를 들으라 라멕의 아내들이여 내 말을 들으라 나의 창상을 인하여 내가 사람을 죽였고 나의 상함을 인하여 소년을 죽였도다. 가인을 위하여는 벌이 칠 배 일찐대 라멕을 위하여는 벌이 칠십칠 배 이리로다"(창 4:23-24).

라멕은 너무 사소한 것 때문에 살인을 했고, 살인을 자랑했다. 라멕은 "나의 창상 때문이라" 고 말한다. 라멕은 작은 상처 때문에 상처를 입힌 사람을 죽였다. 살인을 자랑했다. 라멕은 가인을 위해서는 벌이 칠 배지만 자신을 위해서는 칠십칠 배라고 의기양양하게 아내들에게 자랑했다.

셋: 아벨을 대신하다(창 4:25-26)

아담은 다시 하와와 동침하여 아들을 낳았다. 아담은 아들 이름을 셋(쉐트 שֵׁת)이라 붙였는데 하나님께서 아벨 대신에 다른 씨(자손)로 주셨기 때문이다. 여기서 '씨' 라는 히브리어 쩨라(זֶרַע)는 '씨', '후손' 을 의미한다. 쩨라는 인간의 씨(창 3:15; 9:9)와 채소와 곡식의 씨(창 1:11, 12, 29; 레 11:37; 학 2:19; 슥 8:2), 동물의 씨(창 7:3)를 모두 포함한다. 그러나 성경 대부분은 인간의 후손, 자손을 지칭한다. 하나님은 셋의 계보를 통해 예수 그리스도를 이 땅에 보내셨다(대상 1:1; 눅 3:38).

셋도 아들을 낳아 '에노스' (에누쉬 אֱנוֹשׁ)라 하였다. 에노스는 에노스라는 이름의 고유명사와 사람(이쉬 אִישׁ)의 보통명사로도 42회 사용된다(시 103:15). 에노스 때에 사람들이 비로소 여호와(יהוה)의 이름을 불렀다(창 4:26). 이름은 존재를 나타낸다. 하나님은 동산에서 아담이 이름을 어떻게 짓나 보시려고 동물들을 이끌어 오셨다. 아담은 동물들의 특징들을 보고 이름을 지었다(창 2:19). 아담(אָדָם)은 이름 고유명사와 '사람' (man)이라는 일반명사를 담고 있다. 하와(하바 חַוָּה)는 '모든 산 자의 어미' 라는 의미를 담고 있다(창 3:20). 가인(카인 קַיִן)은 "여호와 때문에 아들을 얻었다." 라는 의미를 담고 있다(창 4:1). 아벨은 그 이름이 설명되지 않는다(창 4:2). 이름은 창조 때부터 그 존재를 나타낸다. 정체성을 나타낸다. 여호와의 의미는 스스로 있는 자이다(출 3:14). 여호와 하나님은 영원 전부터 창조되지 않은 스스로 존재하는 분이시다. 에노스 시대에 사람들은 창조주요. 영원하신 하나님의 이름을 여호와로 부르기 시작했다.

창세기 5장

아담 후손들에 대한 족보(창 5:1-32)

창세기 5장은 "아담 자손의 계보가 이러하니라"(창 5:1a)로 시작한다. 자손이라는 히브리어는 톨레돗(תּוֹלְדֹת)으로 '자손', '출생', '계보', '세대' 등의 의미이다. 계보는 히브리어로 세페르(סֵפֶר)로 '책'을 의미한다. 창세기 5장은 아담의 족보이고, 역대상 1-9장, 누가복음 3장에도 나온다.

아담 자손의 계보는 어떻게 시작할까? 먼저, 아담과 그의 아내 하와가 어떻게 기원했는가를 설명한다. 하나님은 사람을 창조하실 때 하나님의 형상대로 지으시되 남자와 여자를 창조하셨다(창 1:26-27; 창 5:2a). 그들이 창조되던 날에 하나님은 그들에게 복을 주시고(창 1:22, 28; 5:2) 그들의 이름을 '사람'(아담 אָדָם)이라 부르셨다(창 1:26-27; 2:7; 5:2). 아담은 130세에 자기 모양 곧 자기 형상과 같은 아들을 낳고 셋이라 이름 하였다(창 5:3). 아담의 자기 모양과 자기 형상이라는 표현은 크게 두 가지 의미로 생각해 볼 수 있다. 첫째, 아담과 하와에게 부여된 하나님의 모양과 형상을 상실하지 않고, 그대로 이어 받았음을 의미한다. 왜냐하면, 아담의 족보에 장남인 가인이 빠져있기 때문이다. 가인은 동생을 죽인 살인자이기 때문에 인위적으로 족보에 기록하지 않았다. 하나님은 믿음의 제사를 드린 아벨, 그가 죽고 그를 대신하여 태어난 셋을 구원사의 족보에 장자로 기록하고 있다. 하나님의 형상과 모양은 셋을 통해, 그 후손을 통해 계속 이어가고자 하신 하나님의 계획이다. 둘째, 셋은 생육법을 통해 낳은 아들이다. 아담의 유전자를 물려받아(자기 모양 곧 자기 형상) 자신을 닮은 아들을 낳았음을 의미한다. 다음 <표-4>과 <표-5>는 아담의 계보와 그 특징을 요약으로 보여준다.

〈표-4〉 아담 족보(창 5:3-32)

~이 (아버지)	~ 세에	~를 낳고 (아들)	낳은 후~년을 향유하며 자녀들을 낳음	그가 ~세를 향유하고 죽었더라
아담	130	셋	800	930
셋	150	에노스	870	910
에노스	90	게난	815	905
게난	17	마할랄렐	840	910
마할랄렐	65	야렛	830	895
야렛	162	에녹	800	962
에녹	65	므두셀라	300	
므두셀라	187	라멕	782	969
라멕	182	노아	595	777
노아	500	셈, 함, 야벳		

〈표-5〉 인물에 대한 특이 사항

셋	아담의 자기 모양 곧 자기 형상과 같은 아들(창 5:3)
에녹	300년을 하나님과 동행하며 자녀 낳고, 하나님이 그를 데려가심으로 세상이 있지 않음(창 5:23-24)
노아	여호와께서 땅을 저주하시므로 수고로이 일하는 우리를 이 아들이 안위하리라(창 5:29)

창세기 6장

창세기 6~9장은 노아와 홍수에 대한 이야기이다. 사람이 땅 위에 번성하기 시작했다(창 6:1). 이들은 셋의 자손들뿐 아니라 가인의 자손들, 그리고 족보에는 기록되지 않았지만, 아담의 다른 자손들이 번성하기 시작했다. 하나님께서 사람(아담)을 지으시고 목적하신 대로 그들은 생육하고, 번성하여 땅에 충만해 지기 시작했다(창 1:26, 28). 아담의 자손들은 더 넓은 땅으로 지경(地境)을 넓혀 나갔다.

하나님의 아들들(창 6:1-2)

아담의 자손들이 땅 위에 번성할 때, 그들에게서 딸들이 태어났다(창 6:1). 하나님의 아들들은 사람의 딸들의 아름다움을 보고, 자기들의 좋아하는 모든 자로 아내를 삼았다(창 6:2). 먼저, 이 본문을 읽을 때 "딸들"이라는 단어가 생소하게 느껴진다. 왜냐하면, 창세기 6장까지 여자는 단 두 명. 하와(창 2:22)와 가인의 아내(창 4:17) 외에는 기록되지 않았기 때문이다. 왜, 성경 족보에 여자의 이름이 자주 등장하지 않을까? 그 이유는 성경의 족보 기록 방법 때문이다. 여자의 이름은 성경의 족보에 특별한 경우를 제외하면 기록되지 않는다(창 5:1-32; 10:1-32; 11:10-32; 36:1-43; 룻 4:18-22; 대상 1:1-9:44; 마 1:1-16; 눅 3:23-38). 출애굽한 후 광야에서 이스라엘 자손을 계수(計數)할 때도 여자는 포함되지 않았다(민 1:1-46). 이러한 의미에서 "그들에게서 딸들이 나니"라는 말은 단지 생물학적 '여자'라는 의미가 아닌 새로운 사건 전개의 전조(前兆)를 보여주는 단어이다.

그렇다면, "사람의 딸들"과 "하나님의 아들들"은 누구인가? 본문은 성경에서 가장 해석하기 어렵고, 난해한 내용이다. 많은 유대 랍비들과 신학자들은 오랫동안 합의를 볼 수 없었다. 먼저, 하나님의 아들들은 누구인가? 히브리어로는 베네이-하엘로힘(בְנֵי־הָאֱלֹהִים)이다. 베네이(בְנֵי)는 "아들"이란 의미로 복수형이다. 하(הָ)는 정관사(the)이고, 엘로힘은 하나님(God) 또는 신들(gods)을 의미한다. 엘로힘이 창조주 하나님을 지칭할 때는 장엄복수로 단수로 쓰인다. 하지만 일반명사로 신(神)들을 의미할 때는 복수로 쓰인다. 하나님의 아들들에 대한 해석은 오랫동안 합의를 보지 못하고 있다. 그러므로 크게 세 가지 주장으로 나뉜다. 첫째, 베네이-하엘로힘은 한 분 하나님의 여러 아들들로 하나님에 의해 창조된 천사나 사탄(마귀)과 같은 영적 존재들을 의미한다. 둘째, 신들의 아들들이라 칭할 수 있는 왕이나 지배자들 같은 높은 신분을 가진 사람들이다. 셋째, 하나님을 섬기는 경건한 사람들을 의미한다.

그렇다면, 하나님의 아들들이 "영적인 존재들"로 받아들이는 이유가 무엇일까? 그 첫번째 이유는 가장 오래된 해석으로 성경에서 천사를 하나님의 아들들로 표현하기 때문이다(욥 1:6; 2:1; 38:7). 그러나 '하나님의 아들' 예수 그리스도는 단수이기 때문에 복수인 아들들과는 구별해야 한다(마 3:7; 4:3, 6; 14:33; 17:5 등). 두 번째 이유는 하나님의 아들들과 사람의 딸들을 대조하기 때문에 하나님의 아들들이 '사람'이 아님을 알 수 있다. 이 해석은 초대 유대 해석(에녹서 6:2ff, 희년서 5:1), 칠십인역(LXX)의 필로 해석(Philo, *De Gigant* 2:358), 요세푸스(Josephus, *Ant*. 1.31), 사해 두루마리(1QapGen 2:1) 등이 지지한다. 신약성경(벧후 2:4; 유 6:6, 7)과 초기 기독교 변증가들(저스틴, 이레네우스, 터툴리안, 오리겐 등)도 같은 입장을 취하며, 많은 현대의 신학자들도 받아들인다.

둘째, 신들(gods)의 아들들이라 칭할 수 있는 '왕' 이나 '지배자들' 이라 볼 수 있는 이유는 무엇일까? 이 해석은 A.D 2세기경부터 등장했다. 이 해석을 주장하는 자들은 하나님의 아들들이 영적 존재라고 볼 수 없는 이유 때문이다. 천사들은 결혼을 하거나 성관계를 가질 수 없는 영적 존재들이기 때문이다. 예수님은 부활을 부인하는 사두개인에게 "부활 때에는 장가도 아니가고 시집도 아니가고 하늘에 있는 천사들과 같으니라."라고 말씀하셨다(마 22:30; 막 12:25; 눅 20:35). 하나님의 아들들이 신의 지위로 불릴 수 있는 왕이나 지배 계급으로 볼 수 있는 이유는 일차적으로 성경에서 볼 수 있다. 첫 번째로, 시편 82편에서 재판장들이 신들, 지존자의 아들들로 표현되고 있다(시 82:6). 두 번째로, 다윗 혈통의 왕들이 하나님의 아들로 불려진다(삼하 7:14; 시 2:7). 또한 우가릿의 왕 케렛(Keret)을 하나님(El)의 아들이라 부른다. 신이라 불리거나 그 권위를 가진 존재라 불리는 왕들과 지배자들은 고대 근동과 이집트의 파라오(Pharaoh) 등이 있었다. 왕들은 자기들이 좋아하는 여자들로 아내를 삼을 수 있은 권력이 있었다.

셋째, 경건한 자손들로 보는 견해는 하나님의 아들들을 '셋의 후손' 으로 본다. 이 견해는 천사가 인간과 결혼해 성관계를 할 수 없다는 입장에 근거한다. 또한 하나님의 '선택' 이라는 관점에 근거한다. 하나님은 셋의 후손을 선택하고 구원하셨다. 노아의 아들 셈의 후손 중에 아브라함이 있었다(창 11:10-29). 하나님은 아브라함의 후손들을 '내 아들' 이라고 하셨다(출 4:22; 신 14:1).

하나님의 아들들에 대한 세 가지 해석은 모두 합당한 근거를 가지고 있다. 하지만, 아직도 하나님의 아들들의 정확한 의미는 물음표로 남겨 두어야 한다.

타락하는 인간들(창 6:1-2)

사람이 땅 위에 번성하기 시작할 때 그들에게서 딸들이 났다(창 6:1).

하나님의 아들들이 사람의 딸들의 아름다움을 보고 자기들의 좋아하는 모든 자로 아내를 삼기 시작했다(창 6:2). 하나님의 아들들이 누구인가의 의문과는 달리, 사람의 딸들은 문자 그대로 사람의 딸들이다.

여자들의 아름다움(토브 טוֹב)은 현대 사회의 만들어진 여성상의 관점(觀點)으로 본 아름다움이 아니다. 하나님께 창조하실 때 '보시기에 좋았더라' (טוֹב)는 의미의 아름다움이다.

문제는 하나님의 아들들이 사람의 딸의 아름다움을 보고 난 뒤 자기들의 좋아하는 모든 자로 아내를 삼는 것이 문제였다. '좋아하다.' 라는 히브리어 바하르(בָּחַר)는 '선택하다.', '뽑다.' 라는 의미이다. 사람의 아들들은 아름다운 여자들을 자기들이 좋아하는 대로, 선택하는 대로 "모든 자"를 아내로 삼았다. 여성 본연의 아름다움이 그들에 의해 자신들의 성적인 욕구를 채우는 대상으로, 일부다처(一夫多妻)의 결혼관(結婚觀)을 충족시키는 타락한 아름다움으로 변질되었다.

본문은 '인간의 타락' 이라는 창세기 3장 6절과 평행을 이룬다. 두 본문은 동일하게 인간의 타락 과정을 소개한다. <표-5>는 두 본문에 나타나는 히브리 단어 '라아(רָאָה), 토브(טוֹב), 라카(לָקַח)' 를 보여준다.

〈표-6〉 세 단어의 평행

창 3:6		6:2	
여자가 그 나무를	보았다 (רָאָה)	아름다움 (טוֹב)	하나님의 아들들이 사람의 딸들의
먹음직도 보암직도 지혜롭게 할 만큼 탐스러운	좋은 (טוֹב)	보았다 (רָאָה)	
그 실과를	땄다 (לָקַח)	삼았다 (לָקַח)	아내를

창 3:6에서 '여자' 가 먹음직하고, 눈을 기쁘게 할 만하고, 지혜를 얻을 만큼 탐스럽기도 한 좋은(טוֹב) 나무 실과를 보고(רָאָה), 그 실과를 땄다(לָקַח). 반면에, 창 6:2에서는 하나님의 아들들인 '남자' 가 사람의 딸들의 아름다움(טוֹב)을 보고(רָאָה), 자기들이 선택하는 모든 자로 아내로 삼았다(לָקַח).

타락의 결과(창 6:3)

하나님의 아들들의 무절제한 결혼은 하나님의 진노를 샀다. 여호와 하나님은 그들이 육체가 되었기 때문에 나의 신이 영원히 사람과 함께 하지 않을 것이라 말씀하셨다. 육체라는 히브리어는 바사르(בָּשָׂר)는 '육체', '몸' 을 의미한다. 육체는 영혼과 비교되어 사용된다. 육체는 생명인 피와 대조적으로 사용된다(창 9:4; 레 17:11). 육체는 영혼을 담는 그릇이다. 영혼이 떠나면 육체는 죽고(욥 19:26), 흙으로 돌아간다(창 2:7; 욥 34:14-15). 또한, 육체는 죄악 된 인간의 성향을 상징한다(롐 25:31; 고전 1:26, 29; 고후 1:12, 17; 갈 3:3; 5:16). 본문에서 하나님의 아들들이 육체가 되었다는 의미는 두 가지 의미 모두를 포함한다.

하나님은 육체가 된 하나님의 아들들에게 진노하셨다. 이제부터, 하나님의 신은 그들에게 영원히 함께 있지 않게 됐다(창 6:2). 그 결과는 마치, 아담과 하와가 에덴동산에서 쫓겨나 영원한 생명과 생명나무를 잃어 버렸듯이 그들도 영원한 생명을 잃어버리게 될 것이다. 그들의 생명은 오직 120년으로 한정되었다(창 6:3). 이 말씀은 두 가지 의미를 담고 있다. 첫째는 부패한 인간의 수명이 120년으로 한정할 것을 의미한다. "그들의 날은 일백이십 년이 되리라"(shell be)는 미래형이다(창 6:3). 점진적으로 그렇게 될 것임을 말씀한 것이다. 그렇기 때문에 아브라함 175년(창 25:7), 이삭 180년(창 35:28), 야곱 147년(창 47:28), 요셉 110년(창 50:26), 모세 120년(신 34:7), 여호수아 110년(수 24:29), 아론 123년(민 33:39)의 나이와 아담의 계보에 소개된 조상들의 나이(약 900년 이상)와 비교하면, 현저히 줄어든 수명임을 알 수 있다. 모세는 우리의 연수가 70이요. 강건하면 80이라고 했다(시 90:10). 둘째는, "그들"은 육체가 된 하나님의 아들들이다(창 6:3). 그들의 생명은 홍수로 세상을 심판하기 전까지 120년간 한정되었다. 하나님은 노아에게 방주(ark)를 만들라 명하셨다. 노아가 방주를 만들고, 들어가 창문이 닫는 기간이 120년이 되었다.

네피림(창 6:4)

노아 당시, 땅에는 네피림(נְפִלִים)이 있었다. 그렇다면, 네피림은 어떤 존재일까? 네피림은 히브리어 네필(נְפִל)의 복수형이다. 그 뜻은 '거인' (giant)이다. 구약 히브리어 본문을 헬라어로 번역한 70인역(LXX)과 라틴어로 번역한 불가타역(Vulgate)도 네피림을 '거인'의 뜻으로 '기간테스' (γίγαν-τες)로 번역하였다. 그러므로 네피림은 하나님의 아들들과 사람의 딸들 사이에서 태어난 자들이다. 네피림은 용사들(mighty men)이었다. 이들은 용맹하고, 강력한 힘을 가진 용사로 고대에 유명(renown)한 자들이었다.

네피림은 성경에 두 번 나온다. 창세기 6장 4절과 민수기 13장 32-33절이다. 민수기 13장은 12명의 정탐꾼이 가나안 땅을 두루 정탐하고 돌아와 보고 한다. 네피림은 여호수아와 갈렙을 제외한 열 명의 정탐꾼들이 한 말에서 등장한다.

> "이스라엘 자손 앞에서 그 탐지한 땅을 악평하여 가로되 우리가 두루 다니며 탐지한 땅은 그 거민을 삼키는 땅이요 거기서 본 모든 백성은 신장이 장대한 자들이며 거기서 또 네피림 후손 아낙 자손 대장부들을 보았나니 우리는 스스로 보기에도 메뚜기 같으니 그들의 보기에도 그와 같았을 것이니라" (민 13:32-33).

얼핏 이 말씀을 접할 때, 정탐꾼들의 보고대로 그 네피림의 후손이 가나안 땅에 살고 있다고 생각할 수 있다. 그러나 곧바로 문제가 발생한다. 홍수로 노아와 그 가족 7명 외에 그 어떤 사람도 살아남지 못했다. 그렇다면, 홍수로 노아 가족 8명 외에 모든 인간이 죽었다는 성경의 기록은 거짓인가? 네피림의 후손은 어떻게 살아남을 수 있었단 말인가?

이 문제 해결은 너무나 간단하다. 열 명의 정탐꾼의 보고에 등장하는 네피림 후손 아낙 자손 대장부들은 창세기 6장 4절의 네피림이 아니다. 그 이유는 첫째, 성경은 홍수 때 방주(ark)에 타고 있던 노아 가족 외에 모든 인간은 다 죽었다고 분명히 밝히고 있다(창 6:17; 7:23; 마 24:38-39; 눅 17:27; 히 11:7; 벧전 3:20). 만일, 네피림이 홍수 속에서도 살아남아 후손을 남겼다면, 성경은 진리가 아닌 거짓이 된다. 둘째, 열 명의 정탐꾼들이 본 아낙 자손은 실제 네피림의 후손이 아니다. 단지, 열 명의 정탐꾼들 눈에 아낙 자손들은 네피림처럼 신장이 장대한 거인이요. 용맹한 대장부처럼 보였을 뿐이다. 열 명의 정탐꾼들은 이미, 네피림에 대한 선지식(pre-knowledge)이 있었기 때문에 아낙 자손들을 보면서 네피림이라고 단정 지어 보고한 것이다. 그러므로 민수기 13장 32-33절에 언급된 네피림은 창세기 6장 4절에 나오는 고대 네피림의 후손이 아니다.

계속되는 타락(창 6:5)

하나님의 아들들은 사람의 딸들의 아름다움을 보고, 자기들이 좋아하는 모든 여자를 아내로 삼는 범죄를 저질렀다(창 6:2). 그들은 육체가 되었다(육체가 무엇인가는 이미 살펴보았다). 그 결과 여호와의 신이 영원히 사람과 함께 하지 않게 될 것이며, 그들의 수명은 120년으로 한정 되었다(창 6:3). 그렇다면, 하나님의 심판의 메시지를 받게 된 그들은 하나님 앞에서 회개하고, 온전한 삶을 살았을까? 아니다. 그 이후에도 하나님의 아들들은 사람의 딸들을 계속해서 취하여 자식을 낳았다(창 6:4b). 하나님의 아들들과 사람의 딸들 사이에 태어난 네피림은 용사였으며, 고대에 유명한 자들이었다. 그러나 그들은 하나님을 위한 삶을 살지 않았다. 네피림은 그들만의 삶을 위해 강력한 힘과 능력을 사용했다. 그렇다면, 하나님의 아들들과 사람의 딸들의 무절제한 결혼만이 죄악이었을까? 아니다. 세상에 사는 모든 사람들이 죄악에 물들어 있었다.

> "여호와께서 사람의 죄악이 세상에 관영함(라브 רַב 풍부함, 많은, 큰)과 그 마음의 생각의 모든 계획이 항상 악할 뿐임을 보시고"(창 6:5).

세상에 의인은 하나도 없었다(롬 3:10; 시 14:1-3). 오직 죄인들뿐이었다. 네피림과 사람들은 죄악으로 가득했다. 그들이 생각하고, 계획하는 것조차 악한 것들뿐이었다. 죄는 죄를 낳는다. 죄는 온 세상을 온통 죄로 물들여 버렸다. 마치 투명 유리잔에 물을 가득 채우고 검은 잉크를 몇 방울 떨어뜨리면, 유리잔 속 물 전체가 검은 색으로 물들어 버리는 것과 같다. 예수님과 바울은 죄를 누룩에 비유해 설명했다.

> "예수께서 이르시되 삼가 바리새인과 사두개인들의 누룩을 주의하라 하신대…어찌 내 말한 것이 떡에 관함이 아닌 줄을 닫지 못하느냐 오직 바리새인과 사두개인들의 누룩을 주의하라 하시니 그제야 제자들이 떡의 누룩이 아니요 바리새인과 사두개인들의 교훈을 삼가라고 말씀하신 줄을 깨달으니라"(마 16:6; 11, 12).

> "예수께서 경고하여 이르시되 삼가 바리새인들의 누룩과 헤롯의 누룩을 주의하라 하시니"(막 8:15)

> "그 동안에 무리 수 만 명이 모여 서로 밟힐 만큼 되었더니 예수께서 먼저 제자들에게 말씀하여 이르시되 바리새인들의 누룩 곧 외식을 주의하라"(눅 12:1).

> "이러므로 우리가 명절을 지키되 묵은 누룩으로도 말고 악하고 악의에

찬 누룩으로도 말고 누룩이 없이 오직 순전함과 진실함의 떡으로 하자" (고전 5:8).

사람들은 무절제한 성적욕구와 온전한 결혼제도를 파괴했다. 그들의 사회는 온통 죄악으로 가득했다. 누룩이 밀반죽 전체를 몇 배로 부풀게 하듯이 죄는 세상을 타락으로 물들어 버렸다.

하나님의 후회. 실패 때문인가?(창 6:6)

여호와 하나님은 사람의 죄악이 세상에 관영함과 그 마음의 생각의 모든 계획이 항상 악할 뿐임을 보시고, 땅 위에 사람 지으셨음을 한탄하사 마음에 근심하셨다(창 6:5-6). 여기서 잠깐! 하나님께서 사람 지으셨음을 한탄하고, 마음에 근심하셨다는 말은 그분의 실패를 보여주는가? 하나님의 모양과 형상으로 창조된 인간은 가장 아름다운 작품이 아닌가! 하나님의 작품인 인간을 보며, 지으심을 후회했다는 것은 창조자의 실패를 보여주는 것 아닌가? 대답은 NO. 하나님은 결코 변함이 없으시다.

"온갖 좋은 은사와 온전한 선물이 다 위로부터 빛들의 아버지께로부터 내려오나니 그는 변함도 없으시고 회전하는 그림자도 없으시니라" (약 1:17).

"하나님은 사람이 아니시니 거짓말을 하지 않으시고 인생이 아니시니 후회가 없으시도다. 어찌 그 말씀하신 바를 행하지 않으시며 하신 말씀을 실행하지 않으시랴" (민 23:19).

그렇다면, 하나님께서 인간을 지으셨음을 한탄하신 이유가 무엇일까? 근심하신 이유가 무엇일까? 이유는 간단하다. 하나님의 선한 창조 목적과 달리 인간은 죄악으로 가득했기 때문이다. 하나님의 후회는 인간의 행동에 대한 반응이다. 인간이 죄를 지었기 때문에 그들은 죄 값을 치러야한다. 그들은 반드시 죽어야 한다. 죄의 삯은 사망이다(롬 6:23). 세상에는 죄악이 관영했고, 그들의 마음으로 생각하는 모든 계획이 항상 악했기 때문에 하나님은 그들이 계속해서 번영하도록 나둘 수 없었다. 만일, 그들이 번영하고, 축복된 삶을 산다면 하나님은 공의(정의)의 하나님이 아니시다.

심판을 계획하시다(창 6:7)

하나님의 공의는 죄에 대한 심판으로 나타난다.

> "이르시되 내가 창조한 사람을 내가 지면에서 쓸어버리되 사람으로부터 가축과 기는 것과 공중의 새까지 그리하리니 이는 내가 그것들을 지었음을 한탄함이니라 하시니라"(창 6:7).

인간은 하나님께서 창조한 우주만물의 대표자이다. 아담과 하와가 범죄했을 때, 땅과 자연은 저주를 받았다(창 3:3:17-19). 하나님의 아들들과 인간들의 범죄는 그들뿐 아니라 "육축과 기는 것 공중의 새"까지 멸망 받게 되었다. 하나님은 인간의 죄 때문에 모두 지면에서 쓸어버리기로 작정하셨다. "쓸어버리다"는 곧 물과 관계된다. 하나님은 홍수로 온 대지에 있는 생명들을 하나도 남김없이 쓸어버리고자 하셨다.

한 사람: 새로운 시작(창 6:8)

죄악 된 세상을 보시며, 창조한 인간을 보시며 후회하고, 마음에 근심한 하나님. 과연, 그것으로 끝일까? 아니다. 그렇다면 하나님은 죄인(罪人)들 때문에 오히려 진정한 실패자가 된다. 하나님의 계획과 뜻은 결코 후회함이 없기 때문에 새로운 시작을 알리신다.

> "내가 사울을 세워 왕 삼은 것을 후회하노니 그가 돌이켜서 나를 좇지 아니하며 내 명령을 이루지 아니하였음이니라 하신지라 사무엘이 근심하여 온 밤을 여호와께 부르짖으니라.…여호와께서 사무엘에게 이르시되 내가 이미 사울을 버려 이스라엘 왕이 되지 못하게 하였거늘 네가 그를 위하여 언제까지 슬퍼하겠느냐 너는 기름을 뿔에 채워가지고 가라 내가 너를 베들레헴 사람 이새에게로 보내리니 이는 내가 그 아들 중에서 한 왕을 예선하였음이니라"(삼상 15:11; 16:1).

하나님은 사울의 범죄 때문에 그를 왕 세우신 것을 후회하셨다. 그러나 하나님의 실수가 아닌 사울이 하나님께 온전히 순종하지 않은 결과였다. 사울에 대한 후회는 곧 새로운 시작 다윗을 왕으로 세우시는 시작을 알리신다. 하나님은 계획은 결코 후회 때문에 멈추지 않는다. 사람 지으심에 대한 한탄과 근심의 마음은 새로운 시작을 알린다. 창세기 6:8절은 그 신호탄이다.

> "그러나 노아는 여호와께 은혜를 입었더라"(창 6:8)

죄악으로 관영한 시대에도 한 사람이 있었다. 그는 노아였다. '그러나 노아는' (베 누하 וְנֹחַ). 하나님은 '그러나' 라는 접속 부사를 써서 앞의 사건과 반대 사건이 전개될 것을 알리신다. 이제까지 죄악으로 가득한 사람들을 소개하였다. 그러나 여호와께 은혜를 입은 노아가 등장한다. 은혜는 곧 구원의 시작이다. 은혜는 하나님의 관심이며, 사랑이다.

> "너희의 허물과 죄로 죽었던 너희를 살리셨도다. 그 때에 너희가 그 가운데서 행하여 이 세상 풍속을 좇고 공중의 권세 잡은 자를 따랐으니 곧 지금 불순종의 아들들 가운데서 역사하는 영이라 전에는 우리도 다 그 가운데서 우리 육체의 욕심을 따라 지내며 육체와 마음의 원하는 것을 하여 다른 이들과 같이 본질상 진노의 자녀이었더니(4절의 헬라어 원문은 ὁ δὲ θεὸς로 시작되는데 직역하면, '그러나 하나님은' 이

> 다.) 긍휼에 풍성하신 하나님이 우리를 사랑하신 그 큰 사랑을 인하여 허물로 죽은 우리를 그리스도와 함께 살리셨고 (너희가 은혜로 구원을 얻은 것이라) 또 함께 일으키사 그리스도 예수 안에서 함께 하늘에 앉히시니 이는 그리스도 예수 안에서 우리에게 자비하심으로써 그 은혜의 지극히 풍성함을 오는 여러 세대에 나타내려 하심이니라 너희가 그 은혜를 인하여 믿음으로 말미암아 구원을 얻었나니 이것이 너희에게서 난 것이 아니요 하나님의 선물이라 행위에서 난 것이 아니니 이는 누구든지 자랑치 못하게 함이니라" (엡 2:1-9).

사도 바울은 "그 은혜로 인하여 믿음으로 말미암아 구원을 얻었나니"라고 말한다. '그 은혜'란 무엇인가? 그 은혜는 구원이다. 허물과 죄로 죽었던 우리들, 세상의 풍속을 좇고, 공중의 권세 잡은 자(사탄)를 따르는 우리들, 불순종함으로 본질상 진노의 자녀인 우리들을, 하나님은 예수 그리스도의 십자가, 보혈의 은혜로 살리셨고, 그와 함께 일으켜 세우심이 하나님의 은혜이다.

하나님은 죄악으로 가득한 세상을 구원하시기 위해 은혜를 입은 한 사람에게 눈을 돌리셨다. 노아를 통해 온 인류와 육축과 생명들을 살리시기로 작정하셨다. 죄악으로 가득한 세상은 하나님께 은혜를 입은 사람들에 의해 구원 역사가 펼쳐진다. 하나님의 구원사의 주인공은 하나님의 아들들도, 사람의 딸들도, 네피림도, 아닌 '하나님께 은혜를 입은 한 사람 노아'였다.

하나님은 영적 어둠의 세대에 그분의 은혜를 입은 사람들을 통해 복음의 빛을 밝히셨다. 우상으로 가득했던 아합 왕 시대, 하나님은 준비된 한 사람 엘리야를 통해 구원사역을 시작했다(왕상 17:1). 왕을 요구한 백성들의 선택자 사울은 실패했지만, 하나님은 들에서 하나님과 동행하며 양을 치던 목동, 그분의 은혜를 입고, 하나님의 신에 크게 감동된 다윗을 통해 일하셨다(삼상 16:13). 아합의 궁내대신 오바댜(왕상 18:3), 아닥사스다 왕 술관원 느헤미야(스 2:2; 느 1:1), 선지자 엘리사(왕상 19:17), 요엘(욜 1:1), 유대 광야의 드고아 마을에서 목자 생활을 하던 아모스(암 1:1), 호세아(호 1:1), 이사야(왕하 19:2; 사 1:1), 예레미야(대하 35:25; 렘 1:1), 하박국(합 1:1), 에스겔(겔 1:1) 등은 영적 어둠의 시대에 하나님께 사로 잡혀 백성을 깨웠던 참된 영웅들이다.

18세기 영적 어둠의 잠을 자던 영국을 깨운 것은 하나님께 은혜를 입은 위대한 복음 증거자 요한 웨슬리(John Wesley, 1703-1791), 찰스 스펄전(Charles Spurgeon, 1834~1892), 조지 휫필드(George Whitefield, 1714~1770)였다. 1900년~1910년 영국과 전 세계 영적 부흥의 계기가 됐던 웨일즈대부흥(The Welsh Revival)의 불씨는 하나님께 은혜를 입고, 성령 충만함을 받은 한 사람 이반 로버츠((Evan Roberts)였다. 1906년 LA에 있는 제이침례교회에서 쫓겨난 몇 명의 흑인 신자들이 영혼의 갈급함 때문에 '보니 브레 스트리트 하우스' (Bonnie Brea Street House)에 모였다. 그들의 지도자는 윌리엄 스모어(William J. Seymour) 목사였다. 그들은 아주사거리(Azusa St.) 312번지에서 기도회로 모였다. 그곳에 성령의 강한 역사가 일어났고, 이들을 통해 미국을 뒤 흔든 영적부흥이 일어났다.

웨일즈부흥운동에 많은 영향을 받은 인도부흥운동(1905년)도 영적으로 깨어 있던 하나님의 사람들에 의해 시작되었다. 1892년 미국 장로교 선교사 존 하이드(John Hyde)는 인도 북부지역에서 인도의 영적각성운동을 위해 기도를 시작했다. 영국인 워드(R. J. Ward)는 1891년 영국 케직사경회에 참석해 영적각성을 체험하고 자신의 사역지 인도 남부 마드라스(Madras)로 돌아 온 후 인도에서 사역하는 선교사들과 기독교 지도자들 가운데 놀라운 영적각성이 일어나기를 위해 간절히 기도하였다. 인도의 영적각성을 위해 1895년 봄베이에서 첫 달 첫째 토요일을 기도의 날로 정했다. 북부 무수리(Mussoorie)와 인도 오타카문드(Ootacamund)에서 선교사와 교계 지도자들이 대거 참석한 가운데 초교파회의가 열렸다. 1897년부터는 학생자원운동(Student Volunteer Movement)이 인도의 영적각성을 위한 기도를 시작하였으며, 1902년에는 워드 목사가 전개한 각 교단에 속한 선교사들을 위한 기도운동에 800명 이상이 동참했다. 인도에서 사역하는 선교사들은 19세기 말부터 영국, 미국, 호주에 인도지역의 부흥을 위해 기도해 줄 것을 요청하는 기도 서한을 보냈다. 서신을 받고 호주 멜버른 목회자들과 평신도들은 11년 동안 매주 토요일 오후 인도와 전 세계에 부흥운동이 임하게 해달라고 하나님께 기도하기 시작했다. 1899년부터 시카고의 무디 성경학교와 무디교회는 매주 토요일 저녁 전세계의 부흥운동을 위한 기도를 시작했고, 1902년 영국에서 열린 케직사경회 참석자 5천명도 전 세계의 영적각성운동을 위해 가정들이 돌아가며 기도하기로 약속했다. 인도의 영적 부흥을 위해 깨어 기도한 믿음의 사람들에 의해 위대한 부흥운동이 영적부흥이 일어난 것이다.

우리나라도 하나님께 은혜를 입은 사람들에 의해 영적부흥이 일어났다. 우리나라 부흥운동은 원산대부흥운동(1903)부터 시작된다. 하디 선교사(Robert A. Hardie, 1865~1949)는 중국에서 활동하던 남감리교 선교사 화이트(Mary Culler White)와 캐나다 장로교 선교사 맥컬리(Louise Hoard McCully) 두 여선교사의 제안으로 성경공부와 기도회를 개최했다. 하디는 집회를 통해 성령의 감동으로 교만과 죄를 고백했다. 하디의 고백은 집회에 참석한 교인들을 감동시켰다. 교인들은 하나씩 죄를 회개하고, 하나님의 은혜를 사모하였다. 말씀과 기도가 원산을 부흥의 바다로 물들였고, 이후 개성과 평양대부흥으로 확산되었다. 평양대부흥운동은 1907년 1월 14일과 15일 평양 장대현교회에서 열린 평안남도 겨울남자사경회 기간 중 촉발됐다. 목회자와 교인들 1,500명이 모여 사경회를 하는 과정에서 강한 성령의 임재가 있었다. 그들은 서로 회개했다. 외국인 선교사들은 "민족적 우월감에 사로잡혀 한국인을 무시했으니 용서해 달라"고 회개했다. 목회자들은 "나는 양들을 잘 돌보지 못했다"고 고백했다. 성도들도 자신들의 죄를 고백하기 시작했다. 이후 전국을 성령의 물결로 휩쓸었고, 한국과 세계 기독교 역사에서 가장 강력한 성령의 임재와 부흥운동이 되었다. 이후 평양대부흥운동은 백만인구령운동(1909)으로 이어졌다. 하나님의 역사는 항상 은혜를 입은, 성령 충만함을 입은 사람들로부터 시작된다.

노아의 족보(창 6:9-10)

노아의 사적(the generations)은 이러하니라(창 6:9). 사적은 히브리어로 톨레돗(תּוֹלְדֹת)으로 '족보', '자손', '세대' 등의 의미를 지닌다. 창세기는 "X의 대략이 이러하다"라는 관용구는 새로운 단락을 설명할 때 사용되거나 한 사람의 후손들을 설명할 때 자주 나타난다. <표-7>은 창세기의 톨레돗의 쓰임을 보여준다.

〈표-7〉 창세기의 톨레돗

내 용	창세기
• 천지의 창조된 대략(תּוֹלְדֹת)이 이러하니라	2:1
• 아담 자손의 계보(תּוֹלְדֹת)가 이러하니라	5:1
• 노아의 사적(תּוֹלְדֹת)은 이러하니라	6:9
• 노아의 아들 셈, 함, 야벳의 후예(תּוֹלְדֹת)는 이러하니라	10:1
• 이들은 노아 자손의 족속…그 세계(תּוֹלְדֹת)와 나라	10:32
• 셈의 후예(תּוֹלְדֹת)는 이러하니라	11:10
• 데라의 후예(תּוֹלְדֹת)는 이러하니라	11:27
• 이스마엘의 후예(תּוֹלְדֹת)는 이러하고	25:12
• 이스마엘의 아들들의 이름은 그 이름과 그 세대(תּוֹלְדֹת)	25:13
• 아브라함의 아들 이삭의 후예(תּוֹלְדֹת)는 이러하니라	25:19
• 에서 곧 에돔의 대략(תּוֹלְדֹת)이 이러하니라	36: 1
• 야곱의 약전(תּוֹלְדֹת)이 이러하니라	37: 2

그러나 은혜를 입었더라(창 6:8)

창세기 6:1-7절은 하나님의 아들들과 사람의 딸들, 그리고 사람들의 죄악에 대해 기록하지만 "그러나 노아는 여호와께 은혜를 입었더라"(창 6:8)라는 말씀으로 맺는다. 이는 죄의 삯은 죽음이지만(창 6:3, 7), 그 해결은 하나님의 은혜임을 말해 준다(창 6:8).

그렇다면, 죄로 가득한 세상과 대조되는 하나님께 은혜를 입은 노아는 어떤 사람인가? 노아는 의인이요. 그 시대에 완전한 자였다. 또한 그는 하나님과 동행하면서 세 아들 셈, 함, 야벳을 낳았다(창 6:9-10). 노아가 어떻게 그 시대에 의인이요. 완전한 자라 할 수 있는가? 그 이유는 간단하다. 당시, 하나님의 아들들과 사람의 딸들, 네피림과 사람들은 죄로 가득했지만, 노아는 하나님께 은혜를 입었고(창 6:8), 하나님과 동행했기 때문이다(창 6:9b). 하나님께 은혜를 입지 않은 노아, 하나님과 동행하지 않는 노아는 그 당시 사람들과 다를 바 없었을 것이다. 홍수 이후 노아는 포도주를 만들어 마시고, 취하여 벌고 벗고 자는 추태를 보였다(창 9:21). 아비의 하체를 보고 형제들에게 말한 함을 저주까지 했다(창 9:25). 하나님의 은혜 없는 노아는 완전한 자도, 의인도 아닌 연약한 자에 불과했다.

노아에게 사명을 주다(창 6:13-22)

하나님은 회개하지 않는 죄인에게는 사명을 주시지 않는다. 하나님은 은혜를 입은 자에게만 사명을 주신다. 하나님의 사명자(使命者)는 하나님과 동행한다. 더욱이 그리스도인들은 모두가 사명자이다. 예수 그리스도의 구원을 세상에 선포하고, 하나님의 사랑을 전하는 사명자이다. 사명자인 그리스도인들은 죄악으로 가득한 세상에 빛과 소금이다. 그리스도인은 죄로 어두워진 세상에 예수 그리스도의 구원과 하나님의 사랑을 전하는 빛이다. 그리스도인은 세상이 죄악으로 썩지 않게 하는 방부제 역할을 하는 소금이다. 음식에 1-2%만 들어가도 맛을 내는 소금처럼, 그리스도인은 죄악으로 맛을 잃어버린 세상에 예수 그리스도께서 주시는 은혜의 맛, 구원의 맛, 하나님의 공의와 사랑의 맛, 치유와 회복의 맛을 내는 소금이다(마 5:13-14).

하나님은 죄악의 시대에 의인이요. 완전한자요. 하나님과 동행하는 한 사람 노아에게 관심을 기울이셨다. 인류 역사에 가장 중요한 역사를 한 페이지를 노아가 열어간다. 하나님은 노아에게 방주(ark)를 만들어 혈육(血肉) 있는 생물들을 구원할 것을 언약하셨다. 노아는 구원의 사명을 부여받았다.

창 6장: 대칭적 구조

창세기 6장은 대칭적 구조를 담고 있다.

A. 노아 당시 죄악으로 가득한 세상(차 6:1-5)
B. 죄로 인한 하나님의 심판 계획(창 6:6-7)
C. 은혜입고, 의인, 완전한 자, 동행한 노아(창 6:8-9)
A' 노아 당시 죄악으로 가득한 세상(창 6:11-13a)
B' 죄로 인한 하나님의 심판 계획(창 6:13b)
C' 노아 방주를 통한 구원(창 6:14-22)

A. 하나님은 노아 시대의 사람들과 그 죄악 됨을 설명했다(창 6:1-5). **B.** 그들의 죄 때문에 사람을 지으심을 한탄하시고, 마음에 근심하신 결과 창조한 사람을 지면에서 쓸어버리되 사람으로부터 육축(六畜)과 기는 것과 공중의 새까지 그렇게 하실 것을 작정하셨다(창 6:6-7). 그러나 **C.** 그 시대에 구원 받을 만한 사람이 등장한다. 노아는 의인이요. 완전한 자요. 하나님과 동행한 사람이다. 구원은 노아 때문이 아니라 하나님께 은혜를 입고, 의인으로, 완전한 자로 인정하신 하나님께서 그와 동행했기 때문에 시작된다. **A'**는 노아와 그의 족보를 설명한 뒤(창 6:9-10), 당시 죄악으로 가득한 사람들에 대해 설명한다. 노아 시대 온 땅은 하나님 앞에서 패괴(敗壞)하였다(창 6:12). '패괴' 라는 히브리어는 솨하트(שחת)로 '부패하다', '썩다',

'파괴하다' 라는 의미이다. 당시 하나님의 아들들, 사람의 딸들, 사람들, 네피림, 용사들 모두가 성적 타락, 결혼질서 파괴, 마음으로 생각하는 모든 계획까지 악으로 가득한 그들을 향해 "썩었다"(창 6:12)라고 정의한다. 땅에는 혈육 있는 자의 포악(강포)이 가득했다(창 6:13a). **B'**는 이러한 죄악 때문에 하나님은 "내가 그들을 땅과 함께 멸하리라"고 선포 하신다(창 6:14b). **C'**는 하나님께서 노아에게 잣나무(고페르 나무)로 방주를 만들 것을 말씀하시고, 홍수를 일으킬 때 방주에 타는 생명은 살려줄 것을 언약 하신다(창 6:14-22).

방주 설계도(창 6:14-16)

하나님은 노아에게 방주를 통해 구원케 하심을 말씀하신다. 하나님은 노아에게 "너는 고페르 나무(עֲצֵי־גֹפֶר)로 너를 위하여 방주(테바 תֵּבָה)를 만들되 그 안에 칸들(방들)을 막고 역청(瀝靑, pitch)을 그 안팎을 칠하라"고 명하신다(창 6:14). 개역성경은 '잣나무' 로, 개정개역과 영어 성경은 '고페르 나무' (gopher wood)라고 번역했다. 고페르 나무는 본문 외에 기록이 없다. 그러므로 고페르 나무가 어떤 나무인지는 정확히 알 수 없다. 방주는 오직 홍수 기사와 모세를 넣은 갈대상자에만 기록된다(출 2:3, 5). 하나님은 고페르 나무로 거대한 방주(ark)를 만들고, 역청을 발라 방수(防水) 효과를 가져 오도록 하셨다.

하나님의 노아에게 방주 설계도를 직접 주셨다(성막과 그와 관련된 모든 도구들을 직접 설계해 주신 것처럼). 노아가 만들 방주는 길이 300 규빗[17](약135m),

---

17) 규빗(Cubit)은 고대부터 사용된 측정 단위로 여러 나라에서 사용되었다. 약 B.C 2,700년부터 이집트에서 사용된 로얄 규빗(the royal cubit)은 신비스럽고, 가장 유명한 측정 자 중에 하나로 피라미드의 수치를 잴 때 사용되었다. 길이는 52.3~52.5cm이다. 니프루(Nippur)에서 발굴된 B.C 2,650년 전의 동합금 막대(copper-alloy bar)는 1916 오스만 제국(Ottoman Empire)까지 사용되었는데 그 길이는 51.85cm

높이 30 규빗(약 13m), 너비 50 규빗(약 23m)이다(창 6:15). 규빗(아마 אַמָּה)은 어른 팔꿈치부터 손가락 끝까지로 약 45cm의 정도이다. 방주에는 창문을 만들어야 하는데 방주 지붕에는 1규빗 창문을 내야하고, 방주 옆으로 상, 중, 하. 세 층으로 만들어야 한다(창 6:16). 방주는 3층으로 구성된 거대한 배였다. <그림-5>은 규빗(팔꿈치부터 손가락 끝), <사진-4>는 가장 유명한 52Cm 크기인 고대 이집트인들의 규빗 자이다.

〈그림-5〉 규빗(cubit)

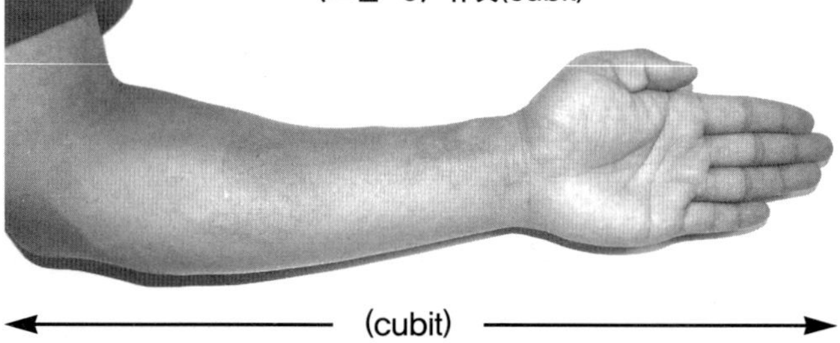

〈사진-4〉 이집트 규빗 자

이다. 로마의 규빗의 44.45cm이고, 아랍의 하시니 규빗(the Arabic Hashimi cubit)의 길이는 65.02cm이다. 가드 규빗(The guard cubit)은 55.56cm이고, 메소포타미아 규빗(The Mesopotamian cubit)은 53.34cm, 바벨로니아 규빗(The Babylonian cubit)은 49.61cm, 고대 파르가몬 도시의 규빗(The Pergamon cubit)은 52.09cm, 페르시아의 규빗(the Persian cubit)은 약 50.01cm이다. 성경에서 규빗의 사용은 노아의 방주(창 6:15)에서 처음 사용되고, 언약궤(출 25:10), 법궤(출 38:1), 골리앗(삼상 17:4), 솔로몬의 성전(왕상 6:2) 등에서 길이를 측정하는 단위로 사용되었다. 고대 이스라엘(ancient Israel) 규빗은 솔로몬 성전 시대(First Temple period)에는 42.81cm였고, 제2성전 시대(Second Temple period)에는 약 44.45cm였다.

방주: 구원의 언약(창 6:17-22)

하나님은 "내가 홍수를 땅에 일으켜 무릇 생명의 기운이 있는 모든 육체를 천하에서 멸절하리니 땅에 있는 것들이 다 죽으리라"고 말씀하셨다(창 6:17). 인간의 죄의 결과는 죽임이다. 그러나 하나님께 은혜를 입고, 의인이요. 하나님과 동행을 한 노아는 구원을 얻었다. 하나님은 "그러나 너와는 내가 내 언약을 세우리니 너는 네 아들들과 네 아내와 네 며느리들과 함께 그 방주로 들어가"라고 말씀 하셨다(창 6:18). 여호와 하나님은 노아와 "내 언약"(브리티 בְּרִיתִי)을 세울 것이라 말씀하셨다. 언약은 하나님께서 베푸시는 영원히 변함없는 약속이다. 하나님은 노아에게 언약을 베푸셨다. 그 내용은 노아와 아내, 세 아들과 며느리들이 함께 방주에 들어갈 수 있도록 하신 것이다. 방주에 들어간다는 것은 땅에서 죽음을 당하지 않고, 구원 받는 것이다. 하나님은 노아와 가족뿐 아니라 노아 때문에 "혈육 있는 모든 생물을 너는 각기 암수 한 쌍씩 방주로 이끌어 들여 너와 함께 생명을 보존하게 하되 새가 그 종류대로, 가축이 그 종류대로, 땅에 기는 모든 것이 그 종류대로 각기 둘씩 네게로 나아오리니 그 생명을 보존하게 하라"고 말씀하셨다(창 6:19-20). 노아 때문에 그의 가족과 모든 동물들이 생명을 보존할 수 있었다. 노아는 방주를 만들고, 하나님은 방주로 동물들을 이끌어 오셨다. 하나님은 방주에서 노아와 가족, 동물들이 먹을 양식을 준비하라 말씀하셨다(창 6:21). 노아는 하나님께서 명령하신 모든 것을 준비하고, 실행했다(창 6:22).

창세기 7장

방주로 들어가라(창 7:1-24)

하나님은 노아에게 말씀하셨다. "너와 네 온 집은 방주로 들어가라. 이 세대에서 네가 내 앞에 의로움을 내가 보았음이니라"(창 7:1). 노아는 하나님 앞에 의로웠기 때문에 구원 받았다. 하나님은 노아에게 방주로 들어가라 말씀하셨다. 하나님은 죄인들을 심판하시나 의인은 구원하신다. 하나님은 노아에게 "너는 모든 정결한 짐승은 암수 일곱씩, 부정한 것은 암수 둘씩을 네게로 데려오며 공중의 새도 암수 일곱씩을 데려와 그 씨를 온 지면에 유전하게 하라"고 말씀하셨다(창 6: 2-3). 하나님은 노아와 그 가족, 정결한 짐승은 암수 7쌍, 부정한 것은 암수 2쌍, 공중의 새 7쌍씩 방주에 실어 그 씨를 땅에서 계속 유지하게 하셨다. 하나님은 7일 이후 40 주야를 땅에 비를 내려 그가 지은 모든 생물을 지면에서 쓸어버릴 것이라 하셨다(창 7:4). 노아는 여호와께서 자기에게 명하신 대로 다 준행하였다(창 7:5).

홍수가 있을 때 노아의 나이는 600세였다(창 7:6). 노아는 아내와 아들 셈, 함, 야벳과 며느리들과 함께 방주 안으로 들어갔다(창 7:7, 13). 또한 정결한 짐승과 부정한 짐승과 새와 땅에 기는 모든 것들도 방주로 들어갔다(창 7:8-9, 14-15). 노아는 가족과 하나님께서 인도하신 동물들이 방주에 들어간 것을 보았다. 마지막으로 여호와께서 노아를 들여보내고 문을 닫으셨다(창 7:16). 7일 후 하나님께서 약속하신대로 홍수가 땅에 덮이기 시작했다(창 7:10). 이때는 노아가 600세 되던 해 2월 17일이었다(창 7:11). 홍수가 시작되던 날에 땅에는 큰 깊음의 샘들이 터지며 하늘의 창문들이 열려 40 주야를 비가 땅에 쏟아졌다(창 7:11b-12). 홍수는 땅에 40일 동안 계속 내렸다(창 7:17). 물이 많아져 방주가 땅에서 떠올랐다. 물이 더 많아져 땅에 넘쳐 방주가 물 위에 떠 다녔다. 비는 계속되어 천하의 높은 산들이 다 잠기게 되었고, 그 위로 15 규빗(약 6m 70cm)이나 더 차올랐다(창 7:17-20). 홍수로 땅에 있는 모든 사람과 숨을 쉬는 동물들은 죽었다(창 7: 21-22). 죄악으로 가득한 세상 때문에 "내가 창조한 사람을 내가 지면에서 쓸어버리되 사람으로부터 가축과 기는 것과 공중의 새까지 그리하리라"(창 6:7)는 하나님의 계획은 완전히 성취되었다(창 7:23a). 홍수에서 살아난 자들은 방주에 탄 노아와 가족, 그리고 동물들이었다(창 7:23). 물은 150일 동안 온 땅을 뒤 덮고 있었다(창 7:24). <그림-6>은 홍수 이후 궁창 사이의 물이 존재하지 않음으로 보여준다.

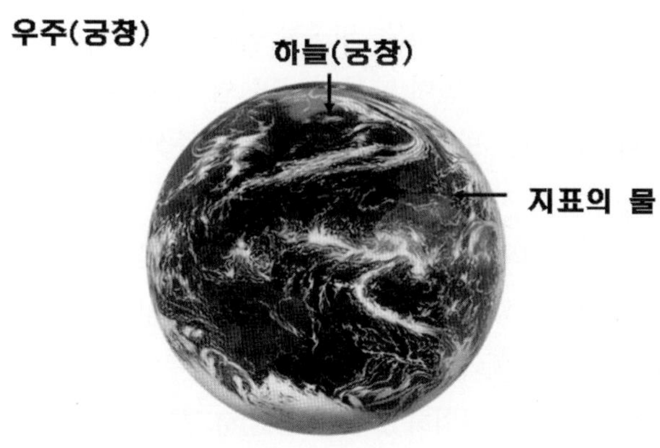

"…그 날에 큰 깊음의 샘들이 터지며 하늘의 창문들이 열려 사십 주야를 비가 땅에 쏟아졌더라"(창 7:11-12).

〈그림-6〉 홍수 이후의 궁창 사이 물층 변화

창세기 8장

홍수의 물이 감하다(창 8:1-14)

하나님은 온 땅을 휩쓸고, 뒤 덮는 홍수 가운데서 방주를 안전하게 지켜 주셨다. 만일, 하나님의 보호하는 손길이 없었다면, 거대한 홍수 때문에 작은 방주는 산산이 부서져 흔적조차 사라졌을 것이다. 비록, 홍수에 떠 있었다 해도 홍수의 거대한 파도는 방주를 흔들었을 것이고, 방주 안에 탔던 노아와 가족, 동물들은 멀미 때문에, 흔들림 때문에 모두 죽고 말았을 것이다. 그러나 하나님은 방주를 안전하게 지켜 주셨다. 하나님은 구원 받은 백성들을 안전하게 지켜 주신다.

하나님은 노아와 그와 함께 방주에 있는 모든 들짐승과 가축을 기억하셨다. '기억하셨다' 는 히브리어 자카르(זכר)로 '기억하다', '생각하다' 라는 의미로 하나님의 은혜와 구원을 베푸실 때 자주 사용한다. 하나님께서 노아에게 베푸신 언약을 기억하셨다(창 9:15-16), 롯이 거하는 성을 멸하기 전 아브라함을 생각하시고 롯을 구원하셨다(창 19:29). 라헬을 생각하시고 태를 열어 주셔서 아들을 임신하게 하셨다(창 30:22). 애굽에서 고역으로 인해 부르짖는 이스라엘 백성을 기억하셨다(출 2:24). 모세는 하나님께 주의 종 아브라함과 이삭과 이스라엘을 기억해 달라 기도했다(출 32:13).

하나님은 방주 안에 있는 노아와 동물들을 기억하시고, 바람을 땅 위에 불게 하여 물이 줄어들도록 하셨다(창 8:1). 깊음의 샘과 하늘의 창문이 닫히고, 하늘에서 비가 그쳐 물이 점점 물러가 150일 후 물이 줄어들었다(창 8:2-3). 노아의 600세 10월 17일에 방주가 아라랏 산(Mt. Ararat)에 머물렀다(창 8:4). 현재, 아라랏 산은 터키 · 이란 · 아르메니아에 걸쳐 있다. 아라랏 산은 해발 5,137m로 만년설로 뒤덮여 있다. 홍수가 사라지면서 방주는 아라랏 산에 머물렀다.

현재까지 노아 방주를 찾고자 하는 노력은 계속되고 있고, 많은 추측과 결과들을 가져왔다. 그러나 정확한 위치나 고고학적 증거들은 찾지 못하고 있다. 노아 홍수에 관한 과학적 증거, 논문 및 지지에 대한 글들은 한국창조과학협회(www.creation.or.kr)에서 도움을 얻을 수 있다. <사진-5>은 현재 아라랏 산의 전경이고, <사진-6>은 논란의 여지가 많지만 아라랏 산에 정착한 방주의 흔적으로 추정되는 곳 중 하나로 노아 방주의 정착을 상상해 볼 수 있는 좋은 지역이다. <그림-6>은 방주의 모형도 <사진-7>는 아라랏 산에 설치된 방주 모형 배이다.

〈사진-5〉 아라랏산 전경

〈사진-6〉 아라랏산의 방주 추정 지역

〈그림-7〉 방주의 모형도

물은 점점 줄어들었다. 노아 600세 10월 1일에 산들의 봉우리가 보였다(창 8:5). 40일이 지나 노아는 창문을 열고, 까마귀를 밖으로 날려 보냈다. 까마귀는 땅이 마르기까지 왕래하였다(창 8: 6-7). 노아는 물이 줄어들었는지 확인하고자 비둘기를 내 보냈다. 그러나 아직 온 땅에 물이 마르지 않았기 때문에 비둘기는 발을 붙일 곳을 찾지 못해 방주로 돌아왔다(창 8:8-9). 7일

〈사진-7〉 아라랏 산에 설치된 방주 모형 배

후에 다시 밖으로 보냈는데 비둘기는 입에 올리브 나무(감람나무) 새 잎사귀를 물고 들어왔다. 노아는 땅에 물이 줄어 든 것을 알게 되었다(창 8:10-11). 7일 후에 비둘기를 밖으로 보냈는데 다시 돌아오지 않았다(창 8:12). 노아 601세 1월 1일에 땅 위에서 물이 걷히게 되었다(창 8:13). 노아는 방주 뚜껑을 열고, 물이 걷힌 것을 확인하였다. 2월 27일에 땅이 말랐다(창 8:14).

홍수와 노아의 나이

홍수의 날짜는 노아의 나이를 기준으로 삼았다. 노아는 이제 새로운 역사의 중심이 되었다. 역사는 왕이나 중요 인물을 중심으로 기록된다. 그래서 왕의 즉위(卽位) 년도는 역사 기록의 중요한 기준점이 된다.

> "유다의 왕 여호야긴이 사로잡혀 간 지 삼십칠 년 곧 바벨론의 왕 에윌므로닥이 즉위한 원년 십이월 그 달 이십칠일에 유다의 왕 여호야긴을

옥에서 내놓아 그 머리를 들게 하고"(왕하 25:27)

"바사 왕 고레스 원년에 여호와께서 예레미야의 입으로 하신 말씀을 응하게 하시려고 바사 왕 고레스의 마음을 감동시키시매 저가 온 나라에 공포도 하고 조서도 내려 가로되"(대하 26:22)

"바사 왕 고레스 원년에 여호와께서 예레미야의 입을 통하여 하신 말씀을 이루게 하시려고"(스 1:1)

"하가랴의 아들 느헤미야의 말이라 아닥사스다 왕 제이십년 기슬르월에 내가 수산 궁에 있는데"(느 1:1)

"아하수에로 왕의 제칠년 시월 곧 데벳월에 에스더가 왕궁에 인도되어 들어가서 왕 앞에 나가니"(에 2:16)

홍수 사건은 홍수가 시작 될 때 노아의 나이 600세를 기준하여 서술된다. 역사는 진실임을 증명하기 위해 사건의 정확한 시간을 기록해야 한다. 홍수의 기록은 역사적 사실이기 때문에 홍수 진행 사항들을 정확한 시간 순서에 따라 기록한다. <표-8>은 홍수의 일정을 보여준다.

한자로 보는 창조와 노아 홍수

1979년 C. H. Kang 선교사와 치과의사인 Nelson의 공저인 『한자에 담긴 창세기의 발견』(*The Discovery of Genesis*)이란 책은 한자를 통해 창조와 노아 홍수에 대한 훌륭한 증거들을 보여주었다. 이후 1994년에 당나라 시대의 기와나 청동유적에서 발견된 문자들을 중심으로 다시 편찬된 『창세기와 공자가 풀 수 없었던 수수께끼』(*Genesis and The Mystery Confucius Couldn't Solve*)에서 고대 상형문자를 통해 창세기에 나타나는 창조와 노아홍수의 더 자세히 설명했다.

그들의 주장은 첫째, 역사적인 면에서 한자의 발생이 B.C 2,500년 경

〈표-8〉 홍수의 일정

노아의 나이			내 용	성 경
년	월	일		
600	2	10	홍수 예고	7:4
600	2	17	홍수 시작	7:11
600	3	27	홍수 40일 후 끝남	7:12
600	7	17	150일 후 물이 불었다가 줄어 둠	8:4
600	10	1	산봉우리 보임	8:5
600	11	10	40일 후. 까마귀 내 보냄. 왕래. 이후 비둘기 첫 번째 보냄.	8:6
600	11	24	비둘기 두 번째 보냄. 감람나무(올리브) 새(갓 딴) 잎사귀 가져옴	8:10
600	12	1	비둘기 세 번째 보냄. 다시 돌아오지 않음	8:12
601	1	1	물이 걷힘	8:13
601	2	27	방주에서 나옴	8:14

으로 바벨탑 사건의 연대 B.C 2,218년과 비슷하다는 것이다. 하나님은 바벨탑 사건으로 하나였던 언어를 혼잡케 하여 사람들을 전 세계로 흩어지게 했다. 그 때 한족(漢族) 또한 시날 평지에서 중국으로 오게 되었다. 둘째, 한자의 의미를 볼 때, B.C. 5세기 경에 유행했던 도교나 유교와 B.C. 1세기에 전해졌던 불교의 영향보다 하나님의 창조와 노아 홍수의 의미, 하나님에 대한 지식과 이미지를 많이 가지고 있었다. 그래서 한자를 만들 때 그 의미들을 포함하는 문자들을 만들었다. 한자는 뜻과 의미를 담고 있는 표의문자(表意文字)에 하나님과 창조, 노아 홍수와 같은 내용들을 담고 있는 한자들이 많이 있다. 셋째, 중국에 구전(口傳)으로 내려온 홍수 설화에서 대홍수를 이겨낸 '누아'의 후손이 중국인이라고 본다. 노아의 히브리어 이름은 노하(נֹחַ)이다.

그렇다면, 창세기에 관련된 한자들은 어떤 것이 있을까? 첫째, 하나님과 관련된 한자들 중 대표적으로 발음이 비슷한 세 단어가 있는데 神(Shen), 上帝(shang Ti), 聖靈(Sheng Ling)이다. 특별히 상제는 Shangdai라고 발음되는데 창세기 17:1절 '나는 전능하신 하나님'(아니 엘 샤다이 אֲנִי־אֵל שַׁדַּי), 시편 91:1(베젤 샤다이 בְּצֵל שַׁדַּי)에 쓰인 하나님의 이름 (Shadai שַׁדַּי)와 원어상의 발음이 비슷하다. 이 세 문자 Shang(上), Shen(神), sheng(聖)은 모두 한 어원인 "Shaddai"에 뿌리를 두고 있다.

둘째, 창세기와 관련된 한자를 구체적으로 보자. 田(밭 전)는 네 개의 강(十)이 흐르는 동산(口)이다. 이는 에덴동산과 관련된다(창 2 :10-14). 아담은 에덴동산(田)에서 선악을 알게 하는 나무의 실과를 먹은 불순종의 죄 때문에 수고하고, 얼굴에 땀이 흘러야 식물을 먹을 수 있었다. 그렇기 때문에 男(사내 남) 즉 아담은 밭에서(田) 힘쓰고 수고하는 힘(力)을 써야 하는 사람이다. 禁(금할 금)은 하나님(示)께서 아담에게 두 나무(林)에 대해 명하신 내용을 담고 있다. 두 나무는 첫째, 선악을 알게 하는 나무의 실과(창 2:17)과 아담과 하와가 에덴에서 쫓겨날 때 생명나무를 먹지 못하도록 금했다(창 3:24). 安(편안 안)은 갓머리(宀) 곧 집에 여자(女)가 있을 때 평안한 것이다. 하나님은 홀로 있는 아담을 위해 돕는 베필인 여자를 아담에게 주어 가정을 이루어 완전하고, 평안한 가정을 이루게 하셨다(창 2:18, 21-25). 完(완전 완)도 하나님께서 아담과 하와 두(二) 사람(人)으로 인류를 시작하셨기 때문에 완전한 것이다. 義(옳을 의)는 의가 무엇인가를 보여준다. 곧 내가(我: 나 아) 어린양(羊)으로 오신 예수 그리스도 밑으로 겸손히 낮아져야 옳은 것, 즉 의(義)가 되는 것이다. 노아 홍수와 관련된 대표적인 한자는 沿(떠 내려 갈 연)이 있는데, 여덟(八) 사람(人)이 물(氵물 수) 즉 홍수에 떠내려 가는 노아 가족을 의미한다. 穴(굴 혈)은 방주에서 내려 온 노아의 여덟(八) 가족이 한 가정, 한 지붕(宀) 밑에서 살았음을 보여 준다. 空(빌 공)은 동굴(穴)에 있는 노아의 여덟 사람들이 일(工) 함을 나타낸다. 이 외에도 많은 한자들이 창조와 노아 홍수에 관련한 의미를 담고 있다.

방주에서 나오다(창 8:15-22)

하나님은 방주에 있는 노아에게 말씀하셨다.

> "너는 네 아내와 네 아들들과 네 며느리들과 함께 방주에서 나오고 너와 함께 한 모든 혈육 있는 생물 곧 새와 가축과 땅에 기는 모든 것을 다 이끌어내라 이것들이 땅에서 생육하고 땅에서 번성하리라"(창 8:16-17).

하나님의 창조 목적은 인간과 생물들이 땅에서 생육하고, 번성하여, 땅에 충만해 지는 것이었다(창 1:22). 모든 생명체가 홍수로 죽은 땅에서, 하나님은 또다시 창조목적을 이루실 것을 말씀하셨다. 인간에겐 실패가 있어도 하나님은 결코 없다. 하나님의 명령을 들은 노아는 가족들과 모든 짐승, 기는 것, 새들을 데리고 방주에서 나왔다(창 8:18-19).

제사를 드린 노아(창 8:20-22)

땅에 내린 노아는 여호와께 제단을 쌓고 모든 정결한 짐승과 모든 정결한 새 중에서 제물을 취하여 번제로 드렸다. 하나님은 노아가 드린 제사의 향기를 받으셨다(창 8:20-21a). 가인과 아벨의 제사와 마찬가지로, 노아는 하나님께 제사를 드렸다. 노아 홍수 전 노아와 당시 타락한 사람들이 하나님께 제사를 드렸다는 기록은 없다. 하지만 홍수 이후 노아는 제물을 번제(올라 עֹלָה)로 드렸다. 번제에 대한 첫 번째 기록이다. 번제(whole burnt offering)는 제물을 태워서 하나님께 드리는 제사 방법이다(레 1:1-17; 6:8-13). 하나님께 드리는 제물은 정결해야 한다. 정결한 짐승에 관한 규정은 레위기 11장과 신명기 14장에 있다. 노아는 하나님께 정결한 짐승과 새를 번제로 온전한 제사를 드렸다. 하나님은 번제를 흠향(歆饗)하시고, 마음속으로 생각하셨다.

> "내가 다시는 사람으로 말미암아 땅을 저주하지 아니하리니 이는 사람의 마음이 계획하는 바가 어려서부터 악함이라 내가 전에 행한 것 같이 모든 생물을 다시 멸하지 아니하리니 땅이 있을 동안에는 심음과 거둠과 추위와 더위와 여름과 겨울과 낮과 밤이 쉬지 아니하리라"(창 8:21-22)

땅은 아담의 죄 때문에 처음 저주를 받았다(창 3:17). 아담은 무죄(無罪) 상태에서 선악과를 먹는 원죄(原罪)를 지었다. 아담은 땅을 다스리고, 관리하고, 경작해야 할 청지기였다. 땅과 아담은 운명공동체였다. 아담의 범죄는 아름다운 땅이 엉겅퀴와 가시덤불이 나는 척박한 땅으로 저주 받게 되었다. 그러나 노아 시대에는 모든 사람들이 죄악으로 가득했다. 그들의 죄 때문에 땅을 주저한다면, 땅은 더 이상 땅으로 존재할 가치가 없어질 것이다. 하나님은 사람의 마음이 계획하는 바가 어려서부터 악하기 때문에 땅을 저주 하지 않기로 작정하셨다. 하나님은 노아의 번제를 받으시고, 다시는 사람 때문에 땅을 저주 하지 않겠다고 결심하셨다. 그러나 놀랍게도 하나님의 결심은 라멕의 기도 응답으로 나타난다. 라멕은 아들의 이름을 '노아'라 이름 지을 때 땅의 저주 문제에 대한 소원을 가지고 있었다.

> "라멕은 182세에 아들을 낳고 이름을 노아라 하여 이르되 여호와께서 땅을 저주하시므로 수고롭게 일하는 우리를 이 아들이 안위하리라 하였더라"(창 5:28-29).

노아(נֹחַ)의 뜻은 '안위'(安慰), '안식'이라는 의미를 가진다. 노아의 이름 뜻대로 하나님은 노아로 세상에 안식을 주셨다. 하나님은 아담의 죄 때문에 땅을 저주하셨고(창 3:17), 그 때문에 사람들은 수고롭게 일하게 되었다. 그러나 노아로 인해 땅은 안식을 찾게 되었다. 또한 하나님은 전에 행한 것처럼 생물을 멸하지 않기로 작정하셨다(창 8:21).

노아 홍수 이후에도 계속되는 자연법칙이 있다. 하나님은 땅이 있는 동안에 심음(파종)과 거둠(추수), 추위와 더위, 여름과 겨울, 낮과 밤이 쉬지 않을 것이라 말씀하셨다(창 8:22). 홍수 이전과 이후는 자연환경의 많은 변화가 있었지만, 자연법칙은 변하지 않았다.

창세기 9장

다시 주신 창조명령(창 9:1-3)

하나님은 노아와 그 아들들에게 복을 주시며 그들에게 말씀하셨다.

> "생육하고 번성하여 땅에 충만하라 땅의 모든 짐승과 공중의 모든 새와 땅에 기는 모든 것과 바다의 모든 물고기가 너희를 두려워하며 너희를 무서워하리니 이것들은 너희의 손에 붙였음이니라"(창 9:1b-2).

> "모든 산 동물은 너희의 먹을 것이 될지라 채소 같이 내가 이것을 다 너희에게 주노라 그러나 고기를 그 생명 되는 피째 먹지 말 것이니라 내가 반드시 너희의 피 곧 너희의 생명의 피를 찾으리니 짐승이면 그 짐승에게서, 사람이나 사람의 형제면 그에게서 그의 생명을 찾으리라 다른 사람의 피를 흘리면 그 사람의 피도 흘릴 것이니 이는 하나님이 자기 형상대로 사람을 지으셨음이니라"(창 9:3-6).

> "너희는 생육하고 번성하며 땅에 가득하여 그 중에서 번성하라 하셨더라"(창 9:7).

하나님은 방주에서 나온 노아와 그 가족들에게 복을 주시며, 생육하고, 번성하라는 말씀을 주셨다. 이는 창조의 명령과 같다. 또한 그들에게 음식

〈표-9〉 창조명령

창조 후		
복 주시며(יְבָרֵךְ)		창세기 1:22-22
대상	• 큰 물고기, 수생생물, 날개 있는 모든 새	
내용	• 생육하고 번성하여 여러 바다 물에 충만하라 • 새들도 땅에 번성하라.	
복 주시며(יְבָרֵךְ)		창세기 1:28-29
대상	• 인간(남자와 여자)	
내용	• 생육하고, 번성하여 땅에 충만하라 • 바다의 고기와 공중의 새와 땅에 움직이는 모든 생물을 다스리라.	
음식	• 온 지면의 씨 맺는 모든 채소와 씨 가진 열매 맺는 모든 나무는 너희 음식이 된다.	
대상	• 땅의 모든 짐승, 공중의 모든 새, 생명 있어 땅에 기는 모든 것	창세기 1:30
음식	• 모든 푸른 풀을 음식이 된다.	

〈표-10〉 홍수명령

홍수 후		
대상	• 새, 육축, 땅에 기는 모든 것	창세기 8:17
내용	• 땅에서 생육하고 땅에서 번성하리라.	
복 주시며(יְבָרֵךְ)		창세기 9:1-3,7
대상	• 인간(노아와 그 아들들)	
내용	• 생육하고, 번성하여 땅에 충만하라 • 땅의 모든 짐승과 공중의 모든 새와 땅에 기는 모든 것과 바다의 모든 고기가 너희를 두려워하며 너희를 무서워하다. 왜냐하면, 이들을 너희 손에 붙였기 때문이다. • 생육하고, 번성하며 땅에 편만하여 그 중에서 번성하라	
음식	• 산 동물은 너희 음식이 될 것이다.	

을 더해 주셨다. 이 둘을 다음 <표-9>과 <표-10>와 같이 비교해 볼 수 있다.

하나님은 창조 때와 동일하게 홍수 이후 노아와 그 아들들에게 명령하신다. 하나님의 창조계획은 그들을 통해 계속 이뤄진다.

음식: 식물에서 동물로(창 9:3-6)

홍수는 인간에게 자연환경의 변화와 함께 음식에도 큰 변화를 주었다. 하나님은 창조 때 인간에게 씨 맺는 모든 채소와 씨 가진 열매 맺는 모든 나무를 음식으로 주었다(창 1:29). 물론, 하늘의 새와 땅의 짐승들은 모든 푸른 풀이 그들의 음식이었다(창 1:30). 그러나 홍수 이후 하나님은 사람에게 채소와 함께 '모든 산 동물'을 먹을 수 있도록 하셨다(창 9:3). 아마도 홍수로 인한 자연환경의 변화는 사람이 더 이상 채소와 과일만을 먹고 살기에 부적합했기 때문일 것이다.

살아 있는 모든 동물을 먹도록 허락되었지만, 예외 조항이 있다. 고기는 피 채 먹지 말아야 한다(창 9:4). 이를 어기면, 하나님은 "내가 반드시 너희의 피 곧 너희의 생명의 피를 찾으리니 짐승이면 그 짐승에게서, 사람이나 사람의 형제면 그에게서 그의 생명을 찾으리라"고 말씀하셨다(창 9:5). 하나님은 이 말씀을 모세를 통해 율법으로 제정하셨다.

> "모든 생물은 그 피가 생명과 일체라 그러므로 내가 이스라엘 자손에게 이르기를 너희는 어떤 육체의 피든지 먹지 말라 하였나니 모든 육체의 생명은 그것의 피인즉 그 피를 먹는 모든 자는 끊어지리라"(레 17:14).

> "너희는 무엇이든지 피째 먹지 말며 점을 치지 말며 술법을 행하지 말며"(레 19:26).

> "다만 크게 삼가서 그 피는 먹지 말라 피는 그 생명인즉 네가 그 생명을 고기와 함께 먹지 못하리니 너는 그것을 먹지 말고 물 같이 땅에

쏟으라 너는 피를 먹지 말라 네가 이같이 여호와께서 의롭게 여기시는 일을 행하면 너와 네 후손이 복을 누리리라"(신 12:23-25).

고기와 피를 함께 먹으면, 짐승이면 그 짐승에게서 그 생명을 찾고, 사람이나 사람의 형제면 그에게서 그의 생명을 찾을 것이라 말씀하셨다(창 9:5). 더욱이 다른 사람의 피를 흘리면 그 사람의 피도 흘리게 될 것이다. 왜냐하면, 하나님이 자기 형상대로 사람을 지으셨기 때문이다(창 9:10). 모든 생명체에게 피는 곧 생명이다. 홍수 이후 동물을 음식으로 주셨지만, 생명을 존중해 육식을 피와 함께 먹지 말 것을 명령하셨다. 율법은 타인의 피는 흘려서는 안 된다고 명령했다.

"네 성중에서 서로 피를 흘렸거나 다투었거나 구타하였거나 서로 간에 고소하여 네가 판결하기 어려운 일이 생기거든 너는 일어나 네 하나님 여호와께서 택하실 곳으로 올라가서"(신 17:8)

"네 하나님 여호와께서 네게 기업으로 주시는 땅에서 무죄한 피를 흘리지 말라 이같이 하면 그의 피가 네게로 돌아가지 아니하리라"(신 19:10).

"네 눈이 그를 긍휼히 여기지 말고 무죄한 피를 흘린 죄를 이스라엘에서 제하라 그리하면 네게 복이 있으리라"(신 19:13).

사람은 사람의 생명에 대해 유해(有害)를 가해서는 안 된다. 왜냐하면, 사람은 하나님의 형상과 모양으로 창조되었기 때문이다(창 9:6). 피를 흘려 사람을 상해(傷害)하면, 하나님의 형상을 파괴하는 행위가 된다. 인간은 하나님의 형상과 모양으로 창조된 하나님의 걸작품이기 때문에 사람의 피를 흘리게 하는 것은 하나님의 창조 행위를 파괴하는 결과가 된다.

무지개 언약: 하나님의 구원의 손길(창 9:8-17)

하나님은 노아와 그 아들들에게 말씀하셨다.

> "내가 내 언약을 너희와 너희 후손과 너희와 함께 한 모든 생물 곧 너희와 함께 한 새와 가축과 땅의 모든 생물에게 세우리니 방주에서 나온 모든 것 곧 땅의 모든 짐승에게니라. 내가 너희와 언약을 세우리니 다시는 모든 생물을 홍수로 멸하지 아니할 것이라 땅을 멸할 홍수가 다시 있지 아니하리라"(창 9:9-11).

하나님은 "내 언약"(브리티 בְּרִיתִי)이라 말씀하신다. 언약의 주체는 하나님이다. 하나님은 노아와 아들들뿐 아니라 "너희 후손"과 "너희와 함께 한 모든 생물"들에게까지 언약을 베푸신다. 하나님은 다시는 홍수로 생물을 멸하지 않을 것과 땅을 멸할 홍수가 다시는 있지 않을 것을 언약하셨다(창 9:11).

여기에서 많은 사람들은 의문을 가질 것이다. 현재까지 홍수는 계속되지 않는가? 전 세계는 해마다 찾아오는 홍수 때문에 수많은 이재민들과 목숨을 잃는 사람들이 있지 않는가? 그렇다면, 하나님은 거짓 약속을 한 것이 아닌가? 대답은 간단하다. 하나님께서 말씀하시는 홍수는 온 세상을 물로 덮어 생명을 멸했던 노아 때 홍수와 같은 홍수를 말씀하시기 때문이다. 지구 온난화로 인해 남극과 북극의 빙하가 녹아 세상을 덮는다 해도 하나님께서 말씀하시는 홍수 심판은 아니다. 왜냐하면, 남극과 북극의 빙하가 다 녹는다 해도 지구 전체를 덮을 수 없기 때문이다.

하나님은 언약을 베푸시고, "내가 나와 너희와 및 너희와 함께 하는 모든 생물 사이에 대대로 영원히 세우는 언약의 증거는 이것이니라. 내가 내 무지개를 구름 속에 두었나니 이것이 나와 세상 사이의 언약의 증거니라"(창 9:12-13)라고 말씀하신다. 하나님의 언약의 징표(sign)는 무지개였다. 하나님은 "내 무지개"(카쉬티 קַשְׁתִּי)라고 하신다. 무지개의 현상은 하나님께서 언약을 위해 구름 속에서 발생 되도록 한 것이다. 하나님은 자연현상을 원리와 법칙, 질서를 주시는 주체가 되신다.

> "내가 구름으로 땅을 덮을 때에 무지개가 구름 속에 나타나면 내가 나와 너희와 및 육체를 가진 모든 생물 사이의 내 언약을 기억하리니 다시는 물이 모든 육체를 멸하는 홍수가 되지 아니할지라. 무지개가 구름 사이에 있으리니 내가 보고 나 하나님과 모든 육체를 가진 땅의 모든 생물 사이의 영원한 언약을 기억하리라 하나님이 노아에게 또 이르시되 내가 나와 땅에 있는 모든 생물 사이에 세운 언약의 증거가 이것이라 하셨더라" (창 9:14-17).

무지개는 하나님과 인간 "쌍방"에게 주어진 언약의 징표이다. 하나님은 무지개를 보면서 다시는 물로 인간과 육체를 멸하지 않으리라 약속했던 언약을 기억하여, 언약대로 행하신다. 인간은 무지개를 보면서, 언약을 지키시는 하나님을 생각하고, 하나님께 감사하는 것이다.

노아의 실수(창 9:18-29)

방주에서 나온 노아의 아들들은 셈, 함, 야벳이며 함은 가나안의 아버지이다(창 9:18). 노아의 세 아들로부터 사람들이 온 땅에 퍼지게 되었다(창 9:19). 이는 "생육하고, 번성하여, 땅에 충만하라" (창 9:1, 7)는 하나님의 말씀이 성취되었음을 보여 준다.

이제 새로운 사건이 전개된다. 노아가 농사를 시작하여 포도나무를 심었다(창 9:20). 노아는 포도주를 마시고 취하여 장막(tent) 안에서 벌거벗고 잠을 잤다(창 9:21). 술은 이성을 마비시킨다. 홍수 이전의 노아는 의인이요. 완전한 자요. 하나님과 동행한 사람이라고 소개했으나 그는 포도주와 동행함으로써 술 취하여 벌거벗고 자는 추태를 부렸다.

가나안의 아버지 함은 아버지 노아의 벌거벗은 하체를 보고 밖으로 나가 셈과 야벳에게 그 사실을 말했다(창 9:22). 셈과 야벳은 옷을 가져다가 어깨에 메고 뒷걸음으로 들어가서 아버지의 하체를 덮어 드리고, 아버지의 벌거벗은 모습을 보지 않은 채 밖으로 나왔다(창 9:23). 노아는 술이 깨서 작은 아들 함이 자기에게 행한 일을 알고 함을 저주했다. “가나안은 저주를 받아 형제의 종들의 종이 되기를 원하노라”(창 9:25). 반대로, 셈과 야벳은 축복했다.

> “셈의 하나님 여호와를 찬송하리로다. 가나안은 셈의 종이 되고 하나님이 야벳을 창대하게 하사 셈의 장막에 거하게 하시고 가나안은 그의 종이 되게 하시기를 원하노라”(창 9:26-27).

여기에서 ‘과연, 함이 저주를 받아야 했느냐’ 하는 의문이 든다. 그러나 역사적으로 일어났던 일은 노아가 함에게 저주하고, 셈과 야벳에게는 축복을 했다는 것이다. 일어난 사건을 가지고 왜, 그렇게 했느냐는 의미 없는 질문이다. 왜냐하면, 반대로 생각해서 노아가 자신의 수치를 말한 아들임에도 함에게 축복을 했다면, 아니면 저주나 축복을 하지 않았다면, 이 글을 읽는 독자는 어떤 의문을 던질까?

하나님은 과거에 일어났던 역사적 사건 중 중요한 의미가 있는 사건들과 말씀들을 선택해 기록케 하셨다. 이것이 성경이다. 만일 하나님께서 하신 모든 말씀과 사건들을 기록했다면, 우리가 가진 성경은 신구약 66권의 작은 책이 되지 않았을 것이다. 요한복음 20장 30-31절은 그 이유를 잘 설명해 준다.

> “예수께서 제자들 앞에서 이 책에 기록되지 아니한 다른 표적도 많이 행하셨으나 오직 이것을 기록함은 너희로 예수께서 하나님의 아들 그리스도이심을 믿게 하려 함이요 또 너희로 믿고 그 이름을 힘입어 생명을 얻게 하려 함이니라”(요 20:30-31).

그러므로 노아가 함에게 왜 저주했느냐는 의문보다는 그 의미가 무엇이고, 이후 계속되는 성경의 역사 속에서 이 사건이 어떤 위치와 의미를 차지하고, 노아의 저주와 축복이 어떻게 성취되느냐에 초점을 맞춰 성경을 읽어야 한다.

노아의 저주는 성경에서 사람이 사람에게 한 첫 번째 저주가 되었다. 노아의 저주는 신적(神的) 권위를 가지고 있다. 고대에는 아버지의 축복과 저주는 그대로 성취되었다. 술은 노아의 이성을 마비시켰다. 비록, 함이 노아의 수치를 덮지 않고, 형제들에게 알리는 잘못을 했더라도 자식에게 저주를 퍼붓는 일은 슬픈 사건이다. 저주 받은 가나안의 아버지 함, 노아의 저주는 그 후손에게 이어졌다. 홍수 후에 노아는 350년을 살았고, 950세가 되어 죽었다(창 9:28-29).

술: 기쁨과 위험의 경계

성경에는 술에 대해 이중적인 의미를 부여한다. 술은 음식과 약(medicine), 풍성함의 상징으로 쓰일 때 좋은 것으로, 술 취함, 성적 관계, 거만함 등과 연관될 때 죄로 기술된다. 포도주의 최초 언급은 노아가 포도주를 먹고 술 취했을 때이다(창 9:21). 이제 술에 대한 다양한 성경적 의미를 찾아보자.

첫 번째, 고대 근동 지역 사람들에게 포도주는 음식이며, 물 대용품이다. 물이 귀한 사막 기후에 사는 사람들에게는 오래도록 저장할 수 있는 포도주는 생명수였다. 또한 양, 소고기를 주식으로 하는 민족에게는 소화제 역할을 하는 포도주가 이들에게는 중요했다. 포도주에 대한 두 번째 언급은 아브람에게 온 살렘 왕 멜기세덱이 떡과 포도주를 가지고 온 기사에 등장한다(창 14:18). 이삭이 야곱과 에서를 축복할 때 식사와 함께 포도주를 마셨다(창 27:25, 37). 포도주는 이스라엘에게 있어 음식의 한 부분을 신_구약에 가장 광범위하게 언급된다.

두 번째, 포도주는 제사에 중요하게 사용된다. 포도주는 모든 번제와 화목제에 사용된다(민 15:5-10). 제사 드리는 자는 처음 된 곡식과 포도주와 기름과 양털을 제사장에게 주었다(신 18:4). 히스기야가 여호와의 율법대로 번제와 안식일과 초하루와 절기의 번제를 드리고, 백성에게 여호와의 율법에 힘쓰라 명령했다. 백성들은 왕의 명령이 내리자 곧 이스라엘 자손이 곡식과 포도주와 기름과 꿀과 밭의 모든 소산의 처음 것을 풍성히 드렸고, 모든 것의 십일조를 많이 가져왔다(대하 31:3-5).

세 번째, 제사장들에게는 포도주나 독주를 금했고(레 10:9), 나실인들도 포도주를 금했다(민 6:3). 그러나 나실인은 구별한 날이 차서 제물을 가져다 제사를 드리고 나면 포도주를 마실 수 있었다(6:13-20). 삼손도 나실인으로 포도주가 금지됐다(삿 13:4).

네 번째, 포도주는 약속의 땅 가나안의 풍요와 하나님께서 주신 은혜의 상징이다. 포도주는 가나안 땅에 들어가 첫 소산과 포도주를 드렸다(민 18:12). 하나님은 법도를 듣고, 지켜 행하면, 복을 주어, 맹세하신 땅에 들여보내 토지소산과 곡식과 포도주를 풍요케 하실 것을 약속한다(신 7:13). 포도주는 말씀에 순종하는 자들에게 대한 풍요의 약속이다. 여호와의 택하신 곳에 가서 마음에 원하고, 좋아하는 것 즉, 우양, 포도주, 독주 등을 하나님 여호와의 앞에서 자신과 가족들과 함께 먹을 수 있었다(신 14:26).

다섯 번째, 하나님은 40년 동안 광야에서 이스라엘을 인도할 때 그들의 옷이 낡지 않고, 발의 신이 해어지지 않게, 떡과 포도주, 독주를 마시지 못하게 하신 것은 하나님께서 여호와이신 줄을 알게 하고자 하시는 의도로 사용됐다(신 29:6).

여섯 번째, 지혜자는 술을 멀리 하는 자이다.

> "포도주는 거만하게 하는 것이요 독주는 떠들게 하는 것이라 이에 미혹되는 자마다 지혜가 없느니라"(잠 20:1).

> "술을 즐겨 하는 자들과 고기를 탐하는 자들과도 더불어 사귀지 말라. 술 취하고 음식을 탐하는 자는 가난하여질 것이요 잠 자기를 즐겨 하는 자는 해어진 옷을 입을 것임이니라"(잠 23:20-21).

"포도주는 붉고 잔에서 번쩍이며 순하게 내려가나니 너는 그것을 보지 도 말지어다. 그것이 마침내 뱀 같이 물 것이요 독사 같이 쏠 것이며" (잠 23:30-32).

"르무엘아 포도주를 마시는 것이 왕들에게 마땅하지 아니하고 왕들에게 마땅하지 아니하며 독주를 찾는 것이 주권자들에게 마땅하지 않도다. 술을 마시다가 법을 잊어버리고 모든 곤고한 자들의 송사를 굽게 할까 두려우니라. 독주는 죽게 된 자에게, 포도주는 마음에 근심하는 자에게 줄지어다. 그는 마시고 자기의 빈궁한 것을 잊어버리겠고 다시 자기의 고통을 기억하지 아니하리라" (잠 31:4-7).

"너는 가서 기쁨으로 네 음식물을 먹고 즐거운 마음으로 네 포도주를 마실지어다 이는 하나님이 네가 하는 일들을 벌써 기쁘게 받으셨음이니라" (전 9:7).

일곱 번째, 솔로몬은 사랑을 포도주에(아 1:4; 4:10; 5:1; 7:2), 시인들은 포도주를 기쁨에 비유한다.

"주께서 내 마음에 두신 기쁨은 그들의 곡식과 새 포도주가 풍성할 때보다 더하니이다" (시 4:7).

"사람의 마음을 기쁘게 하는 포도주와 사람의 얼굴을 윤택하게 하는 기름과 사람의 마음을 힘 있게 하는 양식을 주셨도다" (시 104:15).

여덟 번째, 선지자들은 백성들의 죄를 포도주에 비유하며, 술을 마시는 것을 죄라 선포한다.

"아침에 일찍이 일어나 독주를 마시며 밤이 깊도록 포도주에 취하는 자들은 화 있을진저 그들이 연회에는 수금과 비파와 소고와 피리와 포도

> 주를 갖추었어도 여호와께서 행하시는 일에 관심을 두지 아니하며 그의 손으로 하신 일을 보지 아니하는도다"(사 5:11-12).
> "포도주를 마시기에 용감하며 독주를 잘 빚는 자들은 화 있을진저"(사 5:22).

> "노래하면서 포도주를 마시지 못하고 독주는 그 마시는 자에게 쓰게 될 것이라 약탈을 당한 성읍이 허물어지고 집마다 닫혀서 들어가는 자가 없으며 포도주가 없으므로 거리에서 부르짖으며 모든 즐거움이 사라졌으며 땅의 기쁨이 소멸되었도다"(사 24:9-11).

호세아는 음행하는 이스라엘 백성들을 향해 "음행과 묵은 포도주와 새 포도주가 마음을 빼앗느니라"고 선포했다(호 4:11). 요엘 선지자도 "취하는 자들아 너희는 깨어 울지어다 포도주를 마시는 자들아 너희는 울지어다 이는 단 포도주가 너희 입에서 끊어졌음이니"라고 선포했다(욜 1:15). 아모스 선지자는 타락한 이스라엘 백성들이 "그러나 너희가 나실 사람으로 포도주를 마시게 하며 또 선지자에게 명령하여 예언하지 말라 하였느니라"고 한탄한다(암 2:12). 스바냐 선지자는 "그들의 재물이 노략되며 그들의 집이 황폐할 것이라 그들이 집을 건축하나 거기에 살지 못하며 포도원을 가꾸나 그 포도주를 마시지 못하리라"라 말했다(습 1:13). 학개 선지자는 "내가 이 땅과 산과 곡물과 새 포도주와 기름과 땅의 모든 소산과 사람과 가축과 손으로 수고하는 모든 일에 한재를 들게 하였느니라"라고 선포한다(학 1:11). 스가랴 선지자는 "그의 형통함과 그의 아름다움이 어찌 그리 큰지 곡식은 청년을, 새 포도주는 처녀를 강건하게 하리라"고 선포한다(슥 9:17).

아홉 번째, 다니엘은 포도주로 자신을 더럽히지 않았다(단 1:16). 바벨론에서 포도주는 신에게 드리는 음식이며, 신이 내리는 하사품이었다. 그는 이방 신에게 드려진 포도주를 마시지 않음으로써 신앙과 하나님을 향한 마음을 지키려 했던 것이다. 또한 다니엘은 바사왕 고레스 삼년 큰 전쟁에 관한 환상을 볼 때 세 이래 동안 좋은 떡과 포도주, 고기와 기름을 쓰지 않았다(단 10:3).

열 번째, 예수님의 공생애 사역에는 포도주는 단순한 음식의 차원에서 기술된다. 예수님의 사역 공생애 속의 포도주. 예수님은 포도주를 옛 것(구약)과 새 것(예수님의 때, 신약)을 비유로 든다(마 9:7; 막 2:22; 눅 5:37). 예수님은 가나 혼인잔치에서 물로 포도주를 만드셨다(요 2: 3-10). 예수님은 먹기를 탐하고 포도주를 즐기는 사람이요 세리와 죄인의 친구라는 조소를 들었다(마 11:19; 눅 7:34). 종말에 관한 예언에서 불의한 청지기는 술친구들과 먹고 마시며 종들을 때렸다(마 24:29). 예수님은 "너희는 스스로 조심하라 그렇지 않으면 방탕함과 술 취함과 생활의 염려로 마음이 둔하여지고 뜻밖에 그 날이 덫과 같이 너희에게 임하리라"고 말씀하셨다. 예수님은 십자가에서 쓸개 탄 포도주를 마시지 않았다(마 27:34). 십자가에서 한 사람이 해면(융)에 신 포도주를 머금게 하여 예수님께 드렸다(마 276:48; 요 19:29). 예수님은 신포도주를 받으신 후 다 이루었다 말씀하시고 운명하셨

〈사진-8〉 가나혼인잔치 기념교회와 예수님 당시 돌 항아리

다(마 19:30). <사진-8>은 카파르 칸나(Kafar kanna)[18]에 있는 가나혼인잔치 기념교회와 교회 지하에 있는 예수님 당시 돌 항아리이다.

열한 번째, 포도주는 치료제로 상용된다. 사마리아인은 강도 만나 사람의 상처 치료제로 포도주와 기름을 사용했다(눅 10:34). 바울은 디모데에게 위장을 치료하는데 포도주를 사용하라고 권면했다(딤전 5:23).

열두 번째, 사도바울은 술 취함에 대해 강력하게 경고한다. 사도 바울은 술 취함으로 하나님의 나라에 유업을 받지 못하기까지 한다고 경고한다.

> "낮에와 같이 단정히 행하고 방탕하거나 술 취하지 말며 음란하거나 호색하지 말며 다투거나 시기하지 말라" 고 말한다(롬 13:13).

> "고기도 먹지 아니하고 포도주도 마시지 아니하고 무엇이든지 네 형제로 거리끼게 하는 일을 아니함이 아름다우니라" (롬 14:21).

> "이제 내가 너희에게 쓴 것은 만일 어떤 형제라 일컫는 자가 음행하거나 탐욕을 부리거나 우상 숭배를 하거나 모욕하거나 술 취하거나 속여 빼앗거든 사귀지도 말고 그런 자와는 함께 먹지도 말라 함이라" (고전 5:11).

> "도적이나 탐욕을 부리는 자나 술 취하는 자나 모욕하는 자나 속여 빼앗는 자들은 하나님의 나라를 유업으로 받지 못하리라" (고전 6:10).

> "우상 숭배와 주술과 원수 맺는 것과 분쟁과 시기와 분냄과 당 짓는 것과 분열함과 이단과 투기와 술 취함과 방탕함과 또 그와 같은 것들이

---

18) 현재 가나로 추정되는 곳은 두 곳으로 첫째, 나사렛(Nazareth)에서 약 6.4km 떨어진 카파르 칸나(Kafar Kanna)로 1881년 프란치스코 수도회에서 세운 기념교회(Franciscan Church)와 1566년에 그리스 정교회가 세운 '그리스 정교회' 가 있다. 대부분의 성지순례객들이 찾는 곳이다. 둘째, 키르벳 칸나(Khirbet Qana)로 나사렛에서 약 14.4km 떨어진 곳에 있으며, 대부분의 학자들은 이곳을 요한복음에 등장하는 혼인잔치(요 2:1-11)가 있던 가나로 본다.

라 전에 너희에게 경계한 것 같이 경계하노니 이런 일을 하는 자들은 하나님의 나라를 유업으로 받지 못할 것이요"(갈 5:20-21).

"술 취하지 말라 이는 방탕한 것이니 오직 성령으로 충만함을 받으라" (엡 5:18).

열세 번째, 사도 바울은 감독과 집사의 자격에 술을 즐기는 자와 인 박인(몰두하다, 전념하다) 자를 제외했다(딤전 3:3, 8; 딛 1:7). 교회 어른인 늙은 여자의 조건에도 술에 종이 되지 않는 자였다(딛 2:3) 베드로도 술에 대해 경고했다.

"너희가 음란과 정욕과 술 취함과 방탕과 향락과 무법한 우상 숭배를 하여 이방인의 뜻을 따라 행한 것은 지나간 때로 족하도다"(벧전 4:3).

열네 번째, 마지막 날에 진노의 포도주(계 14: 8, 10, 19; 16:19), 음행의 포도주로 비유로 사용된다(계 17:2; 18:3).

창세기 10장

셈, 함, 야벳의 족보(창 10:1-32)

창세기 10장은 셈, 함, 야벳의 족보가 기록된다. 야벳의 족보는 <표-11>과 같다.

〈표-11〉 야벳의 족보(창 10:1-4)

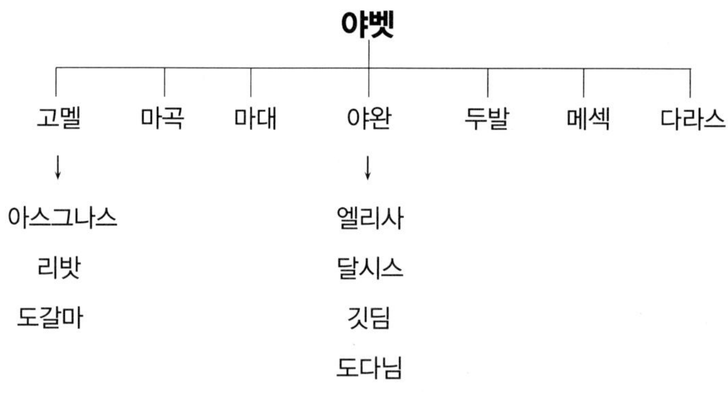

야벳의 자손들은 여러 나라 백성으로 나뉘어서 각기 언어와 종족과 나라대로 바닷가의 땅에 머물렀다(창 10:5). 함의 족보는 <표-12>과 같다.

함의 자손들은 각기 족속과 언어와 지방과 나라를 형성하였다(창 10:20). 셈의 족보는 <표-13>과 같다.

〈표-12〉 함의 족보(창 10:6-19)

함

	구스	미스라임		붓	가나안
	↓	↓			시돈
	스바	루딤			헷
	하윌라	아나밈			여부스 족속
	삽다	르하빔			아모리 족속
	삽드가	납두힘			기르가스 족속
	니므롯	바드루심			히위 족속
스바, 도단	라아마	가슬루힘	블레셋		알가 족속
	삽드가	갑도림			신 족속
	니므롯				아르왓 족속
					스말 족속
					하맛 족속

〈표-13〉 셈의 족보(창 10:21-31)

셈

엘람	앗수르	아르박삿	룻	아람
		셀라		우스
		에벨		훌
				게델
		벨렉	욕단	막스
		르우	알모닷	
		스룩	셀렙	
		나홀	하살마웨	
		데라	예라	
			하도람	
아브람 — 나홀 — 하란			우살	
			디글라	
			오발	
			아비마엘	
			스바	
			오빌	
			하윌라	
			요밥	

셈의 자손들은 각 족속과 언어와 지방과 나라를 형성하였다(창 10:31). 이들은 그 백성들의 족보에 따르면, 노아 자손의 족속들이요 홍수 후에 이들에게서 그 땅의 백성들이 나뉘었다(창 10:32). <그림-8>은 셈, 함, 야벳의 후손이 흩어져 살았던 지역 분포도를 보여준다.

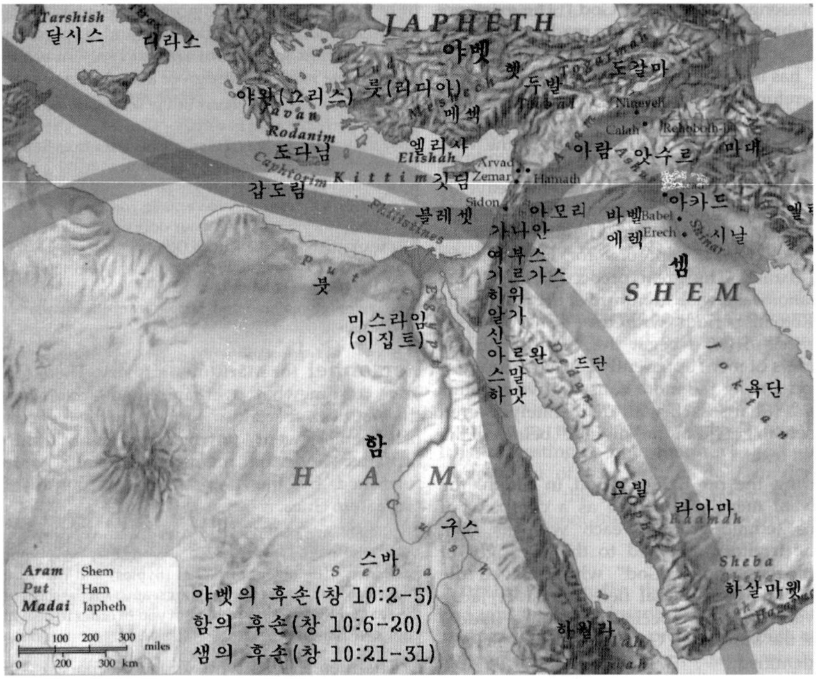

〈그림-8〉 셈, 함, 야벳의 후손 분포도

창세기 11장

바벨탑: 교만과 흩어짐(창 11:1-9)

바벨탑 기사는 인간의 교만을 보여준다. 홍수 이후 노아의 세 아들은 각각 민족을 형성했다. 하나님께서 '생육하고, 번성하여, 땅에 충만하라'는 명령과 함께 그들에게 복을 주신 결과 노아의 후손들은 온 땅에 가득했다. 그들은 노아의 후손들이었기 때문에 언어와 말이 하나였다(창 11:1). 이들은 동방으로 옮겨가다가 시날 평지에서 머물렀다(창 11:2). 그들은 서로 말했다.

> "자, 벽돌을 만들자. 벽돌을 견고히 굽자." (창 11:3)

그들은 건물을 짓기 시작한다. 견고하게 구워 만든 벽돌로 돌을 대신하고, 역청으로 진흙을 대신하여 건물을 쌓아 올렸다(창 11:3). 그들은 또 말했다.

> "자, 성읍과 탑을 건설하여 그 탑 꼭대기를 하늘에 닿게 하여 우리 이름을 내고, 온 지면에 흩어짐을 면하자" (창 11:4).

바벨탑 사건의 죄는 교만함과 하나님의 약속을 신뢰하지 않는 죄였다.

그들은 무지개 언약을 상실했다. 그들의 교만은 하나님이 계신 하늘 꼭대기까지 탑을 닿게 하고자 함에서 시작된다. 그들은 인간의 기술로 하나님의 처소까지 닫고자 했다. 그들은 동화 재크와 콩나무(Jack and the Beanstalk)의 콩나무처럼, 바벨탑을 쌓아 하늘에까지 닿고자 했다.

그 목적은 첫째, '우리의 이름을 내자'는 것이다. 하나님의 이름이 아닌 자신들의 이름을 내는 것이다. 그들이 얼마나 위대한 건축을 했는지를 온 천하에 나타내고자 했다. 그들의 위대함을 보여주고자 했다. 그들은 하나님과 같아지고자 선악과를 먹었던 하와, 하나님의 보좌와 같아지고자 했던 사탄과 같은 교만함의 범죄를 지었다.

둘째, 온 지면에 흩어짐을 면하기 위함이었다. 그들은 노아 홍수로 온 인류가 멸망당한 사실을 기억하고 있었다. 그래서 성(城)과 높은 탑을 쌓으므로 자신들의 목숨과 온 땅에 흩어짐을 면하고자 했다. 그러나 그것이 하나님의 언약을 신뢰하지 못한 불순종이 되었다. 하나님께서 노아와 가족, 모든 생물들에게 다시는 모든 생물을 홍수로 멸하지 아니할 것이며, 땅을 멸할 홍수가 다시 있지 않을 것이라는 언약을 세웠다(창 9:10-12). 하나님은 구름 속에 무지개를 두어 영원한 언약의 증거로 삼았다(창 9:13). 그러나 시날 평지에 모인 사람들은 그 무지개 언약을 잃어버렸다. 그들은 그 어떤 홍수에서도 살아남을 수 있는 성읍과 탑을 건설하려 했다. 그들은 하나님의 언약을 믿지 못하고, 인간의 능력으로 살아남으려 했다.

셋째, 창조명령을 거부했다. 하나님은 생육하고, 번성하여, 땅에 충만하라, 땅을 정복하라는 명령했다(창 1:22, 28). 홍수 이후에도 동일한 명령을 주셨다(창 9:1-2). 하나님의 계획은 인간이 온 땅에 퍼져 번성하는 것이다. 하나님은 퍼지라 명령하셨는데, 그들은 흩어지지 않으려 했다. 그들은 하나님의 명령에 불순한 것이다.

사람들이 건설하는 그 성읍과 탑을 보려고 여호와께서 내려오셨다(창 11:5). 여호와 하나님은 시날 평지에서 성읍과 탑을 쌓고 있는 인간들의 마음을 알았고, 그들의 말을 듣고 계셨다. 여호와는 말씀하셨다.

> "이 무리가 한 족속이요 언어도 하나이므로 이같이 시작하였으니 이 후로는 그 하고자 하는 일을 막을 수 없으리라. 자, 우리가 내려가서 거기서 그들의 언어를 혼잡하게 하여 그들이 서로 알아듣지 못하게 하자" (창 11:6-7).

시날 평지(베에레쯔 쉰아르 בְּאֶרֶץ שִׁנְעָר)에서 성읍(이르 עִיר 도시)과 탑(미그달 מִגְדָּל)을 쌓고 있는 사람들에 대한 심판은 간단했다. 그들은 한 족속이고, 한 언어를 사용했기 때문에 협동하여 성읍과 탑을 쌓을 수 있었다. 하나님은 언어를 혼잡케 하는 방법을 사용했다. 언어가 혼잡케 되어 서로 알아듣지 못했다. 언어로 하나 되었던 그들은 분열되기 시작했다. 하나님은 시날 평지에서 그들을 온 지면으로 흩으셨다. 도시 건설은 중단됐다(창 11:8). 하나님은 그 이름을 바벨(바벨 בָּבֶל)이라 하셨다. 바벨은 여호와께서 거기서 온 땅의 언어를 혼잡하게 하시고, 그들을 온 지면에 흩으셨기 때문

〈그림-9〉 브르겔(Bruegel)의 바벨탑(1563)

〈그림-10〉 루카스 반 발켄보로흐의 바벨탑

〈사진-9〉 지구라트

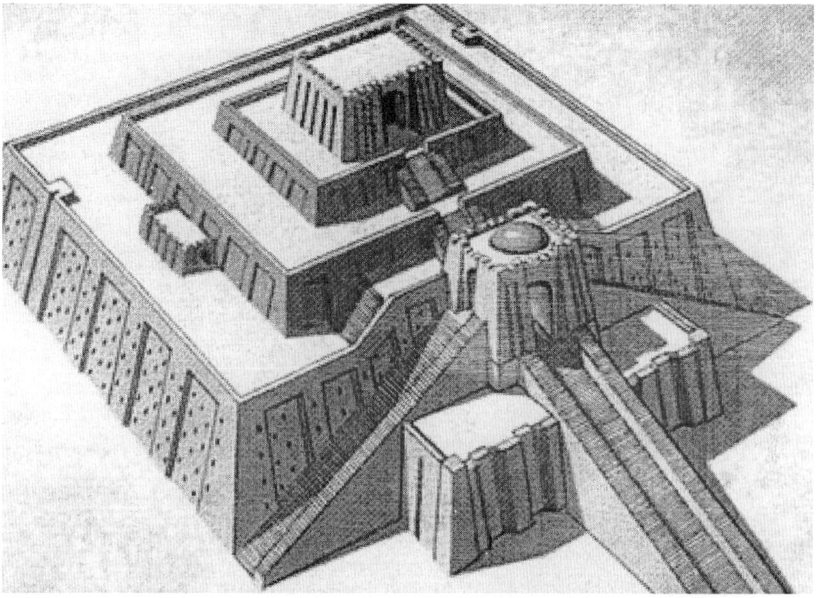

〈그림-11〉 지구라트 원형 복원도

에 붙여졌다(창 11:9).

바벨탑의 시작과 결과는 정반대였다. 그들은 성읍과 탑을 건설하여 첫째, '우리의 이름을 내자' 고 했으나 결과는 역사 속에서 그 이름은 흔적조차 발견할 수 없게 되었다. 둘째, '우리가 흩어짐을 면하자' 했으나 결과는 전 세계로 흩어지게 되었다. 셋째로, 민족과 언어가 하나였으나 결과는 여러 민족과 언어로 분리되었다. <그림-9>은 브르겔(Bruegel)의 바벨탑(1563), <그림-10>는 루카스 반 발켄보로흐의 바벨탑에 대한 상상도이다. <사진-9>은 지구라트, <그림-11>은 지구라트의 원형 복원도이다.

셈의 족보(창 11:10-30)

셈의 족보는 두 번 나오며(창 10: 22-31; 11:10-32), 두 번째 족보는 더욱 구체적으로 기록하고 있다. 셈의 족보는 "~은 O세에 ~을 낳고, ~을 낳은 후 O년을 지내며 자녀를 낳았다"라는 반복되는 형식이 나타난다. <표-14>은 이 형식과 내용을 보여준다.

〈표-14〉 셈의 족보 형식

아버지	첫 자녀 낳은 나이	아들	낳음
셈	100세(홍수 후 2년)	아르박삭	낳았고
아르박삿을 낳은 후에 500년을 지내며 자녀를 낳았으며			
아르박삿	35세에	셀라	낳았고
셀라를 낳은 후에 403년을 지내며 자녀를 낳았으며			
셀라	30세에	에벨	낳았고
에벨을 낳은 후에 403년을 지내며 자녀를 낳았으며			
에벨	34세에	벨렉	낳았고
벨렉을 낳은 후에 430년을 지내며 자녀를 낳았으며			
벨렉	30세에	르우	낳았고
르우를 낳은 후에 209년을 지내며 자녀를 낳았으며			
르우	32세에	스룩	낳았고
스룩을 낳은 후에 207년을 지내며 자녀를 낳았으며			
스룩	30세에	나홀	낳았고
나홀을 낳은 후에 200년을 지내며 자녀를 낳았으며			
나홀	29세에	데라	낳았고
데라를 낳은 후에 119년을 지내며 자녀를 낳았으며			
데라	70세에	아브람, 나홀, 하란	낳았고
하란		롯	

구체적인 가족 설명(창 11:27-32)

셈의 족보는 데라(Terah)부터 좀 더 구체적으로 기록되는데 아브람에게 초점을 맞추기 위함이다. 하란은 아버지 데라보다 먼저 고향 갈대아인의 우르(Ur)에서 죽었다. 하란은 밀가, 이스가와 롯을 두었다. 아브람(Abram)은 사래와 나홀(Nahor)은 밀가와 결혼하였다. 사래는 임신하지 못해 자식이 없었다. 데라는 아들 아브람과 며느리 사래, 하란의 아들인 손자 롯을 데리고 갈대아인의 우르를 떠나 가나안 땅으로 가고자 했다. 그들은 하란에 도착하여 지냈다. 데라는 205세에 하란에서 죽었다(창 11:28-32).

<표-15>은 데라의 가족도, <사진-10>은 현재 하란의 전경, <사진-11>은 투룰리하우스(아랍식 흙집), <사진-12> 고대 달신(月神) SIN의 신전 유적이다.

〈표-15〉 데라의 가족도

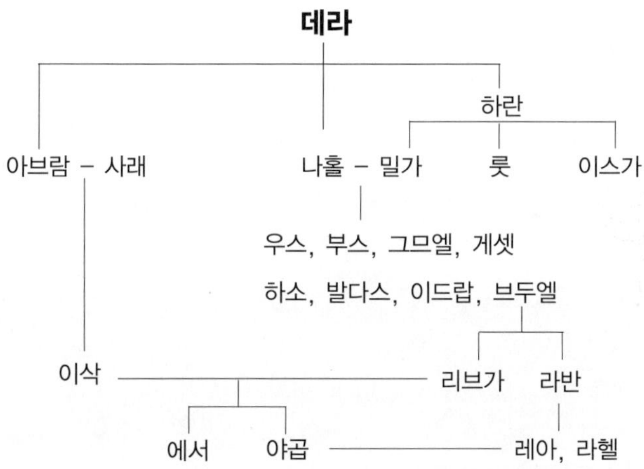

아브람을 부름의 문제(창 11: 31; 12:1-3)

아브람의 소명 기사를 읽으면, 의혹이 생긴다. 과연, 하나님께서 아브람을 어디서 불렀는가? 하란인가, 우르인가? 아브람이 하나님의 음성을 듣고, 가나안 땅으로 향하고자 했는가? 아니면, 데라가 가나안 땅으로 향하고자

〈사진-10〉 현재 하란의 전경

〈사진-11〉 투룰리하우스(아랍식 흙집)

아들 아브람과 며느리 사래, 손자 롯을 데리고 간 것인가?

"데라가 그 아들 아브람과 하란의 아들인 그의 손자 롯과 그의 며느리 아브람의 아내 사래를 데리고 갈대아인의 우르를 떠나 가나안 땅으로 가고자 하더니 하란에 이르러 거기 거류하였으며" (창 11:31).

〈사진-12〉 고대 달신(月神) SIN의 신전 유적

> "여호와께서 아브람에게 이르시되 너는 너의 고향과 친척과 아버지의 집을 떠나 내가 네게 보여 줄 땅으로 가라"(창 12:1).

과연 무엇이 옳을까? 이 문제를 해결하기 위해서는 본문의 내용이 무엇인가를 이해하는 것이 중요하다. 창 11:27-32는 아브람의 가족과 고향 땅에 대한 배경 설명이다. 창 12:1-9은 아브람이 하나님께 부름을 받아 가나안을 향한 여정을 자세히 기록한다. 그러므로 아브람은 갈대아의 우르에서 하나님의 명령을 들었다. "너는 너의 고향과 친척과 아버지의 집을 떠나 내가 네게 보여 줄 땅으로 가라"(창 12:1). 우르는 아브람의 고향으로, 아버지의 집이며, 친척들이 살고 있었다. 아브람은 우르에서 하나님의 음성을 듣고, 아내와 조카 롯, 아버지 데라와 함께 가나안으로 향했다.

그러나 창 11장 31절은 데라가 가족을 데리고 고향 우르에서 하란으로 떠난 것처럼 표현된다. 그 이유는 무엇일까? 정답은 너무나 간단하다. 노인이라 해도 데라는 집안의 가장이며, 어른이다. 고대 세계의 어른은 집안의 대소사(大小事)를 결정한다. 아브람이 부름을 받았으나, 아버지 데라와 함께 우르를 떠났다는 것은 데라의 승락이 있었다는 의미를 담고 있다. 그러므로 데라가 아들 아브람과 며느리, 손자 롯을 데리고 가나안 땅으로 가고자 했다고 표현한 것이다. 이것을 하나님과 느헤미야, 스데반이 증거한다.

<하나님의 증언>

"또 그에게 이르시되 나는 이 땅을 네게 주어 소유를 삼게 하려고 너를 갈대아인의 우르에서 이끌어 낸 여호와니라" (창 15:7)

<느헤미야의 증언>

"주는 하나님 여호와시라 옛적에 아브람을 택하시고 갈대아 우르에서 인도하여 내시고 아브라함이라는 이름을 주시고" (느 9:7)

<스데반의 증언>

"스데반이 이르되 여러분 부형들이여 들으소서 우리 조상 아브라함이 하란에 있기 전 메소보다미아에 있을 때에 영광의 하나님이 그에게 보여 이르시되 네 고향과 친척을 떠나 내가 네게 보일 땅으로 가라 하시니 아브라함이 갈대아 사람의 땅을 떠나 하란에 거하다가 그의 아버지가 죽으매 하나님이 그를 거기서 너희 지금 사는 이 땅으로 옮기셨느니라" (행 7:2-4)

다른 의미로 본다면, 나이 많은 노인 데라. 그가 우르에서 하란까지 약 1,000km가 넘는 장거리를 여행한다는 것과 평생의 삶의 터전, 모든 친척이 살고 있는 땅을 아들 때문에 떠난다는 것은 쉬운 일이 아니다. 독자들은 본문을 읽으면서, 아브람에게만이 아니라 아들의 여정에 함께 동참한 고령의 데라에게도 시선을 돌리며, 묵상해야 한다. 여호와 하나님의 음성을 듣고, 삶의 터전, 고향, 모든 친척이 사는 땅을 떠나기로 결심한 아브람을 믿고 함께 하란까지 따라간 아버지 데라, 그는 부각되지 않은 영웅이다. 아마 데라도 아브람과 같은 마음으로 우르를 떠나지 않았을까?

창세기 12장

아브람을 부르심(창 12:1-3)

하나님은 갈대아의 우르에서 아브람(아브람 אַבְרָם)을 부르면서 “너는 너의 고향과 친척과 아버지의 집을 떠나 내가 네게 보여 줄(지시 할) 땅으로 가라”고 명하셨다(창 12:1). 아브람에게 있어 고향을 떠난다는 것은 커다란 모험이었다. 지금도 그렇지만, 고대인들에게 조상 때부터 살아온 고향, 생활의 터전을 떠난다는 것은 너무나 큰 모험이었다. 하나님은 아브람에게 고향을 떠날 것을 명령했다. 하나님은 “내가 네게 보여 줄 땅으로 가라”라 명령했다. ‘보여주다’라는 히브리 동사는 라아(רָאָה)로 눈으로 보고, 확실히 안다는 의미이다. 하나님은 땅을 보여줄 것이라고 말한다. 히필 미완료형 1인칭이다(hiphil imperfect 1st person אַרְאֶךָּ). 아직 주어진 땅, 눈에 보이는 땅은 없다. 미래형인 하나님의 약속은 그를 믿고, 그와 함께 가야 행동, 모험이 동반되어야 얻어질 수 있다. 하나님의 소명은 먼저 믿음으로 행함이 필요하다. 하나님의 말씀을 믿고, 현재는 눈에 보이지 않지만, 하나님께서 주실 것을 믿고 가는 것이다. 명령은 현재. 응답은 미래에 있다. 그래서 히브리서 기자는 “믿음은 바라는 것들의 실상이요 보이지 않는 것들의 증거”라고 했다(히 11:1).

하나님은 아브람에게 보여줄 땅으로 가면, 네 가지를 주겠다고 약속하

〈사진-13〉 메소포타미아 여인 누드 형상

신다. 첫째는 아브람이 큰 민족(고이 가돌 גּוֹי גָּדוֹל)을 이루게 할 것이다(창 12:2a). 둘째, 아브람에게 복을 주어(베라카 בְּרָכָה) 그의 이름을 창대케 할 것이다(창 12:2b). 셋째, 아브람은 복의 근원이 될 것이다. 아브람을 축복하는 자에게는 하나님이 복을 내리고, 아브람을 저주하는 자에게 하나님께서 저주할 것이다(창 12:2c-3a). 넷째, 땅의 모든 족속이 아브람으로 인해 복을 얻을 것이라고 약속하신다(창 12:3b). <사진-13>은 아브라함 당시 메소포타미아 여인의 누드 형상이다(이스라엘 박물관 소장, B.C 2,000-1,800).

아브람은 여호와의 말씀을 따라갔고, 롯도 아브람과 함께 갔다. 아브람은 하란을 떠날 때 75세였다(창 12:4). 아브람은 하란에서 일정 기간 머물렀는데 그가 하란에서 모은 재산과 종들(얻은 사람들)이 많았음에서 알 수 있다. 다섯 왕(소돔 왕, 고모라 왕, 아드마 왕, 스보임 왕, 벨라 곧 소알 왕)이 네 왕(엘람왕 그돌라오멜, 고임왕 디달, 시날왕 아므라벨, 엘라살왕 아리옥)과 교전할 때 소돔에 살고 있던 롯이 잡혀갔다(창 14:8-9). 이 때 아브람은 집에서 길리고 연습한 자 318명이나 되는 사병들로 롯을 구해냈다(창 14:14-16). 아브람에게 사병만 318명이라는 사실은 그가 얼마나 거부였는가를 알 수 있다. 아브람은 아내 사래와 조카 롯, 하란에서 모은 모든 소유와 얻은 사람들을 이끌고 하란을 떠나 가나안 땅으로 향했다(창 12:5a). 하란을 떠난 아브람 일행은 비옥한 초승달에 걸쳐 있는 대로(大路)를 통해 마침내 가나안 땅에 도착했다(창 12:5b).

<그림-12>는 비옥한 초승달 지역(the Fertile Cresent), <그림-13>은 아브람의 이동 경로이다.

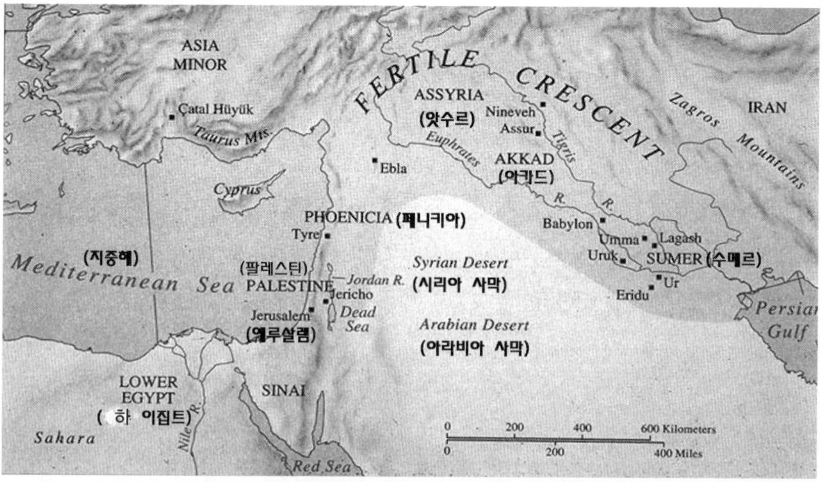

〈그림-12〉 비옥한 초승달 지역

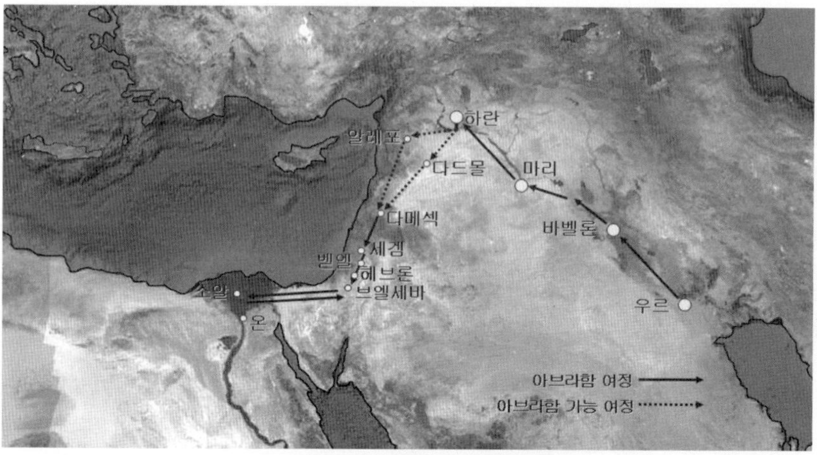

〈그림-13〉 아브람의 이동경로

하나님께 제사를 드리다(창 12:6-9)

가나안 땅에 도착한 아브람은 가나안 사람이 거주하던 세겜(쉐켐, שְׁכֶם) 땅 모레 상수리나무에 이르렀다(창 12:6). 세겜은 고대부터 중요한 도시였다. 세겜은 '어깨' 라는 의미를 담고 있다. 그리심산과 에발산이 사람의 두

〈사진-15〉 텔 발라타

〈사진-16〉 기원전 15세기 바알브리심 성소 유적

어깨처럼 든든하게 서 있다. 지정학적으로 동쪽으로는 메소포타미아 문명과 북쪽으로는 소아시아와 남쪽으로는 이집트가 만나는 국제도로가 위치한 곳이 세겜이다. 그래서 고대문명이 만나 화려한 문화도시가 되었다. 고대 가나안의 심장부 역할을 했다. <사진-14>은 세겜의 전경으로, 사진 속 왼쪽은 그리심산(865m), 오른쪽은 에발산(920m)이다.

현재, 세겜에 위치한 폐허로 남겨진 '텔 발라타'(Tell Balatah)는 당시 문명을 희미하게나

〈사진-14〉 세겜 전경

마 생각해 볼 수 있게 한다. 텔 발라타는 성경과 고대 이집트 문서에 자주 등장하는 중요한 도시였으며, 아브람이 제단을 쌓은 모레 상수리 나무 지역으로 알려져 있다. <사진-15>은 폐허로 남겨진 텔 발라타의 모습이다. <사진-16>은 텔 발라타 안에 있는 기원전 15세기 바알브리심의 성소 유적이다.

또한 세겜에는 요셉의 무덤이 있다(수 24:32). 요셉은 이집트에서 죽었지만 그의 유언에 따라 출애굽 때 그의 뼈를 가져 나와 약속의 땅 가나안에 매장했다. 세겜은 요셉의 아들 므낫세 지파의 땅이었기 때문에, 여호수아는 요셉의 유언대로 애굽에서 가져온 뼈를 아브라함, 이삭, 야곱이 장사된 막벨라 굴이 아닌 세겜에 장사지냈다.

<사진-17>은 인티파타 때 팔레스타인들에 의해 파괴되어, 폐허로 남겨진 요셉의 무덤 전경이다. 오른 쪽으로 보이는 산은 저주의 산 에발산이다. 세겜은 현재 웨스트뱅크(West Bank)에 위치해 있어 유대인들은 요셉의 무덤에 1년에 1차례 기도하기 위해서 무장한 군인들(장갑차를 대동하고)의 보호 하에 기도하고 나온다. <사진-18>은 요셉의 무덤 두 기둥은

〈사진-17〉 요셉의 무덤 전경

〈사진-18〉 요셉의 무덤

그의 아들 에브라임과 므낫세를 상징한다.

'모레의 상수리나무' (엘론 모레 אֵלוֹן מוֹרֶה)는 정확히 어떤 나무인지 알 수 없다. 그래서 영어 번역에서도 다양하게 번역한다. '모레의 상수리

〈사진-19〉 상수리나무와 그 열매

나무' 로 번역한 국역과 같이 ASV, WEB, NASB, RSV, NRSV, NLT, DBY는 'the oak of Moreh' 로, BBE는 'the holy tree of Moreh' 로, KJV, Webster는 'the plain of Moreh' 로, NKJV는 'the terebinth tree of Moreh' 로, NIV는 'the great tree of Moreh' 로 번역하였다. 그러나 일반적인 상수리나무로 보아도 무방하다. 이스라엘에는 상수리나무가 많이 자라고 있다. <사진-19>은 상수리나무 열매이다.

여호와는 모레의 상수리나무에서 아브람에게 나타나 "내가 이 땅을 네 자손에게 주리라" 고 말씀하셨다(창 12:7a). 아브람이 가나안 땅에 들어와 첫 번째 들은 하나님의 음성은 후손과 땅에 대한 약속이었다. 하나님을 음성을 들은 아브람은 모레 상수리나무에 여호와를 위하여 단을 쌓았다(창 12:7). 학자들은 모레의 상수리나무 지역을 텔 발라타로 보고 있으며, 모레는 '성스러운' 이라는 의미를 담고 있다.

하나님은 우르에서 아브람에게 "내게 네게 큰 민족을 이룰 것" 이라고 약속하셨다(창 12:2a). 아브람이 가나안 땅에 도착했을 때, 하나님은 큰 민족을 더욱 구체화시켜 "네 자손"이라고 하셨다. 그리고 그 자손에게 "이 땅"을 주시겠다고 약속하셨다. 이 약속은 매우 중요하다. 왜냐하면, 아브람은 아직, 자식이 없었기 때문이다. 아브람이 큰 민족을 이룰 수 있는 가능한 방법은 첫째, 조카 롯을 통해 이룰 수 있고 둘째, 아브람이 한 공동체의 수장이 되어, 주변 부족과 나라들을 통합시켜 왕이 되는 것이다. 아브람은 하란에서 얻은 많은 종들이 있었다. 아브람은 충분한 재력과 사람들이 있기 때문에 이들을 무장시켜 가나안 족속들을 차례로 복속시켜 큰 부족이나 나라를 형성하면, 민족이 될 수 있다. 셋째, 아브람에게 가장 가능성이 낮은 그의 후손을 통해 큰 민족을 이루는 가능성이다. 그러나 하나님도 셋째 방법을 택하셨다. 하나님은 아브람의 후손을 통해 큰 민족을 이루고, 그들에게 가나안 땅을 주시겠다고 약속하셨다.

아브람은 세겜을 떠나[19] 약 18km 남쪽에 있는 벧엘 동쪽 산으로 옮겨 장막을 쳤다. 서쪽은 벧엘[20], 동쪽은 아이(Ai)였다. 아브람은 벧엘에서 여

19) 아브라함의 여정이 담긴 족장 길을 따라가다 보면, 세겜과 벧엘 사이에 실로(Shilo)가 있다. 실로는 여호수아의 가나안 정복 이후 여호와의 성막이 있던 장소이다.

20) 벧엘의 본 이름은 루스였다(창 28:19). 루스가 벧엘로 이름이 변경된 이유는 야곱에게 있다. 야곱은 에서에게 장자권을 팥죽으로 사고, 아버지를 속여 축복을 받았기 때문에 에서는 야곱을 죽이려 했다(창 27:41). 에서가 하는 말을 들은 어머니 리브가는 야곱을 에서의 노가 풀리기까지 외삼촌 라반에게 보내려 했다(창 27:43-44). 리브가는 남편 이삭에게는 야곱이 헷 사람의 딸들과 결혼하는 것을 원치 않는다고 했다(창 27:46). 이삭은 야곱을 불러 가나안 땅의 여인으로 아내를 삼지 말고, 외삼촌 라반의 딸 중에서 아내를 취하라고 말하고(창 28:1-2), 야곱에게 축복기도를 한 뒤 그를 보낸다(창 28:-5). 야곱은 브엘세바에서 밧단아람으로 가는 중 루스에서 돌로 베개를 삼아 잠을 잤다. 꿈에 천사들이 사닥다리에서 오르락 내리락하는 것을 볼 때(창 28:11-12), 여호와께서 야곱에게 말씀하셨다.

> "여호와께서 그 위에 서서 이르시되 나는 여호와니 너의 조부 아브라함의 하나님이요 이삭의 하나님이라 네가 누워 있는 땅을 내가 너와 네 자손에게 주리니 네 자손이 땅의 티끌 같이 되어 네가 서쪽과 동쪽과 북쪽과 남쪽으로 퍼져나갈지며 땅의 모든 족속이 너와 네 자손으로 말미암아 복을 받으리라. 내가 너와 함께 있어 네가 어디로 가든지 너를 지키며 너를 이끌어 이 땅으로 돌아오게 할지라. 내가 네게 허락한 것을 다 이루기까지 너를 떠나지 아니하

〈사진-20〉 벧엘과 아이 사이 전경

호와께 제단을 쌓고 처음으로 "여호와의 이름"(쉠 아도나이 שֵׁם יְהוָה)을 불렀다(창 12:8). 이 사실로 미루어 보아 하나님은 아브람이 우르에서 가나안에 도착할 도중에 자신의 이름을 알려 주셨음이 분명하다. 이제 아브람에게 하나님은 미지의 신(神)이 아닌 여호와 하나님으로 찾아오셨다. 여호와의 이름을 부른 아브람은 계속해서 남방(네게브)으로 옮겨갔다(창 12:9). <사진-20>은 벧엘과 아이 사이에 있는 땅이다. 아브라함이 제단을 쌓고 처음으로 여호와의 이름을 불렀던 곳을 "서쪽은 벧엘이요 동쪽은 아이라"(창 12:8)고 묘사하고 있다. 벧엘과 아이 사이는 약 1.5km 정도의 거리이며, 그 사이는 완만한 능선으로 연결된다. 사진의 왼쪽 끝부분이 아이성이고, 오른쪽이 벧엘 지역이다. 도로는 족장의 도로(현재 90번 도로)이다. <사진-21>은 벧엘에 서 있는 A.D 12세기 경 십자군에 의해 건설된 망대, <사진-22>은 폐허로 남겨진 아이 성이다. <사진-23>은 네게브 사막의 전경이다.

리라 하신지라" (창 28:13-15)

야곱은 잠에서 깨서 "여호와께서 과연 여기 계시거늘 내가 알지 못하였도다.. 두렵도다 이 곳이여 이것은 다름 아닌 하나님의 집이요 이는 하늘의 문이로다" (창 28:16-17)라고 하며, 베개를 삼았던 돌을 가져다 기둥으로 세우고, 기름을 붓고, 그곳을 "하나님의 집"이라는 뜻으로 벧엘(בֵּית־אֵל)이라고 이름 붙였다(창 28:19). 벧엘 지역에는 약 10세기에 십자군에 의해 세워진 망대가 폐허로 남아져 있고, 동으로 약 1.5km 정도 떨어진 곳에 폐허가 된 아이 성의 잔해가 남겨져 있다.

〈사진-21〉 벧엘 망대

〈사진-22〉 아이성

〈사진-23〉 네게브 전경

기근: 하나님의 시작(창 12:10-20)

아브람이 도착한 네게브 땅에 기근(라아브 רָעָב)이 왔다(창 12:10a). 참 놀라운 일이다. 가나안 땅은 어떤 땅인가? 아브람이 조상 대대로 살던 고향 땅 우르, 친척들이 살고, 아버지의 집이 있는 땅을 떠나 도착한 땅이다. 고향 우르를 하나님의 명에 따라 떠났고, 오랜 여정 끝에 가나안 땅에 도착했다. 그곳에서 하나님을 만났고, '이 땅을 네 후손에게 주리라' 는 말씀을 들었다. 그 땅은 하나님이 제사 받으시는 거룩한 땅이었다. 하나님이 아브람과 함께 하시는 땅이었다. 그럼에도 그곳에 흉년이 들 수 있는가? 신약적 표현으로 우리 그리스도인들의 삶에도 기근, 어려움들이 찾아올 수 있는가? 아브람에게 찾아온 극심한 기근은 이 물음에 대한 하나님의 답변을 제공한다.

아브람에게 닥친 기근은 단순한 자연현상이 아닌 하나님의 놀라운 계획이었다. 하나님은 믿음의 사람들, 사랑하는 자들에게 기근이라는 고통스런 상황들을 주신다. 하나님은 고난을 통해 놀라운 일들을 행하신다. 하나님은 고난으로 그의 무한한 사랑과 은혜, 인도하심을 깨닫게 하신다. 그래서 우리들에게 찾아오는 고난은 하나님의 관심이며, 행복이다. 성경에 등장하는 모든 믿음의 조상들은 고난을 통해 하나님의 무한한 사랑과 은혜, 인격적 성숙, 복을 받았다. 가나안에 내려진 기근은 아브람을 더욱 값진 보석으로 사용하시려는 하나님의 훈련계획이었다.

그래서 본문은 자연스럽게 기근을 대하는 아브람에게 초점을 맞춘다. 문제는 하나님의 시험 앞에 있던 아브람의 행동이었다. 가나안 땅에 기근이 찾아 왔을 때 아브람은 하나님께 기도하지 않았다. 하나님을 찾지 않았다. 그는 하나님을 찾기보다 주변상황을 살펴보고, 이집트(Egypt)에 내려가기로 결정했다(창 12:10b). 성경은 이 사실에 중요한 관심을 둔다. 네게브 땅에 기근이 왔을 때, 이집트로 내려가려는 아브람의 결정은 앞으로 닥쳐올 사건의 전조였다. 아브람은 이집트에 가까이 도착했을 때 아내 사래에게 말한다.

> "내가 알기에 그대는 아리따운 여인이라 이집트 사람이 그대를 볼 때에 이르기를 이는 그의 아내라 하여 나는 죽이고 그대는 살리리니 원하건대 그대는 나의 누이라 하라 그러면 내가 그대로 말미암아 안전하고 내 목숨이 그대로 말미암아 보존되리라 하니라" (창 12:11-13)

아브람의 말은 너무나 놀랍다. 현재, 사래의 나이가 몇 살 인가? 하란에서 떠날 때 아브람은 75세고, 사래는 65세였다. 이집트에 도착할 때 그녀는 적어도 66~67세였을 것이다. 아무리 예쁘고, 늙지 않아 보인다 해도 그녀는 노인(老人)이다. 4,000년 전 나이를 생각할 때, 이집트 사람들이 사래를 아리따운 여인으로 보고, 아브람을 죽이겠는가? 아브람은 가나안 땅에 든 극심한 흉년 때문에 이집트로 향했지만, 그는 죽음에 대한 두려움이 있었다. 그에게 고대 이집트 제국은 완전한 타향이요. 두려움의 땅이었다.

아브람은 죽음에 대한 두려움 때문에 대외적으로 아내에게 '누이'라 소개하자고 제안했다.

아브람이 이집트에 도착했을 때 놀라운 일이 벌어졌다. 이집트 사람들이 사래의 심히 아리따움을 보았다. 파라오(Pharaoh)의 고관들도 그를 보고 왕 앞에서 칭찬하였다. 파라오는 사래를 궁으로 데리고 왔다(창 12:12-14). 파라오는 궁으로 온 사래 때문에 아브람을 후하게 대접(厚待)했다. 아브람은 아내 사래를 잃은 대신 양과 소, 노비(奴婢)와 암수 나귀, 낙타를 얻게 되었다(창 12:16). 아브람의 기사를 읽고 있으면, 한숨이 저절로 나오게 된다. 왜냐하면, 흉년 때문에 이집트에 왔는데, 목숨을 두려워하고, 아내까지 바로에게 빼앗기고, 아내 대가로 재물을 얻고 만족하는 아브람. 왕에게 아내에 대해 한 마디 변명도 못하는 초라한 아브람을 보기 때문이다.

이제, 가나안 땅에 기근이 들게 하신 하나님의 오묘한 손길을 느낄 차례다. 하나님은 기근을 통해 아브람에게 하나님이 어떤 분이신지를 알게 하신다. 아브람은 아직 믿음으로는 유아기(幼兒期)에 있었다. 우르에서 한 번, 세겜 땅 모레의 상수리나무에서 한 번 만났을 뿐이다(성경 본문은 단 두 번 찾아 왔음을 기록하고 있다. 그러나 우르에서 가나안 땅까지 하나님께서 아브람에 찾아 오셨을 가능성은 많다). 그는 아직, 자신에게 찾아온 하나님이 어떤 존재인지 알지 못했을지 모른다. 그렇지만, 하나님께서 약속하신 가나안 땅에 도착한 이후 상황은 달라졌다. 하나님은 아브람의 삶에 전적으로 개입하기 시작하신다. 개입의 첫 단추는 기근을 통한 믿음 훈련이다. 하나님은 아브람의 이집트 여정에 동참하신다. 하나님은 이집트에서 아브람에게 여호와 하나님이 어떤 분이신지 확실히 보여 주신다. 그 시작은 사래의 일로 파라오와 그 집에 큰 재앙을 내리신 것이다(창 12:17). 성경은 하나님께서 파라오와 그 집에 내리신 큰 재앙이 구체적으로 어떤 것인지 설명하지 않는다. 다만, '큰 재앙'이라고만 기록한다. 본문의 관점은 어떤 종류의 재앙이냐가 중요한 것이 아니고, 재앙을 통해 어떤 일이 일어났는가가 중요한 것이다. 재앙을 겪은 파라오는 아브람을 불러 말했다.

> "네가 어찌하여 나에게 이렇게 행하였느냐. 네가 어찌하여 그를 네 아내라고 내게 말하지 아니하였느냐. 네가 어찌 그를 누이라 하여 내가 그를 데려다가 아내를 삼게 하였느냐. 네 아내가 여기 있으니 이제 데려가라"(창 12:18-19).

파라오는 아브람을 크게 꾸짖었다. 아내를 누이라 하여, 사래를 아내로 삼는 죄를 짓도록 방조했기 때문이다. 파라오는 사람들에게 사래가 아브람의 아내였으며, 하나님께서 큰 재앙을 내리신 일을 말했다. 파라오는 아브람이 아내와 그의 소유를 가지고 이집트를 떠나도록 명했다(창 12:20).

하나님은 이 사건을 통해 아브람에게 세 가지를 교훈하셨다. 첫째, 아브람 자신이 얼마나 나약한 존재인지를 깨닫게 하셨다. 아브람은 이집트 사람들과 파라오 앞에서 아내 사래를 지키지 못하는 나약한 남편이었다. 둘째, 여호와 하나님은 당시 세계에서 가장 강력한 제국 이집트, 태양신의 아들로 추앙받던 파라오, 파라오와 그의 집에 큰 재앙을 내리실 수 있는 놀라운 권능, 능력의 소유자임을 아브람과 이집트 제국에 알리셨다. 하나님은 아브람에게 자신이 어떤 존재인지를 확실히 인지시켜 주셨다. 셋째, 기근 때문에 하나님께서 보여 주신 땅, 후손에게 주시겠다고 약속한 가나안을 떠나 이집트로 향한 자신의 판단이 얼마나 어리석은지를 깨닫게 하셨다.

창세기 13장

풍부함: 싸움의 시작(창 13:1-7)

아브람은 이집트에서 바로에게 받은 모든 소유와 아내 사래, 롯과 함께 네게브(נֶגֶב)로 올라왔다(창 13:1). '올라가다', '내려가다라' 는 말은 통상적으로 사용되는 말이다. 가나안에서 이집트로 내려가고, 이집트에서 가나안으로 올라간다. 마치, 서울에서 부산으로 내려가고, 부산에서 서울로 올라온다는 말과 같다. 아브람은 가축과 은과 금이 풍부하였다(창 13:2). 파라오는 사래를 취한 대가로 은금을 주었다. 출애굽 할 때도 이스라엘은 많은 은금을 받아 나왔다(출 12:35-36). 기근(飢饉) 때문에 아브람은 이집트에 들어갔으나 아내 사건 때문에 가축과 은금이 풍부하게 되돌아 왔다.

아브람이 네게브에서부터 길을 떠나 벧엘에 이르렀다. 그곳은 전에 장막을 쳤던 곳이며, 처음으로 제단을 쌓았던 벧엘과 아이 사이였다(창 13:3-4a). 아브람은 그곳에서 다시 여호와의 이름을 불렀다(창 13:4b).

그는 처음 여호와의 이름을 불렀을 때와 분명 다른 마음이었을 것이다. 아브람은 이집트에서 처음으로 자신의 삶 깊이 찾아와 모든 환경을 다스리시는 하나님을 체험했다. 아브람은 진지하게 여호와 하나님을 부를 수 있었다. 이집트 사건으로 하나님을 더욱 신뢰하는 계기가 되었다. 이후 롯과 땅 분배 문제는 하나님을 신뢰하는 아브람을 보여준다.

기근과 마찬가지로 풍요는 새로운 사건의 불씨가 된다. 아브람은 가축

〈사진-24〉 벧엘의 양떼

과 은금이 풍부하고, 가축을 치는 종들이 많았다. 또한 조카 롯도 양과 소와 장막이 있었다(창 13:5). 아브람과 롯이 가진 많은 가축은 분배 문제를 발생시켰다. 벧엘 땅은 아브람과 롯이 가진 많은 가축들을 배부르게 먹일 풀과 물이 없는 땅이었다(창 13:6). 그래서 아브람의 가축을 치는 목자들과 롯의 가축을 치는 목자들이 서로 다투기 시작했다. 설상가상으로 가나안 사람과 브리스 사람도 그 땅에 거주하면서 가축을 길렀기 때문에 풀과 물이 부족했다(창 13:7). 부족함은 목자들 간에 싸움을 야기(惹起)시켰다. 가축은 풍부했지만, 풀과 물은 부족했기 때문에 풀과 물을 더 많이 확보하기 위해 그들은 싸울 수밖에 없었다. <사진-24>은 벧엘 지역에 있는 양들이 한가로이 풀들을 뜯고 있다.

아브람의 성숙: 양보(창 13:8-11)

목자들의 싸움에 대해 아브람은 해결책을 모색했다. 아브람은 롯을 불러 말했다.

> "우리는 한 친족이지 않니? 나나 너나 내 목자나 네 목자나 서로 다투게 하지 말자. 네 앞에 온 땅이 있지 않느냐? 나를 떠나가라. 네가 좌

하면 나는 우하고 네가 우하면 나는 좌를 선택할께" (창 13:8-9)

물질은 가족을 싸움으로 내몬다. 돈 때문에 가족이 원수가 되는 경우가 많다. 모두 욕심 때문이다. 돈은 믿음의 눈을 흐리게도 한다. 그래서 예수님은 재물과 하나님을 겸하여 섬기지 못한다고 말씀하셨다(마 6:24). 성전에서 돈 바꾸는 자들은 이익에 눈이 멀어 타락한 환전상으로 변해 예수님께 책망을 받았다(마 21:12; 막 11:15; 요 2:15). 바리새인들은 돈을 좋아하는 자들이었고(눅 16:14), 시몬은 돈으로 성령의 능력을 사고자 했다(행 8:18-20). 예수님께서 연보궤 대에 앉아 계실 때 타인들에게 인정받고자 성전 연보함에 많은 돈을 넣었던 부자를 보시고는 칭찬하지 않으셨지만, 초라했지만 전재산인 두 렙돈(Mite, 그리스 동전의 최소 단위, 현재로 약 500~1000원 정도)을 드린 가난한 과부를 칭찬하셨다. 가룟 유다는 당시 죄수의 몸값인 단돈 은 30에 예수님을 팔았다(막 14:11). 성경은 그에게 사탄이 들어갔다고 기록하고 있다(눅 22:3; 요 13:27). 돈을 사랑함은 일만 악의 뿌리가 된다(딤전 6:10). <사진-25>은 예수님 당시 사용되던 렙돈이다.

아브람은 목자들의 싸움을 알고 있었다. 원인은 많은 가축에 비해 턱없이 부족한 목초지에 있었다. 그래서 아브람이 선택한 방법은 양보였다. 아브람은 "우리는 한 친족"임을 강조했다. 가나안 땅에서 아브람의 친족은 오직 롯뿐이었다. 자식이 없던 아브람에게 롯은 아들과 같은 존재였다. 나이 많은 아브람, 그가 많은 재산을 쌓아도 그에게는 소망이 없었다. 아브람은 어른으로써 롯에게 좋은 목초지를 양보하고자 롯에게 제안했다. "네가 좌하면 나는 우하고, 네가 우하면 나는 좌하리라" (창 13:9). 이 말은 넓은 마음을 가진 어른이 할 수 있는 결정이다.

〈사진-25〉 렙돈

〈사진-26〉 요단강 주변 전경

아브람의 말이 끝나자마자 롯이 눈을 들어 요단 지역을 바라보았다.[21] 요단부터 소알(쪼아르 צֹעַר)까지 온 땅에 물이 넉넉하게 보였다 소알은 특별히 세렛 강이 흘러 물이 풍부하여, 땅이 기름지다. 롯은 풍요만을 보았다. 가축이 먹을 풍부한 물과 풀이 있는 땅, 재산을 크게 모을 수 있는 가능성을 지닌 땅을 선택하였다. 그 땅은 여호와께서 소돔과 고모라를 멸하시기 전이었기 때문에 여호와의 동산 같고 이집트 땅과 같았다(창 13:10). 롯은 그 땅에 영적으로 어떤 땅인지, 그 지역의 어떤 문화들이 있는지에 관심이 없었다. 아브람은 가나안 땅에 거주하였고, 롯은 그 지역 도시들에 머무르면서 장막을 옮겨 소돔까지 이르렀다(창 13:12). 소돔 사람들은 여호

21) 벧엘(세겜, 실로, 아이, 예루살렘, 헤브론 등)은 요단 서쪽 산악지역에 위치한다. 평균 해발 700-900m이다. 벧엘 지역에서 동쪽을 보게 되면, 약 -250m 지점에 있는 요단강과 여리고 지역에 보이고, 정면으로는 요단 동쪽 산지가 보인다. 그러나 벧엘에서 눈으로는 소알 지역, 소돔과 고모라 지역은 볼 수 없다. 왜냐하면, 소알 지역은 벧엘에서 약 120Km 정도 거리의 사해(염해) 끝에 위치해 있기 때문이다. 롯은 아마도 남방(네게브)로 이동하면서, 소알 지역에 가보았거나, 소문을 들어 알고 있었기 때문에 소알 지역으로 택해 떠났을 것이라 생각된다.

〈사진-27〉 요단강

〈사진-28〉 여리고 전경

〈사진-29〉 소알

〈사진-30〉 세렛 강

와 앞에 악하며, 큰 죄인이었다(창 13:13). 롯은 풍요로운 땅만을 보았다. 그 땅에 살고 있는 사람들이 어떤지를 알지 못했으며, 알려 하지 않았다. 그들은 여호와 앞에 악한 큰 죄인들이었다. 우리는 죄악을 분별할 수 있는 영적인 눈이 필요하다. 영적분별이 없으면, 죄악의 나락(奈落)으로 빠져들 수밖에 없다. 롯은 죄를 구별할 영적인 눈이 없었다. 롯은 요단 온 지역을 택하고 동으로 옮겼다. 아브람과 롯은 우르부터 하란, 가나안 세겜 땅, 이집트, 그리고 벧엘로 이어지는 오랜 여정을 끝내게 되었다. 그들이 서로 떠났다(창 13:11). <사진-26>은 물이 풍부해 많은 풀들이 자라고 있는 요단강 주변의 모습. <사진-27>은 요단강. <사진-28>은 요단강 주변에 위치한 가장 기름지고, 물이 풍부한 여리고의 모습이다. <사진-29>은 현재 요르단에 있는 소알 지역이다. <사진-30>은 소알을 흐르고 있는 세렛 강이다.

동서남북을 바라보라(창 13:12-18)

롯이 아브람을 떠난 후 여호와께서 아브람에게 찾아오셔서 말씀하셨다.

> "너는 눈을 들어 너 있는 곳에서 북쪽과 남쪽 그리고 동쪽과 서쪽을 바라보라 보이는 땅을 내가 너와 네 자손에게 주리니 영원히 이르리라 내가 네 자손이 땅의 티끌 같게 하리니 사람이 땅의 티끌을 능히 셀 수 있을진대 네 자손도 세리라. 너는 일어나 그 땅을 종과 횡으로 두루 다녀 보라 내가 그것을 네게 주리라" (창 13:14-17)

하나님은 아브람에게 동서남북(東西南北)을 바라보라 명하셨다. 보이는 땅을 영원히 "너와 네 후손"에게 주실 것이며, "네 후손"이 땅의 티끌 같이 능히 셀 수 없을 것이라고 말씀하셨다. 여호와는 이미 아브람에게 "내가 이 땅을 네 자손에게 주리라" 약속하셨다(창 12:7). 하나님은 아브람에게 "네 자손"으로, "큰 민족"을 이루게 하시며, 그들이 땅의 티끌처럼 셀 수 없을 만큼 되겠다고 약속하셨다.

하나님은 약속의 하나님, 언약의 하나님이다. 성경은 하나님의 언약책이다. 그래서 성경을 구약(舊約)과 신약(新約)으로 부른다. 구약은 옛 언약으로 the Old Testament, 신약은 새 언약으로 the New Testament이다. 또는 the Old Covenant, the New Covenant라 부른다.

아브람은 동서남북을 바라보았다. 그러나 그것으로 끝나면 하나님의 계획은 성취되지 않는다. 하나님은 아브람에게 "너는 일어나 그 땅을 종과 횡으로 두루 다녀 보라 내가 그것을 네게 주리라"고 말씀하신다(창 13:17). 아브람은 보이는 땅을 얻기 위해서는 종횡으로 두루 다녀야 한다. 그 땅을 밟아야 한다. 하나님의 약속을 믿으며, 주실 땅을 보아야 한다. 하나님은 가나안 땅에 들어가기 전 여호수아에게 동일하게 말씀하셨다.

> "내 종 모세가 죽었으니 이제 너는 이 모든 백성과 더불어 일어나 이 요단을 건너 내가 그들 곧 이스라엘 자손에게 주는 그 땅으로 가라 내가 모세에게 말한 바와 같이 너희 발바닥으로 밟는 곳은 모두 내가 너희에게 주었노니 곧 광야와 이 레바논에서부터 큰 강 곧 유브라데 강까지 헷 족속의 온 땅과 또 해 지는 쪽 대해까지 너희의 영토가 되리라" (수 1:2-4)

〈사진-31〉 헤브론 전경

하나님은 여호수아에게 그들에게 '주신 땅을 밟으라' 명하셨다. 그들은 아직 요단강을 건너지 않았다. 가나안 땅에 들어가지 않았다. 밟아야 할 것은 '미래' 이다. 그럼에도, 하나님은 이미 "내가 너희에게 주었다(과거형)" 라고 말씀하신다. 이것이 믿음이다. 하나님의 약속은 이미 이뤄졌다. 시간 순서상의 문제 일 뿐이다. 우리 시각으로 이뤄지지 않은 것처럼 보이지만, 하나님의 시간에는 이미 성취되었다. 시간만 흐르면 된다. 여호수아와 이스라엘은 이미 주신 땅인 줄 믿고 밟는 믿음이 필요하다. 아브람에게도 동일했다. 동서남북 땅을 바라보고, 하나님께서 주시겠다는 약속을 믿고, 그 땅을 밟아야 한다.

아브람은 땅을 밟기 시작했다. 그는 장막을 옮겨 헤브론에 있는 마므레 상수리 수풀에 이르렀다. 아브람은 그곳에 거주하며 여호와를 위하여 제단을 쌓았다(창 13:18). 제단은 오직 여호와만을 위해 쌓아야 한다. 제사를 받으시는 분은 전능하신 하나님, 창조주 하나님밖에 없기 때문이다. <사진-31>은 현재, 헤브론의 전경. <사진-32>은 막벨라 굴. <사진-33>은 마므레 상수리나무에 헬레나가 세운 교회 터. <사진-34>은 아브라함의 상

〈사진-32〉 막벨라 굴 전경

〈사진-33〉 마므레 상수리나무 터

〈사진-34〉 아브라함의 상수리나무

수리나무로 약 5,000년의 수령을 자랑한다. 얼마 전까지 살아 있었으나 현재는 죽어 고목상태로 아브라함 정교회에서 보존하고 있다.

창세기 14장

잡힌 롯: 구하는 아브람(창 14:1-17)

아브람과 롯이 헤어진 때 시날 왕 아므라벨, 엘라살 왕 아리옥, 엘람 왕 그돌라오멜, 고임 왕 디달(네 왕)이 소돔 왕 베라, 고모라 왕 비르사, 아드마 왕 시납, 스보임 왕 세메벨, 소알 왕 벨라(다섯 왕)와 전쟁을 했다(창 14:1-2). 이들은 염해(얌 하멜라 יָם הַמֶּלַח)[22] 주변인 싯딤 골짜기에 모였다(창 14:3). 다섯 왕은 12년 동안 그돌라오멜을 섬기다가 13년 째 그를 배반하였다. 그돌라오멜과 동맹한 왕들이 아스드롯 가르나임에서 르바 족속을, 함에서 수스 족속을, 사웨 기랴다임에서 엠 족속을 쳤다(창 14:5). 그들은 호리 족속을 세일 산(Mt. Seir)에서 쳐서 광야 근방 엘바란까지 이르렀다(창 14:6). 그들은 전열을 가다듬어서 다시 돌아와 엔미스밧 곧 가데스에 이르러 아말렉 족속의 온 땅과 하사손다말에 사는 아모리 족속을 쳤다(창 14:7). 네 왕이 나와서 싯딤 골짜기에서 그들과 전쟁을 하기 위하여 진을 쳤다(창 14:8). 네 왕은 다섯 왕과 전쟁하기 위해 맞은편에 섰다(창 14:9).

---

22) 성경의 염해는 사해(Dead sea)로 더 잘 알려졌다. 하지만, 히브리어는 한글번역본과 같이 염해(鹽海)이다. יָם הַמֶּלַח(얌 하멜라)는 '소금의 바다' (the salt sea)라는 뜻으로, 사해의 히브리어 표기도 יָם הַמֶּלַח이다.

싯딤 골짜기에는 역청 구덩이가 많았다(창 14:10a). 전쟁은 다섯 왕 연합군의 패배였다. 소돔 왕과 고모라 왕은 달아나다 역청 구덩이에 빠지고, 그 나머지는 산으로 도망하였다(창 14:10b). 전쟁에 승리한 네 왕은 소돔과 고모라의 모든 재물과 양식을 빼앗아 가고, 소돔에 거주하는 아브람의 조카 롯까지 사로잡고, 그 재물까지 노략해 갔다(창 14:11-12). 소돔에서 도망친 자가 히브리 사람 아브람에게 와서 그 사실을 알렸다. '히브리 사람' (이브리 עִבְרִי)이란 단어가 본문에서 처음으로 등장한다.

히브리 사람이란 후대 이스라엘 사람을 의미한다.[23)] 하지만, 성경 이외의 문서에서는 히브리 사람이란 단어는 그들 스스로가 아닌 타인들에 의해 지칭됐다(창 39:14; 41:12). 히브리 사람의 기원에 대해서는 아직 완전한 합의점에 이르지 못하고 있다. B.C 2,000년대 문서에서 많이 언급된 사람들인 하피루('Apiru 또는 Habiru)가 있다. 19세기에 발견된 350개 이상의 이집트 왕실 서고에서 나온 토판에 아카드어로 씌어진 문서들은 주로 아멘노피스3세(Amenophis Ⅲ: 약B.C 1,417-1379년)와 아멘노피스4세(Amenophis Ⅳ: 약 B.C 1,379-1,362년)에게 보내진 편지들이다. 이중 많은 편지들이 이집트에 종속되어 있던 수리아(시리아)-팔레스타인 군주들에게 보낸 것[24)]과

---

23) 이스라엘이란 하나님께서 야곱에게 얍복강에서 새로 주신 이름이다(창 32:28). 이후 모세는 자연스럽게 창세기를 기록하면서, 야곱의 후예들인 히브리인들에게 이스라엘 사람들이라고 불렀다(창 32:32). 성경은 히브리인들을 이스라엘인들이라 부른 이유에 대해서 정확히 기록하고 있지 않다. 하나님께서 아브라함을 부르고 그의 후손이 선택된 민족이 될 것임을 말씀하셨다. 아브라함의 자녀는 약속의 자녀 이삭만이 아니었다. 첩 하갈에게서 태어난 이스마엘(창 16:15), 후처 그두라에게서 태어난 시므란, 욕산, 므단, 미디안, 이스박, 수아(창 25:2)가 있었다. 그러나 하나님께서 선택한 민족은 '아브라함-이삭-야곱-열두 아들-그의 후손들' 로 이어지는 히브리인들로 통해 구원의 역사를 기록하고 있다.

24) 이집트에 종속되었던 시리아-팔레스타인 지역의 통치자들이 파라오에게 어려움을 호소하는 내용의 편지들이 많이 있었다. 특별히 하비루와 관련된 내용으로 예루살렘의 왕 압두헤바(Abdu-Heba)가 이집트 왕 파라오에게 보낸 편지가 있다.

"나의 주 왕에게 당신의 종 압두헤바가 드립니다. 나의 주 왕의 두 발 앞에 일

파라오가 이러한 군주들에게 보낸 편지의 사본들이다. 편지들에는 팔레스타인에서 지방 정부와 이집트에 도전하면서 혼란과 소동을 일으키고 있던 집단들에 대한 언급들이 자주 나온다. 이 집단들 중 하나가 아피루(Apiru)/아비루 또는 하피루/하비루로 지칭되고 있는데 이 명칭은 성경에서 말하는 '이브리' (עִבְרִי)와 매우 유사하다. 이들은 소아시아, 메소포타미아, 시리아, 가나안, 이집트에 흩어져 살던 상대적으로 잘 드러나지 않은 사람들이다. 하피루는 비록 많은 셈족이 포함되어 있긴 하지만 민족이나 종족으로 이룬 집단을 지칭하는 것이 아니라 근동의 여러 나라에서 시민권도 없이 떠돌아다니는 사회 계층을 말한다. 하피루는 사회의 외곽에서 정처 없이 떠돌아다니며 살았던 "유랑민" 또는 "외국인"이라고 학자들은 주장한다.

네 왕 연합군이 전쟁에 승리하여, 롯을 포로로 끌고 갔다. 이 때 아브람은 아모리 족속 마므레의 상수리 수풀 근처에 거주하고 있었다(창 14:13a). 마므레는 에스골과 아넬의 형제였다. 이들은 아브람과 동맹한 사람들이었다(창 14:13b). 아브람은 조카 롯이 사로잡혔다는 소식을 듣고, 집에서 길리고, 훈련된 자 318명을 거느리고 헤브론 마므레에서 수백 킬로미터 떨어진 단까지 쫓아갔다. 아브람과 가신(家臣)들이 나뉘어 밤에 그들을 쳐부수고, 다메섹 왼편 호바까지 쫓아가 빼앗겼던 모든 재물과 조카 롯과 그의 재물, 부녀와 친척을 다 찾아왔다(창 14:14-16). 아브람의 집에서 길리고(아브람의 집에서 태어나 자란 하인들), 훈련된 자가 318명이었다. 엘-아마르나(El-

---

곱 번씩을 엎드리고, 또 다시 일곱 번씩 엎드리나이다. 나의 주여! 내가 왕께 무슨 일을 하였습니까? 그들이 나의 주 왕 앞에서 나를 비난합니다. '압두헤바가 그의 주인 왕에게 대항하여 반역을 일으켰다' . 보십시오. 나는 이 자리에 나를 세운 분은 내 아버지도, 내 어머니도 아닙니다. 위대하신 왕의 팔이 나를 아버지의 집으로 인도하셨습니다. 어떻게 내가 나의 주요. 나의 왕께 대항하여 반역을 도모할 수 있겠습니까? 나의 주인 왕께서 살아계시는 한 나는 나의 주 왕의 사자에게 말할 것입니다. '왜 아피루를 선대하고, 통치자들을 물리치려하십니까?' 그래서 나는 나의 주인 왕의 얼굴 앞에서 비난을 당하고 있습니다" (ANET 487-8).

Amarna) 서판들에 기술된 가나안족의 기준에 의하면, 300명 군대는 상당히 큰 규모였다(ANET, 485). 아브람은 집에 있는 하인들 중 훈련시킨 정예 사병을 데리고 갔다. 이 사실로 유추할 때 아브람의 종들은 정예 사병 외의 남자 종과 여자 종들이 더 있다고 가정할 때 적어도 600명~1,000명 정도가 될 것으로 추정된다.

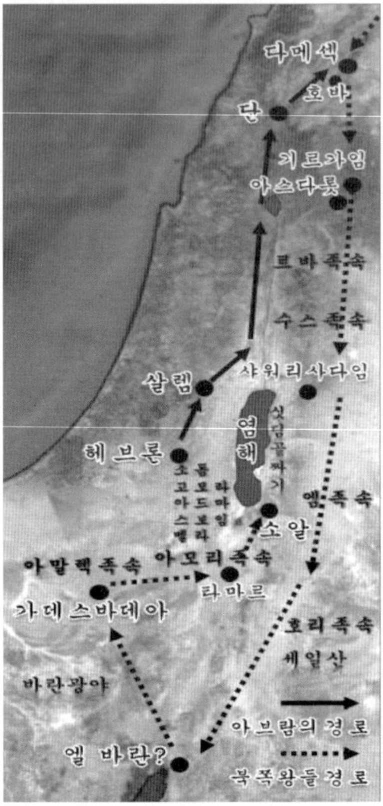

〈그림-14〉 아브라함의 추격 경로

<그림-14>은 롯을 찾아 떠난 아브라함의 추격 경로이다. <사진-35>은 텔 단(Tell Dan) 주변의 전경으로 단과 인접한 해발 2,814m의 헤르몬 산이 보인다. 아브람은 텔 단을 지나 헤르몬 산과 골란 고원 사이에 있는 길을 따라 다메섹(현재 시리아의 수도, Damascus)으로 갔다. <사진-36>은 텔 단에 있는 가나안 시대의 문이다. 단의 원래 이름은 라이스(수 19:47), 레셈(삿 18:29)이었다. 단은 B.C 2,700-2,400년경부터 마을을 형성해 살기 시작했다. 아브람은 조카 롯을 구하기 위해 이 곳 텔 단까지 왔을 것이다.

멜기세덱을 만남(창 14:17-24)

아브람은 그돌라오멜 연합군을 쳐부수고 돌아올 때, 소돔 왕이 사웨 골짜기(왕의 골짜기)로 나와 그를 영접하였다. 이 때 살렘 왕 멜기세덱이 떡과

〈사진-35〉 텔 단 주변 전경

〈사진-36〉 텔 단의 가나안 시대 문

포도주를 가지고 나왔다. 멜기세덱은 지극히 높으신 하나님의 제사장이었다(창 14:17-18). 살렘 왕 멜기세덱의 등장은 가장 난해한 내용이다. 살렘(샬렘 שָׁלֵם)이 어디에 위치해 있는지 알려지지 않는다(많은 학자들은 예루살렘으로 추정한다). 멜기세덱은 승전하고 오는 아브람에게 떡과 포도주를 가지고 나타난다. 성경은 멜기세덱에 대해 “지극히 높으신 하나님의 제사장” 이라고 밝혀 준다. 멜기세덱은 성경에 언급된 최초의 하나님의 제사장이다.

여기서 “지극히 높으신 하나님”(엘 엘론 אֵל עֶלְיוֹן 창 14:22)이란 칭호가 처음 사용된다. 하나님의 칭호는 하나님이 누구신가에 대한 정보를 제공한다. 영생하신 하나님(엘 올람 אֵל עוֹלָם 창 21:33), 전능하신 하나님(엘 샤다이 אֵל שַׁדַּי 창 17:1), 질투하는 하나님(엘 카노 아도나이 אֵל קַנָּא יְהוָה 신 6: 15), 준비하시는 여호와(아도나이 이레 יְהוָה יִרְאֶה 창 22:14), 치료하시는 여호와(아도나이 로프에카 יְהוָה רֹפְאֶךָ 출 15:26), 여호와는 나의 깃발(아도나이 닛시 יְהוָה נִסִּי 출 17:15), 사유(쎄리하 סְלִיחָה), 은혜로운(하눈 חַנּוּן), 자비하신(라훔 רַחוּם), 노하기를 더디하시는(에레크 아파림 אֶרֶךְ־אַפַּיִם), 인애하신 여호와(라브 헤세드 아도나이 רַב־חֶסֶד יְהוָה) 등의 호칭이 사용된다(느 9:17).

아브람에게 나타난 지극히 높으신 하나님의 제사장 멜기세덱에 대한 언급은 메시야 예언에 관한 시편 110:4에 다시 기록된다.

> “여호와는 맹세하고 변하지 아니하시리라 이르시기를 너는 멜기세덱의 서열을 따라 영원한 제사장이라 하셨도다”(시 110:4).

메시야는 멜기세덱의 서열(반차)을 따라 영원한 제사장이 될 것임을 예언한다. 히브리서 기자는 시편 110편의 예언의 말씀이 예수 그리스도를 통해 성취되었음을 증거한다.

> “또한 이와 같이 **그리스도께서 대제사장 되심도** 스스로 영광을 취하심이 아니요. 오직 말씀하신 이가 그에게 이르시되 너는 내 아들이니 내가 오늘 너를 낳았다 하셨고, 또한 이와 같이 다른 데서 말씀하시되 **네가 영원히 멜기세덱의 반차를 따르는 제사장**이라 하셨으니. 그는 육체에 계실 때에 자기를 죽음에서 능히 구원하실 이에게 심한 통곡과 눈물로 간구와 소원을 올렸고. 그의 경건하심으로 말미암아 들으심을 얻

었느니라. 그가 아들이시면서도 받으신 고난으로 순종함을 배워서 온전하게 되셨은즉, 자기에게 순종하는 모든 자에게 영원한 구원의 근원이 되시고 하나님께 멜기세덱의 반차를 따른 대제사장이라 칭하심을 받으셨느니라. 멜기세덱에 관하여는 우리가 할 말이 많으나 너희가 듣는 것이 둔하므로 설명하기 어려우니라"(히 5:5-11)

히브리서 기자는 7장에서 멜기세덱과 같은 측면과 멜기세덱보다 더 뛰어난 측면을 지적한다.

"이 멜기세덱은 살렘 왕이요. 지극히 높으신 하나님의 제사장이라 여러 왕을 쳐서 죽이고 돌아오는 아브라함을 만나 복을 빈 자라. 아브라함이 모든 것의 십분의 일을 그에게 나누어 주니라. 그 이름을 해석하면 먼저는 의의 왕이요 그 다음은 살렘 왕이니 곧 평강의 왕이요. 아버지도 없고 어머니도 없고 족보도 없고 시작한 날도 없고 생명의 끝도 없어 하나님의 아들과 닮아서 항상 제사장으로 있느니라. 이 사람이 얼마나 높은가를 생각해 보라. 조상 아브라함도 노략물 중 십분의 일을 그에게 주었느니라. 레위의 아들들 가운데 제사장의 직분을 받은 자들은 율법을 따라 아브라함의 허리에서 난 자라도 자기 형제인 백성에게서 십분의 일을 취하라는 명령을 받았으나 레위 족보에 들지 아니한 멜기세덱은 아브라함에게서 십분의 일을 취하고 약속을 받은 그를 위하여 복을 빌었나니 논란의 여지 없이 낮은 자가 높은 자에게서 축복을 받느니라. 또 여기는 죽을 자들이 십분의 일을 받으나 저기는 산다고 증거를 얻은 자가 받았느니라. 또한 십분의 일을 받는 레위도 아브라함으로 말미암아 십분의 일을 바쳤다고 할 수 있나니 이는 멜기세덱이 아브라함을 만날 때에 레위는 이미 자기 조상의 허리에 있었음이라. 레위 계통의 제사 직분으로 말미암아 온전함을 얻을 수 있었으면 (백성이 그 아래에서 율법을 받았으니) 어찌하여 아론의 반차를 따르지 않고 멜기세덱의 반차를 따르는 다른 한 제사장을 세울 필요가 있느냐 제사 직분이 바꾸어졌은즉 율법도 반드시 바꾸어지리니 이것은 한 사람도 제단 일을 받들지 않는 다른 지파에 속한 자를 가리켜 말한 것이라. 우리 주께

> 서는 유다로부터 나신 것이 분명하도다. 이 지파에는 모세가 제사장들에 관하여 말한 것이 하나도 없고, 멜기세덱과 같은 별다른 한 제사장이 일어난 것을 보니 더욱 분명하도다. 그는 육신에 속한 한 계명의 법을 따르지 아니하고 오직 불멸의 생명의 능력을 따라 되었으니 증언하기를 네가 영원히 멜기세덱의 반차를 따르는 제사장이라 하였도다. 전에 있던 계명은 연약하고 무익하므로 폐하고 (율법은 아무 것도 온전하게 못할지라) 이에 더 좋은 소망이 생기니 이것으로 우리가 하나님께 가까이 가느니라. 또 예수께서 제사장이 되신 것은 맹세 없이 된 것이 아니니 (그들은 맹세 없이 제사장이 되었으되 오직 예수는 자기에게 말씀하신 이로 말미암아 맹세로 되신 것이라. 주께서 맹세하시고 뉘우치지 아니하시리니 네가 영원히 제사장이라 하셨도다) 이와 같이 예수는 더 좋은 언약의 보증이 되셨느니라."(히 7:1-22)

아브람을 만난 멜기세덱은 아브람에게 축복하였다. "천지의 주재이시요 지극히 높으신 하나님이여 아브람에게 복을 주옵소서 너희 대적을 네 손에 붙이신 지극히 높으신 하나님을 찬송할지로다"(창 14:19-20). 아브람은 축복 기도한 멜기세덱에게 그돌라오멜을 쳐서 얻은 전리품의 십분의 일을 멜기세덱에게 주었다(창 14:20). 십일조는 고대근동에서 보편적으로 성행한 행위로, 성소에 바치거나 왕에게 바쳤다. 멜기세덱은 양쪽 모두 해당된다. 멜기세덱은 지극히 높으신 하나님의 거룩한 제사장의 신분으로 축복했고, 십일조를 아브람에게 받았다.

무례한 소돔 왕(창 14:21)

소돔 왕은 아브람에게 말했다. "사람은 내게 보내고 물품은 네가 가지라"(창 14:21). 소돔 왕은 아브람에게 무례한 말을 한 것이다. 소돔 왕은 그돌라오멜에게 패한 패장이다. 아브람은 소돔 왕에게 승리한 그돌라오멜을 물리쳤다. 그렇다면, 그돌라오멜의 연합군에 패해 도망갔던 소돔 왕은 그돌라오멜에게 승리한 아브람에게 나와 무릎을 꿇고, 겸손히 감사를 표현해야 한다. 아니면, 적어도 감사하다는 말을 하거나, 예물을 보내는 것이 마땅하다. 그러나 소돔 왕은 오히려 "사람은 내게 보내라"고 명령한다. 소돔성에 살고 있는 롯과 그 가족은 자신의 소유라는 의식이다. 롯과 그 가족, 탈취물은 전쟁에서 승리한 아브람의 소유임에도 불구하고, 소돔 왕은 교만하게도 그들을 자기에게 보내라 명령한다. 소돔 왕은 아브람에게 "물품은 네가 가지라"고 명령한다. 전리품은 소돔 왕의 것이 아님에도 자신이 아브람에게 선심 쓰듯이 전리품을 가지라고 말한다.

아브람의 관대함(창 14:22-24)

교만한 소돔 왕의 말을 들었음에도 아브람은 소돔 왕에게 정중히 말한다.

> "천지의 주재이시요 지극히 높으신 하나님 여호와께 내가 손을 들어 맹세하노니 네 말이 내가 아브람으로 치부하게 하였다 할까 하여 네게 속한 것은 실 한 오라기나 들메끈 한 가닥도 내가 가지지 아니하리라 오직 젊은이들이 먹은 것과 나와 동행한 아넬과 에스골과 마므레의 분깃을 제할지니 그들이 그 분깃을 가질 것이니라"(창 14:22-24).

아브람은 전쟁의 승리자이기 때문에 전리품을 가질 수 있는 권리가 있다. 그러나 아브람은 전리품을 갖지 않기로 작정했다. 아브람은 하나님의 이름으로 맹세했다. 여호와 하나님께 맹세한 성경의 첫 기록이다. 아브람의 맹세는 변하지 않고 반드시 지킨다는 의미를 담고 있다. 아브람의 맹세에서 그의 발전된 신앙을 발견할 수 있다. 아브람은 이집트에 내려가 아내를 누이라 속이는 죄 때문에 하나님께 큰 교훈을 받았다. 파라오와 그 온 집에 재앙을 내리시는 하나님의 능력을 체험했다. 그는 하나님이 누구신가를 깨닫기 시작했다. 그가 롯과 함께 벧엘에 도착했을 때 조카 롯에게 좋은 땅을 양보할 수 있었던 이유도 여기에 있다. 그가 바라보는 동서남북의 모든 땅을 주시겠다는 하나님의 음성을 듣고, 아브람은 더욱 하나님에 대한 믿음이 깊어졌다. 그래서 아브람의 맹세는 하나님의 정체성에 대한 그의 믿음을 엿볼 수 있다.

그가 체험한, 믿는 하나님은 어떤 분이신가? 첫째, 하나님은 천지의 주재시다. 아브람은 하나님은 천지를 다스리고, 움직이시는 주인이심을 고백했다. 둘째, 지극히 높으신 하나님임을 깨달았다. 세상의 그 어떤 신들(gods)도 하나님과 같은 신이 없음을 깨달은 것이다. 아브람은 이집트 신들보다 뛰어난 하나님의 능력을 보았기 때문에 하나님께서 지극히 높으신 분이라 고백을 할 수 있었다.

아브람은 소돔 왕의 사악한 마음을 알고 있었다. 그래서 그 어떤 오해의 소지도 없애고자 했다. 아브람은 단지, 롯과 가족을 구출하기 위해 가병(家兵) 318명을 데리고 간 것이다. 아브람은 그들로 가나안 땅에 살고 있던 여러 족속들과 싸워 가나안을 통합하려는 의도는 아니었다. 아브람은 소돔 왕이 의혹을 품고 있는 사악한 생각에 일침을 가했다.

> "아브람이 내 덕에 부자가 되었다고 할 속셈이오? 나는 실오라기 하나, 실끈 한 가닥도 당신의 것은 차지하지 않겠소. 나는 아무것도 바라지 않지만, 젊은이들이 먹은 것만은 찾지 마시오. 그리고 함께 갔던 아넬과 에스골과 마므레만은 저희의 몫을 차지하게 해야 하겠소" (공동번역 창 14:23-24)

창세기 15장

두려워 말라: 네게 씨를 주리라(창 15:1-7)

이 후에 여호와의 말씀이 환상 중에 아브람에게 임하였다(창 15:2). 여호와의 말씀은 곧 하나님이다. 하나님은 환상 중에 아브람에게 말씀하셨다.

> "아브람아 두려워하지 말라 나는 네 방패요 너의 지극히 큰 상급이니라"(창 14:1)

하나님은 아브람에게 "나는 네 방패요 너의 지극히 큰 상급"이라 말씀하셨다. 성경에 가장 많이 사용되는 단어 "방패", "상급"이라는 용어가 여기서 처음 사용된다. 하나님은 자신이 모든 대적의 검과 활을 막아내는 방패, 안전을 지키는 방패라고 말씀하신다. 하나님의 백성들은 믿음으로 방패 되신 하나님을 고백한다. 하나님은 "너를 돕는 방패"(신 33:29)가 되신다. 다윗은 이 믿음을 가장 많이 고백 한다.

> "나의 하나님이시오. 나의 피할 바위시오. 나의 방패시요 나의 구원의 뿔이시오. 나의 높은 망대시오. 나의 피란처시요 나의 구원자시라. 나를 흉악에서 구원하셨도다."(삼하 22:3). "자기에게 피하는 모든 자에게 방패"(삼하 22:31), "구원의 방패"(삼하 22:36), "나의 방패"(시 3:3), "나의 방패는 마음이 정직한 자를 구원하시는 하나님께 있도다"

(시 7:10). "자기에게 피하는 모든 자의 방패시로다"(시 18:30). "세상의 모든 방패는 여호와의 것임이여 저는 지존하시도다"(시 47:9).

아브람은 하나님께 "무엇을 주시려합니까"라고 묻는다. 왜냐하면, 아브람은 돈과 부(副)는 가지고 있기 때문이다. 아브람은 "나는 자식이 없기 때문에 나의 상속자는 다메섹 사람 엘리에셀입니다(생략된 의미: '왜냐하면, 하나님께서 약속하신 자식이 아직 없기 때문입니다.')"라고 말한다(창 14:2). 하나님은 아브람에게 "큰 민족"(창 12:2), "자손"(창 12:7; 13:15, 16)을 약속지만, 아직까지 약속은 성취되지 않았다.

어떻게 된 일인가? 우르에서 출발해 지금까지 몇 년의 시간이 흘렀는가? 하란에서 떠날 때 아브람의 나이는 75세였다. 이제 자식에 대한 소망은 점점 물 건너가고 있었다. 아브람은 자손을 약속한 하나님께 힘주어 강조한다. "주께서 내게 씨를 주지 않으셨기 때문에 내 집에서 길린 자가 내 상속자가 될 것입니다"(창 14:3) 여호와의 말씀이 아브람에게 임하여 말씀하셨다. "그 사람이 네 상속자가 아니라 네 몸에서 날 자가 네 상속자가 되리라"(창 14:4). 하나님은 여전히 "양자"가 아닌 "친자"가 상속자가 될 것임을 약속하셨다. 오히려, 하나님은 아브람을 이끌고 밖으로 나가서 말씀하셨다. "하늘을 우러러 뭇별을 셀 수 있나 보라. 네 자손이 이와 같으리라"(창 14:5). 아직 한 명의 친자(親子)도 없는데 하늘의 별과 같이 자녀가 많게 될 것이라고 믿을 수 있을까? 늙은 노인이 자녀(子女)에 대한 소망을 가질 수 있을까? 놀랍게도 아브람은 하나님의 말씀을 믿었다. 아브람은 자신의 모든 현실적인 악조건에도 불구하고 자식을 주시겠다고 약속한 하나님의 말씀을 믿었다. 하나님은 말씀을 믿은 아브람을 의(義)로 여기셨다(창 14:6).

우르에서 부르신 목적(창 14:7)

하나님은 약속은 한결 같다. 하나님은 우르에서 아브람에게 "너는 너의 고향과 친척과 아버지의 집을 떠나 내가 네게 보여 줄 땅으로 가라"(창 12:1)고 말씀하셨다. 그 이유는 "내가 이 땅을 네 자손에게 주리라"는 약속 때문이었다(창 12:7). 하나님은 다시 한 번 우르에서 이끌어 오신 목적을 말씀하신다. "나는 이 땅을 네게 주어 소유를 삼게 하려고 너를 갈대아인의 우르에서 이끌어 낸 여호와니라"(창 15:7). 하나님은 가나안 땅을 아브람에게 주어 소유를 삼게 하려고 우르에서 이끌어 내었다. 아브람은 가나안 땅에 단지 머무르는 정도가 아닌 소유하는 자가 되게 하며, 그 땅을 아브람의 후손들에게 기업으로 주신다고 약속했다.

언약의 징표(창 15:8-21)

아브람은 하나님께 질문한다. "주 여호와여, 내가 이 땅을 소유로 받을 것을 무엇으로 알 수 있겠습니까?"(창 15:8). 여호와는 답하셨다. "나를 위하여 3년 된 암소, 암염소, 숫양, 산(山) 비둘기와 집 비둘기 새끼를 가져오너라"(창 15:9). 아브람은 그 모든 것을 가져다가 중간을 쪼개고, 쪼갠 것을 서로 마주 놓고, 새는 쪼개지 않았다(창 15:10). 아브람이 재물을 쪼개는 행위는 중요한 의식이었다. 당시 고대 근동 지방에 가장 흔히 사용된 언약의 징표였다. 국가나 부족이 싸움을 할 때, 반드시 패자와 승자로 양분된다. 패자인 봉신(vassal)은 승자인 봉주(封主)에게 충성을 맹세했다. 봉주는 소, 양, 염소 같은 재물을 가져다가 반으로 나누고, 피가 철철 흐르는 쪼개진 재물 사이로 봉신은 지나가며, 충성을 맹세했다. 이 행위의 의미는 '만일, 봉신이 봉주를 거역하거나 반역한다면, 재물이 반으로 쪼개져 피를 흘리는 것처럼 나도 당신에게 죽임을 당할 것입니다.' 라는 의미를 지닌다. 반면, 봉주는 피로 맹세한 것이기 때문에 봉신을 반드시 안전하게 지켜 줄 의무가 있음을 피로 맹세하는 것이다. 하나님은 당시 봉주와 봉신의 맹세의 도구를 사용하여, 언약의 징표로 세웠다. 하나님은 봉주요, 아브람은 봉신의 관계지만, 언약을 베푸시는 하나님은 그 반대의 행위를 하셨다. 하나님은 아브람이 쪼개 놓은 재물 사이로 봉신처럼 지나 가셨다. 하나님은 아브람과 언약을 세웠는데 "이 땅을 애굽 강에서부터 그 큰 강 유브라데까지 네 자손에게 준다."는 것이다.

> "해가 져서 어두울 때에 연기 나는 화로가 보이며 타는 횃불이 쪼갠 고기 사이로 지나더라 그 날에 여호와께서 아브람과 더불어 언약을 세워 이르시되 내가 이 땅을 애굽 강에서부터 그 큰 강 유브라데까지 네 자손에게 주노니 곧 겐 족속과 그니스 족속과 갓몬 족속과 헷 족속과 브리스 족속과 르바 족속과 아모리 족속과 가나안 족속과 기르가스 족속과 여부스 족속의 땅이니라 하셨더라"(창 15:17-21).

하나님은 쪼갠 고기 사이로 지나가시며 맹세한다는 것은 언약을 반드시 지키신다는 강력한 의지이다. 만일, 아브람과 체결한 언약을 지키지 않는다면, 쪼갠 재물처럼 자신이 쪼개져 죽게 될 것이라는 피의 맹세를 하신 것이다.

아브람은 솔개가 쪼개 놓은 사체(死體)를 먹기 위해 내려 올 때, 솔개를 쫓았다(창 15:11). 해가 지면서 깊은 잠이 몰려왔다. 아브람에게 큰 흑암과 두려움이 몰려들었다(창 15:12). 그 때 여호와는 아브람에게 찾아오셔서 말씀하셨다.

> "너는 반드시 알라 네 자손이 이방에서 객이 되어 그들을 섬기겠고 그들은 400년 동안 네 자손을 괴롭히리니 그들이 섬기는 나라를 내가 징벌할지며 그 후에 네 자손이 큰 재물을 이끌고 나오리라 너는 장수하다가 평안히 조상에게로 돌아가 장사될 것이요 네 자손은 사대 만에 이 땅으로 돌아오리니 이는 아모리 족속의 죄악이 아직 가득 차지 아니함이니라"(창 15:13-16)

하나님은 아브람에게 후손과 땅을 언약하셨다. 그런데 놀랍게도 "네 자손이 이방에서 객이 되어 그들을 섬기겠고 그들은 400년 동안 네 자손을 괴롭게 할 것"이라고 말씀하신다.

하나님은 참 야속하지 않은가? 우르 땅에서 잘 지내던 노인 아브람을 후손과 땅을 주실 것을 약속하고 부르셨다. 그런데 그 후손이 이방에서 객이 되고, 그들을 섬길 것이라니! 더욱이 400년 동안을 괴롭게 할 것이라니! 더 이상한 것은 하나님은 아브람의 후손들이 섬기는 나라를 징벌할 것이며, 그 후에 아브람의 자손들이 큰 재물을 이끌고 나올 것이라 말씀하신다. 꼭 그런 과정을 겪게 해야 할까? 차라리 아브람의 후손들을 아방의 객이 되고, 그들을 섬기는 400년 없이, 가나안 땅에서 잘 살게 하면 안 되었는가? 하나님께서 아브람의 후손들을 괴롭힌 나라를 징벌하실 것이라면, 왜 그들을 400년 간 섬기게 했을까? 400년의 대가가 큰 재물을 가지고 나오는 것인가? 해답은 그 다음 절에서 밝힌다.

> "네 자손은 사대 만에 이 땅으로 돌아오리니 이는 아모리 족속의 죄악이 아직 가득 차지 아니함이니라"(창 15:16).

아모리 족속은 모든 가나안 땅의 족속들을 의미한다. 그들은 여호와 앞에 죄인들이었다. 롯이 택한 요단 들이 있던 "소돔 사람은 여호와 앞에 악하며 큰 죄인이었더라"(창 13:13)고 정의한 것과 같다. 약 700년 후 모세는 이 사실은 다시 한 번 강조된다.

> "이스라엘아 들으라 네가 오늘 요단을 건너 너보다 강대한 나라들로 들어가서 그것을 차지하리니 그 성읍들은 크고 성벽은 하늘에 닿았으며 크고 많은 백성은 네가 아는 아낙 자손이라 그에 대한 말을 네가 들었나니 이르기를 누가 아낙 자손을 능히 당하리요 하거니와 오늘 너는 알라 네 하나님 여호와께서 맹렬한 불과 같이 네 앞에 나아가신즉 여호와께서 그들을 멸하사 네 앞에 엎드러지게 하시리니 여호와께서 네게 말씀하신 것 같이 너는 그들을 쫓아내며 속히 멸할 것이라 네 하나님 여호와께서 그들을 네 앞에서 쫓아내신 후에 네가 심중에 이르기를

> 내 공의로움으로 말미암아 여호와께서 나를 이 땅으로 인도하여 들여서 그것을 차지하게 하셨다 하지 말라 이 민족들이 악함으로 말미암아 여호와께서 그들을 네 앞에서 쫓아내심이니라 네가 가서 그 땅을 차지함은 네 공의로 말미암음도 아니며 네 마음이 정직함으로 말미암음도 아니요 이 민족들이 악함으로 말미암아 네 하나님 여호와께서 그들을 네 앞에서 쫓아내심이라 여호와께서 이같이 하심은 네 조상 아브라함과 이삭과 야곱에게 하신 맹세를 이루려 하심이니라"(신 9:1-5)

하나님께서 가나안에 살고 있는 족속들을 쫓아내신 이유는 이스라엘의 공의 때문이 아니다. 가나안의 악함 때문이다.

아브람의 후손은 400년간 종살이와 해방을 경험해야 하지만, 아브람은 평안히 조상에게 돌아갈 것이다. '평안히' 라는 히브리어는 샬롬(שָׁלוֹם)으로 '행복', '평안', '평화', '건강' 등의 의미를 지닌다. 창 15:15에 처음으로 사용된 단어다. 진정한 샬롬의 상태는 죄가 없는 행복, 평안, 건강을 나타낸다. 이스라엘은 '샬롬!' 으로 인사를 한다. 성경에서 진정한 샬롬의 상태가 두 곳이 있다. 죄가 세상에 들어오기 전 창세기 1, 2장과 예수님의 재림으로 세워지는 영원한 천국, 새 하늘과 새 땅의 세상이 기록된 요한계시록 21, 22장이다. 그리고 이사야 65:17-25는 메시야가 임하여 만들 세상을 예언한다.

창세기 16장

기다림에 지친 사래(창 16:1-3)

사래는 우르 땅에 있을 때 이미 불임이었다. "사래는 임신하지 못하므로 자식이 없었더라"(창 11:30). 불임의 아내를 두고 있는 아브람에게 하나님은 큰 민족(창 12:2)과 자손(창 12:7; 13:15, 16; 15:13-18), 씨(창 15:3)를 약속하셨다. 이후 아브람은 하나님께서 자식을 주시지 않자 집에서 길리운 자 다메섹 사람 엘리에셀(다메쉑 엘리에젤 דַּמֶּשֶׂק אֱלִיעֶזֶר)을 자신의 상속자로 삼으려 했다. 그러나 하나님은 "네 몸에서 날 자가 네 상속자가 되리라"고 말씀하셨다(창 15:4). 그리고 하늘의 뭇 별을 보여 주며, "하늘을 우러러 뭇별을 셀 수 있나 보라 또 그에게 이르시되 네 자손이 이와 같으리라"라고 약속 하셨다(창 15:5). 더욱이 하나님은 "네 자손이 이방에서 객이 되어 그들을 섬기겠고 그들은 사백 년 동안 네 자손을 괴롭히리니 그들이 섬기는 나라를 내가 징벌할지며 그 후에 네 자손이 큰 재물을 이끌고 나오리라. 너는 장수하다가 평안히 조상에게로 돌아가 장사될 것이요. 네 자손은 사대 만에 이 땅으로 돌아오리니"라고 언약하시고, 쪼갠 고기 사이로 하나님의 횃불이 지나감으로써 언약을 확증했다(창 15:13-17).

하나님께서 언약하셨지만, 아브람에게는 여전히 자녀가 없었다. 사래는 하나님의 약속을 기다렸다. 그러나 시간이 흐를수록, 자신의 몸으로는 자식을 낳을 수 없음을 알았다. 그녀는 자식에 대한 소망을 상실해 갔다. 기다림에 지쳐갔다. 그래서 약속을 기다리기보다 자신이 할 수 있는 방법을 찾았다. 그녀에게는 이집트 사람으로 여종 하갈이 있었다(창 16:1). 하갈은 아브람이 가나안의 기근으로 인해 이집트에 갔을 때 바로가 재물과 함께 준 종일 것이다. 사래는 아브람에게 말했다.

> "여호와께서 내 출산을 허락하지 아니하셨으니 원하건대 내 여종에게 들어가라 내가 혹 그로 말미암아 자녀를 얻을까 하노라"(창 16:2).

아브람이 사래의 말을 들었다(창 16:3). 아브람의 판단도 사래와 같았다. 아브람의 생식 능력은 아직 살아 있었지만, 아내는 더 이상 생식 능력이 없었다. 사래는 하갈을 데려다가 남편에게 첩(妾)으로 주었다. 이때 아브람이 가나안 땅에 거주한 지 10년 후였다(창 16:3). 아브람에게 하갈을 첩으로 준 사래의 의도는 "내가 혹 그로 말미암아 자녀를 얻을까 하노라"라는 말씀에서 나타난다. 하갈은 사래의 대리모(代理母)로 아브람에게 주어진 것이다.

B.C. 3,000~2,000년 경 고대 근동(Ancient East)인 바벨론, 앗시리아, 이집트 등에서 대리모를 두는 관습이 광범위하게 퍼져 있었다. 여주인이 아이가 없을 경우 자신의 하녀를 남편에게 줌으로써 아이를 낳게 했다. 태어난 아들은 하녀의 아들이 아니라 여주인의 아들로 입양되어 친자식이 되었다. 고대 근동의 관습에 살고 있던 사래의 선택은 너무나 자연스러웠다. 고대 근동 지방에서 자녀가 없는 여자는 수치였다. 아내는 자녀를 많이 낳을 때 성공한 어머니요. 명예를 가진 아내로 대접을 받았다. 그렇기 때문에 많은 자녀를 두기 위해 아내뿐 아니라 첩들을 뒀다. 사래의 선택은 대리모인 하갈을 통해 자녀를 낳고자 한 것이다.

인간의 방법: 고통의 씨앗(창 16:4-6)

사래의 말을 들은 아브람은 하갈과 동침했다. 순풍에 돛 달듯이 그들의 계획은 순조롭게 진행됐다. 하갈은 임신했다. 아브람은 기뻐했다. 그러나 하갈의 임신은 새로운 전환점을 가져 왔다. 하나님의 약속을 기다리지 못한 사래의 선택은 고통의 씨앗을 뿌린 결과가 되었다. 사래의 의도와 달리 임신 사실을 알게 된 하갈은 주인 사래를 멸시하기 시작했다(창 16:4). 종이 주인을 멸시하는 초유의 사태가 벌어진 것이다. 하갈이 그렇게 할 수 있던 이유는 단 한 가지, 주인 사래가 갖지 못한 아기를 자신이 임신했기 때문이다. 사래는 분노했다. 그리고 아브람에게 찾아가 호소했다.

> "내가 받는 모욕은 당신이 받아야 옳도다. 내가 나의 여종을 당신의 품에 두었거늘 그가 자기의 임신함을 알고 나를 멸시하니 당신과 나 사이에 여호와께서 판단하시기를 원하노라"(창 16:5).

아브람은 사래에게 "당신의 여종은 당신의 수중에 있으니 당신의 눈에 좋을 대로 그에게 행하라"고 말했다. 아브람의 말은 아내와 여종, 아이들 문제에 대한 가장의 직무를 회피한 것처럼 보인다. 그러나 자세히 보면, 고대 근동에 살고 있었던 아브람은 당시 사회 제도의 영향을 받아 말한 것 같다.

고대근동법에는 대리모의 부작용을 막기 위해 부수적인 법적인 조치들이 있었다. 함무라비 법전(Hammurabi's code of low)에서는 하녀가 여주인의 자존감을 낮게 하는 마음을 가지면 하녀는 벌을 받았다. 앗시리아의 법(Assirian law)에는 만일 아내가 마음을 품지 않았는데 하녀를 아내의 자리를 대신해 아이를 낳게 되면, 하녀의 자녀는 여주인(아내)의 소유가 되고, 여주인이 원한다면 여종을 팔 수 있었다.

아브람의 말에 힘을 얻은 사래는 멸시한 하갈을 학대하기 시작했다. 학대에 시달린 하갈은 사래 앞에서 도망쳤다. 사래의 선택은 세 가지 고통을 안겨다 주었다. 첫째, 여종 하갈이 자신의 처지를 망각하고, 주인 사래를 멸시했다. 둘째, 아브람은 자기 책임을 아내에게 떠 넘겼다. 셋째, 사래가 하갈을 학대하므로 하갈이 집에서 가출하는 사태가 벌어졌다. 자녀를 얻어 수치를 면하고, 아브람의 씨를 낳아 상속자로 삼고자 했던 계획은 아브람의 가정에 고통만을 안겨다 주었다.

하갈을 찾아오신 하나님의 사랑(창 16:7-14)

하갈은 무작정 가출했다. 하갈은 집도 없고, 연고지도 없었다. 그녀는 고향인 이집트로 갈 수도 없었다. 아브람의 집을 떠난 하갈은 광야로 향했다. 슬픔으로 가득한 임산부 하갈. 가출한 그녀는 어떻게 아이를 낳아 기를 것인가에 대한 두려움이 엄습했다. 광야, 그곳은 이글거리는 태양 아래 전갈과 뱀이 있고, 물과 나무가 없는 죽음의 그림자만이 가득한 땅이다. 그녀는 그곳에 홀로 있었다. 아브람도, 사래도 하갈을 찾지 않았다. 아무도 그녀를 찾는 이가 없었다.

그러나 하갈 기사는 놀라운 하나님의 사랑 이야기로 반전된다. 그녀를 주시하는 분. 하나님이 계셨다. 여호와는 사자를 그녀에게 보냈다. 광야의 샘물 곁, 곧 술 길 샘 곁(알-하아인 베데레크 슈우르 עַל־הָעַיִן בְּדֶרֶךְ שׁוּר)에서 여호와의 사자가 그녀를 만났다.

<여호와의 사자>
"사래의 여종 하갈아! 네가 어디서 왔으며 어디로 가느냐" (창 16:8a)

<하갈>
"나는 내 여주인 사래를 피해 도망갑니다." (창 16:8b)

<여호와의 사자>
"네 여주인에게로 돌아가서 그 수하에서 복종해라. 내가 네 씨를 크게 번성하여 그 수가 많아 셀 수 없게 할 것이다. 네가 임신했고, 아들을 낳을 것인데 그 이름을 이스마엘이라 하거라. 왜냐하면, 여호와께서 네 고통을 들으셨기 때문이다. 그가 사람 중에 들나귀 같이 될 것인데 그의

손이 모든 사람을 치겠고 모든 사람의 손이 그를 칠지며 그가 모든 형제와 대항해서 살 것이란다!"(창 16:9-12)

하나님은 도망가는 하갈을 추적하셨다. 그리고 주인에게 돌아가 복종하라 명하셨다. 하나님은 하갈의 씨를 크게 번성케 하여 그 수를 셀 수 없이 많게 하겠다고 약속하셨다. 이름도 친히 지어 주셨다. 이스마엘(이쉬마엘 יִשְׁמָעֵאל), 그 뜻은 '여호와께서 네 고통을 들으셨다.'(키-샤마 아도나이 엘-안예크 כִּי־שָׁמַע יְהוָה אֶל־עָנְיֵךְ)는 의미였다. 아브람과 사래는 하갈을 외면했지만, 하나님은 그녀의 고통을 외면하지 않았다. 놀라운 하나님의 사랑이다. 하찮은 계집종인 하갈에게 찾아오셨고, 후손의 복도 허락하셨다. 하갈은 광야에서 놀라운 하나님의 사랑을 체험했다. 광야는 고통스런 땅이다. 죽음의 땅이지만, 하나님께서 함께 할 때 광야는 영광스런 땅, 축복의 땅으로 변한다. 출애굽 이후 이스라엘에게 40년 간 시내 광야는 불모지가 아닌 축복의 땅이었다. 하나님의 영광이 임재한 땅이었다. 하나님과 동행한 아름다운 땅이었다.

하갈은 자기에게 이르신 여호와의 이름을 '나를 보시는(감찰하시는) 하나님이라'(엘 라이 אֵל רֳאִי) 불렀다. 하나님의 감찰은 단순히 '눈으로 본다.'는 의미가 아니다. 감찰은 하나님의 돌보심을 의미한다. 하갈은 여호와의 사자와 만난 장소 '술 길 샘'(the spring on the way to Shur)을 '브엘라해로이'(베엘 라하이 로이 בְּאֵר לַחַי רֹאִי)라 불렀다. 브엘라해로이의 뜻은 '나를 감찰하시는 살아 계신 분의 우물'이라는 뜻을 담고 있다. 그것은 가데스와 베렛 사이에 있었다(창 16:13-14). 하갈은 아브람은 아들을 낳았다. 아브람이 하갈이 낳은 그 아들을 이스마엘이라 이름 붙였다. 하갈이 아브람의 아들 이스마엘을 낳았을 때에 그의 나이는 86세였다(창 16:15-16).

창세기 17장

아브라함: 새로운 이름(창 17:1-9)

아브람이 86세에 이스마엘을 낳고, 13년이란 시간이 흘렀다. 13년 동안 아브람의 행적에 대한 기록은 없다. 아마도 하갈이 집으로 돌아와 이스마엘을 낳음으로써 사래와 화해하고, 문제 없는 가정으로 살았을 것이다. 왜냐하면, 하갈은 주인에게 복종하라는 여호와의 사자의 명을 받아 아브람의 집으로 돌아왔고, 이스마엘을 통해 많은 후손을 주시겠다는 약속을 받았기 때문이다. 아브람이 99세 때에 여호와께서 아브람에게 나타나 그에게 말씀하셨다.

> "나는 전능한 하나님이라 너는 내 앞에서 행하여 완전하라. 내가 내 언약을 나와 너 사이에 두어 너를 크게 번성하게 하리라. (아브람이 엎드렸다.)…보라 내 언약이 너와 함께 있으니 너는 여러 민족의 아버지가 될지라. 이제 후로는 네 이름을 아브람이라 하지 아니하고 아브라함이라 하리니 이는 내가 너를 여러 민족의 아버지가 되게 함이니라. 내가 너로 심히 번성하게 하리니 내가 네게서 민족들이 나게 하며 왕들이 네게로부터 나오리라(창 17:2-6).

이미 멜기세덱은 '지극히 높으신 하나님' (엘 엘룐 אֵל עֶלְיוֹן 창 14:19-20)으로, 하갈은 '감찰하시는 하나님' (엘 로이 אֵל רֳאִי 창 16:13)으로 불렀다. 여호와는 아브람에게 자신을 '전능한 하나님' (엘 샤다이 אֵל שַׁדַּי)이라 소개한다. 하나님은 천지를 창조하시고, 노아 홍수를 일으키고, 바벨탑을 쌓던 인간들의 언어를 혼잡케 할 수 있는 전능한 하나님이다. 아브람에게 자신을 전능한 하나님으로 소개한 것은 후손에 대한 약속과 연관된다. 사래와 아브람은 약속의 자녀를 기다리지 못해 하갈을 통해 이스마엘을 낳았다. 그리고 13년이 지난 지금, 아브람의 나이 99세, 사래의 나이 89세였으므로 친자(親子)에 대한 소망이 완전히 끊어졌다. 그들에게 무엇이 필요하겠는가? 약속의 자녀를 얻기 위해서는 제한된 인간의 능력이 아닌 전능한 하나님의 능력이 필요했다. 전능한 하나님은 늙은 노부부에게 친 자식을 주실 수 있다. 전능한 하나님은 자신의 능력을 믿기만 하라는 것이다. 그러면서 아브람에게 여호와 앞에서 완전히 행할 것을 요구한다.

하나님은 더 나아가 아브람에게 여러 민족의 아버지가 될 것을 언약하셨다. 그래서 아브람(אַבְרָם)을 '열국(列國)의 아비'(아브 하몬 고임 אַב־הֲמוֹן גּוֹיִם)라는 뜻인 '아브라함' (אַבְרָהָם)이라고 개명시켰다. 하나님은 "내가 너로 심히 번성하게 하리니 내가 네게서 민족들이 나게 하며 왕들이 네게로부터 나오리라"고 언약하셨다(창 17:6).

새로운 언약의 특징(창 17:7-10)

하나님은 아브라함에게 계속 말씀하셨다.

> "내가 내 언약을 나와 너 및 네 대대 후손 사이에 세워서 영원한 언약을 삼고 너와 네 후손의 하나님이 되리라. 내가 너와 네 후손에게 네가 거류하는 이 땅 곧 가나안 온 땅을 주어 영원한 기업이 되게 하고 나는 그들의 하나님이 되리라. 하나님이 또 아브라함에게 이르시되 그런즉 너는 내 언약을 지키고 네 후손도 대대로 지키라. 너희 중 남자는 다 할례를 받으라 이것이 나와 너희와 너희 후손 사이에 지킬 내 언약이니라" (창 17:7-10).

하나님은 아브람을 아브라함으로 개명함으로써 이름을 통해 언약을 보증한다. 이름(쉠 שֵׁם)이란 존재를 의미한다. 하나님은 아브라함(열국의 아비)을 부를 때마다 언약을 기억하겠다는 의지를 담고 있다.

언약의 주체는 하나님이기 때문에 "내 언약"(브리티 בְּרִיתִי)이라 말씀하신다. 언약은 강한 자가 약한 자에게 베푸는 약속이다. 여호와 하나님은 "내 언약"을 아브라함과 그 대대 후손에게 세워서 영원한 언약이 되게 하겠다고 말씀하신다. 이 언약적 구조는 무지개 언약(창 9:9-16)에서도 동일하게 나타난다. 이를 비교하면 <표-16>과 같다.

〈표-16〉 무지개 언약과 아브라함 언약 비교

무지개 언약(9:9-16)		아브라함 언약(17:7-10)
주체 (~가)	내가 (여호와 하나님)	내가 (여호와 하나님)
무엇을 (~을)	내 언약을(בְּרִיתִי 9a)	내 언약을(בְּרִיתִי 17a)
누구 (~에게)	너희, 너희 후손, 너희와 함께 한 모든 생물(9b-10a)	너, 네 대대 후손(7b)
내 용	다시는 홍수로 생물 멸하지 않겠다 (11, 15).	가나안 온 땅을 주어, 영원한 기업이 되게 하고, 너와 네 후손의 하나님 이 될 것이다(7-8).
기 간	영원한 언약 (בְּרִית עוֹלָם, 16c)	영원한 언약 (בְּרִית עוֹלָם, 17b)

하나님은 아브람에게 "내가 내 언약을 나와 너 및 네 대대 후손 사이에 세워서 영원한 언약을 삼고 너와 네 후손의 하나님이 되리라"라고 말씀하신다. 이 언약의 특징은 첫째, 아브라함과 하나님, 하나님과 대대 후손 사이에 세워진다. 둘째, 영원한 언약(브리트 올람 בְּרִית עוֹלָם)으로 삼는다. 셋째, 하나님은 아브라함과 그의 후손의 하나님이 될 것이다. 아브라함의 언약의 내용은 후대 이스라엘에게 동일하게 적용된다. 넷째, 하나님은 가나안 땅을 아브라함과 그의 후손들에게 주어 그들의 영원한 기업이 되도록 하실 것이다. 하나님은 아브라함에게 "너는 내 언약을 지키고 네 후손도 대대로 지키라"고 명하셨다. 이제 언약은 쌍방언약이 된다. 하나님께서 베푸신 언약이 영원한 언약이 되기 위해서는 반드시, 아브라함과 그의 후손들이 대대로 지켜야 한다.

언약의 표징: 할례(창 17:10-14)

고대 근동 지방에는 할례의식이 성행했다. 할례(circumcision)는 성인의

〈사진-37〉 이집트의 할례

〈사진-38〉 이집트 할례 부조

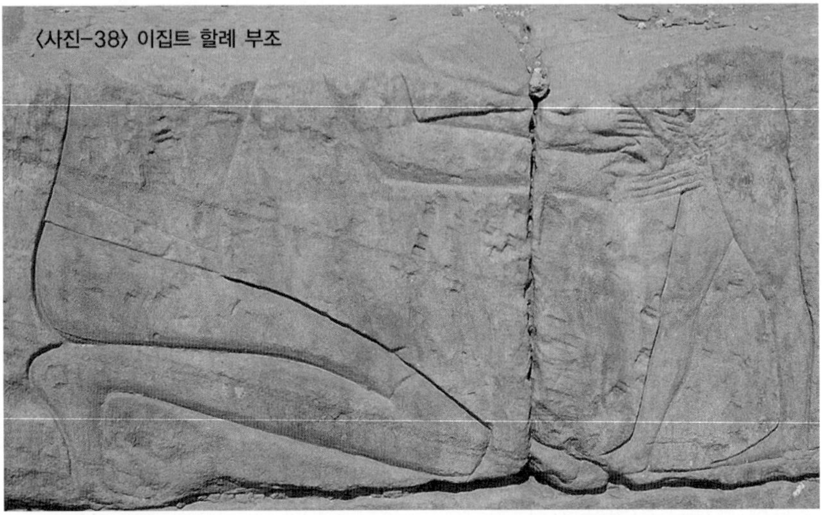

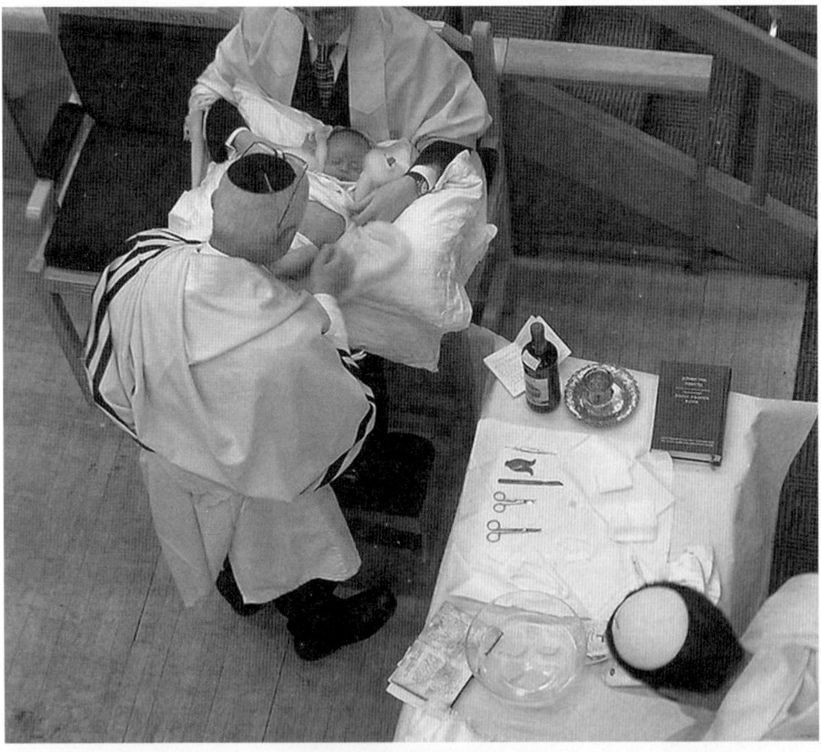

〈사진-39〉유대인의 할례 모습

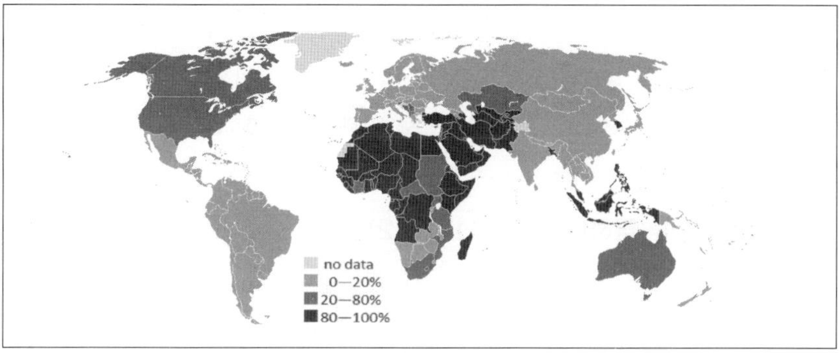

〈그림-15〉 WHO에 따른 전 세계 남자 할례 빈도 지도

식 및 남성의 위생적 청결 때문에 행해졌다. 아프리카 지역이나 중동의 일부 지역에서는 남자뿐 아니라 여성에게도 할례가 행해졌다. <사진-37>은 이집트의 할례, <사진-38>은 이집트 룩소(Luxor)의 무트(Mut)의 경계에 있는 콘스페코로스(Khonspekhrod)의 신전 북쪽 벽에 있는 할례하는 부조이다(이집트 18왕조 B.C 1360년 아멘호텝 3세). <사진-39>은 유대인의 할례를 행하는 사진이다. 아버지는 아들을 데리고, 엘리야의 의자에 앉아 할례 집도자인 모헬에 의해 할례를 받는다. <그림-15>은 전 세계 할례 빈도 지도이다.

여호와 하나님은 고대 근동 지방에서 행해지던 할례를 새로운 언약의 상징으로 바꾸셨다. 여호와 하나님은 아브라함에게 "너희 중 남자는 다 할례를 받으라 이것이 나와 너희와 너희 후손 사이에 지킬 내 언약이니라"라 말씀하셨다(창 17:10). 할례는 남자 성기의 포피를 베는 것으로, 하나님과 아브라함의 후손 사이에 언약의 표징이 된다(창 17:11). 할례는 일시적이 아닌 후손 대대로 시행해야하며, 그 대상은 아브라함의 후손의 모든 남자뿐 아니라 이방 사람에게서 돈으로 산 자들도 포함되고, 시행 시기는 태어난 지 8일 만에 할례를 받아야 한다(창 17:12). 할례는 그들의 살에 영원한 언약을 표하는 의식이다(창 17:13). 만일, 할례를 행하지 않으면, 백성 중에서 끊어지고, 하나님의 언약을 배반한 자가 된다(창 17:14). 유대인들은 스스로 세 가지 언약을 가진 민족이라고 말한다. 첫째, 시간에 나타난 언약으로 안식일(출 31:16-17)을 말하며 둘째, 공간에 나타난 언약으로 무지개(창 9:12-15) 셋째, 몸에 나타난 언약으로 할례(창 17:10-11)가 있다고 말한다.

이삭: 시기를 정하다(창 17:15-22)

하나님은 아브라함에게 '사래' (사라이 שָׂרַי)를 '사라' (사라 שָׂרָה)라는 이름으로 부를 것을 말씀하셨다(창 17:15). 하나님은 그녀에게 복을 주어, 남편 아브라함에게 아들을 낳아 줄 것이며, 여러 민족의 어머니가 되고, 여러 왕이 그녀에게서 나올 것임을 언약하셨다(וּבֵרַכְתִּי אֹתָהּ וְגַם נָתַתִּי מִמֶּנָּה לְךָ בֵּן וּבֵרַכְתִּיהָ וְהָיְתָה לְגוֹיִם מַלְכֵי עַמִּים מִמֶּנָּה יִהְיוּ 창 17:16). 이는 아브람이 아브라함으로 개명될 때 한 언약과 동일하다(창 17:6). 하나님은 아브라함(열국 즉 여러 나라의 아비)과 사라(열국의 어미)가 낳은 아들을 통해 여러 민족과 왕들이 태어날 것을 언약하셨다.

그러나 하나님의 언약을 들은 아브라함은 엎드려 마음속으로 '100세 된 사람이 어찌 자식을 낳을까 사라는 90세니 어떻게 출산할 수 있을까'라 생각하며 웃었다(창 17:17). 아브라함은 하나님께 아뢰었다. "이스마엘이나 하나님 앞에 살기를 원합니다"(창 17:18). 하나님은 아브라함에게 "네 아내 사라가 네게 아들을 낳으리니 너는 그 이름을 이삭이라 하라 내가 그와 내 언약을 세우리니 그의 후손에게 영원한 언약이 되리라"라고 말씀하셨다(창 17:19).

창세기 17장은 아브라함에게 자녀에 대한 강력한 언약을 베푸신 장이다. 하나님은 아브람을 아브라함으로, 사래를 사라라는 이름으로 바꾸시면서 그들을 통해 여러 민족과 왕들이 나올 것을 언약하셨고, 이를 보증하기 위해 할례를 언약의 증표로 주셨다. 또한 영원한 언약으로 대대로 지킬 언약임을 재차 강조하셨다. 더욱이 사라가 아들을 낳을 것이며, 그 이름을

'이삭' (이쯔하크 יִצְחָק)라고 명명(命名)하므로, 전능한 하나님께서 아브라함에게 사라를 통해 아들을 반드시 주실 것이라 언약하셨다.

하나님은 이삭뿐 아니라 이미 태어난 이스마엘에게도 복을 주어 그를 매우 크게 생육하고 번성하게 할 것이며, 그가 열두 두령을 낳게 될 것이며, 하나님께서 그를 큰 나라가 되게 하겠다 약속하셨다(창 17:20).

하나님은 아브라함에게 더 구체적으로 "내 언약은 내가 내년 이 시기에 사라가 네게 낳을 이삭과 세우리라"고 말씀하셨다(וְאֶת־בְּרִיתִי אָקִים אֶת־יִצְחָק אֲשֶׁר תֵּלֵד לְךָ שָׂרָה לַמּוֹעֵד הַזֶּה בַּשָּׁנָה הָאַחֶרֶת, 창 17:21). 이제 때가 됐다. 아브라함은 75세에 하란을 떠나 24년 이란 세월 동안 자녀를 주시겠다는 하나님의 언약을 기다려 왔다. 그는 집에서 기른 다메섹 사람 엘리에셀을 상속자로 삼기로 했지만, 그는 언약의 자녀가 아니었다. 첩 하갈을 통해 얻은 이스마엘도 언약의 자녀가 아니었다. 하나님은 드디어 약속의 자녀를 낳을 정확한 시간을 지정해 주셨다. 아브라함은 갈대아 우르에서 떠나 99세가 된 지금까지 눈에 보이지 않는 하나님의 약속을 기다려 왔다. 만일, 하나님께서 계속되는 자녀, 씨, 민족에 대한 약속을 받지 않았다면, 하나님의 약속을 믿지 않거나, 거절했을 것이다. 하나님은 그가 약해질 때마다 자녀에 대한 언약을 하셨다. 이제, 하나님은 아브라함에게 1년 뒤 약속의 자녀가 태어날 것이라 약속하셨다. 하나님은 아브라함과 말씀을 마치시고 그를 떠나 하늘로 올라가셨다(창 17:22).

믿음으로 할례를 행하다(창 17:23-27)

아브라함은 하나님께서 자기에게 말씀하신 대로 이 날 아들 이스마엘과 집에서 태어난 모든 자와 돈으로 산 모든 자를 데려다가 그들의 포피를 베었다(창 17:23). 아브라함이 할례를 행한 때는 99세, 이스마엘이 13세였다. 그날에 아브라함과 이스마엘뿐 아니라 그의 집의 모든 남자(태어난 자와 돈으로 산 이방인)들은 다 할례를 받았다(창 17:26-27).

창세기 18장

마므레 상수리 수풀: 하나님과 만남의 장소(창 18:1-8)

상수리나무는 하나님과 아브라함의 만남의 장소로 자주 언급된다. 그가 하란을 떠나 가나안 땅에 들어와 세겜 땅 모레 상수리나무에 이르렀을 때, 하나님은 이 땅을 네 자손에게 주리라고 약속하셨고, 아브람은 여호와를 위하여 단을 쌓았다(창 12:6-7). 롯과 헤어진 뒤 아브람은 하나님께 동서남북 바라보는 모든 땅을 그와 자손에게 영원히 주며, 자손을 땅의 티끌 같게 주시겠다는 약속을 받고, 헤브론에 있는 마므레 상수리 수풀에서 여호와께 단을 쌓았다(창 13:14-18). 네 왕이 롯을 잡아 갔을 때 아모리 족속의 마므레 상수리 수풀 근처에 거하고 있었다(창 14:13). 그리고 다시 여호와께서 마므레의 상수리나무들이 있는 곳에서 아브라함에게 나타나셨다(창 18:1).

아브라함은 날이 뜨거울 때에 장막 문에 앉아 있었다(창 18:1b). 이스라엘은 사막 기후의 영향을 받는다. 여름에는 지역에 따라 편차가 많다. 헤브론이나 예루살렘처럼 산지가 만일 영상 38도 정도이면, 에일랏(Eilat), 브엘세바(Beer sheva), 여리고(Jericho), 사해 등은 영상 44-46도까지 치솟는다. 하지만, 헤브론은 에일랏, 사해, 여리고 등 저지대와 텔아비브(Tel Aviv)와 같이 지중해의 영향을 받는 평지보다 상대적으로 습도가 적고, 해발 910m의 높은 산지기 때문이 바람이 많이 불어 그늘에 들어가면 시원하고, 아침 · 저녁으로는 선선함을 느낀다. 아브라함은 뜨거운 태양을 피해 시원한 장막 그늘에 앉아 있었다. 아브라함이 눈을 들어 볼 때, 세 사람이 맞은편에 서 있었다. 아브라함은 그들을 보자 쉬고 있던 장막 문에서 달려 나가 그들을 영접하며 몸을 땅에 굽혀 말했다(창 18:2).

> "내 주여 내가 주께 은혜를 입었사오면 원하건대 종을 떠나 지나가지 마시옵고 물을 조금 가져오게 하사 당신들의 발을 씻으시고 나무 아래에서 쉬소서 내가 떡을 조금 가져오리니 당신들의 마음을 상쾌하게 하신 후에 지나 가소서 당신들이 종에게 오셨음이니이다" (창 18:3-5).

아브라함은 자신을 찾아온 세 사람이 누구인지 알았다. 고대 근동에서 손님을 정성스럽게 맞이하는 것은 풍습이었다. 그러나 몸을 굽혀 경배하는 행위는 하지 않았다. 아브라함은 자기 앞에 선 사람이 여호와 하나님임을 알았다. 그래서 달려가 영접하고 땅에 몸을 굽혀 경배를 한 것이다. 아브라함이 그들에게 말한 "당신들이 종에게 오셨음" 이라고 한 표현에서도 이를 짐작하게 한다. 아브라함이 그들에게 말할 때 그들은 "네 말대로 그리하라" 고 허락 했다(창 18:5c).

아브라함은 급히 장막으로 가서 아내 사라에게 빨리 고운 가루 세 스아(세아 סְאָה 7.3ℓ . $\frac{1}{3}$에바와 동일하다. 한 에바는 22ℓ)를 가져다가 반죽하여 떡을 만들라고 부탁했다. 아브라함은 가축 떼 있는 곳으로 달려가서 기름지고 좋은 송아지를 잡아 하인에게 주었고, 하인은 급히 요리 했다(창 18:6-7). 아브라함은 버터와 우유, 하인이 만든 송아지 요리를 가져다가 나무 아래에 차려 놓고 그들을 모셨다. 아브라함은 세 사람이 음식을 먹는 동안 서 있었다(창 18:8).

여호와께 능치 못한 일이 있느냐(창 18:9-15)

그들은 아브라함에게 물었다. "네 아내 사라가 어디 있느냐". "네, 장막에 있습니다"(창 18:9). 하나님께서 아브라함에게 말씀하셨다. "내년 이맘때 내가 반드시 네게로 돌아오리니 네 아내 사라에게 아들이 있으리라"(창 18:10a). 아브라함은 오랜 기간 동안 하나님의 약속을 기다려야 했다. 하나님은 이제 1년 이라는 기간을 정하시고, 사라에게 아들이 있을 것을 말씀하신다. 사라가 장막 뒤에서 이 말을 들었다. 나래이터는 아브라함과 사라의 현재 상황을 설명한다. "아브라함과 사라는 나이가 많아 늙었고 사라에게는 여성의 생리가 끊어졌는지라"(창 18:11). 인간적 생식 능력을 상실한 아브라함 부부. 그런데 하나님은 이들에게 1년 뒤 아들이 있을 것을 약속하셨다.

하나님은 왜, 이런 방법을 사용하셨을까? 성경은 자주 자연적 환경을 초월하시는 하나님의 능력을 보여준다. 만일, 하나님께서 인간의 능력 한계 속에서 일하신다면 더 이상 전능한 하나님이 아니다. 하나님은 전능한 하나님이다. 하나님은 아브라함과 사라 그리고 성경을 읽고 있는 독자들에게 이 사실을 깨닫게 하신다.

하나님의 말씀을 들으면서 사라는 속으로 웃었다. 그녀는 마음 속으로 "내가 노쇠하였고, 내 주인도 늙었으니 내게 무슨 즐거움이 있으리요"라고 말하고 있었다(창 18:12). 사라에게는 더 이상 자녀를 낳는다는 소망이 끊어졌다. 그녀에게는 하나님의 약속이 무의미했다. 그녀는 생리가 끊겨 더 이상 인간의 능력으로는 자녀를 낳을 수 없었다. 설사 임신을 하더라도 나이 90에 자녀를 낳을 수 있을까? 현대의 과학으로도 여자 나이 35세부터 노산(老産)으로 본다. 그런데 90인 사라에게 자녀가 있을 수 있을까? 그녀에게는 하나님의 말씀이 너무나 황당한 말로 들렸을 것이다. 마음속으로 웃는 사라. 그러나 그 소리를 듣고 계신 하나님이 계셨다. 여호와께서 아브라함에게 말씀하셨다.

> "사라가 왜 웃으며 이르기를 내가 늙었거늘 어떻게 아들을 낳으리요 하느냐 여호와께 능하지 못한 일이 있겠느냐 기한이 이를 때에 내가 네

> 게로 돌아오리니 사라에게 아들이 있으리라"(창 18:13-14)

아무도 없는 무화과나무 아래 있던 나다나엘을 아신 예수님처럼(요 1:48), 하나님은 사라의 마음속을 읽고 계셨다. 사라는 두려워 내가 웃지 않았다고 부인하였다. 여호와께서는 "아니라 네가 웃었느니라"고 말씀하셨다(창 18:15). 하나님께는 숨김이 없다. 전능한 하나님은 모든 것을 알고 계신다. 그리스도인들은 하나님께 기도할 때 모든 것을 숨김없이 아뢰어야 한다. 자신의 거짓을 인정할 때 하나님은 받아주시고, 용서해 주신다. 우리가 범죄 하지 않았다고 하면 하나님을 거짓말하는 자로 만들뿐이다(요일 1:10). 여호와께서는 사라에게 "여호와께 능치 못한 일이 있겠느냐?"라고 반문하셨다. 하나님께는 불가능이 없다. 하나님께서 생리가 끊어지고, 늙은 몸 때문에 약속의 자녀를 낳지 못하는 환경을 허락지 않는다. 하나님의 약속은 반드시 이뤄진다.

선지자 아브라함에게(창 18:16-19)

그들이 일어나 소돔으로 향하고 아브라함은 그들을 전송하기 위해 함께 나갔다(창 18:16). 여호와께서 아브라함에게 말씀하셨다.

> "내가 하려는 것을 아브라함에게 숨기겠느냐 아브라함은 강대한 나라가 되고 천하 만민은 그로 말미암아 복을 받게 될 것이 아니냐 내가 그로 그 자식과 권속에게 명하여 여호와의 도를 지켜 의와 공도를 행하게 하려고 그를 택하였나니 이는 나 여호와가 아브라함에게 대하여 말한 일을 이루려 함이니라"(창 18:17-19).

여호와께서 아브라함에게 자신이 하고자 하는 일을 숨기지 않겠다고 하셨다. 미가는 참선지자의 특징을 말한다. "주 여호와께서 자기의 비밀을 그 종 선지자들에게 보이지 아니하시고는 결코 행하심이 없으리라"(미

3:7). 아브라함은 성경에 처음으로 '선지자'(나비 נָבִיא)라고 불린다. 아브라함이 그랄 땅에 들어갔을 때 그는 아내 사라를 누이라 하여 이집트에서 행한 실수를 다시 범했다(창 12:13). 그랄 왕 아비멜렉이 사라를 데려갔다. 하나님은 아비멜렉의 꿈에서 말씀하셨다.

> "이제 그 사람의 아내를 돌려보내라 그는 선지자라 그가 너를 위하여 기도하리니 네가 살려니와 네가 돌려보내지 아니하면 너와 네게 속한 자가 다 반드시 죽을 줄 알지니라"(창 20:7).

여호와께서 아브라함에게 언약하셨다. 첫째, 강대한 나라가 되게 할 것이다. 둘째, 천하 만민이 아브라함과 그 자손들로 복을 받게 될 것이다. 이 언약은 쌍방언약이다. 하나님께서는 아브라함과 그 후손들에게 강대한 나라와 복의 근원을 주시지만, 그들은 여호와의 도를 지켜 의와 공도를 행해야 한다. 하나님은 이를 위해 아브라함을 선택하셨다. 하나님은 아브라함을 통해 언약하심을 이루신다. 하나님의 계획은 택하신 사람을 통해 성취하신다. 사도바울은 "너희 속에 착한 일을 시작하신 이가 그리스도 예수의 날까지 이루실 줄을 우리가 확신하노라"(빌 1:6)고 말했다. 하나님의 계획은 반드시 하나님께서 이루신다.

여호와께서 아브라함에게 베푸신 언약은 쌍방언약이다. 쌍방언약의 특징은 "순종=복", "불순종=저주"의 공식을 가진다. 이 공식의 전형은 신명기 28장에 나타난다. 이스라엘의 역사는 하나님의 말씀(율법, 율례, 도)에 불순종할 때 저주 곧 심판을 받고, 하나님의 말씀에 순종할 때 하나님의 복을 받는 이야기를 담고 있다. 그러나 한 가지 놀라운 사실은 쌍방언약의 전형적 공식에도 불구하고, 하나님은 그의 백성들을 사랑한다는 것이다. 성경은 하나님의 사랑 이야기(Love Story)이다. 이스라엘, 더 나아가 신약의 모든 인류가 불순종하여 저주를 받고, 심판을 받는다. 그러나 심판으로 끝나는 것이 아니라 그들에게 회개의 기회를 주신다. 하나님은 죄를 회개함으로 돌아오면, 용서해 주신다. 하나님은 다시금 "나는 너희 하나님이 되고, 너희는 나의 백성이 되리라"는 은혜를 베푸신다.

소돔으로 향하는 여호와(창 18:20)

여호와는 소돔으로 내려가시는 이유를 아브라함에게 말씀하셨다.

> "소돔과 고모라에 대한 부르짖음이 크고 그 죄악이 심히 무거우니 내가 이제 내려가서 그 모든 행한 것이 과연 내게 들린 부르짖음과 같은지 그렇지 않은지 내가 보고 알려 하노라"(창 18:20-21).

소돔과 고모라 성에서 죄 때문에 고통당하는 자들의 부르짖음이 컸다. 하나님은 부르짖음에 귀를 기울이신다. 하나님은 이스라엘 자손의 부르짖음을 들으시고, 그들에게 응답하셨다.

> "여러 해 후에 이집트 왕은 죽었고 이스라엘 자손은 고역으로 인하여 탄식하며 부르짖으니 그 고역으로 인하여 부르짖는 소리가 하나님께 상달한지라"(출 2:23).

> "여호와께서 가라사대 내가 이집트에 있는 내 백성의 고통을 정녕히 보고 그들이 그 간역자로 인하여 부르짖음을 듣고 그 우고를 알고 내가 내려와서 그들을 이집트인의 손에서 건져내고 그들을 그 땅에서 인도하여 아름답고 광대한 땅, 젖과 꿀이 흐르는 땅 곧 가나안 족속, 헷 족속, 아모리 족속, 브리스 족속, 히위 족속, 여부스 족속의 지방에 이르려 하노라 이제 이스라엘 자손의 부르짖음이 내게 달하고 이집트 사람이 그들을 괴롭게 하는 학대도 내가 보았으니 이제 내가 너를 바로에게 보내어 너로 내 백성 이스라엘 자손을 이집트에서 인도하여 내게 하리라"(출 3:7-10).

하나님은 출애굽 직후 따라오는 파라오가 두려워 부르짖는 이스라엘의 소리를 들으셨다(출 14:10), 모세가 부르짖을 때 들으셨다(출 14:15; 15:25; 17:4; 민 20:16). 하나님은 고아와 과부들이 부르짖으면 반드시 들으신다고 약속했다(출 22:23). 여호수아는 여호와께 부르짖어 홍해를 가르신 일을 기억하라고 말했다(수 24:7). 사사 통치 때 "여호와께서 대적의 손에서 구원하셨으니 이는 그들이 대적에게 압박과 괴롭게 함을 받아 슬피 부르짖으므로 여호와께서 뜻을 돌이키셨음이어늘"(삿 2:18)이라 말씀하신다. 이스라엘은 사사들이 죽고 나면, 다시 하나님을 떠나 우상을 섬기고, 죄를 범했다. 그들의 죄는 이방 족속들의 압제로 이어졌고, 그때마다 고통 때문에 여호와께 부르짖었다. 하나님은 다시금 사사들을 보내 구원하셨다(삿 3:9; 15; 4:3; 5:28; 6:6; 10:10). 삼손이 여호와께 부르짖을 때 응답하셨다(삿 15:18; 16:28). 이스라엘은 사무엘에게 여호와께 우리를 위하여 부르짖어 달라고 고했다(삼상 7:8, 9). 하나님은 백성들의 부르짖음에 응답으로 구원자 사울을 보내겠다고 약속했다(삼상 9:16). 사무엘은 여호와께서 사울을 왕 삼으신 것을 후회하실 때 밤새도록 하나님께 부르짖었다(삼상 15:11). 솔로몬은 하나님께 간절히 부르짖었다(왕상 8:43). 엘리야는 죽은 과부의 아들을 위해 여호와께 간절히 부르짖었다(왕상 17:21). 히스기야(대하 32:20), 느헤미야(느 9:9, 27), 모르드개와 백성들도 여호와께 부르짖었다(에 4:3). 욥이 고통당할 때 부르짖고(욥 27:9; 30:20), 시편은 다윗과 시인들이 하나님께 부르짖는 기도로 가득하다(시 3:4; 5:2; 17:1; 18:6; 27:7; 39:12; 55:16). 부르짖음은 간절한 기도이다. 하나님은 간절한 기도에 귀를 기울이시고, 응답하신다.

여호와와 함께 온 두 사람(천사)들은 먼저 소돔으로 향하여 떠나갔다. 아브라함은 여호와 앞에 그대로 섰다. 이제, 여호와와 아브라함의 그 유명한 대화가 시작된다. 아브라함은 소돔과 고모라 사람들 때문이 아니라 조차 롯 때문에 하나님과 감히 담판을 짓는다(창 18:23-32).

- **아브라함:** 주께서 의인을 악인과 함께 멸하려 하십니까? 그 성 중에

의인 50명이 있을지라도 주께서 그 곳을 멸하시고 그 50 의인을 위하여 용서하지 아니하시겠습니까? 주께서 이같이 하사 의인을 악인과 함께 죽이심은 부당합니다. 의인과 악인을 같이 하심도 부당합니다. 세상을 심판하시는 이가 정의를 행하실 것이 아닙니까?

- **여호와**: 내가 만일 소돔 성읍 가운데에서 의인 50명을 찾으면 그들을 위하여 온 지역을 용서하리라
- **아브라함**: 나는 티끌이나 재와 같사오나 감히 주께 아룁니다. 오십 의인 중에 5명이 부족하다면, 그 5명이 부족함 때문에 온 성읍을 멸하시겠습니까?
- **여호와**: 내가 거기서 45명을 찾으면 멸하지 아니하리라
- **아브라함**: 거기서 40명을 찾으시면 어찌 하려 하십니까?
- **여호와**: 40명으로 말미암아 멸하지 아니하리라
- **아브라함**: 내 주여 노하지 마소서. 말씀하게 하소서. 거기서 30명을 찾으시면 어찌 하려 하십니까?
- **여호와**: 내가 거기서 삼십 명을 찾으면 그리하지 아니하리라
- **아브라함**: 내가 감히 내 주께 아룁니다. 거기서 20명을 찾으시면 어찌 하려 하십니까?
- **여호와**: 내가 20명으로 말미암아 그리하지 아니하리라
- **아브라함**: 주는 노하지 마소서 내가 이번만 더 아룁니다. 거기서 10명을 찾으시면 어찌 하려 하십니까?
- **여호와**: 내가 10명으로 말미암아 멸하지 아니하리라

하나님께서 소돔에 내려가시는 이유는 소돔과 고모라에 대한 부르짖음이 크고 그 죄악이 심히 무거웠기 때문에 내려가서 그 모든 행한 것이 과연 여호와께 들린 부르짖음과 같은지 그렇지 않은지 알아보기 위함이었다(창 18:20-21). 아브라함은 하나님께 의인과 악인을 함께 멸망하시겠는가를 물으며, 의인 50명에서 10명까지 제시했다. 아브라함은 왜, 의인 50명의 숫자를 제시했을까? 본문은 그 이유를 설명하지 않는다. 다만, 의인을 제시한 목적만을 알 수 있을 뿐이다. 목적은 간단하다. 소돔 성에 살고 있던 롯과 가족들을 살리고 싶었기 때문이다. 본문은 의인이 소돔과 고모라에

'몇 명 있을까' 에 대해 초점을 맞추는 것이 아니라 참으시고, 용서하고자 하시는 하나님의 사랑의 마음을 보여준다. 우리 여호와는 죄인들을 위해 오래 참으시고(롬 3:25), 인내(롬 15:5)하신다. 하나님은 탕자를 기다리는 아버지와 같이 죄에 오래 참으신다. 만일, 하나님의 참으심이 없다면, 인류는 모두 멸망하고 말았을 것이다. 성경에 나타나는 이스라엘 족속들을 더 이상 하나님의 백성으로 불릴 수 없었을 것이다.

창세기 19장

롯에게 찾아온 두 천사(창 19:1-3)

여호와는 아브라함과 말씀을 마치고 소돔 성으로 갔다. 아브라함도 자기 집으로 돌아갔다(창 18:33). 저녁 때 두 천사가 소돔에 도착했다. 나래이터는 두 사람이 "전달자"(말라크 מַלְאָךְ)라고 밝히고 있다. 하나님의 말씀을 전달하는 역할을 하는 자들이 천사들이다. 아브라함에게 찾아온 사람은 셋이었다. 이제 여호와 하나님은 떠나고 두 천사만이 소돔 성을 찾았다. 천사는 하나님의 말씀을 전달하는 사명을 가지며, 하나님께서 하고자 하는 일들을 실행하는 자들이다. 두 천사는 소돔과 고모라에 대한 부르짖음이 사실인지 보고, 알려 하신 하나님의 목적을 실행하기 위해 왔다(창 18:21). <사진-40>은 소돔산(Mt. Sodom)으로 사해가 보인다.

마침 롯이 소돔 성문에 앉아 있다가 그들을 보고 일어나 영접하고 땅에 엎드려 절하며 말했다(창 19:1). "내 주여 돌이켜 종의 집으로 들어와 발을 씻고 주무시고 일찍이 일어나 갈 길을 가소서". 롯에 롯은 두 사람이 소돔 성 사람들이 아님을 알았다. 롯은 두 사람이 하나님의 천사임을 알았다. 롯의 행동에서 그 이유를 찾을 수 있다. 롯은 두 사람을 영접하고, 땅에 엎드려 그들에게 절했으며, 그들을 "내 주여"(아도나이 אֲדֹנָי)라고 칭하고 있기 때문이다. 롯의 말에 그들은 "아니라. 우리가 거리에서 밤을 새우리라"(창 19:2)고 말한다. 롯은 간절하게 청한다. 그들은 롯의 강청에 돌이켜 롯의 집으로 들어왔다. 롯은 식탁을 차리고, 무교병 빵을 구워 드렸다. 그들

〈사진-40〉 소돔산

은 음식을 먹었다(창 19:3).

성관계를 요구하는 소돔성 사람들(창 19:4-11)

롯의 집에 들어온 두 천사는 저녁 식사를 하고, 잠을 자려 했다. 그 때 소돔 백성들이 노소(老少)를 막론하고, 사방에서 다 모여 롯의 집을 에워쌌다(창 19:4). 그들은 롯을 불러 말했다.

> "오늘 밤에 네게 온 사람들이 어디 있느냐 이끌어 내라 우리가 그들을 상관하리라" (창 19:5).

롯에게 찾아온 천사를 본 사람들을 몇 명 되지 않았다. 그러나 그 소식은 순식간에 소돔 전역으로 퍼졌다. 소돔은 성적으로 타락한 도시였다. 성(性)에 굶주린 소돔 사람들은 젊은 사람들부터 노인들까지 천사를 찾아갔다. 그들은 롯의 집을 에워싸고, '오늘 밤에 네게로 온 사람들이 어디 있느냐?' 고 소리쳤다. 그들은 롯을 위협하며, '우리가 그들과 상관(相關)하리라' (we can have sex with them)고 외쳤다. '성관하다' 의 히브리어 단어는 야다(야다 יָדַע)인데, 창세기에는 성적인 관계를 나타낼 때 자주 사용된다(창 4:1, 17, 25; 24:16). 그들의 목적은 오직 성적인 쾌락이었다. 성적 쾌락 앞에는 노소(老少) 구분은 의미가 없었다. 그들에겐 롯을 찾아온 손님이든지, 아니든지 상관이 없었다. 그들은 오직 성적 쾌락만이 전부였다(벧후 2:7). 그들은 의(義)는 관심 없고 오직 먹고, 마시고, 사고, 팔고, 집을 짓는 것만 열중했다(눅 17:28).

더욱 흥미로운 것은 이들이 모두 '남자' (man) 였다는 것이다. 이들이 롯에게 찾아온 두 남자(천사)들을 보고, 동성애적 성욕을 느낀 것이다. 이를 통해 소돔의 죄가 성적인 죄, 동성애(homosexuality)로 가득했음을 알 수 있다. 동성애는 가장 타락한 성적 죄이다. 하나님은 로마서에서 동성애의 죄를 지적한다.

> "하나님을 알되 하나님을 영화롭게도 아니하며 감사하지도 아니하고 오히려 그 생각이 허망하여지며 미련한 마음이 어두워졌나니 스스로 지혜 있다 하나 어리석게 되어 썩어지지 아니하는 하나님의 영광을 썩어질 사람과 새와 짐승과 기어다니는 동물 모양의 우상으로 바꾸었느니라 그러므로 하나님께서 그들을 마음의 정욕대로 더러움에 내버려 두사 그들의 몸을 서로 욕되게 하게 하셨으니 이는 그들이 하나님의 진리를 거짓 것으로 바꾸어 피조물을 조물주보다 더 경배하고 섬김이라 주는 곧 영원히 찬송할 이시로다 아멘. 이 때문에 하나님께서 그들을 부끄러운 욕심에 내버려 두셨으니 곧 그들의 여자들도 순리대로 쓸 것을 바꾸어 역리로 쓰며 그와 같이 남자들도 순리대로 여자 쓰기를 버리고 서로 향하여 음욕이 불 일듯 하매 남자가 남자와 더불어 부끄러운 일을 행하여 그들의 그릇됨에 상당한 보응을 그들 자신이 받았느니라" (롬 1:21-27).

동성애는 하나님의 창조 질서를 파괴하는 행위이다. 사도 바울은 당시 로마 시대에 하나님의 영광을 썩어질 우상으로 바꾸고, 마음의 정욕대로 더러움에 내버려 둔 자들에게 여자가 여자를 보고, 남자가 남자를 보고 정욕이 불 일듯 한다고 로마 시대의 동성애의 죄를 지적했다.

동성애의 역사는 4,000년 전 소돔과 고모라뿐 아니라 인류 역사에 계속 돼 왔다. 서양의 경우 고대 그리스-로마 시대부터 나타난다. 그리스 문화에서는 동성애는 지극히 자연스러운 사랑으로 그려진다. 그들은 동성애가 인간이 가질 수 있는 가장 고결한 사랑으로 생각했다. 플라톤의 저서 『향연』에서는 소년에 대한 사랑은 여자에 대한 사랑보다 고결한데 '아기를 낳는 목적' 이란 불순한 목적이 아니기 때문이라고 기록한다. 그리스 신화의 영웅이고, 신들인 제우스, 포세이돈, 헤라클레스, 아킬레스 등은 모두 동성애 또는 양성애적인 특징을 가졌다. 스승과 제자로 형성되는 학습기관은 남자들의 공동체로 여자들과 다른 매우 친밀한 관계가 형성되었다. 또한 로마는 동성애를 법적으로 금지했으나 공공연하게 동성애가 이뤄졌다.

기독교가 국교로 공인된 이후 중세부터는 동성애가 금지되었고, 동성애는 이단자로 규정 또는 사형을 당했다. 16세기 초 영국의 헨리 8세는 남색(男色)을 사형에 해당하는 중벌로 법률을 제정했다. 이후 동성애는 19세기까지 중죄로 취급당했다. 스탈린은 동성애를 '파시스트의 성도착증' 이라고 하여 수천 명을 수용소에 감금했다.

우리나라의 기록은 신라 제 34대 혜공왕(재위: 765-780)은 여자 놀이를 즐겼기 때문에 A.D. 780년 4월에 신하들에 의해 살해됐고, A.D. 785년 신라 원성왕 때 미소년 묘정(妙正)이 관리들에게 사랑 받았다는 기록이 있다. 고려 충선왕은 18세 소년 원충을 동성애 상대로 삼았다. 공민왕은 남색의 상대를 들였고, 홍륜, 한안, 권진, 노선 등의 미소년들을 뽑아 '제자위' 라는 청년 근위대를 만들었다는 기록이 있다(고려사 열전 37, 40권). 이후 비밀리에 승려들의 방이나 남사당패 등에 의해 이뤄졌다는 기록이 남아 있다.

동성애(homosexuality)라는 말은 1869년 '동성을 좋아하는 것' 이라는 용어로 처음 등장했다. 19세기 말부터 동성애자의 권리운동을 벌어지기 시작했고, 20세기 후반부터 정치적, 사회적인 문제로 발전했다. 미국 정신의학협회(American Psychiatric Association)는 동성애를 1942년 질병으로 간주했고, APA가 1952년에 발간한 정신질환 진단 및 통계편람 제1권(DSM: Diagnostic and Statistical Manual of Mental Disorders)에서는 사회병질적 성격장애의 성적인 일탈의 범주로 보았으나, 1965년 DSM 제2판에서는 삭제 결정, 1980년 제3판에서는 삭제보다는 제한적으로 '자아 이긴장성 동성애' 로 교체했다가 1994년 제4판에서 동성 간의 성관계에 대한 단어를 완전히 삭제했다. 전 세계는 점점 동성애를 성적 소수자의 '인권' 이라는 명목으로 동성애의 합법화뿐 아니라 결혼까지도 합법화하고 있다. 2001년 네덜란드가 처음으로 동성애 결혼을 합법화 했고, 벨기에(2003년), 스페인(2005년 6월), 캐나다(2005년), 남아공(2006년 11월), 노르웨이(2009년), 스웨덴(2009년), 뉴질랜드에서는 2004년 12월 6일 시민결합법(civil union act)이 의회를 통과함으로써 합법화가 되었다. 멕시코의 멕시코 시티는 2009년 12월 22일, 미국은 매사추세츠와 코네티컷, 아이오와 버몬트, 메인, 뉴저지 주(州) 등이 동성애 결혼을 합법화하고 있다. 인도 뉴델리 고등법원은고등법원은 2009년 7월 2일 2일 동성애를 불법으로 규정한 형법 377조는 차별적이며, 모든 국민이 동등한 삶의 권리를 갖고 법 앞에 평등하다는 헌법 21조에 위배된다고 판시했다.

동성애는 윤리, 사회, 종교, 의학 등 많은 논쟁점이 있을 수 있다. 그러나 변치 않는 진리인 성경에 기초를 둔다면, 동성애는 하나님의 창조질서의 파괴이고, 하나님께서 '하지 말라' 는 명령이다. 동성애에 대한 성경은 창세기 19장 1-29절, 레위기 18장 22절, 20장 13절, 로마서 1장 18-32절, 고린도전서 6장 9-10절, 디모데전서 1장 9-10절 등이 있다.

이제 본문으로 다시 돌아온다. 롯은 문 밖 무리에게 나가면서 뒤로 문을 닫았다. 혹시나 소돔 사람들이 자신을 밀치고 집 안으로 들어갈 것을 대비했다. 롯은 소돔 사람들에게 간청한다.

> "청하노니 내 형제들아 이런 악을 행하지 말라. 내게 남자를 가까이 하지 아니한 두 딸이 있노라 청하건대 내가 그들을 너희에게로 이끌어 내리니 너희 눈에 좋을 대로 그들에게 행하고 이 사람들은 내 집에 들어왔은즉 이 사람들에게는 아무 일도 저지르지 말라"(창 19:7-8).

천사들과 동성애를 요구하는 소돔 사람들에게 롯은 "이런 악을 행치 말라"고 소리친다. 그러나 롯이 한 다음의 말 때문에 창세기 독자들은 본문을 읽으면서 충격을 받는다. 롯은 남자를 가까이 하지 않은 두 딸이 있는데, 그들을 데리고 올 테니 너희들이 좋을 대로 하되, 두 사람에게는 아무 일도 하지 말라고 한다. 어떻게 아버지가 자기 딸들을 성욕에 눈먼 자들에게 내어 줄 수 있는가? 그러나 본문은 창세기를 기록하고 있는 하나님의 눈으로 보아야 한다. 하나님은 지금 롯의 어떤 면을 부각하고 싶어 하는가? 바로, 소돔 사람들의 무절제한 성적 타락, 그들의 죄와 천사를 보호하고 싶어 하는 롯을 비교하고 싶었던 것이다. 단순한 일반 윤리로 생각하면, 무엇이 더 옳은가 판단할 수 있는가? 천사들을 보호하기 위해 처녀 딸들을 성욕으로 가득 찬 짐승 같은 소돔 사람들에게 내어 주는 롯이 윤리적으로 합당한가? 동성애적 성욕으로 가득해 천사를 내어 놓으라 하는 안하무인(眼下無人)인 소돔 사람들, 어느 것이 더 윤리적으로 옳은가? 둘 다 윤리적으로 합당하지 않을 것이다. 롯은 딸들을 사랑하지 않았기 때문에 소돔 사람들에게 주려고 한 것이 아니다. 주의 천사를 보호하고자 한 급박한 마음에서 한 말이다.

소돔 사람들은 롯을 위협하며 "너는 물러나! 이 자가 우리 성에 들어와서 거주하면서 우리의 법관이 되려고 하네? 이제, 우리가 그들보다 너를 더 해할 거야."라고 말했다. 그들은 롯을 밀치고, 문으로 가까이 가서 문을 부수려고 했다(창 19:9). 그때 두 천사들이 롯의 손을 잡고 집으로 데리고 들어가 문을 닫았다(창 19:10). 천사들은 문 밖의 모든 자들의 눈을 어둡게 했다. 갑자기 아무것도 보지 못하게 된 소돔 사람들은 문을 찾아 헤매고 다녔다(창 19:11).

급히 소돔을 피하는 롯(창 19:12-23)

천사들은 롯에게 "이 외에 네게 속한 자가 또 있느냐 네 사위나 자녀나 성 중에 네게 속한 자들을 다 성 밖으로 이끌어 내라" 고 말했다(창 19:12). 천사들은 롯에게 소돔 사람들에 대한 부르짖음이 여호와 앞에 크기 때문에 여호와 하나님이 소돔을 멸하려 왔음을 말했다(창 19:13). 롯은 집을 나가 딸들과 결혼할 사위들에게 말한다. "여호와께서 이 성을 멸하실 터이니 너희는 일어나 이 곳에서 떠나라". 그러나 사위들은 장인의 말을 농담으로 여겼다(창 19:14). 동틀 때에 천사가 롯을 재촉하였다. "일어나 여기 있는 네 아내와 두 딸을 이끌어 내라 이 성의 죄악 중에 함께 멸망할까 하노라" (창 19:15). 천사들은 급한데 롯은 지체하였다. 천사들은 롯과 아내, 두 딸의 손을 잡아 이끌어 성 밖에 두었다(창 19:16a). 그들은 멸망할 소돔에서 구원 받았다. 나레이터는 그 이유를 "여호와께서 그에게 자비를 더하심이었더라" (창 19:16b)라고 설명한다.

구원은 하나님의 사랑 때문에 이뤄진다. 세상은 의인이 없다. 오직 죄인들뿐이다(롬 3:10). 그러나 하나님은 죄인들인 인간을 위해 독생자 예수 그리스도를 이 땅에 보내시고, 십자가에 못 박으셨다. 그 이유는 오직 우리를 사랑하시기 때문이다(요 3:16). 여호와 하나님께서 소돔에 살고 있는 롯과 가족을 구원하신 이유는 그들이 의인이기 때문이 아니다. 아브라함이 하나님과 협상하여, 소돔에서 10명의 의인을 찾더라도 소돔을 멸망치 않겠다는 약속 때문이었다. 그러나 소돔은 롯 이외에 10명의 의인은 커녕, 단 1명의 의인도 찾을 수 없었다. 베드로는 롯이 소돔의 무법한 자들, 그들의 성적 문란의 죄 때문에 고통당한 의인이었다고 말한다(벧후 2:7). 소돔 사람들의 죄를 보며, 고통당했던 롯. 하나님은 그를 불쌍히 여기셔서 자비를 베풀어 구원하셨다.

천사들이 롯을 밖으로 이끌어 낸 후 "도망하여 생명을 보존하라 돌아보거나 들에 머물지 말고 산으로 도망하여 멸망함을 면하라"고 외쳤다(창 19:17). 롯은 두려웠다. 갑작스럽게 이뤄진 소돔의 멸망이었다. 천사들과 함께 한 하루. 롯에게는 너무나 엄청난 사건들이 펼쳐졌다. 롯은 천사들에게 말했다.

> "내 주여 그렇게 하지 말아 주세요. 주의 종이 주께 은혜를 입었고, 주께서 큰 인자를 내게 베푸셔서 내 생명을 구원해 주셨습니다. 그러나 내가 소돔에서 도망가 산에까지 갈 수 없습니다. 두렵습니다. 도망가기 전에 재앙을 만나 죽을 것 같습니다. 보세요. 저기 보이는 성읍은 도망하기에 가깝고, 작습니다. 나를 그 곳으로 도망하게 할 수 있도록 허락해 주세요. 이 작은 성읍에서 내 생명이 보존될 수 있을 것입니다"(창 19:18-20).

천사는 롯의 소원을 듣고, 그가 말하는 성읍을 멸하지 않기로 약속했다. 그리고 그곳으로 빨리 도망가기까지 아무 일도 행하지 않겠다고 약속했다(창 19:21-22a). 나래이터는 "그러므로 그 성읍 이름을 소알이라 불렀더라"고(창 19:22b) 말함으로써 '소알'이라는 명칭의 유래를 소개한다. 소알의 원 명칭은 '벨라'(창 14:2, 8)였다. 그러나 롯이 작은 성읍이라 지칭하면서 벨라가 '작다'라는 히브리어 '쪼아르'(צֹעַר)가 되었다. 롯이 소알에 들어갈 때에 해가 돋았다(창 19:23). <사진-41>은 소알 지역으로 현재, 요르단에 속해 있다.

소돔의 멸망(창 19:24-25)

롯이 소돔에서 안전히 피하자, 하나님은 하늘에서 유황과 불을 소돔과 고모라에 비같이 내리셨다(창 19:24). 유황과 불은 자주 하나님의 심판의 도구로 사용된다.

〈사진-41〉 소알 지역

"그 온 땅이 유황이 되며 소금이 되며 또 불에 타서 심지도 못하며 결실함도 없으며 거기에는 아무 풀도 나지 아니함이 옛적에 여호와께서 진노와 격분으로 멸하신 소돔과 고모라와 아드마와 스보임의 무너짐과 같음을 보고 물을 것이요" (신 29:23)

"악인에게 그물을 던지시리니 불과 유황과 태우는 바람이 그들의 잔의 소득이 되리로다" (시 11:6)

"대저 도벳은 이미 세워졌고 또 왕을 위하여 예비된 것이라 깊고 넓게 하였고 거기에 불과 많은 나무가 있은즉 여호와의 호흡이 유황 개천 같아서 이를 사르시리라" (사 30:33)

"에돔의 시내들은 변하여 역청이 되고 그 티끌은 유황이 되고 그 땅은 불 붙는 역청이 되며" (사 34:9)

"내가 또 전염병과 피로 그를 심판하며 쏟아지는 폭우와 큰 우박덩이와 불과 유황으로 그와 그 모든 무리와 그와 함께 있는 많은 백성에게 비를 내리듯 하리라" (겔 38:22)

〈그림-16〉 소돔과 고모라의 멸망

또한, 하나님은 세상의 마지막 심판 때 마귀와 악인들을 불과 유황으로 심판하실 것을 말씀하셨다(계 9:17-18; 14:10; 19:20; 20:10; 21:8).

유황과 불이 비같이 내려 소돔과 고모라, 이 죄악의 도시는 역사 속에서 흔적조차 찾을 수 없이 사라져 버렸다. 현재, 고고학자들의 최대 관심사 중 하나가 소돔과 고모라 성을 찾는 것이지만 헛수고만 하고 있다. 하나님은 두 성뿐 아니라 온 들, 성에 거주하는 모든 백성, 땅에 난 것까지도 다 엎어 멸하셨다(창 19:25). 오직 롯과 아내, 두 딸들만이 구원을 받았다. <그림-16>은 존 마틴(John Martin)이 1852년에 그린 소돔과 고모라의 멸망이다.

구원과 심판: 하나님의 구원사

하나님의 심판은 엄중하다. 그러나 하나님의 심판의 하나님의 공의와 사랑을 함께 드러낸다. 죄인들을 심판하시지만, 하나님의 사람들을 구원하신다. 심판과 구원의 주제는 성경 전체에 흐르는 중심 주제이다. 이것을 하나님의 구속사(Heilsgeschichte)라고 부른다. 심판과 구원은 항상 실과 바늘처럼, 관용구처럼 사용된다. <표-17>은 심판과 구원의 정형화된 내용을 일부 보여주고, <표-18>는 구원의 역사에서 중심이 되는 메시야의 족보를 보여 준다.

〈표-17〉 심판과 구원

죄	심판	구원
선악과 먹은 아담 (창 3:6)	영 · 육의 죽음 (창 19, 22)	가죽옷을 입히심 (창 3:21)
살인자 가인 (창 4:8)	땅 저주, 유리하는 자 (창 4:12)	죽임을 면하는 표 (창 4:15)
노아 홍수 (창 6:1-9:29)	모든 사람, 동물 (창 7:21)	방주: 노아와 가족 동물들(창 7:13-16)
소돔과 고모라 (창 18:16-29)	소돔과 고모라와 온 들에 거하는 사람들, 땅에서 난 것들 (창 19:24-25)	롯과 아내, 두딸 (창 19:16, 23)
출애굽 (출 7:8-12:42)	이집트의 신, 사람들 (출 7:8-12:42)	이스라엘 사람들, 중다 한 잡족들(출 7:29-42)
12명 가나안 정탐 (민 13:1-33)	광야에서 죽음, 40년 (민 14:28-35)	가나안 들어감: 여호수 아, 갈렙, 유아, 2세들 (민 14:30-31)
에돔 땅에서 원망 (민 21:1-9)	불뱀에 물려 죽음 (민 21:6)	놋뱀을 본 자 (민 21:8-9)

하나님은 심판과 동시에 구원을 베푸신다. 첫째, 아담과 하와의 불순종으로 영과 육의 죽음이라는 심판과 가죽옷을 입혀주고, 에덴의 동산에서 쫓아내지만 새로운 땅에서 함께 하심의 은혜를 주신다.

〈표-18〉 구원(메시야)의 족보

하나님

⇩

아담

⇩

가인	아벨	셋

⇩

(셈) → 에노스 → 게난 → 마할랄렐 → 야렛 → 에녹 → 므두셀라 → **(노아)**

⇩

노아

⇩

셈	함	야벳

⇩

(셈) → 엘람 → 아르박삭 → 셀라 → 에벨 → 벨렉 → 르우 → 스룩 → 나홀 → 데라 → (아브람)

⇩

아브라함

⇩

이스마엘	이삭

⇩

에서	야곱

⇩

르우벤, 시므온, 레위, 유다, 잇사갈, 스블론, 단, 납달리, 갓, 아셀, 요셉, 베냐민	유다

⇩

베레스 세라

⇩

(베레스)→ 헤스론 → 람 → 아미나답 → 나손 → 살몬 →(보아스)

⇩

보아스

⇩

이새

⇩

엘리압, 아비나답, 삼마, 느다넬, 랏대, 오셈	다윗

⇩

암논, 다니엘, 압살롬, 아도니야, 스바냐, 스바댜, 이드르암, 시므온, 소밥, 나단, 솔로몬, 입할, 엘리사마, 엘리벨렛, 노가, 네벡, 아비야, 엘리사마, 엘랴다, 엘리벨렛, 그 외 첩의 아들들	솔로몬

⇩

르호보암 → 아비야 → 아사 → 여호사밧 → 요람 → 아하시야 → 요하스 → 아마샤 → 웃시야 → 요담 → 아하스 → 히스기야 → 므낫세 → 아몬 → 요시야 → 여고냐 → 스알디엘 → 스룹바벨 → 아비훗 → 엘리아김 → 아소르 → 사독 → 아킴 → 엘리웃 → 엘르아살 → 맛단 → 야곱 → 요셉 →

예수 그리스도(메시야)

- 메시야 족보/ 창 5:1-32; 대상 1:1-4; 17-28; 2:1-15; 3:1-4:23, 마 1:1-16
- 마태의 족보/ 예수 그리스도의 족보를 14대 × 14대 × 14대로 맞추기 위해 3명의 왕을 삭제함 [요람-(아하시야)-(요하스)-(아마샤)-웃시야] *비교(마 1:8; 대상 3:11-12)
- 다윗/ 일곱째(삼상 16:10-11)로, 여덟째(대상 2:13-15)로 기록

둘째, 노아 시대 하나님의 아들들의 성적 범죄와 사람들은 죄악으로 관영하여 마음의 생각하는 모든 계획조차도 항상 악했다(창 6:1-5). 하나님은 그들을 홍수를 통해 심판하셨다. 그러나 동시에 하나님은 방주를 통해 노아와 가족들, 택한 동물들을 구원하셨다.

셋째, 바벨탑을 쌓음으로 자신들의 이름을 내고, 하늘 꼭대기까지 닿아 흩어짐을 면하고자 했던 교만함을 언어를 혼잡케 하므로 심판했다. 그러나

창조의 계획대로 그들을 온 땅에 흩어 살게 하는 은혜를 베푸셨다.

넷째, 여호와 하나님을 잃어버린 사람들 그들은 모두 멸망의 심판을 받아야했다. 하지만 하나님은 갈대아 우르에 살고 있는 아브라함을 선택하고 부르셨다.

다섯째, 아브라함, 이삭, 야곱, 그의 12 아들들을 하나님은 구원하셨다. 그들의 죄를 깨닫도록 하시고, 그들을 통해 구원의 역사를 이어 나간다.

여섯째, 하나님을 섬기지 않던 이집트의 신들과 왕, 이집트인들을 심판하시지만, 이스라엘 족속과 여호와 하나님을 따라 나선 수다한 잡족들까지도 구원하셨다.

일곱째, 광야 40년 동안 불평과 원망, 우상 숭배하는 이스라엘 백성들을 심판하셨지만, 모세의 중보를 통해 그들을 용서해 주셨다.

여덟째, 하나님은 여호수아에게 가나안 땅 족속들을 진멸하라는 '헤렘 명령' 을 하시고, 그들을 진멸했지만 미디안 족속 등과 같이(비록, 여호수아를 속였지만) 이스라엘에게 항복한 자들을 살려 주는 은혜를 베푸셨다.

아홉째, 사사 시대는 "이스라엘의 배교 – 이민족의 압제 – 구원의 호소 – 사사를 통한 구원-평화" 라는 공식으로 일곱 번 반복되는 순환의 역사를 담고 있다. 사사기는 심판과 구원의 공식이 가장 잘 나타난다.

열 번째, 사무엘과 사울의 관계 속에서 죄의 심판과 구원을 보여주신다. 하나님은 사울의 실패 속에 다윗을 세워 구원을 시작하셨다.

열한 번째, 다윗의 통치 속에 죄의 심판과 구원을 보여 주신다. 열두 번째, 솔로몬의 통치에서. 열세 번째, 르호보암과 여로보함의 사건에서.

열네 번째, 남유다와 북이스라엘의 분열왕국 시대에 왕들과 백성들의 우상숭배와 심판, 선지자들을 통한 구원을 보여준다. 분열왕국 시대에 대부분의 선지자들이 등장한다.

열다섯 번째, 바벨론 포로 시기와 예루살렘 귀환을 통해 심판과 함께 하나님의 구원을 보여준다. 여기에서 가장 중요한 구원의 키워드(keyword)는 영원한 위(位)를 허락한 다윗 언약이고, 분열왕국 시대에는 "남은 자"

에 대한 소망이다.

〈사진-42〉 롯의 아내 표지판

소금기둥이 된 롯의 아내 (창 19:26)

소돔과 고모라 성은 여호와 하나님께서 하늘에서 내리는 유황과 불로 완전히 멸망했다. 하나님은 두 성과 온 들, 성에 거주하는 모든 백성들과 땅에 난 것들을 다 엎어 멸하셨다(창 19:25). 지금까지 그 흔적조차 찾을 수 없는 도시가 되었다. 롯의 가족은 천사와 함께 멸망의 성을 빠져 나왔다. 그러나 그때 롯의 아내는 뒤를 돌아보게 되었다. 그 대가는 소금기둥(네찌브 멜라 נְצִיב מֶלַח)으로 변한 것이다(창 19:26). 롯의 아내가 변한 소금기둥이 정확히 어디에 있는지는 알 수 없다. 하지만, 사해 근처에는 많은 소금 바위들이 있다. 그래서 소금 기둥이 된 롯의 아내를 상상해 볼 수 있다. 롯의 아내는 왜, 소금 기둥이 됐을까? 이유는 간단하다. 하나님의 명령에 불순종했기 때문이다. 천사들은 "돌아보거나 들에 머물지 말고 산으로 도망하여 멸망함을 면하라" 라고 말했다(창 19:17). 그러나 그녀는 명령에 불순종해 뒤를 돌아봄으로 소금기둥이 되는 대가를 치러야 했다. <사진-42>은 안내표지판으로 관광객의 시선을 사로잡고 있다. <사진-43>은 롯의 아내 소금기둥이다. <사진-44>은 소돔산을 이루고 있는 소금 결정체(돌)의 사진이다.

아브라함 때문에(창 19:27-29)

소돔과 고모라에 불과 유황이 비같이 쏟아지고 있을 때 아브라함은 아침 일찍 일어났다. 그는 '롯이 어떻게 되었을까' 궁금해 밤새 한 숨도 못 잤을 것이다. 아브라함은 전에 여호와 앞에 서 있던 곳에 이르렀다(창

〈사진-43〉 롯의 아내 소금기둥

〈사진-44〉 소금 결정체(돌)

19:27). 아브라함이 소돔과 고모라와 그 온 지역을 향해 볼 때 연기가 옹기(甕器) 가마에서 피어오르는 연기같이 치솟고 있었다(창 19:28). 여기서 나래이터는 다시 한 번 소돔에서 롯이 구원 받은 이유는 하나님께서 아브라함을 생각하셨기 때문임을 지적한다(창 19:29).

모압과 암몬: 수치스런 자녀들(창 19:30-38)

롯이 소알에 거주하기를 두려워하였다. 옛말에 "자라보고 놀란 가슴 솥뚜껑에도 놀란다."는 말이 있다. 롯은 아마도 소알까지도 불과 유황으로 심판 당할까 두려웠거나 소알 성에 사는 사람들이 두려웠기 때문일 것이다. 본문은 그 이유에 대해서 정확한 설명하지 않는다. 문맥을 읽어 가는 독자들의 판단에 맡길 뿐이다. 두려움으로 가득한 롯은 두 딸과 함께 소알에서 나와 산으로 올라가 굴에 거주하였다. 롯은 결국 천사들이 처음 롯에게 한 말처럼 되었다.

> "산으로 도망하여 멸망함을 면하라"(창 19:17).

산에서 살게 된 그의 삶은 초라했다. 롯은 삼촌 아브라함과 헤어질 때 부자였다. 그러나 지금, 그는 가진 모든 재산을 잃었다. 아내와 사윗감들조차도 잃었다. 보금자리 집조차 없어 산속 토굴에서 지내야 하는 알거지가 되었다. 한 가지 위안(慰安)이 있다면, 두 딸과 함께 할 수 있었다는 것이다.

그러나 롯은 위안 거리였던 두 딸들 때문에 역사에서 가장 치욕적인 사건을 경험한다. 첫째는, 딸들이 아버지와 성적 관계를 갖은 것이다. 둘째는, 아버지와 딸들의 근친상간(近親相姦)이 이뤄지면서 두 딸 모두 아들을 낳았다. 이제 그들에게 이상한 족보, 가족관계가 형성된 것이다. 큰 딸의 아들은 '모압' (מוֹאָב), 작은 딸의 아들은 '벤암미' (בֶּן־עַמִּי)였다. 이들의 관계를 생각해 보자. 딸들의 입장에서 모압과 벤암미는 아들인 동시에 아버지의 아들이기 때문에 남매(男妹) 관계가 된다. 아버지의 입장에서 보면, 모압과 벤암미는 아들인 동시에 손자(孫子)가 된다.

이 사건의 전말은 무엇이었을까? 큰 딸부터 시작된다. 큰 딸이 동생에게 제안했다.

> "우리 아버지는 늙으셨고 온 세상의 도리를 따라 우리의 배필 될 사람이 이 땅에는 없으니 우리가 우리 아버지에게 술을 마시게 하고 동침하여 우리 아버지로 말미암아 후손을 이어가자" (창 19:31-32).

만일, 큰 딸의 잘못된 생각을 작은 딸이 받아들이지 않았다면 어떻게 되었을까? 오히려 언니의 잘못을 지적했으면 어떻게 되었을까? 성경의 역사는 달라졌을 것이다. 그러나 큰 딸과 작은 딸은 마음이 통했다. 그녀들은 그 밤에 아버지 롯에게 술을 마시게 하고 들어가서 아버지와 동침하였다. 그러나 아버지 롯은 술에 너무 취해 큰 딸이 눕고 일어나는 것을 깨닫지 못하였다(창 19:33). 이튿날 큰 딸이 작은 딸에게 말했다.

> "어제 밤에는 내가 우리 아버지와 동침하였으니 오늘 밤에도 우리가 아버지에게 술을 마시게 하고 네가 들어가 동침하고 우리가 아버지로 말미암아 후손을 이어가자" (창 19:34).

그날 밤에도 그녀들은 아버지에게 술을 마시게 하였다. 술에 취해 잠에 빠진 롯에게 작은 딸이 들어가 동침하였다. 롯은 그때도 딸이 눕고 일어나는 것을 깨닫지 못하였다(창 19:35). 하나님은 이 사건을 통해 딸들의 부정함을 지적한다. 그녀들의 목적은 오직 "후손을 이어가자"는데 있었다. 그녀들은 "우리의 배필 될 사람이 이 땅에 없을 것"이라고 생각했다(창 19:31). 그녀들은 적어도 두 가지 생각을 했을 것이다. 첫째는 죄악(罪惡), 성적(性的) 타락으로 멸망 받은 소돔 사람들이 자신들의 배필이 될 수 없다고 생각했을 것이다. 둘째는 소돔에서 도망 나와 거지가 되고, 결혼할 남편들까지 있던 미망인(未亡人)인 자신들을 배필로 맞아줄 사람이 있겠는가? 라는 생각이다. 그녀들이 정확히 어떤 이유에서 '이 땅에서 배필이 없다' 고 생각했는지는 알 수 없다. 왜냐하면, 창세기는 그녀들의 생각 이후 '행동과 결과' 에 초점을 맞추고 있기 때문이다.

롯의 두 딸들은 타락한 소돔 사람들의 전철을 밟을 뿐이었다. 놀랍게도 아버지와 단 한 번의 잘못된 성관계는 임신의 결과를 가져왔다. 두 딸들의 뜻대로 되었다. 죄는 표면적으로 항상 너무나 좋은 결과를 가져다주는 것 같다. 그러나 그 결과는 고통의 씨앗을 잉태했을 뿐이다. 큰 딸은 아들을 낳았고, "아버지로부터"라는 뜻을 가진 '모압' (모아브 מוֹאָב)이라고 이름 붙였다. 모압 족속의 조상됐다. 작은 딸도 아들을 낳아 이름을 "내 백성의 아들"이라는 뜻의 '벤암미' (벤-아미 בֶּן־עַמִּי)라 하였다. 벤암미는 암몬(아몬 עַמּוֹן) 자손의 조상이 됐다(창 19:36-38).

이들의 후손들은 요셉과 가족들이 이집트에 들어가 사는 동안도 계속 가나안 땅에 살았다. 하나님은 모세에게 명하여, 가나안 땅을 차지할 때 모압과 암몬 족속들과 싸우지 말고, 그들의 땅을 인정해 줄 것을 명하셨다.

> "여호와께서 내게 이르시되 모압을 괴롭히지 말라 그와 싸우지도 말라 그 땅을 내가 네게 기업으로 주지 아니하리니 이는 내가 롯 자손에게 아르를 기업으로 주었음이라" (신 2:9).

> "네가 오늘 모압 변경 아르를 지나리니 암몬 족속에게 가까이 이르거든 그들을 괴롭히지 말고 그들과 다투지도 말라 암몬 족속의 땅은 내가 네게 기업으로 주지 아니하리니 이는 내가 그것을 롯 자손에게 기업으로 주었음이라" (신 2:9).

그러나 모압과 암몬 족속들은 여호와의 총회에 들어오지 못했다. 모세는 그 이유를 설명한다.

> "암몬 사람과 모압 사람은 여호와의 총회에 들어오지 못하리니 그들에게 속한 자는 십 대뿐 아니라 영원히 여호와의 총회에 들어오지 못하리라. 그들은 너희가 애굽에서 나올 때에 떡과 물로 너희를 길에서 영접하지 아니하고 메소보다미아의 브돌 사람 브올의 아들 발람에게 뇌물을 주어 너희를 저주하게 하려 하였으나 네 하나님 여호와께서 너를

> 사랑하시므로 네 하나님 여호와께서 발람의 말을 듣지 아니하시고 네 하나님 여호와께서 그 저주를 변하여 복이 되게 하셨나니 네 평생에 그들의 평안함과 형통함을 영원히 구하지 말지니라"(신 23:3-6).

가나안 땅으로 들어가는 모세와 이스라엘에게 모압은 가시가 되었고, 극심한 고통을 안겨다 주었다. 첫째, 가나안으로 들어가는 길을 열어 주지 않은 것이다. 모세가 이끄는 이스라엘이 모압 평지에 진 쳤을 때 십볼의 아들 발락이 모압의 왕이었다(민 22:1). 발락은 이스라엘이 아모리 족속에게 행한 일 때문에 그들을 심히 두려워했다(민 22:2). 발락은 이스라엘에게 길을 내어 주지 않았다. 오히려 거짓 선지자 발람에게 이스라엘을 저주할 것을 부탁했다. 그러나 하나님은 발람에게 저주가 아닌 축복을 선포하게 했다(민 22:4-24:25). 둘째, 이스라엘이 싯딤에 거할 때 모압 여자들과 음행의 죄를 저질렀다(민 25:1). 셋째, 여자들이 모압의 신들에게 제사하면서 이스라엘 백성들을 청하였다. 이스라엘은 모압의 신 바알브올(바알 페오르 בַּעַל פְּעוֹר)에게 절하는 우상숭배의 죄를 짓게 했다(민 25:2-3). 그 결과 여호와의 진노로 인해 염병으로 24,000명이 죽게 되었다(민 25:9).

창세기 20장

아브라함: 또 사라를 누이라 말하다(창 20:1-18)

소돔과 고모라 멸망 이후 아브라함은 마므레 상수리 수풀 근처를 떠나 네게브 땅(남방)으로 옮겨가 가데스와 술 사이 그랄(Gerer)에 거주했다(창 20:1). 고대에 텔 브엘세바(Tel Beer Sheba)와 그랄은 인간이 정착하여 거주하는 남방 한계선이었다. 텔 브엘세바 남쪽 약 20km부터는 정착해 살 수 없는 네게브 사막이 펼쳐진다. 네게브 사막에서는 특정 지역을 제외하고는 유목민들의 유목만이 가능한 지역이다. 유목민이었던 아브라함은 텔 브엘세바에 정착하지 않았고, 그 주변에서 유목하였고, 물과 풀이 풍부한 그랄

〈사진-45〉 그랄 지역(목초지)

〈사진-46〉 그랄의 우물

로 이동했다. 그랄은 나할 그랄(Nahal Gerer)이 있어 다른 곳에 비해 풍부한 물과 목초지들이 자라 목축하기에 접합한 곳이었다. 아브라함은 목축을 위해 이곳을 선택했다. <사진-45>은 우기(겨울) 때 그랄 지역의 풍성한 목초지의 사진이다. <사진-46>은 그랄 지역에 남아 있는 오스만 터키시대의 우물로 고대 우물을 상상해 볼 수있다.

그랄에서 아브라함은 이집트 파라오에게 아내를 누이라 했던 실수를 다시 범했다(창 12:13). 이 때문에 그랄 왕 아비멜렉(아비멜렉 אֲבִימֶלֶךְ)이 사람을 보내어 사라를 데려갔다(창 20:2). 하나님은 파라오에게 큰 재앙을 내려 깨닫게 하셨으나(창 12:17) 아비멜렉에게는 그 날 밤 꿈에 나타나 말씀하셨다.

> "네가 데려간 이 여인으로 말미암아 네가 죽으리니 그는 남편이 있는 여자임이라"(창 20:3).

아비멜렉은 아직 사라를 가까이 하지 않았다. 아비멜렉은 여호와께 대답했다.

> "주여 주께서 의로운 백성도 멸하시나이까? 그가 나에게 이는 내 누이라고 하지 아니하였나이까? 그 여인도 그는 내 오라비라 하였사오니 나는 온전한 마음과 깨끗한 손으로 이렇게 하였나이다"(창 20:4-5)

여호와는 그에게 다시 말씀하셨다.

> "네가 온전한 마음으로 이렇게 한 줄을 나도 알았으므로 너를 막아 내게 범죄하지 아니하게 하였나니 여인에게 가까이 하지 못하게 함이 이 때문이니라. 이제 그 사람의 아내를 돌려보내라 그는 선지자라 그가 너를 위하여 기도하리니 네가 살려니와 네가 돌려보내지 아니하면 너와 네게 속한 자가 다 반드시 죽을 줄 알지니라"(20:6-7).

하나님은 파라오와 달리, 아비멜렉의 "온전한 마음"을 알았기 때문에 사라를 가까이 하지 않았을 때, 꿈으로 말씀하셨다. 그가 죄를 짓지 않도록 하신 것이다(창 20:6). 이 사건에서 하나님은 아브라함을 '선지자'(성경의 첫 번째)로 인정하셨다(창 20:7). 하나님은 아브라함이 아비멜렉을 위하여 기도하면 그가 살지만, 아브라함을 돌려보내지 않는다면, 아비멜렉과 그에게 속한 자가 다 반드시 죽을 것이라고 경고하셨다(창 20:7).

아비멜렉은 그 날 아침에 일찍이 일어나 모든 종들을 불렀다. 아비멜렉이 지난 밤 꿈의 모든 일을 들려주었을 때 그들은 심히 두려워했다(창 20:8). 아비멜렉은 아브라함을 불러 말했다.

> "네가 어찌하여 우리에게 이렇게 하느냐 내가 무슨 죄를 네게 범하였기에 네가 나와 내 나라가 큰 죄에 빠질 뻔하게 하였느냐 네가 합당하지 아니한 일을 내게 행하였도다… 아브라함에게 이르되 네가 무슨 뜻으로 이렇게 하였느냐?"(창 20:9-10)

아비멜렉의 질책에 아브라함은 왜, 아내를 '누이'라 한 이유를 말한다.

> "이 곳에서는 하나님을 두려워함이 없으니 내 아내로 말미암아 사람들이 나를 죽일까 생각하였음이요. 또, 그는 정말로 나의 이복 누이로서 내 아내가 되었음이니라. 하나님이 나를 내 아버지의 집을 떠나 두루 다니게 하실 때에 내가 아내에게 말하기를 이 후로 우리의 가는 곳마다 그대는 나를 그대의 오라비라 하라 이것이 그대가 내게 베풀 은혜라 하였었노라" (창 20:11-13).

아브라함이 아내를 누이라 속인 이유를 말한다. 첫째, 그랄(Gerar)에는 하나님을 두려워함이 없기 때문이다. 둘째, 아내로 인해 아브라함이 죽임을 당할까 생각했다. 셋째, 실제로, 사라는 이복 누이였다. 넷째, 하나님께서 우르에서 떠나게 하실 때, 아브라함은 사라에게 어디를 가든지 자신을 오라비(오빠)라 부르도록 했다.

이집트에서 아내를 누이라고 속인 때보다는 아브라함은 분명 변화가 있었다. "이 곳에서는 하나님을 두려워함이 없으니" 라고 말함으로써 하나님을 의식했다(창 20:11). 그럼에도 아브라함에게 아쉬운 이유가 무엇일까? 그는 우르를 떠난 25년 간 하나님과 동행했다. 하나님은 가나안에 기근이 들어 이집트에 내려간 때부터 아브라함에게 은혜를 베푸셨고, 놀라운 기적을 보여주셨다. 자녀에 대한 약속을 주셨고, 소돔과 고모라의 멸망을 보여주셨다. 그럼에도 그랄에 잠시 거주할 때 그들이 하나님을 두려워하지 않기 때문에 아내를 차지하기 위해 자신을 죽일 것이라는 생각을 떨치지 못했다. 아브라함은 아직도 어떤 상황에서도 하나님을 의지하기보다는 닥쳐진 환경을 보았던 것이다. 더욱이, 그랄 사람들이 사라 때문에 자신을 죽일 것이라는 생각이 어디에서 왔는가? 그랄 사람들이 실제로 사라를 차지하기 위한 행위에서인가? 그렇지 않다. 이집트와 달리, 그랄에서는 아브라함이 사라를 누이라고 했기 때문에 아비멜렉이 사람을 보내 그녀를 데왔다고 기록한다(창 20:2). 더 이상 그 어떤 마음의 음욕이나, 사라가 예뻐서 그랬다는 기록은 없다. 이집트에서는 상황이 달랐다. 아브람이 이집트에 이르렀을 때 이집트 사람들은 사라의 심히 아리따움을 보았다. 파라오의 고관들도 그녀를 보고, 파라오 앞에서 칭찬하였기 때문에 사라를 바로의 궁으로 데리고 갔었다(창 12:14-15).

하나님은 아브라함의 수치였던 이 사건을 기록에 남김으로써 첫째, 믿음으로 살아가는데 있어 하나님을 신뢰하는 것이 얼마나 중요한지를 말씀하신다. 둘째, 믿음의 정상에 섰을 때 겸손히 하나님과 함께 하지 않으면, 언제든지 넘어짐을 보여준다. 사도 바울은 "그런즉 선줄로 생각하는 자는 넘어질까 조심하라"(고전 10:12)고 경고했다. 셋째, 그럼에도 하나님은 아브라함(그리고 우리들)을 어떻게 인도해 가시는가를 보여주신다. 하나님의 무궁한 인내와 사랑을 보여준다.

아브라함과 아비멜렉의 사건이 종료되었다. 아비멜렉은 꿈 속에서 하나님의 음성을 듣고, 아브라함에게 양과 소와 종들과 그의 아내 사라도 돌려보냈다(창 20:14). 더욱이 "내 땅이 네 앞에 있으니 네가 보기에 좋은 대로 거주하라"라고 말했다(창 20:15). 하나님은 아비멜렉으로 하여금 무지한 아브라함을 깨우치셨다. 아비멜렉은 사라에게 "내가 은 1,000개를 네 오라비에게 주어서 그것으로 너와 함께 한 여러 사람 앞에서 네 수치를 가리게 하였노니 네 일이 다 해결되었느니라"고 말했다(창 20:16). 아브라함은 하나님께 기도했다. 하나님께서 아브라함을 선지자로 소개하고, 아브라함이 아비멜렉을 위해 기도할 때 네가 살 것이라 말씀하신대로 이뤄졌다(창 20:7).

여호와 하나님은 그들의 태의 문이 닫았다. "닫았다"라는 히브리어 아짜르(עָצַר)는 사라가 "여호와께서 나의 생산을 허락지(아짜라) 아니하셨으니"(창 16:2)라는 말과 같다. 여호와 하나님은 태의 문을 열고 닫으시는 권능을 가지며, 태의 열매를 주시는 분이다(창 29:31; 30:22; 삿 13:5, 7; 삼상 1:19; 사 66:9; 렘 1:5; 20:17;. 눅 1:35-36). 여호와는 치료의 하나님(라파 엘로힘, רָפָא אֱלֹהִים)이다(창 20:17). 하나님은 아비멜렉의 아내와 여종들의 태의 문을 닫았다가 그들을 치료하심으로 자녀를 출산하게 되었다(창 20:17). 나레이터는 그들의 불임의 원인이 아브라함의 아내 사라의 일 때문이라고 말한다(창 20:18).

나레이터의 이 설명에서 중요한 두 가지 정보를 제공한다. 첫째, 아브라함이 그랄에 거주하면서 곧바로 그의 아내를 아비멜렉이 데려가지 않았음을 짐작케 한다. 여호와께서 아비멜렉의 아내와 여종들의 태를 닫음을 그녀들이 깨닫기 위해서는 오랜 시간이 필요했을 것이다. 여자들이 자연 상태에서 임신을 측정할 수 있는 시기는 아무리 빨라도 4주 이후나 가능하다. 그녀들이 자녀를 낳기만을 기대했다 해도(그렇지 않겠지만) 적어도 1달 이상의 시간이 지나야 한다. 그러므로 아브라함이 그랄에 도착하자마자 아내를 누이라고 말했고, 곧바로 아비멜렉이 사라를 데려 간 것이 아님을 알 수 있다. 둘째, 아비멜렉이 사라를 데려 간 이유는 정확히 밝혀지지 않지만, 그의 아내와 여종들이 불임 때문에 자녀를 낳지 못해 자신의 아이를 낳고자 했기 때문이거나 후처(後妻)로 삼고자 했을 것이라는 추측이 가능하다. 그러나 분명한 것은 아비멜렉은 그녀를 잠자리 상대로 데려갔다는 것이다. 그 이유는 하나님께서 "그는 남편이 있는 여자임이라"(창 20:3)며 진노하실 때, 아비멜렉은 "그 여인을 가까이 하지 않았다"라고 말했기 때문이다(창 20:4).

여기서 우리는 한 가지 의문을 가져보자. 이집트 사람들이 사라를 "심히 아리따운 여인"으로 보았을 때 그녀의 나이는 60세 정도였고, 그랄 왕 아비멜렉도 잠자리 상대로 그녀를 찾았을 때 그녀의 나이 약 90세 정도였다. 왜, 그들은 할머니인 사라를 그렇게 탐을 내었을까? 지금의 미(美)의 기준으로는 상상조차 할 수 없는 사건이다. 그렇다면, 4,000년 전 미의 기준이 달랐기 때문일까? 여러 기록들을 볼 때, 사라의 사건은 예외적인 사건임에 분명하다. 그 이유는 정확히 알 수 없다. 성경은 그 이유에 대해 침묵한다.

그렇다면, 사라의 사건을 통해 하나님은 우리에게 무엇을 말씀하고 싶으셨을까? 하나님은 인간적인 미의 기준이나 정욕에 대해 말씀하고 싶으셨

〈사진-47〉 텔 엘-파라의 전경

던 것이 아니다. 사라의 사건으로 하나님을 신뢰하지 못하고, 거짓말 하는 아브라함(또한 우리들)의 모습, 그럼에도 불구하고 왕들을 지배하고, 초자연적인 기적을 통해 환경을 바꾸시는 능력의 하나님, 치료의 하나님, 인도하시는 하나님임을 보여주는 것이다. 성경을 읽을 때 가장 중요한 것은 성경의 저자인 하나님의 관점, 하나님께서 본문을 통해 하고자 하시는 의미를 찾아야 한다. 성경 읽기는 문맥의 중심을 파악하는 것이 중요하다. <사진-47>은 그랄 왕이 거주했을 것으로 추정되는 텔 엘-파라(Tel El-Far'a, Tel Sharuhen 약 B.C 17세기)의 사진이다.

창세기 21장

언약의 성취: 이삭을 낳다(창 21:1-8)

하나님은 약속하신대로 사라를 돌보셨고, 약속을 성취하셨다(창 21:1). 드디어 사라가 임신했다. 드디어 25년의 기다림이 필요했던, 약속의 자녀를 낳게 되는 순간이 찾아왔다. 하나님이 말씀하신 때가 되었을 때 노년의 아브라함은 아들을 낳았다(창 21:2). 하나님은 "내년 이맘때 내가 반드시 네게로 돌아오리니 네 아내 사라에게 아들이 있으리라" 고 말씀하셨다(창 18:10). 여호와의 말씀은 능치 못함이 없다(눅 1:37). 아브라함은 태어난 아들, 사라가 자기에게 낳은 아들을 '이삭' 이라 이름 지었다(창 21:3). 아브라함은 하나님의 명령대로(창 17:10-14, 23-25) 이삭이 태어난 지 8일 만에 할례를 행했다(창 21:4). 이삭을 낳을 때 아브라함은 100세였다. 사라는 "하나님이 나를 웃게 하시니 듣는 자가 다 나와 함께 웃으리로다. 사라가 자식들을 젖먹이겠다고 누가 아브라함에게 말하였으리요마는 아브라함의 노경에 내가 아들을 낳았도다." 라고 외쳤다(창 21:6-7). 아이는 자라면서 젖을 떼었다. 아브라함은 이삭이 젖을 떼는 날 큰 잔치를 베풀었다(창 21:8). 하나님의 언약은 반드시 성취된다. <표-19>은 아브라함의 가계도를 보여준다.

〈표-19〉 아브라함의 가계도

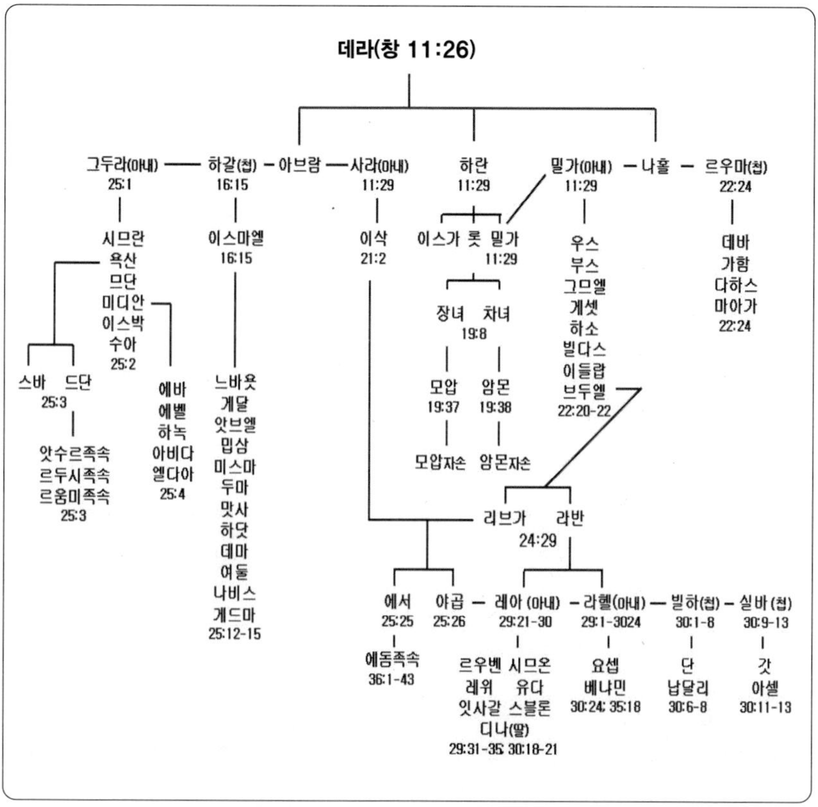

르우벤	-	하녹 발루 헤스론 갈미요	시므온	-	여무엘 야민 오핫 야긴 스할 사울
레 위	-	게르손 그핫 므라리	유 다	-	엘 오난 셀라 베레스 세라
잇사갈	-	돌라 부아 욥 시므론	스블론	-	세렛 엘론 얄르엘
요 셉	-	시론 학기 수니 에스본 에리 아로디 아렐리			
아 셀	-	임나 이스와 이스위 브리아(헤벨 말기엘) 세라(딸)			
	-	므낫세 에브라임			
베냐민	-	벨라 베겔 아스벨 게라 나아만 에히 로스 뭅빔 훕빔 아릇			
단	-	후심	납달리	-	야스엘 구니 예셀 실렘

야곱과 레아(아들과 딸: 30명), 실바(16명), 라헬(14명), 빌하(7명)
야곱과 함께 이집트에 들어간 사람은 야곱 자녀는 66명과 요셉과 아내, 두 아들로 총 70명(창 46:8-27)

이스마엘과 이삭: 헤어짐의 비극(창 21:9-13)

이삭은 젖을 떼고, 계속 자랐다. 어느 날, 사라가 이스마엘이 이삭을 놀리는 것을 보았다(창 21:9). 놀랍게도 이 사건은 여호와의 사자가 하갈에게 하신 말씀이 성취는 계기가 된다. 그 시작은 사라가 임신을 못하자, 대신 종 하갈을 아브라함에게 들여보냈다. 그러나 하갈은 임신한 것을 알고, 주인 사라를 무시했다. 그 때문에 사라는 하갈을 핍박했고, 하갈은 사막으로 도망쳤다. 하나님의 사자는 그녀에게 찾아와 주인에게 돌아가 복종하라 명했다(창 16:9). 여호와의 사자는 그녀에게 "내가 네 자손으로 크게 번성하여 그 수가 많아 셀 수 없이 되게 하겠다." 고 약속하셨다(창 16:10). 여호와의 사자는 아이의 이름을 "여호와께서 네 고통을 들으셨다" 는 뜻으로 '이스마엘' (이쉬마엘 יִשְׁמָעֵאל)이란 이름을 주셨다(창 16:11). 그녀는 그곳에서 "감찰하시는 하나님을 만났다" 고 고백했다(창 16:13). 하갈의 사건에서 하나님의 놀라운 사랑을 보여준다. 그렇다면, 약속의 자녀가 아닌 서자(庶子) 이스마엘은 어떻게 될까? 그의 미래는 여호와의 사자의 예언에서 나타난다. 여호와의 사자는 이스마엘이 "들나귀같이 되고, 그 손으로 모든 사람을 치며, 모든 형제의 동방에서 살 것" 이라고 말씀하셨다(창 16:12).

이제, 여호와의 사자의 말씀의 성취의 때가 왔다. 사라는 애굽 여인 하갈의 아들 이스마엘이 이삭을 놀리는 것을 보았다(창 21:9). 사라는 아브라함에게 하갈과 그 아들을 쫓아낼 것과 종의 아들이 내 아들과 함께 유업을 받지 못할 것이라고 말했다(창 21:10). 아브라함은 그 아들 때문에 이 일이 매우 근심이 되었다(창 21:11). 하나님은 근심하고 있는 아브라함에게 말씀하셨다.

> "네 아이나 네 여종으로 말미암아 근심하지 말고 사라가 네게 이른 말을 다 들으라. 이삭에게서 나는 자라야 네 씨라 부를 것임이니라. 그러나 여종의 아들도 네 씨니 내가 그로 한 민족을 이루게 하리라" (창 21:12-13).

하나님은 아브라함에게 하갈 때문에 근심하지 말라고 말씀하셨다. 그 이유는 첫째, 하나님은 이미 이스마엘도 한 민족이 되도록 계획하셨다. 둘째, 이삭은 하나님의 약속의 자녀이기 때문이었다. 아브라함은 이스마엘이 비록, 종 하갈의 아들이지만 첫 아들이기 때문에 많은 정(情)과 사랑을 주었을 것이다. 열 손가락 깨물어 아프지 않은 손가락이 없듯이, 아브라함 입장에서는 첫 아들 이스마엘도, 약속의 자녀 이삭도 사랑했을 것이다. 그러나 이제 결단을 해야 했다. 하나님의 계획은 약속의 자녀 이삭을 통해 아브라함에게 주신 유업을 잇게 하는 것이다. 이삭을 통해 하나님의 구원의 역사를 시작하고자 했다. 사도 바울은 갈라디아서에서 율법과 복음에 대해 설명하면서, 하갈의 아들 이스마엘과 사라의 아들 이삭의 예를 든다.

> "내게 말하라 율법 아래에 있고자 하는 자들아 율법을 듣지 못하였느냐 기록된 바 아브라함에게 두 아들이 있으니 하나는 여종에게서, 하나는 자유 있는 여자에게서 났다 하였으며 여종에게서는 육체를 따라 났고 자유 있는 여자에게서는 약속으로 말미암았느니라. 이것은 비유니 이 여자들은 두 언약이라 하나는 시내 산으로부터 종을 낳은 자니 곧 하갈이라. 이 하갈은 아라비아에 있는 시내 산으로서 지금 있는 예루살렘과 같은 곳이니 그가 그 자녀들과 더불어 종노릇 하고 오직 위에 있는 예루살렘은 자유자니 곧 우리 어머니라. 기록된바 잉태하지 못한 자여 즐거워하라 산고를 모르는 자여 소리 질러 외치라 이는 홀로 사는 자의 자녀가 남편 있는 자의 자녀보다 많음이라 하였으니 형제들아 너희는 이삭과 같이 약속의 자녀라" (갈 4:21-28).

하갈에게 은혜를 주시는 하나님(창 21:14-21)

하나님의 말씀을 들은 아브라함은 아침에 일찍 일어나 떡과 물 한 가죽부대를 가져다가 하갈의 어깨에 메워 주고 이스마엘을 데리고 떠나도록 했다(창 21:14). 집을 떠난 하갈. 그녀는 브엘세바 광야에서 방황했다(창 21:14). 아브라함이 챙겨준 가죽부대에 물도 떨어졌다. 하갈은 뜨거운 태양볕을 조금이라도 피할 수 있는 관목 덤불(떨기나무) 아래에 아들 이스마엘을 두고, 고통에 잠겨 소리 내어 울기 시작했다. "아이가 죽는 것을 차마 보지 못하겠다"(창 21:16). 하갈의 절규였다. 하갈의 미래는 절망이었다. 그녀는 아들과 함께 갈 곳이 없었다. 먹을 것조차 떨어져 언제 죽을지, 어떻게 될지 알 수 없는 상황이었다. 황량한 들판에 둘만 남겨진 상황. 아이를 걱정하는 어미의 마음은 고통스럽기만 했다. 그녀는 "화살 한 바탕 거리 떨어져"(그녀는 궁수가 화살을 쏘아 떨어지는 거리) 아들을 향해 마주 앉아 바라보며 소리 내어 울었다(창 21:16). 절망적인 상황이지만 아들 앞에서 울 수 없었던 어머니 하갈. 성경은 너무나 가슴 아픈 현실을 그리고 있다. 광야에는 아무도 없다. 그녀를 도와줄 사람은 더더욱 없었다.

그렇다면, 누가 그녀를 도울 수 있는가? 본문은 하나님께로 초점을 옮겨간다. 하나님은 가장 비극적이고, 고통스러운 하갈과 아들을 돕기 위해 찾아오신다. 그 계기는 무엇인가? 하나님께서 그 어린 아이의 소리를 들으셨기 때문이다(창 21:17a). 나레이터와 하나님의 사자는 아이의 소리를 들었다고 말하고 있다(창 21:17). 분명, 하갈이 부르짖었다. 그런데 창세기는 여호와 하나님께서 아이의 소리를 들었다고 기록한다. 이유가 무엇일까? 그 답은 이스마엘도 어머니 하갈과 같이 눈물 흘리며, 하나님께 부르짖었기 때문이다. 어머니 하갈과 함께 아버지의 집에서 쫓겨난 이스마엘의 나이는 적어도 14~15세 정도였다. <표-20>은 아브라함과 이스마엘의 나이를 보여 준다.

〈표-20〉 아브라함과 이스마엘의 나이

내용	아브라함	이스마엘	성경
이스마엘을 낳을 때	86세		창 16:16
할례를 행할 때	99세	13세	창 17:24-25
이삭을 낳을 때	100세	14세	창 21:5
이삭이 젖을 젖 뗄 때		15~17세	창 21:8-14

아브라함이 100세에 이삭을 낳았고, 이스마엘은 14세였다. 이삭이 젖을 땐 날에 큰 잔치를 벌였고, 그 때 이스마엘이 이삭을 희롱하는 계기로 하갈과 이스마엘이 아브라함의 집에서 쫓겨났다. 현대 사회도 마찬가지이지만, 고대 근동 시대 모유 수유는 적어도 1년에서 길게는 3년 사이까지 한다. 그러므로 이삭이 젖을 뗄 때 이스마엘의 나이는 약 15세에서 17세 사이의 연령이라고 가정할 수 있다. 이스마엘의 나이는 본문을 이해하는데 중요한 단서를 제공한다. 브엘세바 광야에서 하갈은 슬픔에 잠겨 아들이 듣지 못하는 거리어서 슬피 울고 있었다. 그때 이스마엘은 놀고 있었을까? 이스마엘은 지금 15~17세의 청소년기였다. 고대 세계에서 이스마엘의 나이면, 성인으로 인정되는 나이이다. 이스라엘은 12세에 성인으로 인정했다. 그러므로 이스마엘은 어머니와 자신이 처한 상황을 누구보다 잘 알고 있었다. 이스마엘은 어머니 하갈이 너무나 불쌍했을 것이다. 그리고 자신의 처지도 너무나 한탄스러웠을 것이다. 이스마엘은 하나님을 알고 있었다. 아버지 아브라함 때문에 하나님을 보았고, 알고 있었다. 이스마엘을 임신하고 있던 어머니 하갈이 광야로 쫓겨났을 때 그녀는 "술 길 샘물"에서 감찰하시는 하나님을 만났다(창 16:13). 그리고 태중에 있는 아이가 '아들'이며, 그 이름을 '이스마엘' 이라 부를 것과 그로 하여금 자손이 수를 셀 수 없을 정도로 많게 할 것을 들었다(창 16:10-11). 그러므로 이스마엘은 여호와 하나님을 믿고 있었고, 알고 있었다. 이스마엘은 자신과 어머니의 고통스러운 상황을 하나님께 부르짖었다. 하나님께서 하갈의 부르짖음보다 이스마엘의 기도를 들었다고 말씀하신 것은 이스마엘이 더 간절히 하나님을 찾았다고 이해할 수 있다. 이스마엘의 소리를 들은 하나님은 두 모자(母子)에게 사자를 보냈다. 하나님의 사자는 하늘에서부터 하갈을 불렀다.

> "하갈아 무슨 일이냐 두려워하지 말라 하나님이 저기 있는 아이의 소리를 들으셨나니 일어나 아이를 일으켜 네 손으로 붙들라. 그가 큰 민족을 이루게 하리라 하시니라" (창 21:17-18)

여호와의 사자는 하갈에게 '무슨 일이냐' 물으며, "두려워하지 말라 하나님이 저기 있는 아이의 소리를 들으셨다"고 말한다. 여호와의 사자는 하갈에게 가장 필요한 것이 무엇인지 알고 있다. 하갈은 자신의 처지와 상황을 두려워하고 있었다. 하나님은 두려워하고 있는 하갈에게 두려워하지 말라고 말씀한다. 그 이유는 아들 이스마엘의 소리(기도)를 들으셨기 때문이라고 말씀한다. 하갈은 깨달았다. 광야에 홀로 있던 것이 아니다. 자신을 감찰하시는 하나님께서 함께 계셨음을 깨달았다. 또한 어머니로 아들을 걱정만 하고 있었지, 어머니에게 든든한 아들이 함께 있음을 잊고 있음도 알게 되었다. 그녀는 아들이 하나님께 기도할 정도로, 현재 처한 상황을 잘 이해하고 있을 정도로 자랐음을 잠시 잊고 있었던 것이다. 부모란 그렇다. 자식은 항상 어리게 보인다. 그러나 이스마엘은 성장했다. 든든한 아들이 광야에 함께 하고 있었다. 여호와의 사자는 하갈에게 슬피 부르짖고 있는 아들의 손을 잡고 일으키라고 말한다. 지금 이 순간, 어머니와 아들은 하나가 된다. 서로 힘이 된다. 그리고 하나님과 함께 하고 있다. 어머니는 아들을 일으켜 세워야 한다. 아들은 어머니의 든든한 방패가 되어야 한다. 여호와의 사자는 어머니와 아들에게 "술 길 샘물"에서 말씀하셨던 약속을 또 다시 언급한다. "그가 큰 민족을 이루게 하리라". 하나님의 약속은 거짓이 없다. 한 번 스쳐 지나가는 빈말(lib service)이 아니다. 하나님은 말씀으로 하갈에게 약속(언약)하셨다. 언약을 반드시 성취하시는 하나님의 웅장한 비전이다. 이스마엘은 큰 민족을 이룰 것이다. 그리고 이스마엘의 후손들은 큰 민족들을 이뤘다. 이스마엘의 후손들은 중동의 국가들을 형성했다. 하나님의 약속의 성취됐다.

가장 처음 그녀에게 고통의 시작을 알렸던 것은 아브라함이 준 가죽부대에 물이 떨어진 것이다(창 21:15). 하나님의 사자의 말이 끝나자 하나님은 그녀의 눈을 밝혀 주셨다. 하나님의 위로가 현실로 나타났다. 하나님은 그녀의 눈을 밝혀 샘물을 보게 했다. 그녀는 가죽부대에 물을 채워 사랑하는 아들 이스마엘에게 주어 마시도록 했다(창 21:19). 어머니의 지극한 모성이다. 그녀는 샘물을 발견하고, 자신이 먼저 마시지 않고, 가죽부대에 채워 목마름 때문에 고통당할 아들에게 먼저 마시도록 했던 것이다.

하나님은 그 아이와 함께 계셨다. 이스마엘은 하나님의 말씀대로 장성하여 광야에서 거주하며 활 쏘는 자가 되었다(창 21:20). 이스마엘이 바란 광야에 거주할 때 어머니 하갈은 아들을 위해 자기의 고향인 이집트에서 아내를 얻어 주었다(창 21:21).

그랄 왕 아비멜렉의 언약(창 21:22-34)

그 때, 그랄 왕 아비멜렉과 군대 장관 비골이 아브라함에게 찾아와 말한다.

> "네가 무슨 일을 하든지 하나님이 너와 함께 계시도다. 그런즉 너는 나와 내 아들과 내 손자에게 거짓되이 행하지 아니하기를 이제 여기서 하나님을 가리켜 내게 맹세하라 내가 네게 후대한 대로 너도 나와 네가 머무는 이 땅에 행할 것이니라" (창 21:22-23).

아비멜렉은 사라 사건 때문에 아브라함이 하나님과 함께 함을 알았다. 뿐만 아니라 시간이 지나 이삭을 낳고, 이스마엘을 떠나 보내는 과정에서 하나님께서 아브라함과 함께 함을 지켜 보았다. 아비멜렉은 아브라함에게 자신과 후손들에게 거짓되이 행하지 않도록 하나님을 두고 맹세하라고 간청했다. 아브라함은 "내가 맹세하리라" 라고 대답했다.

맹세가 끝나자, 아브라함은 아비멜렉의 종들이 자신의 우물을 빼앗은 일에 관해서 아비멜렉을 책망했다(창 21:24-25). 그 후, 아비멜렉이 아브라함을 찾아와 맹세를 청했고, 아브라함은 더 이상 그를 두려워하지 않게 되었다. 아비멜렉은 "누가 그리하였는지 내가 알지 못하노라 너도 내게 알리지 아니하였고 나도 듣지 못하였더니 오늘에야 들었노라" 라고 말했다(창 21:26).

아브라함은 양과 소를 가져다가 아비멜렉에게 주고 두 사람은 서로 언약을 세웠다(창 21:27).

아브라함은 아비멜렉과 언약을 세울 때 일곱 암양 새끼를 따로 놓았다(창 21:28). 아비멜렉이 아브라함에게 "이 일곱 암양 새끼를 따로 놓음은 어찜이냐"고 묻자(창 21:29), 아브라함은 "너는 내 손에서 이 암양 새끼 일곱을 받아 내가 이 우물 판 증거를 삼으라"고 말했다(창 21:30). 두 사람이 거기서 서로 맹세하였기 때문에 그 곳을 "브엘세바"(브엘 쉐바 בְּאֵר שָׁבַע 두 가지 의미로 일곱 개의 우물 또는 맹세의 우물)라 이름하였다(창 21:31). 이제, 아브라함은 아비멜렉과 한 맹세로 브엘세바에 있는 한 우물을 마음대로 사용할 수 있는 권리를 가졌다. 아브라함의 주업은 목축이었다. 때문에 가축들에게 자유롭게 물을 먹일 수 있는 우물은 필수적이었다. 아브라함은 그랄 땅에서는 항상 이방인이었기 때문에 우물을 마음대로 사용할 수 없었다. 그러나 이제 하나님은 사라를 누이라 속이는 잘못을 범한 아브라함에게 우물 사용권까지 주시는 은혜를 허락하셨다.

아브라함과 아비멜렉은 브엘세바에서 언약을 체결했다. 아비멜렉과 군

〈사진-48〉 텔 브엘세바 전경

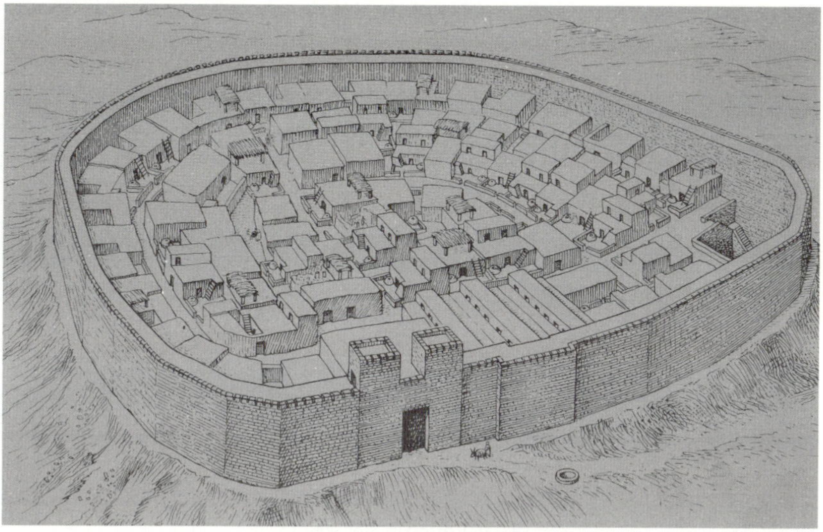

〈그림-17〉 텔 브엘세바의 복원도

〈사진-49〉 텔 브엘세바의 우물

대 장관 비골은 아브라함을 떠나 블레셋 사람의 땅으로 돌아갔다(창 21:32). 아브라함은 브엘세바에 에셀 나무(에쉘 אֶשֶׁל a grove tree)를 심고

〈사진-50〉 아브라함의 우물

거기서 '영원하신 여호와'의 이름을 불렀다(창 21:33). <사진-48>은 텔 브엘세바의 전경, <그림-17>은 텔 브엘세바의 복원도. <사진-49>은 텔 브엘세바(Tel Beer Sheba)에 있는 지하 70m의 깊이로, B.C. 14세기부터 사용된 우물이다. <사진-50>은 텔 브엘세바에서 약 2km 떨어진 B.C 11세기경부터 사용된 일명 아브라함의 우물이다. 이 우물들을 통해 아브라함과 아비멜렉이 세운 언약의 징표인 우물을 상상해 볼 수 있다. <사진-51>은 텔 브엘세바에 심겨진 에셀나무이다.

아브라함은 자주 상수리나무 근처에서 거했고, 그곳에 단을 쌓고 하나님의 이름을 불렀다(창 12:6, 18; 14:13; 18:1). 아브라함이 상수리나무 수풀 옆에 장막을 치고 지낸 이유는 그곳은 이스라엘 지역 특성 때문이다. 상수리나무 수풀은 시원하고, 안전한 은신처, 땔감 용 목재와 가축들의 쉼 터, 먹이를 제공하는 좋은 장소이다. 또한 고대 근동 사람들 뿐 아니라 전 세계 대부분의 지역에서 나무는 토템신앙의 중요한 용도로 사용된다. 오래되거나 큰 나무는 자연신(自然神) 숭배의 장소가 된다. 아브라함도 자연스러운 우상의 문화와 자연신 숭배 문화 속에서 자랐기 때문에 나무 가까운 곳

〈사진-51〉 에셀나무

에서 하나님께 제사를 드리고, 여호와의 이름을 불렀을 것이다. 아브라함은 지금까지 자신을 지배해 왔던 토템신앙과 갈대아 우상신앙에서 벗어나 여호와 하나님의 신앙으로 바뀌었다. 하나님은 세상의 문화와 생활양식을 하나님을 경배하고, 섬기는 방식으로 바꾸셨다.

고대 근동지방에서 흔하게 행해지던 할례의식을 단순한 성인의식이나 성적(性的)의식의 수준에서 벗어나 하나님과 아브라함, 하나님과 이스라엘의 피로써 맺어지는 피의언약으로 바꾸신다. 하나님은 할례의식을 통해 '여호와 하나님은 이브라함과 이삭과 야곱 그리고 이스라엘의 하나님이 되고, 그들은 하나님의 백성이 되리라' 는 언약으로 바꾸셨다. 관계의 언약으로 바꾸셨다. 하나님은 나무를 중심으로 우상을 섬기며, 신들을 부르던 아브라함을 여호와 하나님의 이름을 부르며, 섬기는 자로 바꾸셨다. 아브라함은 브엘세바에 에셀나무를 심고, '영원하신 여호와' 를 부른 뒤 블레셋 사람의 땅에서 여러 날을 지냈다(창 21:34).

창세기 22장

시험의 정의(창 22:1-19)

창세기는 극적인(dramatic) 반전들이 계속된다. 그 일 후에 하나님은 아브라함을 시험(나싸 נָסָה test)하시려고 부르셨다. 성경에 나오는 시험은 '시험'(test)과 '유혹'(temptation) 두 가지 의미를 가진다. 시험은 그 대상에 따라 세 가지 경우로 사용된다.

시험(test)은 첫째, 사람이 사람을 시험할 경우 진실여부, 능력(지식, 기술, 지혜 등)을 파악하는 도구로 사용된다. 스바여왕은 솔로몬의 지혜를 시험했다(왕상 10:1; 대하 9:1). 다니엘은 환관장에게 열흘 동안 채식을 먹게 하여 시험해 보라고 했다(단 1:12, 14).

둘째, 이스라엘은 여호와를 신뢰하지 못해 하나님을 시험했다. 르비딤에서(출 12:2, 7), 마라에서(출 15:23-26), 맛사에서(신 6:16) 하나님을 시험했다. 출애굽의 이적을 보고도 하나님을 열 번이나 시험했다(출 16:4). 기드온은 부름에 확신을 하지 못해 하나님을 시험을 했다(삿 6:39). 바리새인들(마 22:18), 대세사장과 서기관들(12:15), 율법사(눅 10:25)는 예수님을 시험하고자 했다. 삽비라는 주의 영을 시험하려 했다(행 5:9).

셋째, 하나님은 믿음을 시험하셨다. 하나님은 만나를 날마다 비같이 주시기로 약속하고, 이스라엘이 율례를 준행하나 안 하나 시험하셨다(출

16:4). 모세는 시내산에서 십계명을 받은 뒤 여호와의 강림하심이 이스라엘을 시험하시기 위함이라 말했다(출 20:20). 하나님은 "어떤 신이 와서 시험과 이적과 기사와 전쟁과 강한 손과 편 팔과 크게 두려운 일로 한 민족을 다른 민족에게서 인도하여 낸 일이 있느냐" 고 물으셨다(신 4:34). 여호와 하나님은 40년 동안 이스라엘을 광야의 길을 걷게 하신 것은 "너를 낮추시며 너를 시험하사 네 마음이 어떠한지 그 명령을 지키는지 아니 지키는지 알려하심이라" 고 말씀하셨다(신 8:2). 하나님은 "너는 그 선지자나 꿈꾸는 자의 말을 청종하지 말라 이는 너희 하나님 여호와께서 너희가 마음을 다하고 성품을 다하여 너희 하나님 여호와를 사랑하는 여부를 알려 하사 너희를 시험하심이니라" 고 말씀하셨다(신 13:4). 하나님은 "나도 여호수아가 죽을 때에 남겨둔 열국을 다시는 그들의 앞에서 하나도 쫓아내지 아니하리니 이는 이스라엘이 그 열조의 지킨 것같이 나 여호와의 도를 지켜 행하나 아니하나 그들로 시험하려 함이라" 고 말씀하셨다(삿 2:22). 하나님은 히스기야의 마음을 시험하셨다(대하 32:31).

시험의 두 번째 정의는 유혹(temptation)이다. 야고보는 "사람이 시험을 받을 때에 내가 하나님께 시험을 받는다 하지 말지니 하나님은 악에게 시험을 받지도 아니하시고 친히 아무도 시험하지 아니하시느니라" 라고 말한다(약 1:13). 영어 번역으로 보면 시험의 의미를 잘 구분할 수 있다. NIV의 번역을 보면, "When tempted, no one should say, 'God is tempting me.' For God cannot be tempted by evil, nor does he tempt anyone" 이라고 했다. 하나님은 시험(test)은 하시지만, 유혹을 받거나 유혹을 하시지 않는다. 유혹은 죄와 관련된다. 유혹은 '죄로 향한 이끌림' 이다. 그렇기 때문에 하나님은 친히 유혹하지 않는다. 유혹하는 자는 사탄이요. 마귀이다. 예수님은 성령에 이끌려 광야에서 40일 금식하신 후 '유혹하는 자(tempter)' 마귀에게 시험(tempted)을 받으셨다(마 4:1-11; 막 1:13). 예수님은 "우리를 시험(temptation)에 들지 말게 하옵시며" 라 기도하라고 하셨다(마 6:13). 외식자들(마 22:18), 바리새인(막 8:11), 한 율법사(눅 10:25), 무리들(눅 11:16)이 예수님을 시험했다(tempted). 겟세마네 동산에게 제자들에게 "시험(temptation)에 들지 않게 깨어 있어 기도하라"고 말씀하셨다(막 14:38). 사도 바울은 바리새파 중 한 사람에게 하나님을 시험(tempt)하지 말라고 했다(행 15:10). 바울은 광야에서 하나님을 시험(tempt)하다가 뱀에게 멸망 당했다고 말했다(고전 10:9). 바울은 범죄 한 일이 있을 때 바로 잡아 시험(tempt)을 받지 않도록 당부했다(살전 3:5). 부(副)하려는 자들은 시험(temptation)과 올무에 떨어진다고 했다(딤전 6:9). 애굽인들은 홍해 건넘을 시험(tempt)하다가 빠져 죽었다(히 11:29). 시험(temptation)을 참는 자는 복이 있다(약 1:12). 각 사람이 시험을 받는 것(tempted)은 자기 욕심에 끌려 미혹됨이다(약 1:14).

시험: 이삭을 바쳐라(창 22:1-19)

브엘세바에서 하나님은 아브라함을 그의 믿음을 시험(test)해 보기 위해 아브라함을 부르셨다. 아브라함은 대답했다. "내가 여기 있나이다"(창 22:1). 하나님은 아브라함에게 말씀하셨다.

> "네 아들 네 사랑하는 독자 이삭을 데리고 모리아 땅으로 가서 내가 네게 일러 준 한 산 거기서 그를 번제로 드리라"(창 22:1).

하나님은 아브라함에게 너무나 가혹하고, 혹독한 시험을 치르셨다. 너무나 놀라운 것은 "네 사랑하는 독자 이삭"이라고 말씀하신다. 하나님은 이삭이 아브라함에게 어떤 자식인지 알고 계셨다. 이삭은 누구인가? 100세에 낳은 아들이다. 인간의 생식 능력을 초월해 낳은 아들이다. 아니, 하나님께서 약속했던 약속의 자녀다. 그렇기 때문에 아브라함은 이삭을 사랑했다. 눈에 넣어도 아프지 않을 만큼 사랑하는 독자 이삭이다. 그런데 그 사랑하는 독자를 모리아 땅으로 가 하나님께서 일러 주신 한 산에서 번제를 드리라 말씀하셨다.

처음, 하나님께 번제로 드린 사람은 노아이다(창 8:20). 노아가 번제의 제사 방법을 알고 있었는지, 하나님께서 말씀해 주셨는지는 알 수 없다. 단지 노아가 방주에서 나와 하나님께 번제를 드렸고(창 8:20), 하나님은 그 향기를 흠향했다고 기록하고 있다(창 8:21). 여호와께서 직접 향을 맡으셨다는 기록은 노아의 번제뿐이다. 번제의 두 번째 언급이 이삭을 번제로 드리는 말씀에서 등장한다(창 22:2). 번제는 제물을 전부 단에 올려놓고, 태워서 드리는 제사로, 여호와께 향기로운 냄새가 되었다(창 20:21; 출 29:18, 25; 레 1:9, 13, 17; 3:5; 6:15 등).

아브라함은 아침 일찍 일어나 나귀에 안장을 지우고, 두 종과 아들 이삭을 데리고, 번제에 쓸 나무를 쪼개어 가지고, 하나님이 자기에게 일러 주신 곳으로 떠났다. 아브라함의 행동을 읽는 독자들은 당황할 수밖에 없다. 이삭을 너무나 사랑했을 아브라함인데 그는 하나님의 명령에 따를 뿐이다. 그는 "내가 왜, 아들을 번제로 드려야 합니까?"라고 하나님께 항변도 하지 않았다. 그저 아침 일찍 일어나 아들 번제로 드리기 위해 모리아 땅으로 향할 뿐이었다. 본문은 아브라함이 하나님의 명령을 듣고, '잠을 잘 잤는지', '번제로 드려야 할 아들 때문에 고통스러웠는지' 에 대해 침묵한다. 다만, 나레이터는 "아침에 일찍이 일어나"라는 하나님의 명령을 수행하는 아브라함의 행동에 초점을 맞출 뿐이다.

많은 사람들이 본문을 자주 인위적(artificial)으로 해석(interpretation)하는 경우가 있다. 해석자들은 본문에 드러나지 않은 '행간(行間)의 의미' 를 자의적(恣意的)으로 유추(analogy)하고 해석한다. 그들은 본문에 드러나지 않은, 저자의 의도와는 다른 면을 강조한다. 이삭을 번제로 바치라는 하나님의 명령을 들은 아브라함의 마음은 어떠했을까?, 아브라함은 그날 밤 잘 잤을까? 무엇을 생각했을까?, 3일 길을 어떤 마음으로 갔을까? 고통이 있었을까, 없었을까?, 이삭의 마음은 어떠했을까? 등등에 초점을 맞춘다.

그러나 본문은 너무나 간단히 설명한다. 하나님의 명령을 들은 아브라함은 다음 날 아침 일찍 일어났다. 나귀에 안장을 지우고, 두 종과 이삭을 데리고, 번제에 쓸 나무를 쉶고, 하나님께서 지시한 땅을 향했다(창 22:3). 그것이 전부이다. 아들을 바치라 명하신 명령에 순종해야 하나, 불순종하고, 아들을 살려야 하나를 고민한 흔적이 없다. 이삭 때문에 고통스러워 잠을 못 잤다는 내용도 없다. 저자는 아브라함의 순종에 초점을 맞출 뿐이다.

아브라함은 아침 일찍 떠났다. 브엘세바에서 모리아 땅(예루살렘)은 약 80km 떨어져 있다. 하나님께서 지시한 산은 3일 길이었다. 제 3일에 아브라함이 눈을 들어 그 곳을 멀리 바라보았다(창 22:4) 아브라함은 종들에게 "너희는 나귀와 함께 여기서 기다리라 내가 아이와 함께 저기 가서 예배하고 우리가 너희에게로 돌아오리라"고 말했다(창 22:5). 아브라함의 말은 세 가지를 중요한 의미를 담고 있다.

첫째, 아브라함은 아들을 '아이' (나아르 נַעַר)라고 불렀다. 히브리어 나하르는 '소년', '남자 아이' 의 의미이다. 아브라함은 이미 마음으로 아들을 하나님께 드렸다. 이삭은 더 이상 아들이 아닌 하나님께 번제로 드려야 할 '아이' 였다.

둘째, 아브라함은 이삭과 함께 가는 목적이 "경배", "예배"라고 말한다. 경배의 히브리 단어는 하바(חוה)로 '숙이다', '굽히다', '엎드리다' 라는 의미이다. 경배, 예배는 하나님께 머리를 숙이고, 그분을 높여 드리는 것이다. 아브라함에게 있어 번제는 하나님께 드려야 하는 경배, 예배로 인식했다.

셋째, 아브라함은 경배 드리고, "우리가 너희에게로 돌아오리라"고 말했다. 이삭은 번제로 드려져야 한다. 이삭은 죽고, 아브라함만이 종들에게 와야 한다. 그럼에도 아브라함은 이삭과 함께 되돌아 올 것이라 말한다. 이 말에는 적어도 두 가지 의미를 생각해 볼 수 있다. 첫째, 종들을 안심시키기 위한 아브라함의 선의의 거짓말이다. 둘째, 진짜 아들과 함께 돌아올 수 있으리라는 아브라함의 믿음의 확신이다. 그러나 아브라함이 거짓말을 했으리라는 추측은 본문을 읽는 독자라면 '아니다' 는 결론에 이르게 된다.

결국, 이 말은 아들과 함께 되돌아 올 수 있으리라는 아브라함의 믿음 때문이었다. 그 이유는 계속되는 본문에서 설명된다.

아브라함은 번제 나무를 가져다가 아들 이삭에게 지우고, 자기는 불과 칼을 손에 들고 두 사람이 동행했다(창 22:6). 산으로 가는 도중 이삭은 아버지에게 묻고, 아브라함은 아들에게 대답한다.

> "아버지"
> "그래, 아들아 내가 여기 있단다."
> "불씨와 나무는 있는데 번제할 어린 양은 어디 있어요?"
> "내 아들아! 번제할 어린 양은 하나님이 자기를 위하여 친히 준비 하실 거란다"(창 22:7).

이삭의 질문에 아브라함은 확신 있게 대답한다. 종과 이삭에게 대답한 아브라함의 말은 단순한 거짓말이 아니다. 아브라함이 드려야 할 번제물은 이삭이었다. 그러나 아브라함은 번제를 위한 어린양은 "하나님께서 '자기를 위하여' 친히 준비하실 것"이라고 확신했다. 또한 아브라함은 이삭이 번제물로 바쳐 진다해도 바쳐야 했다. 왜냐하면, 하나님께서 이삭을 번제물로 요구하셨기 때문이다. 아브라함은 오랜 신앙의 여정을 하면서, 이삭에 대한 하나님의 방법과 계획을 체험했다. 주신자도 하나님이시고, 취하신 자도 하나님이심을 믿고 있었다.

아브라함과 이삭은 하나님이 일러 주신 곳에 도착했다. 아브라함은 그 곳에 제단을 쌓고, 나무를 벌여 놓고, 이삭을 결박하여 제단 나무 위에 놓았다. 그리고 손을 내밀어 칼을 잡고 그 아들을 잡으려 했다(창 22:9-10). <그림-18> 번제단 앞 아브라함과 이삭이다.

잠시, 아버지와 아들의 입장과 그들의 마음을 생각해 보자. 아버지는 이삭을 번제물로 드리기 위해 제단에 나무를 쌓고, 이삭을 결박했다. 결박하는 순간까지, 칼로 아들을 잡으려는 순간까지 어린양은 나타나지 않았다. 그러나 아브라함이 칼로 아들을 잡으려고 한 이유는 오직 여호와의 명령에

〈그림-16〉 번제단 앞 아브라함과 이삭

순종하려는 믿음 때문이다. 아들의 입장을 생각하면, 이삭은 아버지에게 "번제할 어린양"의 존재를 물었다. 이삭은 제단에 나무를 쌓고, 자신을 결박하는 순간 번제물이 어린양이 아닌 자기 자신임을 알았다. 이삭은 번제물로 죽어야 한다는 사실을 알면서도, 아버지의 행동을 뿌리치지 않았을까? 아버지는 적어도 110세가 넘은 힘없는 할아버지였다. 그 이유는 본문에서 설명하지 않는다. 다만 몇 가지로 추측할 뿐이다.

첫째, 아버지가 말한 "번제할 어린양은 하나님께서 자기를 위하여 친히 준비할 것"을 끝까지 믿었기 때문일 것이다. 이삭은 아버지를 신뢰했을 것이다. 아버지의 말씀이 진실임을 믿었기 때문일 것이다.

둘째, 이삭은 비록 어렸지만 하나님의 약속의 자녀로 '어떤 과정을 거쳐 태어났는지'에 대해 듣고 자랐을 것이다. 하나님은 이삭을 통해 '민족'을 주실 것을 약속했다. 그렇다면, 이삭이 번제물이 되어 죽는다면, 하나님은 거짓말쟁이가 된다. 하나님의 언약은 부도난 수표보다 못하게 된다. 어린 이삭과 아버지 아브라함은 하나님의 언약을 신뢰했다. 하나님은 언약을 결코 잊지 않으시고, 반드시 성취하시는 분이시기 때문이다. 아브라함과 이삭은 하나님을 믿고 있었다. 아브라함이 이삭을 결박하고 칼로 그를 죽이려는 순간 믿음의 절정을 보여준다. 아브라함은 믿음의 시험을 통과한 것이다. 나레이터는 이미 창 22장 1절에서 아브라함에게 이삭을 번제로 바치라고 한 하나님의 명령의 목적이 "하나님이 아브라함을 시험하시려고"라고 말하고 있다. 창세기 22:1-10의 기록은 아브라함과 이삭의 믿음의 순종으로 시험을 통과했음을 보여주려는 저자 하나님의 의도이다.

여호와 이레(창 22:11-14)

아브라함은 하나님의 시험에 통과했다. 이삭을 칼로 죽이려고 하는 아브라함에게 여호와의 사자가 하늘에서부터 그를 불렀다. "아브라함아! 아브라함아!" 두 번의 부름은 다급함이다. 만일, 급하게 하늘로부터 여호와의 사자의 부름이 없었다면, 아브라함은 번제물로 삼기 위해 이삭을 칼로 죽였을 것이다.

> "아브라함아! 아브라함아!"
> "내가 여기 있나이다."(창 21:11)
> "그 아이에게 네 손을 대지 말라 그에게 아무 일도 하지 말라 네가 네 아들 네 독자까지도 내게 아끼지 아니하였으니 내가 이제야 네가 하나님을 경외하는 줄을 아노라"(창 22:12).

하나님은 "네가 네 아들 네 독자까지도 내게 아끼지 아니하였으니 내가 이제야 네가 하나님을 경외하는 줄을 아노라"고 말씀하신다. "이제야". 그렇다면, 하나님은 지금까지 아브라함을 믿지 못하셨단 말인가? 아니다. 아브라함의 변화된 모습을 확인하고 싶었던 것뿐이다. 하나님을 전적으로 신뢰하는 아브라함을 보고 싶었던 것이다.

과거 아브라함은 하나님과 동행했고, 하나님의 놀라운 기적을 보았음에도 하나님을 전적으로 신뢰하지 못했다. 아브라함은 그랄 땅에 우거할 때 아내를 누이로 속이는 사건을 통해, 아브라함은 하나님을 신뢰하기 보다는 주변 환경에 좌우 되었다. 그러나 아브라함은 아비멜렉에게 행하신 하나님의 능력을 체험했다(창 20:17). 아브라함은 약속의 자녀 이삭을 낳는 경험을 하였다. 가장 믿기 힘들었던 약속의 자녀 이삭이 사라를 통해 태어났다(창 21:1-2). 이삭의 탄생은 아브라함이 하나님을 완전히 신뢰하도록 만든 사건이 되었다 아브라함은 약속의 자녀 이삭을 통해 전능하신 하나님을 체험했다. 그러므로 이삭을 번제로 바치라는 하나님의 명령에 아브라함은 순종할 수 있는 이유도 바로 여기에 있었다. 하나님은 독자 이삭조차도 마칠 수 있는 하나님을 경외하는 아브라함을 아셨다. 다만 모리아 산의 번제를 통해 그의 믿음을 확인하고 싶었던 것뿐이다. 아브라함은 하나님을 전적으로, 100% 신뢰한다는 100점짜리 성적표가 나왔다. 하나님은 “이제야” 아브라함을 완전히 인정하는 선포를 하신 것이다. 하나님을 경외한다는 것은 하나님은 완전히 신뢰한다는 마음의 표현이다. 가장 귀한 독자 이삭까지 바칠 수 있는 마음, 그것이 하나님을 경외하는 아브라함의 마음이었다.

하나님은 반드시 순종에 대가를 지불하신다. 아브라함이 눈을 들어 살펴보았다. 왜, 주위를 살펴보았을까? 아브라함을 부르고 있는 여호와의 사자를 보기 위함인가? 아니다. 그는 이삭에게 한 “번제할 어린양은 하나님이 자기를 위하여 친히 준비하시라”고 한 말을 기억했다. 이삭을 대신해 번제물로 드려야 할 ‘어린양’을 하나님은 친히 준비해 놓으셨을 것이라고 생각했다. 그래서 아브라함은 주위를 살펴보았다. 아브라함의 눈에 들어온 광경이 있었다. 숫양 한 마리가 뒤에 있었다. 뿔이 수풀에 걸려 있었다. 아브라함은 숫양을 가져다가 아들을 대신하여 번제로 드렸다(창 22:13). 이 장면이 창세기 22장의 정점(頂點)이다. 아브라함은 그 땅 이름을 ‘여호와 이레' (יְהוָה יִרְאֶה)라 하였다. 오늘날까지(모세의 시대에) 사람들은 "여호와의 산에서 준비되리라"고 하였다(창 22:14). '여호와 이레'는 아브라함의 믿음의 상징이다. 여호와 이레는 이삭을 번제로 바치라는 명령을 받고도 아침 일찍 일어나 떠났던 아브라함, 종들에게 이삭과 함께 돌아오리라 말했던 아브라함, 아들의 질문에 번제할 어린양은 하나님께서 자기를 위해 친히 준비하리라 말했던 아브라함의 믿음의 증거였다.

모리아 땅, 내가 지시한 땅(창 22:1-2)

하나님께서 아브라함을 시험하기 위해 "네 사랑하는 독자 이삭을 데리고 모리아 땅으로 가서 내가 네게 일러 준 한 산 거기서 그를 번제로 드려라"고 말씀하셨다(창 22:1-2). 독자들은 본문을 읽으면서 반드시 기억해야 할 지역이 등장한다. 바로 모리아 땅이다. 하나님은 이삭을 번제로 바칠 장소를 지정하셨다. 하나님은 "모리아 땅으로 가서 내가 네게 일러 준 한 산"으로 가서 번제로 드려야 했다. 아브라함에게 명령하신, 이 장소는 성경의 역사 속에 가장 중요한 장소로 기록된다. 본문은 모리아 땅의 한 산을 이삭이 처음 번제로 바쳐지는 제단으로 소개한다. 아브라함은 일러주신 곳에 가서 제단을 쌓고, 이삭을 잡으려 했다(창 22:9).

그러나 하나님의 은혜로 이삭 대신에 하나님께서 이미 예비하신 숫양을 번제로 드렸다(창 22:13). 모리아 땅에 있는 한 산은 이후 오르난의 타작마당으로 소개된다. 여호와 하나님은 갓 선지자를 통해 다윗에게 모리아 산에 있는 오르난의 타작마당에 여호와의 전을 지을 것을 말씀하셨다(대상 21:15-23:1). 그러나 성전은 다윗에게 허락되지 않았고, 그의 아들 솔로몬에게 허락되어 모리아 산에 있는 오르난의 타작마당에 성전을 지었다(대하 3:1). <사진-52>은 모리아 산(시온 산)으로 이후 솔로몬의 성전, 헤롯 성전 그리고 현재는 이슬람의 모스크인 황금사원(Dome of the Rock)이 세워져 있다.

〈사진-52〉 모리아 산 위에 서 있는 황금사원

시험과 복(창 22:15-19)

여호와의 사자가 하늘에서부터 다시 아브라함을 불러 말했다(창 22:15).

> "여호와께서 이르시기를 내가 나를 가리켜 맹세하노니 네가 이같이 행하여 네 아들 네 독자도 아끼지 아니하였은즉 내가 네게 큰 복을 주고 네 씨가 크게 번성하여 하늘의 별과 같고 바닷가의 모래와 같게 하리니 네 씨가 그 대적의 성문을 차지하리라 또 네 씨로 말미암아 천하 만민이 복을 받으리니 이는 네가 나의 말을 준행하였음이니라"(창 22:16-18)

여호와의 사자는 "여호와의 말씀"을 전하는 전달자(a messenger)이다. 사자들은 아브라함에게 하나님의 말씀, 그의 뜻을 전달했다. 여호와는 "내가 나를 가리켜 맹세한다."라고 말씀하신다. 맹세는 아브라함이 처음 했다. 아브라함은 소돔 왕에게 천지의 주재시요. 지극히 높으신 하나님 여호와께

손을 들어 맹세했다(창 14:22). 아비멜렉과 군대장과 비골은 아브라함에게 하나님을 가리켜 맹세하라 했다(창 21:23). 아브라함은 그들과 맹세했고, 그 곳 이름을 브엘세바라 했다(창 21:31). 맹세는 서로가 반드시 지켜야 할 약속을 하는 행위이다. 그래서 맹세의 대표자로 신들의 이름을 두고 맹세한다. 아브라함도 맹세할 때 변하지 않는 여호와 하나님의 이름을 두고 맹세했다. 고대 근동에서 인간은 신들의 이름을 두고 맹세했다. 그러나 여호와 하나님을 안 아브라함은 이제, 여호와 하나님의 이름을 두고 맹세했다.

그런데 놀라운 것은 여호와 하나님께서 아브라함에게 복을 주시기 위해 자신의 이름을 두고 맹세한 것이다. 맹세는 곧 변하지 않는 약속을 상징한다. 여호와는 아브라함에게 "네 아들 네 독자도 아끼지 않았기 때문에" 복을 준다고 자신의 이름을 두고 맹세하셨다. 여호와께서 자신의 이름으로 한 복의 맹세는 영원토록 변하지 않을 것이다. 만일, 이 복이 변한다면, 하나님의 이름은 더 이상 존재 가치가 없어진다. 더 이상 여호와는 신뢰의 대상이 될 수 없다. 하나님은 아브라함에게 "내가 네게 큰 복을 주고 네 씨가 크게 번성하여 하늘의 별과 같고 바닷가의 모래와 같게 하리니 네 씨가 그 대적의 성문을 차지하리라"고 말씀하신다. 하나님께서 아브라함을 부르신 목적은 복을 주시기 위함이었다(창 12:1). 하나님은 항상 아브라함과 복을 연결한다. 또한 아브라함에게는 "복"과 "씨"가 관용어처럼 따라온다. 아브라함의 씨는 크게 번성할 것이다. 하늘의 별과 같이 바닷가의 모래 같이 많아질 것이다. 그리고 대적들의 성문을 차지하게 될 것이다. 더 나아가 아브라함 씨 때문에 천하 만민이 복을 받을 것이다. 그 모든 이유는 아브라함이 여호와의 말씀을 준행했기 때문이다(창 22:18).

아브라함은 그의 종들에게로 돌아갔다. 종들에게 한 약속이 성취되었다. 그들은 함께 모리아 땅 한 산에서 떠나 브엘세바로 향했다. 아브라함은 그곳에서 거주 하였다(창 22:19).

나홀과 밀가의 후손(창 22:20-24)

이 일 후에 어떤 사람이 아브라함에게 "밀가가 당신의 형제 나홀에게 자녀를 낳았다 하였더라"고 알려 주었다(창 22:20). 밀가의 자녀들의 이름은 맏아들은 우스, 우스의 형제는 부스와 아람의 아버지 그므엘과 게셋, 하소, 빌다스, 이들랍, 브두엘이었다(창 22:21-22). 이 여덟 사람은 아브라함의 형제 나홀의 아내 밀가의 자녀들이다. 브두엘은 리브가를 낳았고, 나홀의 첩 르우마도 데바, 가함, 다하스, 마아가를 낳았다. 나홀의 족보는 이미 창세기 11장 27-29절에 기록되었다. 본문은 나홀의 족보에 첩 르우마의 자녀들까지 추가한다.

창세기는 첩의 자녀들까지 자세히 기록한다. 그 의미는 첫째, 정확한 족보를 통해, 성경 기록이 역사적 사실임을 입증한다. 둘째, 하나님은 모든 사람들에게 관심을 가지신다. 일반 족보에서 빠지는 여자와 첩의 자녀들까지 성경은 기록함으로써 하나님의 포괄적 사랑과 관심을 보여준다. 셋째, 하나님은 인류를 움직인다. 모든 후손은 하나님께서 주시는 "생육하고 번성하라"는 말씀과 복 때문에 존재함을 보여준다. <표-21>나홀의 추가된 족보를 보여준다.

〈표-21〉 나홀의 족보(고딕)

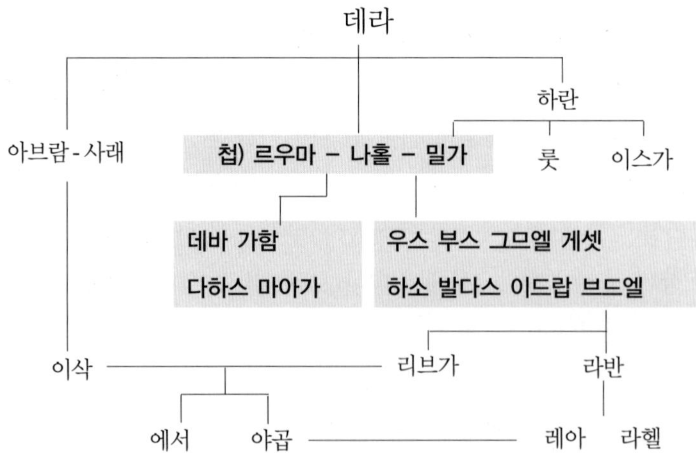

창세기 23장

사라의 죽음: 막벨라 굴(창 23:1-20)

사라는 127세를 살고(창 23:1), 가나안 땅 헤브론(חֶבְרוֹן) 곧 기랏아르바(키르얏 아르바 קִרְיַת אַרְבַּע 네 개의 도시)에서 죽었다. 아브라함은 죽은 아내 사라를 위해 슬퍼하며 애통하였다(창 23:2b). 그는 헷 족속에게 가서 말했다.

> "나는 당신들 중에 나그네요. 거류하는 자이니 당신들 중에서 내게 매장할 소유지를 주어 내가 나의 죽은 자를 내 앞에서 내어다가 장사하게 하시오" (창 23:4)

하나님은 "후손"과 "가나안 땅"을 아브라함에게 주기로 약속했다. 후손, 씨에 대한 약속은 이삭을 낳으므로 성취되었으나 아직까지 땅의 약속은 성취되지 않았다. 아브라함은 아내 사라가 죽는 시점까지도 자신의 명의(名義)로 땅 한 평도 소유하지 못했다. 오직 약속을 기다려야할 뿐이었다. 가나안 땅 원주민들에게 아브라함은 그저 나그네, 이주자, 일시 체류자에 불과했다. 땅을 소유하지 못한 아브라함, 그 현실은 비참했다. 죽은 아내를 장사할 매장지조차 없었다. 그래서 그는 헷 족속에게 아내를 장사할 매장지를 부탁했다. "내게 매장할 소유지를 주어". 여기서 '소유지' 라는 히브리어 단어는 아후자(אֲחֻזָּה)인데 이 단어는 창 17장 8절에 처음 등장한다.

> "내가 너와 네 후손에게 네가 거류하는 이 땅 곧 가나안 온 땅을 주어 영원한 기업이 되게 하고 나는 그들의 하나님이 되리라" (창 17:8)

하나님은 아브라함에게 지금 현재 거주하는 이 가나안 땅을 "너와 네 후손"에게 "영원한 기업"으로 준다고 약속했다. 기업이라는 단어가 소유를 의미하는 아후자(אֲחֻזָּה)이다. 야곱이 요셉에게 축복할 때 소유의 의미로 아후자가 사용된다.

> "내게 이르시되 내가 너로 생육하고 번성하게 하여 네게서 많은 백성이 나게 하고 내가 이 땅을 네 후손에게 주어 영원한 소유(אֲחֻזָּה)가 되게 하리라 하셨느니라" (창 48:4).

하나님은 아브라함에게 하셨던 땅의 약속을 야곱에게도 동일하게 하셨다. 야곱은 죽기 전, 자녀들을 축복하고 자신의 무덤에 대해 말할 때 할아버지 아브라함이 헷 족속에게 돈으로 산 막벨라(막펠라 מַכְפֵּלָה) 굴을 언급했다(창 49:29-30). 야곱은 두 가지를 강조하는데 첫째, 조상들의 매장지, 장사된 곳(창 49:29-31). 둘째, (돈으로) 산 것이다(창 49:32). 신기하게도 막벨라 굴이 하나님께서 하신 땅에 대한 약속의 첫 성취가 되었다. 가나안 땅의 첫 아브라함의 소유지 막벨라 굴은 아브라함, 사라, 이삭, 리브가, 레아의 묘지가 되었다(창 49:31). 성경은 야곱의 장례에서 다시 한 번 막벨라 굴의 의미를 전한다.

> "그를 가나안 땅으로 메어다가 마므레 앞 막벨라 밭 굴에 장사하였으니 이는 아브라함이 헷 족속 에브론에게 밭과 함께 사서 매장지를 삼은 곳이더라" (창 50:13).

소유를 나타내는 히브리 단어 아후자(אֲחֻזָּה)는 아브라함에게 약속하신 땅, 영원한 기업으로 주신 땅을 나타내는데 계속 사용된다. 레위기 13-14장에는 하나님께서 기업(아후자)으로 준 가나안 땅에서 나병의 관한 규례에 관해 말씀할 때 사용된다.

> "여호와께서 모세와 아론에게 말씀하여 이르시되 내가 네게 기업(אֲחֻזָּה)으로 주는 가나안 땅에 너희가 이를 때에 너희 기업의 땅에서 어떤 집에 나병 색점을 발생하게 하거든" (레 14:33-34)

레위기 25장은 희년(8-22절)과 토지(23-34)에 관한 규례를 말씀한다. 자기 기업의 땅이 팔렸어도, 돈으로 팔린 노예도 제 50년째인 희년은 영원한 기업으로 분배받은 원 주인에게 되돌려 줘야 했다. 하나님은 각 지파에게 할당된 땅을 그들의 영원한 기업(소유지 אֲחֻזָּה)이 되도록 했다.

> "너희는 오십 년째 해를 거룩하게 하여 그 땅에 있는 모든 주민을 위하여 자유를 공포하라 이 해는 너희에게 희년이니 너희는 각각 자기의 소유지(개역한글은 기업 אֲחֻזָּה)로 돌아가며 각각 자기의 가족에게로 돌아갈지며" (레 25:10)

이제 본문으로 돌아오자. 아브라함의 말을 들은 헷 족속은 아브라함에게 대답했다(창 23:5).

> "내 주여 들으소서 당신은 우리 가운데 있는 하나님이 세우신 지도자이시니 우리 묘실 중에서 좋은 것을 택하여 당신의 죽은 자를 장사하소서 우리 중에서 자기 묘실에 당신의 죽은 자 장사함을 금할 자가 없으리이다" (창 23:6)

아브라함의 말과 헷 족속의 말을 비교하면 놀라운 사실을 발견한다. 헷 족속은 아브라함에게 "내 주여, 들으소서"(쉐마에누 아도나이 שְׁמָעֵנוּ אֲדֹנִי) 라고 말한다. '주' 라는 히브리 단어는 아돈(אָדוֹן)은 '주권자', '통치자', '소유자', '주인' 등으로 사용된다. 일반적으로 주인을 의미한다. 헷 족속들은 아브라함을 향해 '주인' 이라고 표현한다. 또한 아브라함은 "당신들 중에" 라고 말하지만, 헷 족속은 "우리들 중에" 라고 말한다. 아브라함은 "당신들 중의 나그네요 거류하는 자" 라고 하지만, 헷 족속은 "하나님이 세우신 지도자(방백)" 라고 말한다. 헷 족속이 아브라함에게 관대하게 대답한 이유는 무엇일까? 그 이유는 하나님께서 아브라함에게 행하신 사실들을 알고 있었기 때문이다. 아브라함이 어떻게 거부(巨富)가 되었는지? 아브라함이 어떻게 이삭을 낳게 되었는지? 또한 얼마 전 아비멜렉에게 행하신 하나님의 기적을 알고 있을 것이다. 소돔과 고모라 사건에 대해서도 알고 있었을 것이다. 그들은 아브라함을 선대함으로써, 하나님의 진노를 사지 않고자 했을 것이다.

그러나 헷 족속과 아브라함의 묘지에 대한 시각 차이를 볼 수 있다. 아브라함은 "내게 매장할 소유지를 주어" 죽은 아내의 매장지를 삼고자 요구했다. 그러나 헷 족속은 "우리 묘실 중에서 좋은 것을 택하여 당신의 죽은 자를 장사하소서" 라고 말한다. 아브라함은 소유지로, 장사할 땅을 요구했고, 헷 족속은 여러 묘지 중 택하여 한 묘실만을 가지라고 했다. 헷 족속은 아브라함 소유의 땅을 허락지 않고자 한 것이다.

아브라함은 일어나 그 땅 주민인 헷 족속을 향하여 정중히 몸을 굽혀 감사를 표하며 말했다.

> "나로 나의 죽은 자를 내 앞에서 내어다가 장사하게 하는 일이 당신들의 뜻일진대 내 말을 듣고 나를 위하여 소할의 아들 에브론에게 구하여 그가 그의 밭머리에 있는 그의 막벨라 굴을 내게 주도록 하되 충분한 대가를 받고 그 굴을 내게 주어 당신들 중에서 매장할 소유지가 되게 하기를 원하노라"(창 23:8-9)

아브라함은 아내의 묘실로 쓸 땅을 막벨라 굴로 정하였다. 그리고 그 땅에 대한 충분한 대가를 지불할 것임을 말했다. 아브라함은 여러 묘실 중 하나를 사용하기를 원치 않았다. 아브라함은 가나안 땅을 소유하고자 했다. 더욱이 죽은 아내가 헷 족속의 묘실 중 하나를 사용하고 있다면, 항상 불안한 요수가 된다. 아브라함이 아내의 묘를 가려면, 항상 헷 족속의 땅을 밟아야 하고, 그들의 눈치를 봐야 한다. 그들과의 관계가 좋을 때는 관계없지만, 좋지 않은 관계가 되었을 때는 문제가 발생한다. 아브라함은 그러한 문제를 미연에 방지하고자 막벨라 굴을 사고자 했다. 아브라함의 땅으로 사려 했다. 이에 에브론이 헷 족속 중에 앉아 있다가 헷 족속의 성문에 들어온 모든 자가 듣는 데서 아브라함에게 대답하였다(창 23:11).

> "내 주여 그리 마시고 내 말을 들으소서 내가 그 밭을 당신에게 드리고 그 속의 굴도 내가 당신에게 드리되 내가 내 동족 앞에서 당신에게 드리오니 당신의 죽은 자를 장사하소서" (창 23:11).

에브론(에프론 עֶפְרוֹן)은 성문에 들어오는 모든 사람들을 증인으로 자신의 소유 밭과 그 속에 있는 굴도 아브라함에게 주기로 약속한다. 아브라함은 다시 그 땅 백성 앞에서 몸을 굽히고, 그 땅 백성이 듣는 데서 에브론에게 말했다(창 23:12-13a).

> "당신이 합당히 여기면 청하건대 내 말을 들으시오 내가 그 밭 값을 당신에게 주리니 당신은 내게서 받으시오 내가 나의 죽은 자를 거기 장사하겠노라" (창 23:13b)

에브론은 아브라함에게 대답했다.

> "내 주여 내 말을 들으소서 땅 값은 은 사백 세겔이나 그것이 나와 당신 사이에 무슨 문제가 되리이까 당신의 죽은 자를 장사하소서" (창

〈사진-53〉 사라의 무덤

23:15).

아브라함이 에브론의 말을 따라, 에브론이 헷 족속이 듣는 데서 말한 대로, 상인이 통용하는 은 400세겔(약 4.56kg)을 달아 에브론에게 주었다(창 23:16). 은 400세겔로 산 땅의 크기에 대해서는 알 수 없다. 다만 마므레 앞 막벨라에 있는 에브론의 밭을 샀다는 것뿐이다. 그 밭에는 굴과 그 주위로 둘려 있는 나무가 있었다(창 23:17). 에브론과 아브라함의 거래는 성 문에 들어온 모든 헷 족속이 보는 데서 아브라함의 소유로 확정되었다(창 23:18). 그 후에 아브라함은 아내 사라를 가나안 땅 마므레 앞 막벨라 밭 굴에 장사지냈다. 마므레는 헤브론이었다(창 23:19). 이같이 그 밭과 거기에 속한 굴이 헷 족속으로부터 아브라함이 매장할 소유지로 확정됐다(창 23:20). 아브라함은 드디어 자신의 힘으로 소유할 수 있는 가나안 땅을 돈으로 살 수 있었다. <사진-53>은 막벨라 굴에 있는 사라의 무덤으로, 바로 맞은편에는 아브라함의 무덤이 있다.

창세기 24장

늙은 종: 신붓감을 위한 맹세(창 24:1-9)

아브라함은 나이가 많아 늙었고, 여호와께서 그에게 범사에 복을 주셨다(창 24:1). 나래이터의 이 말은 새로운 사건을 전개하겠다는 의미를 담고 있다. 성경은 중요한 사건을 전개 때마다 "나이 늙음"을 기록한다. 성경에서 나이 늙음은 이중의미로 자연적 현상과 하나님은 새로운 일(계획)의 준비를 포함한다. <표-22>는 나이 많음과 하나님의 새로운 사건 전개를 보여준다.

아브라함은 자기 집의 모든 소유를 맡은 늙은 종에게 말한다. 그는 아브라함이 가장 신뢰할 수 있는 종이었다. 당시 신뢰하는 자에게 자신의 모든 재산을 관할 할 수 있는 권한을 주었다. 보디발은 요셉을 신뢰하여 가정 총무를 삼고 자기의 모든 소유를 맡겼다(창 39:4-5). 바로도 요셉을 신뢰하여 애굽 온 땅을 총리하게 하고, 자신의 인장 반지를 빼어 주어 그 권한을 주었다(창 44:41-42). 아브라함의 종은 모든 소유를 맡을 뿐 아니라 늙은 종이었다. 늙었다는 것은 삶의 지혜를 가진, 현명한 종이었다는 의미이다. 아브라함은 그에게 말한다.

"내 허벅지 밑에 네 손을 넣으라. 내가 너에게 하늘의 하나님, 땅의 하

〈표-22〉 나이 많음과 사건 전개

형 식		
~가(이) 나이 많아 ~ (결과), ~ 하나님의 새로운 시작		
이름	결과	이후 사건
아브라함과 사라	사라의 경수 끊김	기한 찰 때 아들을 주심 약속(창 18장)
아브라함	여호와가 범사에 복 줌	이삭의 결혼 이야기(창 24장)
아브라함	죽어 막벨라 굴에 장사	야곱과 에서 출생 이야기(창 25장)
이삭	눈이 어두워 잘 못 봄	이삭과 에서의 축복 싸움(창 27장)
이삭	죽어 야곱이 장사함	에서의 족보(창 36장)
이스라엘	앞을 보지 못함	요셉의 두 아들 축복(창 48장)
여호수아	여호와가 얻을 땅 설명	갈렙의 새로운 땅 도전(수 14장)
여호수아	온 이스라엘로 여호와만을 섬길 것을 다짐	사사의 새로운 시작
엘리	비둔하여 넘어져 죽음	사무엘의 등장(삼상 4장)

나님이신 여호와를 가리켜 맹세하게 하노니 너는 내가 거주하는 이 지방 가나안 족속의 딸 중에서 내 아들을 위하여 아내를 택하지 말고 내 고향 내 족속에게로 가서 내 아들 이삭을 위하여 아내를 택하라" (창 24:2-4)

아브라함은 "내 허벅지 밑에 네 손을 넣으라" 고 말한다(창 242). 이러한 행동은 고대 근동에서 가장 중요하고, 엄숙한 맹세를 할 때 흔히 행해진 행동이다. 아브라함은 "하늘의 하나님, 땅의 하나님이시 여호와" 를 가리켜 맹세시켰다(창 24:3a). 이렇게 아브라함이 늙은 종에게 엄숙하게 맹세를 시킨 이유는 아들 이삭의 아내를 택하는 것이 너무나 중요했기 때문이다. 아브라함은 늙은 종에게 가나안 땅의 딸이 아닌 "내 고향 내 족속" 에게 가서 이삭을 위해 아내를 택할 것을 명령했다.

늙은 종은 신중했다. 그리고 만약에 있을 변수(變數)를 고려해 주인 아브라함에게 질문했다. "여자가 나를 따라 이 땅으로 오려고 하지 않는다면, 내가 주인의 아들을 주인이 나오신 땅으로 인도해 갈까요?"(창 24:5). 아브라함은 그에게 대답했다.

> "내 아들을 그리로 데리고 돌아가지 아니하도록 하라. 하늘의 하나님 여호와께서 나를 내 아버지의 집과 내 고향 땅에서 떠나게 하시고 내게 말씀하시며 내게 맹세하여 이르시기를 이 땅을 네 씨에게 주리라 하셨으니 그가 그 사자를 너보다 앞서 보내실지라. 네가 거기서 내 아들을 위하여 아내를 택할지니라. 만일 여자가 너를 따라 오려고 하지 아니하면 나의 이 맹세가 너와 상관이 없나니 오직 내 아들을 데리고 그리로 가지 말지니라. 그 종이 이에 그의 주인 아브라함의 허벅지 아래에 손을 넣고 이 일에 대하여 그에게 맹세하였더라"(창 24:6-9).

아브라함은 여자가 따라오지 않는다 해도 이삭을 그 땅으로 보내지 않기도 했다(창 24:6). 그에게 며느리를 구함에 있어 가장 중요한 기준이 있었다. "이 땅을 네 씨에게 주리라" 하시는 하나님의 약속이었다(창 24:7). 아브라함은 이스마엘 때 실패한 경험을 가지고 있다. 약속은 하나님의 계획대로 성취되어야 한다. 하나님은 가나안 땅을 이삭을 통해 주실 것이다. 아브라함은 종을 다시 자신의 허벅지 아래로 손을 넣고 맹세시켰다(창 24:9).

리브가를 만나는 종(창 24:10-61)

종은 주인의 의중을 알아차렸다. 그는 주인의 낙타 중 열 필을 끌고, 그 주인의 모든 좋은 것을 가지고 떠났다. 낙타 10마리는 아브라함이 대단한 부호(富豪)였음을 보여준다. 아브라함은 신붓집에 줄 많은 선물을 종에게 주었다. 아브라함의 종은 낙타 10마리에 먼 여행할 짐들과 선물들을 싣고, 여행을 떠났다. 몇 달이 지나 메소보다미아(Mesopotamia)로 가서 나홀의 성(the city of Nahor)에 도착하였다(창 24:10). 종은 낙타들을 성 밖 우물곁에 풀어 놓았다. 낙타들은 우물을 마시며, 쉼을 얻었다. 저녁때가 되어 여인들이 물을 길으러 나왔다. 사막 지역에서는 뜨거운 태양을 피해 아침과 저녁 시간에 우물에 물을 길러 온다. 낮에 물을 길러 오는 여자는 타인의 시선을 피하기 위한 수상한(?) 여인들뿐이다. 비록, 뜨거운 태양은 아니더라도 사마리아 지역의 수가 성 우물에서 예수님을 만난 여인이 그러했다(요 4:5-18).

종은 하나님께 기도했다. "우리 주인 아브라함의 하나님 여호와여 원합니다. 오늘 나에게 순조롭게 만나게 하사 내 주인 아브라함에게 은혜를 베풀어 주세요"(창 24:12). 늙은 종은 하나님 앞에서 신실했다. 그는 주인의 말과 맹세를 기억했다.

> "하늘의 하나님 여호와께서 나를 내 아버지의 집과 내 고향 땅에서 떠나게 하시고 내게 말씀하시며 내게 맹세하여 이르시기를 이 땅을 네 씨에게 주리라 하셨으니 그가 그 사자를 너보다 앞서 보내실지라 네가 거기서 내 아들을 위하여 아내를 택할지니라"(창 24:7).

종은 물을 길러 오는 여인들을 만나기 전 하나님께 기도했다. 앞서 행하시는 하나님의 사자가 있음을 믿었다. 종은 자신이 이삭의 신붓감을 선택하는 것이 아니라 하나님께서 자신을 통해 선택하실 것을 믿었다. 자신의 선택에 따라 신랑이 될 이삭의 운명이 바뀔 것이다. 그렇기 때문에 종은 신중했다. 하나님께서 주시는 신붓감을 찾아야 했다. 인간이 보는 눈과 경험은 한계가 있다. 현명한 늙은 종은 한계와 실수가 없으신 하나님을 의지했다. 늙은 종은 하나님께 구체적으로 기도했다.

> "성 중 사람의 딸들이 물 길으러 나오겠사오니 내가 우물 곁에 서 있다가 한 소녀에게 이르기를 청하건대 너는 물동이를 기울여 나로 마시게 하라 하리니 그의 대답이 마시라 내가 당신의 낙타에게도 마시게 하리라 하면 그는 주께서 주의 종 이삭을 위하여 정하신 자라 이로 말미암

아 주께서 내 주인에게 은혜 베푸심을 내가 알겠나이다”(창 24:13-14).

종은 신붓감을 얻을 방법을 구체적으로 아뢰었다. 말을 마치기도 전에 리브가가 물동이를 어깨에 메고 나왔다. 나레이터는 그녀가 누구인가를 소상히 밝혀준다. 그녀는 아브라함의 동생 나홀의 아내 밀가의 아들 브두엘의 소생이었다(창 24:15). 그 소녀는 보기에 심히 아리땁고 지금까지 남자를 가까이 하지 아니한 처녀였다(창 24:16a). 리브가에 대한 나레이터의 소개는 하나님을 의지하고, 하나님의 선한 손길을 위해 기도하는 아브라함과 종의 기도에 대한 응답임을 보여준다. 리브가의 아름다움은 하나님 보시기에 아름다움이었다. 그녀는 남자를 가까이 하지 않은 순결한 여인이었다. 하나님이 보증한 셈이다.

그녀는 우물로 내려가서 물을 그 물동이에 채워가지고 올라왔다(창 24:16b). 종이 급하게 달려가서 그녀에게 청하였다. “네 물동이의 물을 내게 조금 마시게 하라”(창 24:17). 그녀는 종에게 대답했다. “내 주여 마시소서”. 그녀는 급히 그 물동이를 손에 내려 마시게 하였다(창 24:18). 그녀는 “당신의 낙타를 위하여서도 물을 길어 그것들도 배불리 마시게 하리이다” 라고 말한 뒤 급히 물동이의 물을 구유에 붓고, 다시 길으려고 우물로 달려가서 모든 낙타를 위하여 길었다(창 24:19-20). 이 모든 행동에서 리브가의 사람됨을 보여준다.

아브라함의 종은 그녀를 묵묵히 주목하여 보았다. 그녀가 낯선 늙은 사람에게 환대하는 마음과 목마를 낙타까지 생각하는 민첩하고, 넓은 마음을 보았다. 종이 리브가의 행동을 본 이유는 “여호와께서 과연 평탄한 길을 주신 여부를 알고자”했기 때문이다(창 24:21). 낙타들이 리브가가 준 물을 다 마셨을 때, 종은 반 세겔(shekel) 무게의 금 코걸이 한 개와 열 세겔 무게의 금 손목고리 한 쌍을 그녀에게 주었다(한 세겔은 약 12g). 아브라함의 종이 리브가에게 준 선물은 두 가지를 알 수 있다. 첫째, 당시 문화에서 여성들의 장신구(사치품)들이 무엇이었는지? 둘째, 물 값으로 반 세겔 금 코걸이(gold nose ring)와 열 세겔 손 목고리(gold bracelets for her hand)를 줄 수 있는 사람이라면, 상당한 부자라는 사실을 제공한다.

아브라함의 종은 리브가에게 물었다. "네가 누구의 딸이냐? 청하는데 내게 말하라. 네 아버지의 집에 우리가 유숙할 곳이 있느냐?"(창 24:23). 리브가는 대답했다. "나는 밀가가 나홀에게서 낳은 아들 브두엘의 딸입니다. 우리에게 짚과 사료가 족하며 유숙할 곳도 있습니다."(창 24:24-25) 리브가의 대답을 들을 아브라함의 종은 머리를 숙여 여호와께 경배하였다(창 24:26).

> "나의 주인 아브라함의 하나님 여호와를 찬송하나이다. 나의 주인에게 수의 사랑과 성실을 그치지 아니하셨사오며 여호와께서 길에서 나를 인도하사 내 주인의 동생 집에 이르게 하셨나이다 하니라"(창 24:27).

소녀가 달려가서 이 일을 어머니 집에 알렸다. 리브가에게 라반이라는 오빠가 있었다. 라반은 여동생 리브가가 받은 코걸이와 손의 손목 고리를 보았고, 리브가가 그 사람이 자기에게 한 말을 들었다. 라반은 우물로 달려갔다. 그때 아브라함의 종은 우물가 낙타 곁에 서 있었다(창 24:30). 라반이 그에게 말했다. "여호와께 복을 받은 자여 들어오소서. 어찌 밖에 서 있나이까 내가 방과 낙타의 처소를 준비하였나이다"(창 24:31). 그가 라반의 집으로 들어갔다. 라반은 낙타의 짐을 부리고 짚과 사료를 낙타에게 주었다. 그리고 집 안으로 들어가 그 사람의 발과 그의 동행자들의 발 씻을 물을 주고, 음식을 베풀어 환대했다. 아브라함의 종은 '내가 여기 온 목적을 말하지 않고는 먹지 않겠다' 고 말했다(창 24:33). 라반은 말해 줄 것을 정중히 부탁했다. 아브라함의 종은 라반의 집에 온 목적을 자세히 말하기 시작했다.

> "나는 아브라함의 종입니다. 여호와께서 나의 주인에게 크게 복을 주시

어 창성하게 하시되, 소와 양과 은금과 종들과 낙타와 나귀를 그에게 주셨고, 나의 주인의 아내 사라가 노년에 나의 주인에게 아들을 낳으매 주인이 그의 모든 소유를 그 아들에게 주었습니다. 나의 주인이 나에게 맹세하게 하고, 제게 말씀하셨습니다. '너는 내 아들을 위하여 내가 사는 땅 가나안 족속의 딸들 중에서 아내를 택하지 말고, 내 아버지의 집, 내 족속에게로 가서, 내 아들을 위하여 아내를 택하라'. 내가 내 주인에게 여쭈었습니다. '혹 여자가 나를 따르지 아니하면 어찌합니까?' 한즉, 주인이 내게 말씀하셨습니다. '내가 섬기는 여호와께서 그의 사자를 너와 함께 보내어 네게 평탄한 길을 주시리니 너는 내 족속 중 내 아버지 집에서 내 아들을 위하여 아내를 택할 것이니라. 네가 내 족속에게 이를 때에는 네가 내 맹세와 상관이 없으리라. 만일, 그들이 네게 주지 아니할지라도 네가 내 맹세와 상관이 없으리라' 하셨습니다. 내가 오늘 우물에 이르러 말했습니다. '내 주인 아브라함의 하나님 여호와여 만일 내가 행하는 길에 형통함을 주실진대 내가 이 우물 곁에 서 있다가 젊은 여자가 물을 길으러 오거든 내가 그에게 청하기를 너는 물동이의 물을 내게 조금 마시게 하라 하여 그의 대답이 당신은 마시라 내가 또 당신의 낙타를 위하여도 길으리라 하면 그 여자는 여호와께서 내 주인의 아들을 위하여 정하여 주신 자가 되리이다' 하며 내가 마음속으로 말하기를 마치기도 전에 리브가가 물동이를 어깨에 메고 나와서 우물로 내려와 긷기로 내가 그에게 말했습니다. '청하건대 내게 마시게 하라' 한즉, 그녀가 급히 물동이를 어깨에서 내리며 대답했습니다. '마시세요. 내가 당신의 낙타에게도 마시게 하겠습니다.' 하기로 내가 마시매 그가 또 낙타에게도 마시게 했습니다. 내가 그에게 묻기를 '네가 뉘 딸이냐' 한즉, 그녀가 대답했습니다. '나는 밀가가 나홀에게서 낳은 브두엘의 딸입니다.' 하기로, 내가 코걸이를 그 코에 꿰고 손목 고리를 그 손에 끼우고 내 주인 아브라함의 하나님 여호와께서 나를 바른 길로 인도하사 나의 주인의 동생의 딸을 그의 아들을 위하여 택하게 하셨으므로 내가 머리를 숙여 그에게 경배하고 찬송하였습니다. 이제 당신들이 인자함과 진실함으로 내 주인을 대접하려거든 내게 알게 해 주시고 그렇지 아니할지라도 내게 알게 해 주셔서 내가 우로든지 좌로든지 행하게 해 주십시오." (창 24:34-48)

라반과 브두엘이 그에게 대답했다.

> "이 일이 여호와께로 말미암았으니 우리는 가부(可否)를 말할 수 없습니다. 리브가가 당신 앞에 있으니 데리고 가서 여호와의 명령대로 그를 당신의 주인의 아들의 아내가 되게 하세요."(창 24:50-51)

리브가의 아버지 브두엘과 그의 오빠 라반은 아브람의 종의 말에 기꺼이 받아들였다. 그 이유는 여호와께로 말미암았기 때문이다. 아브라함의 종은 그들의 말을 듣고 땅에 엎드려 여호와께 절하고, 은금 패물과 의복을 꺼내어 리브가에게 주고, 그의 오빠와 어머니에게도 보물을 주었다(창 24:52-53). 고대 근동의 결혼 관습에서 신랑 집은 신부 집에 많은 지참금을 주어야 했다. 하나님은 율법으로 두 가지 경우에 대해 지참금의 액수를 정하셨다. 첫째, 결혼 후 남편이 아내가 처녀의 표가 없다고 누명 씌웠지만, 거짓임이 드러날 때 누명 씌운 남편에게서 은 100세겔을 벌금으로 받아 장인에게 주고, 아내를 평생 버리지 못하게 했다(신 22:19). 둘째, 약혼하지 않은 남자와 여자가 성관계를 가지면, 남자는 처녀의 아버지에게 은 50세겔을 주고, 여자를 평생 버리지 못할 아내로 삼아야 했다(신 22:29). 아브라함의 종은 고대 근동의 관습으로 신부 집에 주어야 하는 지참금보다, 신명기의 두 경우의 지참금보다 많은 돈과 보물을 리브가의 집에 주었다.

아브라함의 종과 동행자들은 브두엘의 집에서 먹고 마시고 유숙했다. 아침에 일어나서 아브라함의 종은 브두엘과 라반에게 "나를 보내어 내 주인에게로 돌아가게 하소서"라고 말했다(창 24:54). 라반과 어머니는 아브라함의 종에게 "이 아이를 며칠 아니면, 열흘을 우리와 함께 머물게 하고, 그 후에 그가 가게 할 것"이라고 말했다(창 24:55). 아브라함의 종은 그들에게 대답했다. "나를 만류하지 말아 주세요. 여호와께서 내게 형통한 길을 주셨으니, 나를 보내어 내 주인에게로 돌아가게 해 주세요"(창 24:56). 그들은 "우리가 소녀를 불러 그에게 물으리라"고 말하면서 리브가를 불러 그녀에게 물었다(창 24:57). "네가 이 사람과 함께 가겠니?". "네, 가겠습니다"(창 24:58). 그들은 리브가와 그녀의 유모를 아브라함의 종과 그 동행자들을 보내며, 리브가를 축복했다.

> "우리 누이여 너는 천만인의 어머니가 될지어다 네 씨로 그 원수의 성문을 얻게 할지어다"(창 24:59-60).

리브가는 잠자리에서 일어나 여자 종들과 함께 낙타를 타고 아브라함의 종 일행을 따라갔다(창 24:61).

이삭과 리브가의 만남과 결혼(창 24:62-67)

그 때에 이삭은 네게브 지역 브엘라해로이에서 와서 거주하고 있었다(창 24:62). 브엘라해로이는 하갈이 광야에서 '감찰하시는 하나님' 을 만났던 '술 길 샘물' 이었다(창 16:14). 이삭은 어머니를 잃은 슬픔을 안고 사막에서 조용한 나날을 보내고 있었다. 그에게 가장 큰 소망이 있다면, 종이 찾아 데려올 신부를 만나는 것이다 이삭은 아내가 될 여인을 기다리고 있었다. 아마도, 종은 리브가의 소식을 이삭에게 전했을 것이다. 이삭은 종과 함께 오는 신붓감을 만나기를 고대하며 기다리고 있었다. 이삭이 해가 저물 때, 들에 나가 묵상을 하다가 눈을 들어 먼 곳 들판을 바라 볼 때 낙타들이 오는 것을 보았다(창 24:63). 종은 아브라함이 거하고 있는 헤브론으로 향하지 않았다. 그가 왜, 아브라함에게 가지 않고, 이삭이 거하는 브엘라해로이로 향했는지에 대해서는 알 수 없다. 이삭이 낙타들을 바라보고 있을 때, 리브가도 눈을 들어 이삭을 바라보았다. 그들은 처음 만났다. 리브가는 낙타에서 급히 뛰어 내리며 종에게 물었다. "들에서 배회하다가 우리에게로 마주 오는 분이 누구입니까?" "내 주인입니다." 리브가는 너울을 가지고 자신의 얼굴을 가리었다(창 24:64-65). 고대 근동의 관습뿐 아니라 이슬람 문화권에서는 여자는 천이나, 차도르(Chador)로 얼굴을 가린다. 리브가는 처음 만나는 이삭 앞에서 자신의 얼굴을 가리고, 그를 맞이했다. 아브라함의 종은 지금가지 행한 일들을 다 이삭에게 말했다(창 24:66). 이삭은 리브가를 인도했다. 그는 어머니 사라의 장막으로 그녀를 데리고 들어가 신부로 맞이했다. 이삭은 리브가를 아내로 삼고 사랑했다(창 24:67a).

"아내로 삼고 사랑했다"는 말은 중매결혼(仲媒結婚)의 특징을 보여준다. 중매 결혼한 신랑과 신부는 결혼식장에서 처음으로 서로의 얼굴을 확인할 수 있었다. 이삭과 리브가도 마찬가지로, 브엘라해로이에서 처음 리브가를 만났고, 그들은 곧 결혼했다. 그들은 부부로 살면서 사랑을 하기 시작한 것이다. 리브가와 결혼한 이삭은 어머니를 장례한 후에 위로를 얻었다. 그는 아브라함과 사라의 늦둥이였다. 그렇기 때문에 이삭에 대한 사라와 아브라함의 사랑을 각별했다. 더욱이 이삭은 여호와 하나님의 약속의 자녀였기 때문에 더욱 특별한 존재였다. 이삭이 부모의 특별한 사랑을 받았음은 너무나 당연했다. 그런 그에게 어머니 사라의 죽음은 너무나 큰 아픔과 오랫동안 채울 수 없는 텅 빈 마음을 가져다주었다. 그에게 결혼, 리브가를 아내로 얻은 것은 그에게 큰 위로였다.

창세기 25장

아브라함의 후처 자녀들(창 25:1-6)

아브라함에게는 하갈에게서 낳은 이스마엘뿐 아니라 후처에게서 낳은 자녀들이 있었다. <표-23>은 아브라함과 그두라의 족보이다.

〈표-23〉아브라함과 그두라의 족보

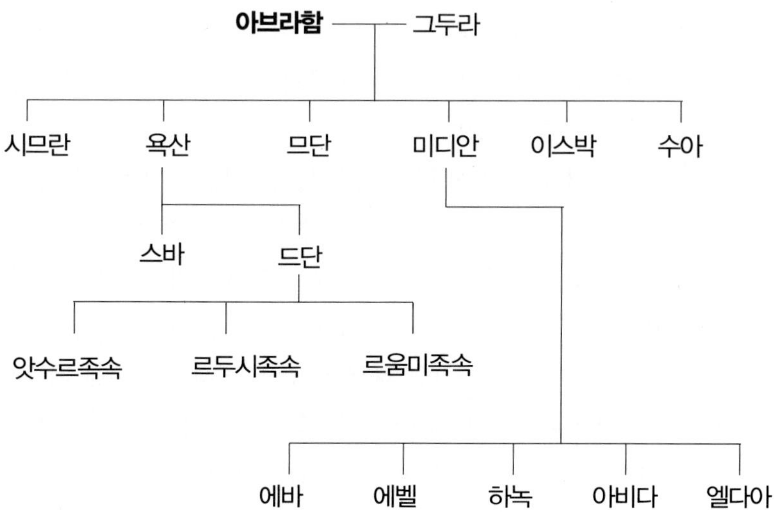

아브라함은 후처 그두라에게서 시므란, 욕산, 드단을 낳았다(창 25:2). 드단은 앗수르 족속과 르두시 족속과 르움미 족속을 낳았다(창 25:3). 미디안의 아들은 에바, 에벨, 하녹, 아비다, 엘다아였다(창 25:4). 이들의 족보는 역대상 1:32-33에 다시 기록된다. 그러나 창세기는 아브라함이 언제 후처 그두라를 두었고, 그들에게 아들을 낳았는지는 밝히지 않는다. 아브라함은 이삭에게 자기 모든 소유를 주었고, 자기 서자들에게도 재물을 주었다. 아브라함이 살아 있을 동안 서자들은 이삭을 떠나 동방, 동쪽의 나라로 가게 되었다(창 25:6). 아마도 시리아 사막의 일부 지역일 것이다. 그러나 정확한 지역은 모른다.

동방(eastward)은 가나안 땅으로부터 동쪽 지역을 말한다. 하나님은 동방의 에덴에 동산을 창조하셨다(창 2:8). 노아 홍수 후 동방으로 옮기다가 시날 평지에서 탑을 쌓았다(창 11:2). 여호와는 하갈의 아들 이스마엘의 모든 후손이 동방에서 살 것을 말씀하셨다(창 16:12). 야곱은 동방 사람의 땅에 이르렀다(창 29:1). 동방 해 돋는 땅(민 2:3). "아르논 골짜기에서 헤르몬 산까지 동방 온 아라바를 점령하고"(수 12:1), "또 동방 아라바 긴네롯 바다까지며 또 동방 아라바의 바다"(수 12:3). "이스라엘이 파종한 때면 미디안 사람, 아말렉 사람, 동방 사람이 치러 올라와서"(삿 6:3), "겨리요 암나귀가 오백이며 종도 많이 있었으니 이 사람은 동방 사람 중에 가장 큰 자라"(욥 1:3). "주께서 주의 백성 야곱 족속을 버리셨음은 그들에게 동방 풍속이 가득하며..."(사 2:6), "그러므로 너희가 동방에서 여호와를 영화롭게 하며"(사 24:15). "그러므로 내가 너를 동방 사람에게 기업으로 붙이리니"(겔 25:4). "만군의 여호와가 말하노라 내가 내 백성을 동방에서부터, 서방에서부터 구원하여 내고"(슥 8:9), "헤롯 왕 때에 예수께서 유대 베들레헴에서 나시매 동방으로부터 박사들이 예루살렘에 이르러 말하되"(마 2:1) 등은 동방이 정확한 지역보다는 동쪽이 위치한 지역들을 말하고 있음을 알려 준다.

아브라함의 죽음(창 25:7-11)

〈사진-54〉 아브라함의 무덤

아브라함은 향년 175세에 나이가 높고, 늙어서 기운이 다하여 죽어 자기 열조에게로 돌아갔다(창 25:7-8). 아브라함은 하란에서 떠날 때 75세였고, 가나안 땅에서 100년을 살았다. 아브라함은 늙고, 기운이 다하여 하나님의 부름을 받았다. 그는 인간이 추구하는 가장 아름답고, 좋은 죽음을 맞았다. 병이 없었고, 부유했고, 자녀들을 남기고, 늙어 하나님의 부름을 받았다. 아브라함이 죽은 후 이삭과 이스마엘과 함께 마므레 앞 헷 족속 소할의 아들 에브론의 밭에 있는 막벨라 굴에 장사하였다(창 25:9). 막벨라 굴은 아브라함이 헷 족속에게서 산 밭이고, 사라가 장사된 곳이었다(창 29:10). 아브라함이 죽은 후에 하나님은 그의 아들 이삭에게 복을 주셨고 이삭은 브엘라해로이 근처에 거주하였다(창 29:11). <사진-54>은 막벨라 굴에 있는 아브라함의 무덤의 모습이다.

이스마엘의 족보(창 25:12-18)

사라의 여종 이집트 사람 하갈이 아브라함에게 낳은 아들 이스마엘의 족보는 다음과 같다. 이스마엘의 아들의 장자는 느바욧, 그 다음은 게달, 앗브엘, 밉삼, 미스마, 두마, 맛사, 하닷, 데마, 여둘, 나비스, 게드마니였다. 이들의 이름으로 촌락과 부락(마을)의 이름을 지었다. 그들은 각각 족속을 이루었고, 12지도자(방백)가 되었다(창 25:16). 이스마엘은 향년 137세에 기운이 다하여 죽어 자기 백성에게로 돌아갔다(창 25:17). 그 자손들은 하윌라에서부터 앗수르로 통하는 애굽 앞 술까지 이르러 그 모든 형제의 맞은

〈표-24〉 이스마엘의 아들들

이스마엘						
느바욧	게달	앗브엘	밉삼	미스마	두마	맛사
하닷	데마	여둘	나비스	게드마		

편에 거주하였다(창 25:18). <표-24>은 이스마엘의 12아들의 이름이다.

야곱과 에서의 출생(창 25:19-26)

아브라함의 아들 이삭의 족보는 다음과 같다. 아브라함이 이삭을 낳았고(창 25:19), 이삭은 40세에 리브가를 맞이하여 아내를 삼았다. 리브가는 밧단 아람의 아람 족속 중 브두엘의 딸, 아람 족속 중 라반의 누이였다(창 25:20). 이삭은 아내가 임신하지 못할 때 그를 위하여 여호와께 간구하였다. 여호와는 그의 간구를 들으셨고, 그의 아내 리브가가 임신하였다(창 25:21). 리브가의 태중에 있는 이삭의 아들들이 서로 싸웠다. 이삭은 "이럴 경우에는 내가 어찌할까?" 라며 여호와께 가서 기도하였다(창 25:22). 여호와는 그에게 말씀하셨다.

> "두 국민이 네 태중에 있구나 두 민족이 네 복중에서부터 나누이리라 이 족속이 저 족속보다 강하겠고 큰 자가 어린 자를 섬기리라" (창 25:23).

하나님은 태중에 있는 쌍둥이의 운명을 말씀하셨다. 두 아이 중 한 쪽은 강한 족속이 되고, 큰 자가 어린 자를 섬기게 될 것이라고 말씀하셨다. 이는 에서가 야곱을 섬길 것이 하나님의 계획 중에 있었음을 알려 준다. 리브가가 해산할 기한이 찼다. 그녀의 태에 쌍둥이가 있었는데(창 25:24),

먼저 나온 아이는 붉고, 온 몸이 털옷 같이 털투성이였다. 그래서 이름을 '에서'라 하였다(창 25:25). 후에 나온 동생은 손으로 에서의 발꿈치를 잡았으므로, 그 이름을 '야곱'이라 하였다. 리브가가 그들을 낳을 때에 이삭이 60세였다(창 25:26). 이삭은 40세에 결혼했지만 20년 동안 자식이 없었다. 지금까지 이삭과 리브가는 불임부부로 살아왔다.

장자의 명분(창 25:27-34)

태어난 아이들은 장성하였다. 그들의 유아기에 대해서는 침묵한다. 하나님은 에서와 야곱의 성년기에 초점을 맞춘다. 그 이유는 여호와께서 리브가의 태중에 있던 아이들에 대한 말씀이 어떻게 이루어지는가에 초점을 맞추기 때문이다. 에서는 익숙한 사냥꾼이 되었다. 그는 들사람이 되고, 야곱은 조용한(온화한, 부드러운) 사람이었기 때문에 장막에 거주하였다(창 25:27). 아버지 이삭은 에서가 사냥한 고기를 좋아하여 그를 사랑하였다. 리브가는 야곱을 더 사랑했다(창 25:28).

어느 날 야곱이 죽을 쑤고 있을 때 에서가 들에서 돌아왔다. 그는 심히 피곤하여 야곱에게 말했다. "야곱아! 내가 피곤한데, 그 붉은 것을 내가 먹자". 이 말 때문에 에서의 별명은 에돔이 되었다(창 25:30). '붉은 것' 은 히브리어로 아돔(אָדֹם)으로, 에돔(אֱדוֹם)의 히브리어 자음이 동일하고, 소리가 비슷하다.

야곱의 형 에서는 서로 대화했다. "형의 장자의 명분을 오늘 내게 팔아요". "내가 죽게 되었는데 이 장자의 명분이 내게 무엇이 유익하겠어". "오늘 내게 맹세해." 에서가 맹세하고 장자의 명분을 야곱에게 팔았다(창 25:31-32). 야곱이 떡과 팥죽을 에서에게 주었다. 에서는 야곱이 준 떡과 팥죽을 먹고, 마시고 일어나 갔다(창 25:34a). 나레에터는 장자권을 판 행동이 무엇이 잘못인지를 지적한다. "에서가 장자의 명분을 가볍게 여김이었더라"(창 25:34). 에서는 장자의 명분이 얼마나 중요한지 알지 못했다. 알았다

해도 중요하게 생각하지 않았다. 에서는 이 사건이 얼마나 큰 폭풍을 몰고 올지 인식하지 못했다.

창세기 26장

부전자전(父傳子傳): 이삭의 실수(창 26:1-11)

아브라함 때 가나안 땅에 첫 흉년이 들었다(창 26:1a). 흉년은 아브라함에게는 위기(危機)였으나 하나님께는 새로운 시작이었다. 하나님은 고난의 환경 속에서 일하신다. 하나님은 고난 받는 그리스도인들에게 믿음을 찾는 시험을 하신다. 욥은 고난을 통해 더 진지하게 하나님을 만날 수 있었다. 그는 고백했다. "내가 주께 대하여 귀로 듣기만 했는데 이제는 눈으로 주를 봅니다"(욥 42:5). 아브라함은 흉년 때문에 이집트에서 역사하시는 하나님을 만날 수 있었다(창 12:10-20). 하나님은 아브라함과 같이 또다시 이삭을 만나고, 그를 통해 일하고자 하셨다. 흉년은 그 도구로 이용된다. 그 땅에 또 흉년이 들매 이삭이 그랄로 가서 블레셋 왕 아비멜렉에게 이르렀다(창 26:1b). 이 때 여호와께서 이삭에게 나타나 말씀하셨다.

> "이집트로 내려가지 말고 내가 네게 지시하는 땅에 거주하라. 이 땅에 거류하면 내가 너와 함께 있어 네게 복을 주고 내가 이 모든 땅을 너와 네 자손에게 주리라 내가 네 아버지 아브라함에게 맹세한 것을 이루어 네 자손을 하늘의 별과 같이 번성하게 하며 이 모든 땅을 네 자손에게 주리니 네 자손으로 말미암아 천하 만민이 복을 받으리라. 이는 아브라함이 내 말을 순종하고 내 명령과 내 계명과 내 율례와 내 법도를 지켰음이라 하시니라"(창 26:2-5).

흉년이 가나안 땅에 들었다. 하나님은 이삭에게 "이집트로 내려가지 말라"고 말씀하셨다. 여호와는 이삭이 아버지 아브라함과 같은 실수를 범하지 않기를 바라셨다. 하나님은 이삭에게 흉년 가운데 살 길을 알려 주셨다. "내가 네게 지시하는 땅으로 가라". 여기서 '지시하다' 라는 히브리어는 아마르(אָמַר)로 '말하다' 는 뜻이다. 그렇다면, 흉년을 피할 수 있는 땅, 하나님께서 말씀으로 알려 주시는 땅이 어디일까? 하나님은 "이 땅에 거하라"고 말씀하신다. 그렇게 할 때 첫째, 너와 함께 있을 것이다. 둘째, 복을 줄 것이다. 셋째, 이 모든 땅을 너와 네 자손에게 줄 것이다(창 26:3). 하나님은 아브라함에게 맹세한 것을 이루게 할 것이라 말씀하신다.

> "네 자손을 하늘의 별과 같이 번성하게 하며 이 모든 땅을 네 자손에게 주리니 네 자손으로 말미암아 천하 만민이 복을 받으리라"(창 26:4).

하나님은 이삭에게 복을 주시는 이유는 아브라함이 하나님의 말씀을 순종하고, 하나님의 명령과 계명, 율례, 법도를 지켰기 때문이다(창 26:5). 이삭은 하나님의 말씀대로 그랄에 거주하였다(창 26:6).

부전자전(父傳子傳)이다. 비록, 이집트 땅으로 가지 않고, 그랄에 거주했지만 이삭은 아버지와 같은 실수를 범하고 만다. 그랄 사람들이 이삭의 아내에 대하여 물었다. 이삭은 "그는 내 누이라"하였다. 나레이터는 전지적 작가 시점으로 이삭이 아내를 누이라 말한 이유를 설명한다. "리브가는 보기에 아리따우므로 그 곳 백성이 리브가로 말미암아 자기를 죽일까 하여 그는 내 아내라 하기를 두려워함이었더라"(창 26:7). 흉년이 들었을 때 하나님은 찾아와 이삭에게 그랄 땅에 거하라 말씀하셨다. 그곳에서 복을 주고, 자손을 하늘의 별과 같이 번성케 하시겠다고 약속하셨다(창 26:4). 그럼에도 이삭은 함께 하시는 하나님을 보지 못하고, 그곳 사람들이 아름다운 아내 리브가 때문에 자기를 죽일까를 두려워하고 있었다. 이삭에게는 그랄에 거주하는 것 자체가 두려움이었다.

갑작스럽게 사건이 발생한다. 이삭은 두려움 속에 그랄에 오래 거주하였다. 어느 날, 블레셋 왕 아비멜렉은 창으로 밖을 보다가 이삭이 아내 리브가를 껴안은 것을 목격하게 되었다(창 26:8). 아비멜렉은 급히 이삭을 불러 물었다. "그가 분명히 네 아내거늘 어찌 네 누이라 하였느냐". 이삭이 그에게 대답했다. "내 생각에 그로 말미암아 내가 죽게 될까 두려워하였습니다"(창 26:9). 아비멜렉이 이삭에게 노하였다. "네가 어찌 우리에게 이렇게 행하였느냐 백성 중 하나가 네 아내와 동침할 뻔하였도다 네가 죄를 우리에게 입혔으리라"(창 26:10). 이삭의 사건 때문에 아비멜렉은 모든 백성에게 명하였다. "이 사람이나 그의 아내를 범하는 자는 죽이리라"(창 26:11). 하나님은 신뢰하지 못한 이삭이지만 그를 사랑하셨다. 하나님은 아비멜렉을 통해 이삭과 리브가를 보호하도록 명령을 내리도록 하셨다. 하나님께서 이삭을 안전하게 보호하신 이유는 단 한 가지, 이삭이 "이 땅에 거하라"는 하나님의 명령에 순종하였기 때문일 것이다.

재미있게도 아내를 누이라 속인 아브라함과 아들 이삭의 부전자전(父傳子傳) 사건은 동일한 구조로 전개된다. 첫째, 사건의 발달인 기근(흉년), 둘째, 어느 한 지역, 셋째, 아내 때문에 죽임을 당할 것이 두려워 아내를 누이라 함 넷째, 하나님의 개입(말씀, 재앙으로 죄를 깨달음), 다섯째, 아내 때문에 많은 재물을 얻음이라는 구조를 가진다. <표-25>, <표-26>, <표 27>는 세 번의 누이 사건을 도식화 하여 그 구조를 살펴보자.

〈표-25〉 아브람의 누이사건 1(창 12:9-13:18)

A. 네게브(남방) 땅에 기근(흉년)이 심함(12:10a)
  B. 가나안 땅에서 이집트로 내려감(12:10b)
    C. 아름다운 아내 때문에 죽을까 두려워 누이라 함(12:11-13)
      D. 바로가 사래를 아내로 삼고자 함(12:14-15)
        E. 바로가 아브람에게 많은 재물을 줌(12:16)

X. 여호와께서 바로와 그 집에 큰 재앙을 줌(12:17)

E' 아브람이 많은 재물을 계속 소유(12:20)

D' 파라오가 사래를 아브라함 아내로 돌려 보냄(12:19)

C' (아름다운 아내 때문에 죽을까 두려워하지 않게 됨)

B' 이집트 땅에서 가나안으로 네게브로 올라옴(13:1)

A' 네게브(남방)와 가나안 땅이 풍족해짐(13:2-18)

〈표-26〉 아브라함의 누이사건 2(창 20:1-18)

A. 네게브(남방) 가데스와 술 사이 그랄 우거(20:1)

B. (아내로 죽을까 생각) 사라를 자기 누이라 함(20:2)

C. 아비멜렉이 아브라함에게서 사라를 취함(20:4)

D. 대화: (하나님) 꿈에 남의 아내 취함으로 죽인다 함(20:6)

E. 양, 소, 노비, 은 100개 아브라함에게 줌(20:14, 16)

F. 아비멜렉의 집 모든 태 닫힘(20:18)

F' 아브라함의 기도로 태가 열려 자녀 낳음(20:17)

E' (이삭이 아비멜렉이 준 모든 소유)

D' 대화: (아비멜렉) 그가 누이라 했음(20:4-5)

C' 아비멜렉이 아브라함에게 사라 돌려보냄(20:14)

B ‘ 아내 때문에 죽을까 생각해 사라를 누이라 함(20:11)

A ‘ (없음)

〈표-27〉 이삭의 누이사건(창 26:1-16)

A. 흉년이 들어 그랄 땅으로 들어감(26:1)

B. 하나님의 말씀: 이 땅이 거하라, 복과, 많은 자손(26:2-5)

C. 이삭: 아내를 누이라 함(26:7)

D. 모든 백성에게 이삭의 아내 범하지 말라 명함(26:11)

C' 아비메렉: 껴안은 이삭보고, 누이가 아님을 암(26:8)

B' 아비멜렉의 말: 아내와 동침하여 죄를 범할 뻔 함(26:9-10)

A' 그랄 땅 풍부해져 나가 브엘세바로 옮김(26:12-16)

이삭의 번성: 갈등의 시작(창 26:12-18)

이삭이 그랄 땅에서 농사하여 그 해에 100배를 얻었다. 그 이유는 여호와께서 복을 주셨기 때문이다(창 26:12). 하나님의 복을 받은 이삭은 창대하고, 왕성하여 마침내 거부가 되었다(창 26:13). 그가 가진 양과 소가 떼를 이루고, 종이 심히 많았다(창 26:14a). <사진-55>은 텔 엘-파라(사진 가운데) 주변의 비옥한 그랄 땅의 모습이다. 텔 엘-파라 바로 옆으로 브솔 시내(Nahal Besor)가 흐른다. 그랄 땅은 가사(현재, 가자지구)와 붙어 있고, 지중해성 기후의 영향을 받는다. 또한 브솔시내과 그랄강(Nahal Gerar)이 흐르는 비옥한 평야지역이다. 그러나 네게브 광야와 마주하고 있는 지역으로 비가 오지 않으면 농사를 지을 수 없다.

그러나 이삭의 풍요는 곧 갈등의 요인이었다. 블레셋 사람들이 그를 시기하기 시작했다(창 26:14b). 항상 시기 때문에 갈등이 일어나고, 죄가 발생

〈사진-55〉 텔 엘-파라 주변의 그랄 땅

한다. 요셉이 꿈을 꾸고 형들에게 말할 때 아버지 야곱은 마음에 두었으나 형들은 시기하였다(창 37:11). 후에 그들의 시기는 야곱을 죽이고자 하는 마음으로, 미디안 상인에게 파는 행동으로 표현되었다. 바울이 데살로니가에서 유대인의 회당에서 강론하여 예수가 죽은 자 가운데서 다시 살아나야 할 것을 증명하여, 예수가 그리스도임을 증거 할 때 많은 헬라인들과 사람들이 예수 그리스도를 믿었다. 그러나 유대인들은 시기가 가득하여 바울을 잡고자 했다(행 17:1-10). 욥은 "분노가 미련한 자를 죽이고, 시기가 어리석은 자를 멸하느니라" 고 고백했다(욥 5:2). 잠언은 "평온한 마음은 육신의 생명이나 시기는 뼈를 썩게 하느니라" 고 말한다(잠 14:30). 바울은 "시기하지 말라" 고 말했다(롬 13:13; 고전 3:3).

이삭의 형통을 시기하던 블레셋 사람들은 행동으로 옮겼다. 이삭의 아버지 아브라함 때 종들이 판 모든 우물을 막고, 흙으로 메웠다(창 26:15). 블레셋 왕 아비멜렉은 이삭을 시기하는 블레셋 사람들의 행동을 알고 이삭을 불렀다. "네가 우리보다 크게 강성한즉 우리를 떠나라"(창 26:16). 이삭은 그랄 땅 사람들 때문에 그 곳을 떠나 그랄 골짜기로 들어갔다. 그곳에 장막을 치고 거주하기 시작했다. 이삭은 아버지 아브라함 때에 팠던 우물들을 다시 파기 시작했다. 왜냐하면, 아브라함이 죽은 후에 블레셋 사람이 그 우물들을 메웠기 때문이었다. 이삭이 그 우물들의 이름을 아버지가 부르던 이름으로 불렀다(창 26:18). 이삭의 종들이 골짜기를 파서 샘 근원을 다시 얻을 때(창 26:19), 그랄 목자들이 이삭의 목자와 다투었다. "이 물은 우리의 것이라". 이삭이 그들의 다툼 때문에 그 우물 이름을 '에섹'('다툼' 이라는 의미 עֵשֶׂק)이라 하였다(창 26:20). 이삭은 또 다른 우물을 팠다. 그러나 여전히 그랄 목자들과 이삭의 목자들은 다투어 그 이름을 '싯나' (적의, 비난 שִׂטְנָה)라 하였다(창 26:21). 이삭이 거기서 옮겨 다른 우물을 팠다. 그곳에서는 그들이 다투지 않았다. 그래서 그 이름을 르호봇(르호보트 רְחֹב(וֹ)ת)이라 하였는데 "이제는 여호와께서 우리를 위하여 넓게 하셨으니 이 땅에서 우리가 번성하리로다" 라는 이삭의 믿음 때문이었다(창26:22).

이삭이 우물을 파는 과정에서 그의 인내를 볼 수 있다. 동시에 땅이 없어 우물을 찾아 떠돌아야 하는 나그네의 비애(悲哀)를 느끼게 한다.

여호와와 함께 하다(창 26:23-33)

이삭이 그랄 땅 골짜기를 떠나 브엘세바로 올라갔다(창 26:23). 그 날 밤에 여호와께서 그에게 나타나 말씀하셨다.

> "나는 네 아버지 아브라함의 하나님이니 두려워하지 말라 내 종 아브라함을 위하여 내가 너와 함께 있어 네게 복을 주어 네 자손이 번성하게 하리라"(창 26:24).

브엘세바, 새로운 땅으로 올라간 이삭에게 하나님은 "두려워 말라"고 말씀하셨다. 두려움은 가장 큰 적이다. 하나님은 두려워하지 말라고 말씀하셨다. 왜냐하면, 여호와는 이삭의 아버지, 아브라함의 하나님이기 때문이다. 하나님께서 아브라함과 함께 하셨듯이 이삭과 함께 하신다는 의미이다. 아브라함에게 주신 복처럼, 이삭에게도 동일하게 복을 주신다는 의미이다. 하나님은 "내가 너와 함께 있어 복을 주어 네 자손으로 번성케 하리라"고 말씀하셨다. 하나님은 이삭과 동행하신다고 말씀하신다. 그랄 땅에 발붙일 곳이 없어, 브엘세바로 가지만, 홀로 있는 것이 아니다. 그 걸음에 하나님께서 함께 하신다. 그리고 이삭에게 복을 주어, 자손이 번성할 것임을 말씀하셨다. 하나님의 음성을 듣고, 이삭은 그 곳에 제단을 쌓고, 여호와의 이름을 부르며, 거기에 장막을 쳤다. 이삭의 종들은 그곳에서도 다시 우물을 팠다(창 26:25).

아비멜렉이 그 친구 아훗삿과 군대 장관 비골과 더불어 그랄에서부터 이삭에게 찾아 왔다(창 26:26). 이삭이 그들에게 말했다. "너희가 나를 미워하여 나에게 너희를 떠나게 하였거늘 어찌하여 내게 왔느냐?" 그들은 이삭에게 대답했다.

> "여호와께서 너와 함께 계심을 우리가 분명히 보았으므로 우리의 사이 곧 우리와 너 사이에 맹세하여 너와 계약을 맺으리라 말하였노라. 너는 우리를 해하지 말라 이는 우리가 너를 범하지 아니하고 선한 일만 네게 행하여 네가 평안히 가게 하였음이니라 이제 너는 여호와께 복을 받은 자니라" (창 26:28-29).

아비멜렉 일행은 이삭이 여호와 하나님께서 이삭과 함께 한 것을 보았다고 했다. 여호와께서 함께 하는 자는 타인에 의해서 구별된다. 여호와께서 이삭과 함께 하실 때 하나님은 이삭에게 복을 주고, 그를 형통케 하셨다(창 26:12-14). 여호와께서 요셉과 함께하시므로 그가 형통한 자가 되어 이집트의 주인 보디발에게 인정받았다(창 39:2-4). 여호와께서 요셉과 함께 하시므로 범사에 형통케 하셨다(창 39:23). 하나님과 함께 하고, 예수님과 함께 할 때 안디옥 사람들은 예수 믿는 자들을 향해 '그리스도인' 이라고 칭하였다(행 11:26). 하나님과 함께 하는 자들은 반드시 타인들에 의해 구별된다. 그리고 그에게 하나님께서 함께 하심을 볼 수 있다. 아비멜렉 일행은 이삭과 함께 하신 하나님을 보았다. 그들은 이삭과 '자신들을 해하지 말라' 하는 계약(브리트 בְּרִית)을 맺었다(창 26:28-29).

이삭이 그들을 위하여 잔치를 베풀었다(창 26:30). 그들은 먹고 마시고, 아침에 일찍이 일어나 서로 맹세한 후에 그들이 평안히 갔다(창 26:31). 그 날에 이삭의 종들이 자기들이 판 우물에 대하여 이삭에게 와서 알렸다. "우리가 물을 얻었습니다" (창 26:32). 이삭은 그 이름을 세바(쉐바 שְׁבְעָה 일곱)라 했다 그러므로 그 성읍 이름이 오늘까지(창세기를 기록한 시기, 모세의 출애굽 광야) 브엘세바(브엘쉐바 בְּאֵר שֶׁבַע 일곱 우물 또는 맹세의 우물)라 불렀다(창 26:33). <사진-56>은 브엘세바 지역에서 한가로이 풀을 뜯고 있는 양과 염소떼들의 모습이다. 이를 통해 브엘세바에서 목축하던 아브라함과 이삭의 생활을 느껴볼 수 있다.

〈사진-56〉 브엘세바 지역의 양과 염소떼

에서의 결혼: 이삭과 리브가의 근심(창 26:34-35)

이삭의 이야기는 갑자기 에서의 이야기로 전환된다. 그 이유는 아마도 다음 창 27장에 나타나는 이삭의 축복권을 빼앗는 야곱의 이야기가 정당성을 확보하기 위해 전조(前兆)로 삽입하지 않았을까 생각해 볼 수 있다. 왜냐하면, 에서의 결혼은 잘못된 결혼이었기 때문이다. 에서가 40세에 헷 족속 브에리의 딸 유딧과 헷 족속 엘론의 딸 바스맛을 아내로 맞이하였다(창 26:34). 아브라함은 그의 친족 중 리브가를 택해 이삭과 결혼 시켰다. 그러나 에서는 친족이 아닌 헷 족속의 여인들, 또한 두 명의 여인과 결혼하여 이삭과 리브가의 마음에 근심이 되었다(창 26:35). 나래이터의 이 말은 두 가지 의미를 담고 있다. 첫째, 에서의 결혼 때문에 근심한 부모의 마음을 통해 다음 이야기가 새로운 변화가 일어날 것, 무언가 문제가 일어날 것을 암시해 준다. 둘째, 아브라함의 약속의 자손의 계보가 이삭을 거쳐 장자인 에서가 아닌 야곱으로 이어지는 이유에 대해 작은 힌트를 준다.

부 록

사마리아인 오경

순서는 히브리어 성경과 같이 오른쪽에서 왼쪽으로 읽습니다.

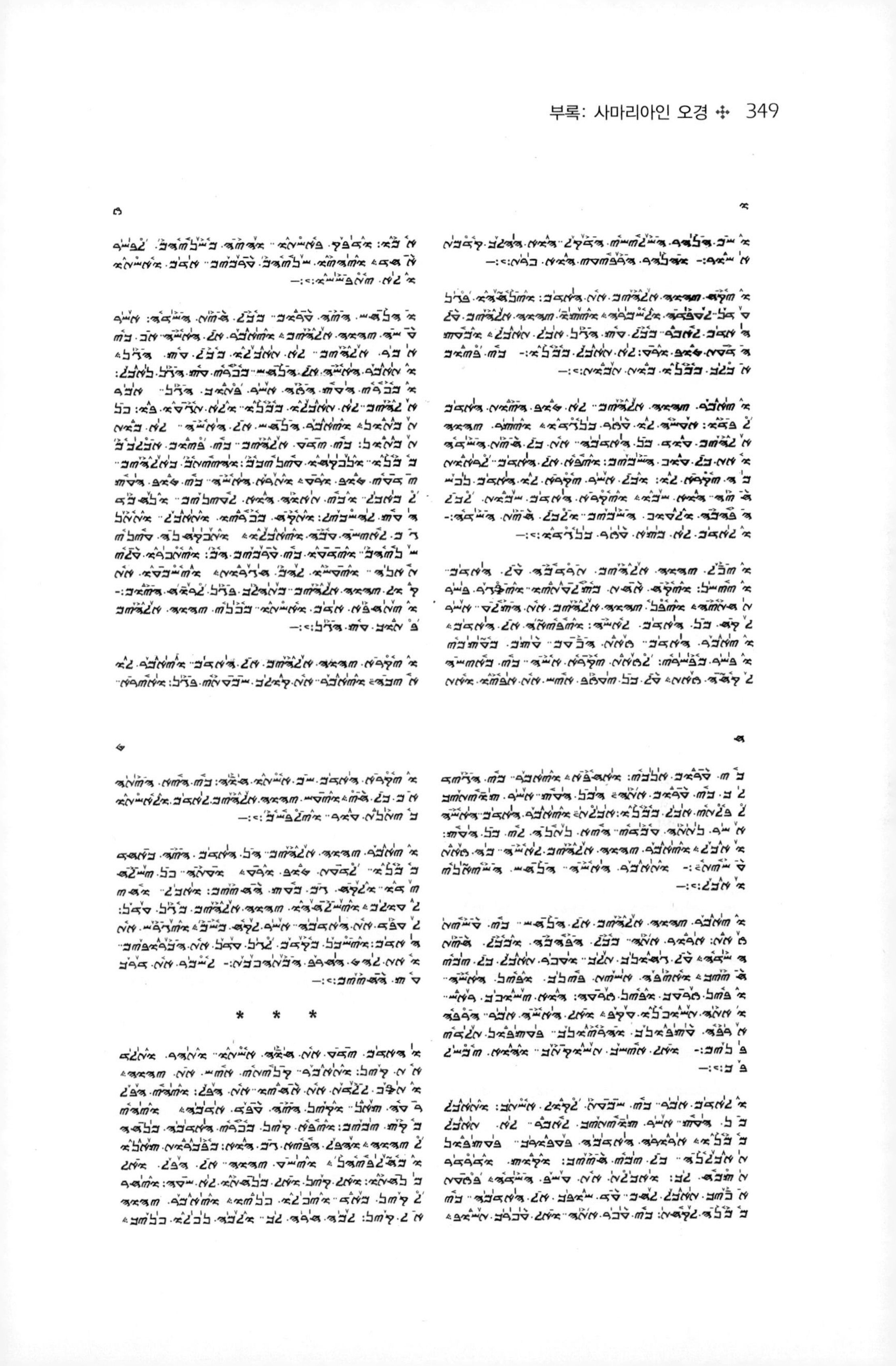

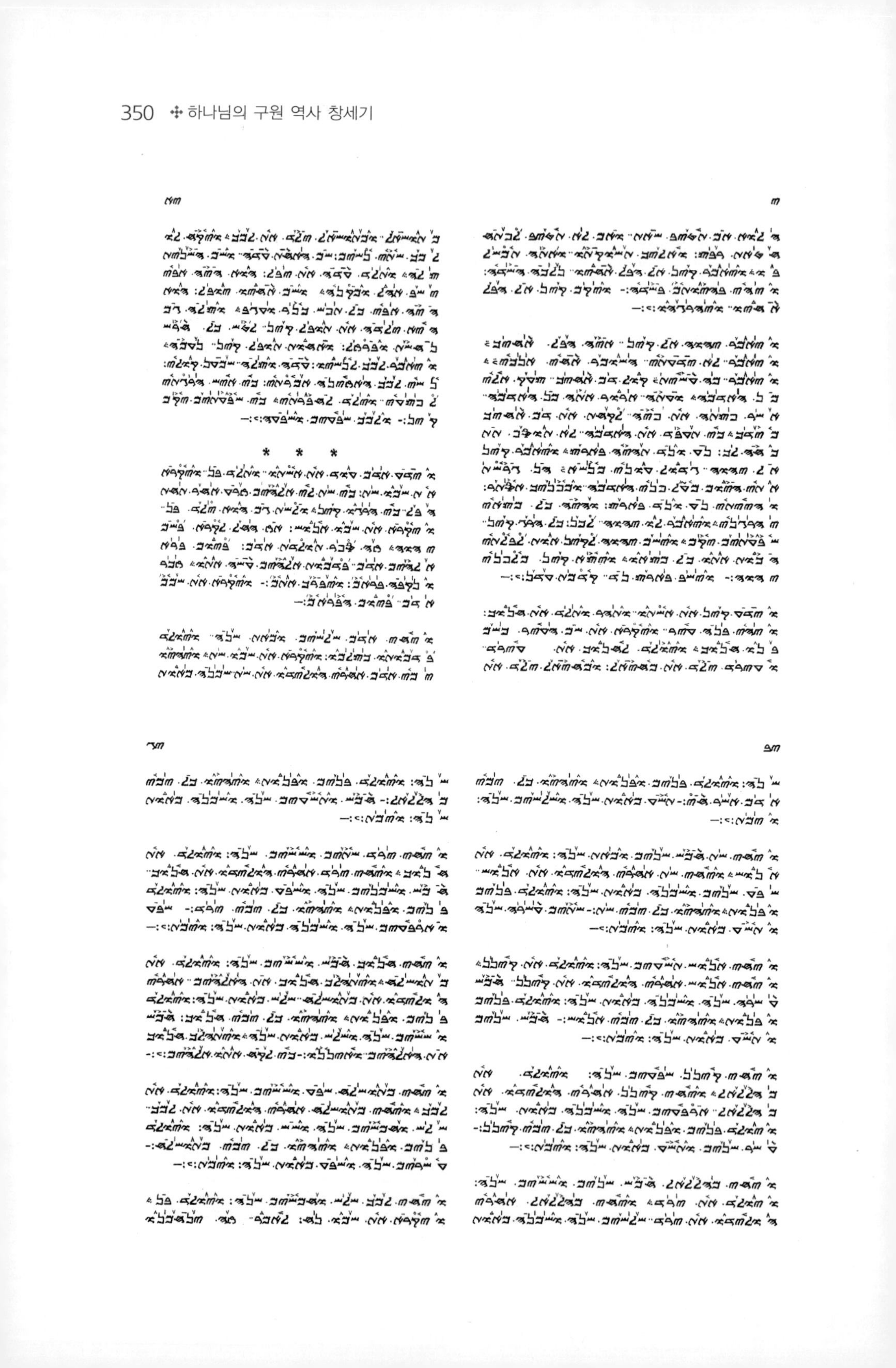

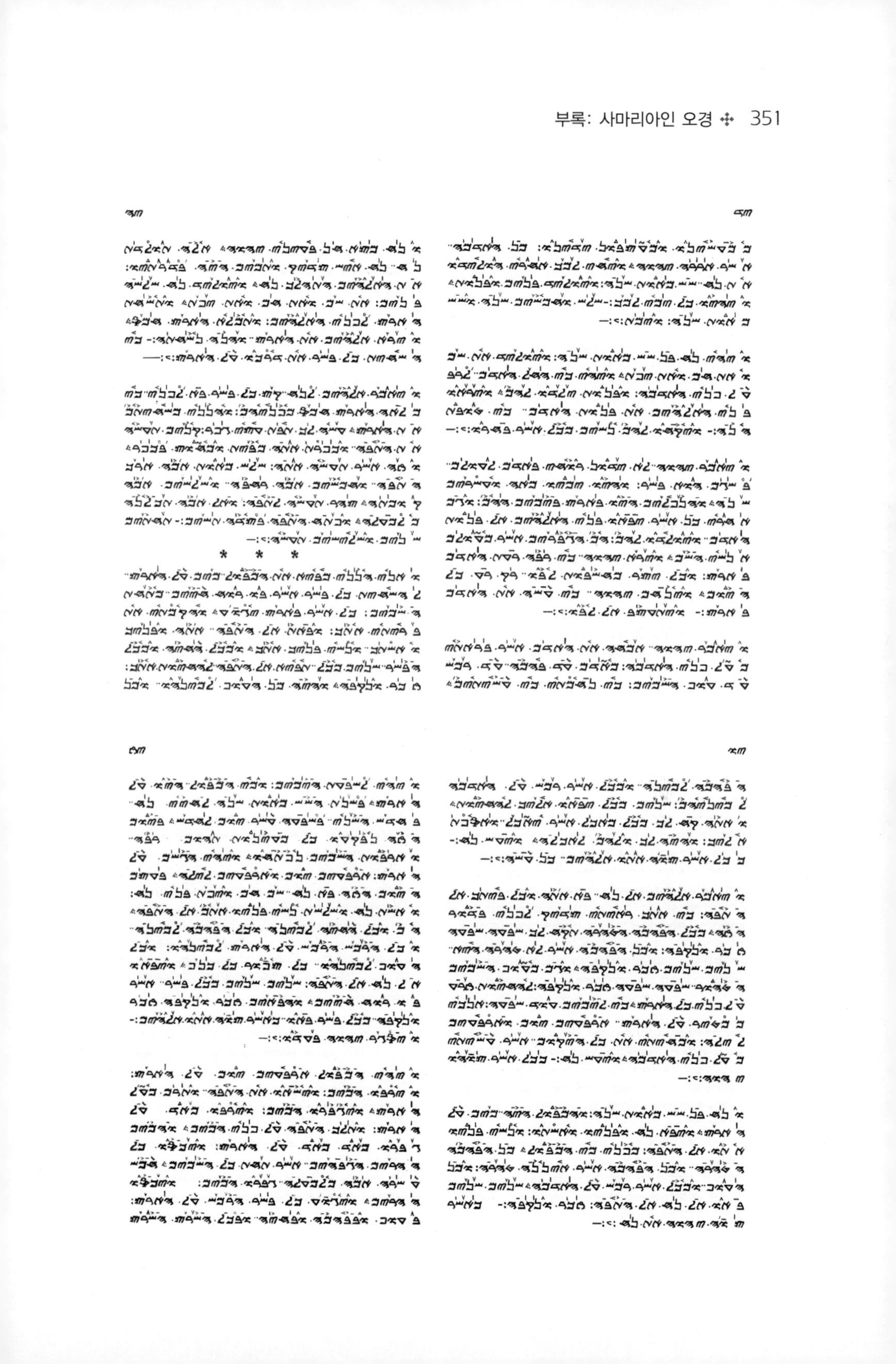

* * *

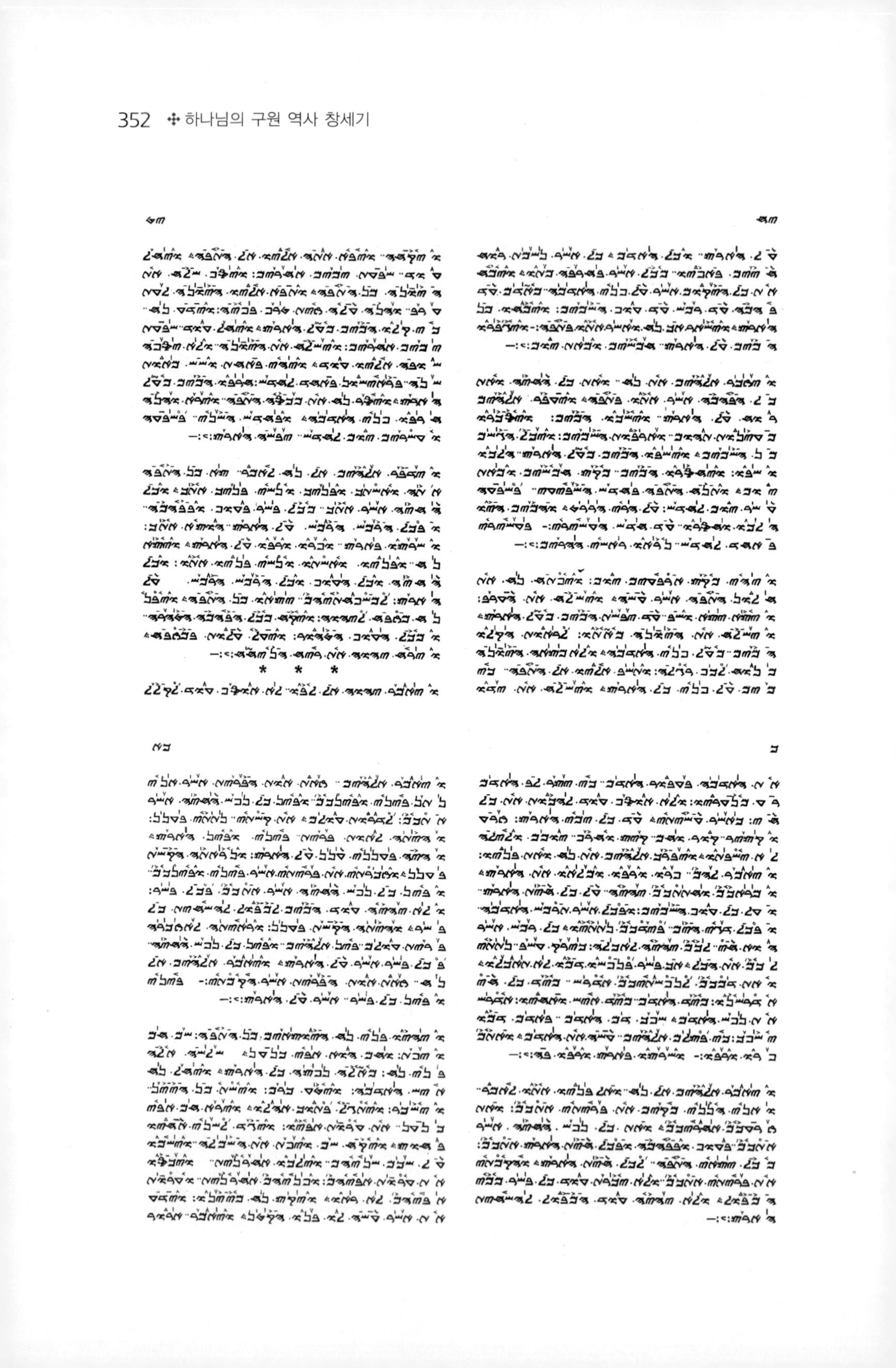

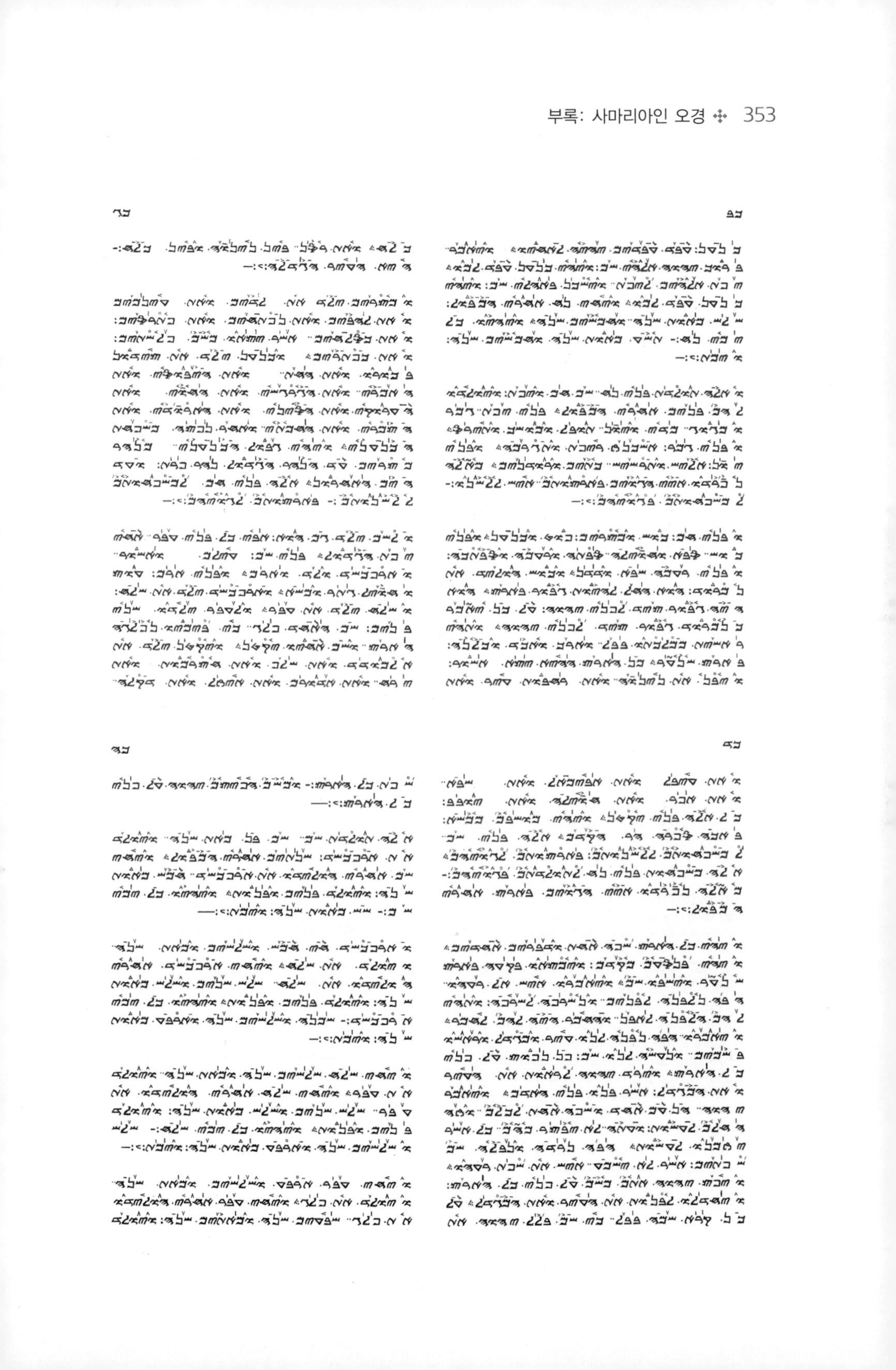

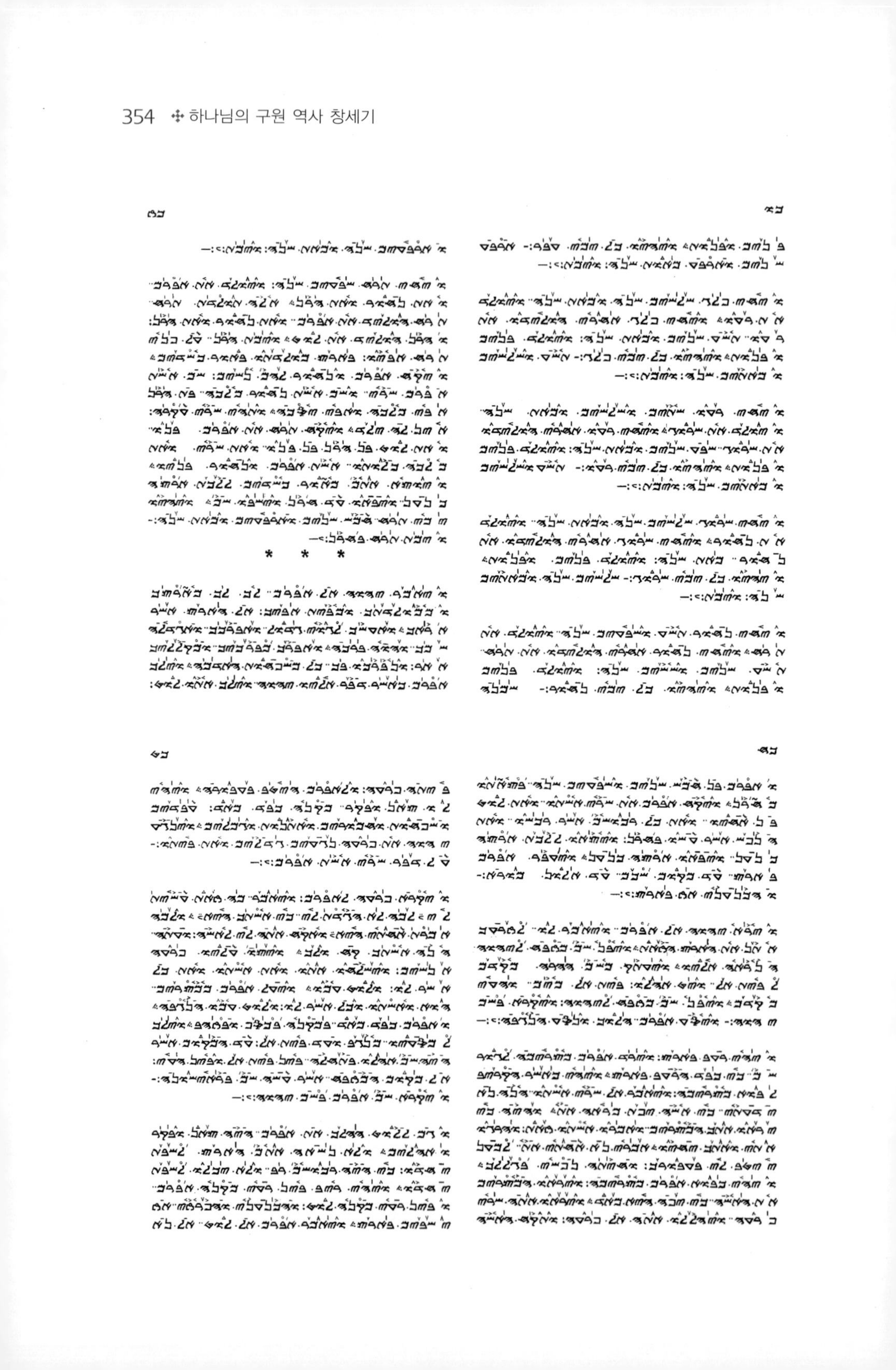

[illegible]

* * *

[illegible]

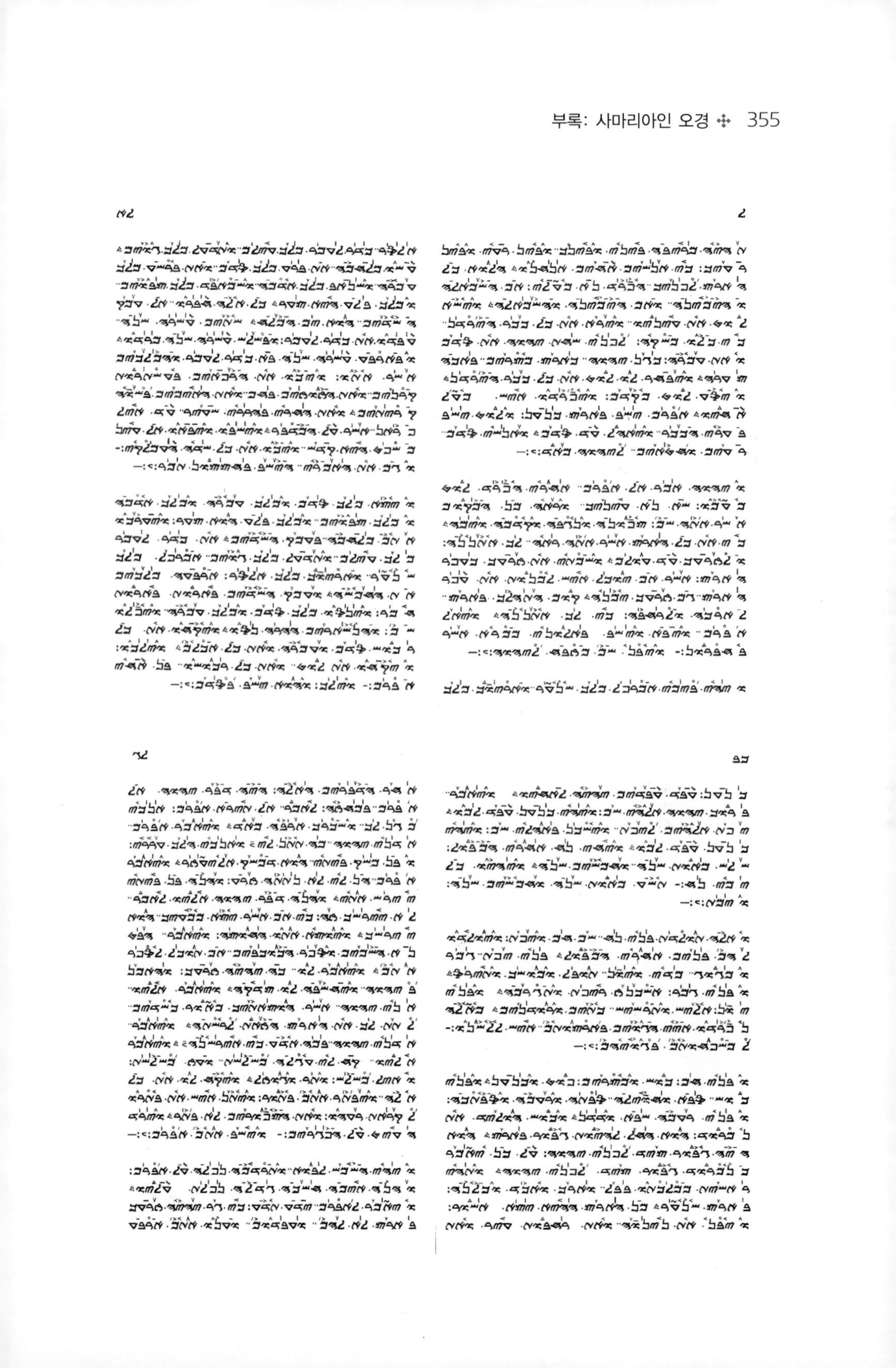

[illegible]

[illegible]

[illegible]

[illegible]

[illegible]

[illegible]

[illegible]

[illegible]

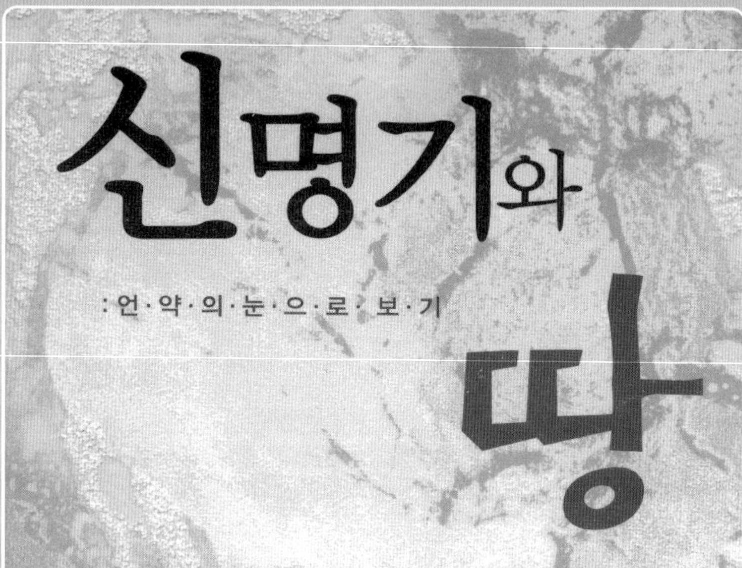

한민수 지음 / 반양장 / 175면

하나님은 우르 땅에 있던 아브람을 부르심으로써 언약과 땅이라는 새로운 전환기를 맞이한다. 하나님은 아브람에게 땅과 후손(민족), 축복의 근원이 되도록 언약하셨다. 땅은 하나님의 언약으로써 아브라함과 그의 후손들에게 영원한 기업(נַחֲלָה עוֹלָם)으로 주어진다. 이제 땅은 언약과 언약백성들의 관계 속에서 중심사상이 된다.

신명기는 언약의 땅 가나안을 앞에 두고 행해진 세 번의 설교이며, 율법을 해설한 말씀이다. 신명기는 종주권조약형식으로 되어 있으며, 신명기를 통해 땅의 의미를 보여준다. 첫째, 기업(상속, 소유)로서의 땅이다. 둘째, 젖과 꿀이 흐르는 풍요의 땅이다. 셋째, 소산을 얻음과 드림의 땅이다. 넷째, 안식으로서의 땅이다. 다섯째, 선물로서의 땅이다. 이스라엘은 땅을 하나님의 은혜로 받게 된다. 여섯째, 애굽 땅과 광야 땅에 있어 이중적 의미가 함유된 땅이다. 일곱째, 성소가 되는 땅이다. 여덟째, 율법이 시행되는 땅이다. 이렇듯 신명기는 땅의 신학적 의미를 설명한다.

땅은 언약과 묶여 있으며, 창조언약, 노아언약, 아브라함언약, 시내언약의 중심 주제이다. 땅을 통해 언약의 '약속'과 '성취'를 이뤄지며, 조건적 언약으로써 율법의 말씀을 듣고 순종하면 땅에서 안식과 풍요를 누리는 복을 받는다. 하지만 율법의 불순종은 땅의 소유권을 상실한다. 그들은 가나안 주변 족속들과 앗수르, 바벨론, 페르시아, 헬라, 로마의 역사를 통해 땅의 상실을 경험했다. 땅은 항상 언약, 택하신 하나님의 백성 즉, 선민과 연관된다.

이렇듯 땅은 성경해석의 가장 중심부에, 가장 중요한 주제임에도 불구하고 폰 라드(von Rad)가 땅의 신학적 연구를 내놓기까지 그 중요성을 간과해왔다. 이후 바일펠트(M. Weinfeld), 밀러(P. D. Miller), 브르거만(W. Breggumann), 마튼즈(E. A. Martens), 하벨(N. Habel), 라이트(C. J. H. Wright), 디폴드(P. Diepold) 등에 의해 연구되었지만, 그 중요성에 비할 때 아직 가야 할 길은 멀다. 본서는 이러한 필요성 때문에 출간하게 되었다.

W. Robert Godfrey / 이동수 역 / 170면 / 반양장 / 변형신국판

W. Robert Godfrey(Ph.D.)

저자는 캘리포니아에 위치한 Westminster Theological Seminary에서 1981년 이후 교회사 교수로 가르쳤고, 제3대 학장이었으며, 미국 연합 개혁교회(United Reformed Churches) 소속 목사이다. 그는 *An Unexpected Journey, Reformation Sketches, Pleasing God in Our Worship*의 저자이다. 그는 로잔회의(the Lausanne Committee)나 필라델피아컨퍼런스와 라이고니어 사역(Ligonier Ministries) 등의 많은 컨퍼런스에서 연설자로 활동했다.

"태초에 하나님이 천지를 창조하시니라."

태초는 중요하다. 만약 우리가 전체로서 성경을 이해하기를 원한다면, 그것이 창조에 대해서 가르치는 바가 무엇인지를 이해하는 것은 필수적인 것이다.

W. Robert Godfrey는 이 연구를 사려 깊은 크리스천들을 염두에 두고 썼다. 그는 성경이 항상 하나님과 그의 백성들 사이의 관계에 초점이 맞춰진 언약적인 기록이라는 것을 주지하면서 그 본문을 심도 있게 연구한다.

"W. Robert Godfrey는 성경 본문을 어떻게 읽어야 하는지를 이해하고 있다. 창세기 1장은 오늘날 혼란의 와중에 있는데, 그는 분명하고도 적절하게 초점을 맞추어 기록하고 있다. 그에 의하면, 창세기 1장은 언약적이고 문학적이며 우리를 위한 것이다! 나는 이 책을 여러 사람들에게 나눠주고 싶다."

–BRYAN D. ESTELLE

"Godfrey는 우리에게 창세기 1장의 해석을 분명하고 간결하고도 감탄스럽게 해주고 있다. 이 놀라운 책에서 그는 우리에게 성경의 다른 부분을 해석하기 위한 건전한 원리들 뿐 아니라 창세기 1장에 담겨있는 실제적인 신학을 가르치고 있다. 나는 진심으로 이 책을 추천한다."

–MARK D. FUTATO